Führung im Wandel

Christian Kastner • Daniel Hesmer •
Werner Krings
Hrsg.

Führung im Wandel

Wie KMUs dynamische Zeiten meistern

Springer Gabler

Hrsg.
Christian Kastner
Weinstadt, Deutschland

Daniel Hesmer
Sommerhausen, Deutschland

Werner Krings
Strategic Marketing
Framingham State University
Framingham, USA

ISBN 978-3-658-47644-1 ISBN 978-3-658-47645-8 (eBook)
https://doi.org/10.1007/978-3-658-47645-8

Die Deutsche Nationalbibliothek verzeichnet diese Publikation in der Deutschen Nationalbibliografie; detaillierte bibliografische Daten sind im Internet über https://portal.dnb.de abrufbar.

Springer Gabler ist ein Imprint der eingetragenen Gesellschaft Springer Fachmedien Wiesbaden GmbH und ist ein Teil von Springer Nature.
Die Anschrift der Gesellschaft ist: Abraham-Lincoln-Str. 46, 65189 Wiesbaden, Germany

Geleitwort von Florian Mennigen

Olympia, London 2012. Der Deutschlandachter hatte seit vier Jahren kein Rennen mehr verloren und nun lagen wir im Finale der olympischen Regatta zurück. Die erste Hälfte des 2000-m-Rennens war gerudert, Arme und Beine brannten schon wie Feuer und trotzdem lag der britische Achter vorn. Ein typischer Endspurt im Rudern beginnt circa 250 m vor dem Ziel. Bereits 600 m vor der Ziellinie traf unser Steuermann Martin Sauer die Entscheidung: „Jungs, wir müssen jetzt los, Endspurt!" Trotz aller Risiken dieser Entscheidung schenkten wir ihm das Vertrauen und hauten alles raus, was wir noch in uns hatten. Völlig erledigt fuhren wir den anderen Mannschaften davon und als Erste über die Ziellinie zu Olympiagold.

Auf den ersten Blick könnten wir denken, dieses Rennen wäre ein klassisches Beispiel traditioneller Führung „von oben nach unten". Die Führungskraft, der Steuermann, macht eine Ansage, die Mitarbeiter führen aus, was gefordert wird. Die Führungskraft kontrolliert, überprüft und motiviert. Aber war es das in unserem Falle? Meine Antwort aus psychologischer Sicht: nein, ganz und gar nicht. Vielmehr war dieser entscheidende Moment ein Beispiel für Führung als ein Ermöglichen unseres eigenen, gemeinsamen, inneren Ziels.

Eine häufige Fehlannahme über Führung ist, dass eine Führungskraft ihre Mitarbeiter motivieren müsse. Für uns war fast das Gegenteil der Fall: Im harten Trainingsalltag haben uns der Steuermann und Trainer nicht angetrieben, sondern eher vor Überlastung bewahrt. Im Vertrauen auf unsere Motivation und Fähigkeiten erschufen unsere „Führungskräfte" den Rahmen, in dem wir Sportler unser Potenzial als Einzelne und als Mannschaft entwickeln konnten. Ich halte es für unmöglich, Menschen dauerhaft von außen zu etwas zu motivieren, was ihren eigenen Interessen und Bedürfnissen nicht entspricht. Vielmehr bedeutet Führung aus meiner Sicht, Menschen etwas zuzutrauen und die Rahmenbedingungen dafür zu schaffen.

Diese Dynamik lässt sich direkt auf die Unternehmenswelt übertragen, insbesondere auf kleine und mittlere Unternehmen. Meiner Erfahrung nach herrscht auch heute noch in vielen Organisationen die Vorstellung von traditioneller, hierarchischer Führung. Doch je besser ein Team funktioniert, desto weniger braucht es hierarchische Führung. Statt „command and control" geht es darum, Rahmenbedingungen zu schaffen, unter denen sich Menschen aktiv einbringen und Verantwortung übernehmen können. Führung ist kein Monolog, sondern ein Dialog auf Augenhöhe.

Diese Erfahrung ist heute mehr denn je relevant, besonders in Zeiten dynamischer Märkte und des Fachkräftemangels. Unternehmen (KMU), die ihren Mitarbeitenden Eigenverantwortung überlassen und auf Vertrauen setzen, sind besser aufgestellt, um langfristig erfolgreich zu sein. Verschiedenste Unternehmen revolutionieren so ihre Branche, seien es Drogeriemärkte, Pflegedienstleister oder Automobilzulieferer, und erreichen höheres Commitment ihrer Mitarbeiter und wirtschaftlichen Erfolg. Dies bedeutet nicht, dass wir keine Führungskräfte mehr brauchen. Aber wir brauchen andere Einstellungen und Verhaltensweisen von Führungskräften – Verständnis für Ziele und Bedürfnisse der Angestellten, Vertrauen in deren Motivation und Fähigkeiten sowie Unterstützung in der ständigen Weiterentwicklung.

Die Herausforderungen, vor denen KMU stehen, sind natürlich immer einzigartig – doch die Grundprinzipien von Vertrauen, Eigenverantwortung und Kommunikation sind universell. Diese Prinzipien helfen sowohl Arbeitsgruppen, sich zu echten High-Performance-Teams zu entwickeln, als auch gesamten Unternehmen auf dem Weg zur exzellenten Organisation. Führung ist dabei kein starres Konzept, sondern eine lebendige, sich ständig verändernde Aufgabe – eine Aufgabe, die sich, wie im Rudersport, nur im Team bewältigen lässt. Führung ist Teamwork.

Götz Werner, der Gründer von dm (Drogeriemarkt) und selbst begeisterter Ruderer, brachte es bei einer Begegnung einmal sinngemäß auf den Punkt: Menschen wollen nicht einfach nur Aufgaben erfüllen, sie wollen Verantwortung tragen und Teil von etwas Größerem sein. In diesem Sinne: Auf geht's – alle in 1 Boot!

Florian Mennigen
Olympiasieger und Psychologe
Bochum, Deutschland
http://www.florian-mennigen.de/

WILO

Herausgebervorwort

Liebe Leserinnen und Leser,

In einer Welt, die von ständigem Wandel und zunehmender Unsicherheit geprägt ist, stehen Führungskräfte vor immer neuen Herausforderungen. Insbesondere mittelständische Unternehmen, das Rückgrat der deutschen Wirtschaft, müssen in diesen turbulenten Zeiten ihre Position behaupten und sich zukunftsfähig aufstellen. Unsere Autorinnen und Autoren beleuchten in 21 prägnanten Kapiteln, wie Führungskräfte nicht nur bestehen, sondern aktiv gestalten und inmitten von Krisen wachsen können.

Der oft bemühte Spruch „Nur die Harten kommen in den Garten" mag in Krisenzeiten zutreffen. Doch wahre Führung geht über reine Durchsetzungskraft hinaus. Sie verlangt Resilienz, Empathie und die Fähigkeit, Teams und Organisationen auch in stürmischen Zeiten zu inspirieren und zu motivieren. Dieses Buch bietet praxisnahe Strategien und fundierte Einsichten, die Sie auf Ihrem anspruchsvollen Weg begleiten und unterstützen. Themen wie Selbstführung, effektives Changemanagement, Vertrauen und Kommunikation auf allen Ebenen werden ebenso umfassend beleuchtet wie digitale Wissensvermittlung oder die Rolle von Frauen in Führungspositionen.

Lassen Sie uns gemeinsam die Potenziale entdecken, die in diesen herausfordernden Zeiten stecken, und lernen, wie wir unsere Unternehmen nicht nur stabilisieren, sondern langfristig zukunftsfähig machen können.

Wir freuen uns über Ihre Kommentare und Ihr Feedback – gerne auch über Social Media. Nun wünschen wir Ihnen eine anregende Lektüre!

Ihr Herausgeberteam

Weinstadt, Deutschland — Christian Kastner
Sommerhausen, Deutschland — Daniel Hesmer
Framingham, USA — Prof. Dr. Werner Krings

Inhaltsverzeichnis

Vertrauen schaffen: Dein unsichtbarer Wettbewerbsvorteil

1

Christian Kastner

1.1 Einleitung

„Success always demands a greater effort."
Sir Winston Churchill, 1949

In den letzten Jahren wurden wir alle vor immense Herausforderungen gestellt – Wirtschaftskrisen, globale Pandemien und Konflikte veränderten unser Leben und unsere Arbeit grundlegend. Diese Ereignisse rütteln nicht nur an unseren bisherigen Überzeugungen, sondern bringen auch eine Flut von Unsicherheit und Ungewissheit mit sich. Viele von uns, besonders Unternehmer und Führungskräfte, haben mittlerweile erkannt, dass die einst vertraute wirtschaftliche und politische Stabilität, die wir für selbstverständlich hielten, wohl nicht mehr in der gleichen Form zurückkehren wird.

Die jetzige Zeit voller großer Veränderungen wird auch gerne als VUCA-Welt (engl. „volatile", „uncertain", „complex" und „ambiguous" – dt. „flüchtig", „unsicher", „komplex" und „mehrdeutig"; Rodriguez & Rodriguez, 2015) beschrieben. Dieser VUCA-Begriff mag abstrakt wirken, aber er beschreibt treffend die Realität, der wir uns alle stellen müssen. Bisheriges Verhalten wird infrage gestellt und Unternehmen und Menschen müssen sich an unvorhersehbare Veränderungen und Unsicherheiten anpassen.

Inmitten der Suche nach Stabilität wird deshalb ein fundamentales menschliches Bedürfnis immer wichtiger: „Vertrauen". Gerade im internationalen Vertrieb, inmitten von unterschiedlichen Herkünften, Sprachen, Religionen und Kulturen, geht es um mehr als ein simples Austauschgeschäft von Waren und Dienstleistungen. Es ist (und war wahrscheinlich schon immer) ein komplexes Netzwerk von Beziehungen, in dem das

C. Kastner (✉)
Weinstadt, Deutschland

C. Kastner et al. (Hrsg.), *Führung im Wandel*,
https://doi.org/10.1007/978-3-658-47645-8_1

gegenseitige Vertrauen die Grundlage für lang anhaltende, erfolgreiche Geschäftsbeziehungen ist. Vertrauen ist mehr als nur eine abstrakte Idee – es ist eine strategische Ressource sowie eine treibende Kraft für wirtschaftlichen Erfolg, die Unternehmen einen nachhaltigen Wettbewerbsvorteil verschaffen können.

Ich lade dich als Führungskraft und Leser ein, mit mir einige Aspekte und Zusammenhänge des Konzepts „Vertrauen" zu beleuchten: Nach einer kurzen, allgemeinen Definition im ersten Abschnitt („Was ist Vertrauen?") versuche ich, einen Zusammenhang zwischen Vertrauen und den Menschen im Geschäftsalltag herzustellen. Im darauffolgenden zweiten Teil folgen dann konkrete Empfehlungen und Informationen, wie Vertrauen zum persönlichen und beruflichen Erfolg beitragen kann. Im letzten Abschnitt spreche ich exemplarisch über die Vertrauenskultur im nichtwestlichen Kontext und wie man diese als Vorteil nutzen kann. Insgesamt kann jeder Mensch etwas zu einer Vertrauenskultur im Geschäftsalltag beitragen und die positiven Unterschiede selbst erleben.

1.2 Was ist Vertrauen?

Der Begriff „Vertrauen" und sein Verständnis sind oft schwer greifbar, denn es existieren verschiedene Definitionen, die auch abhängig vom kulturellen, religiösen und gesellschaftlichen Wertekontext der beteiligten Personen sind. Für dieses Buchkapitel habe ich eine eher allgemeine Definition aus dem *Gabler Wirtschaftslexikon* gewählt. Es definiert Vertrauen wie folgt:

> „Vertrauen ist die Erwartung, nicht durch das Handeln anderer benachteiligt bzw. geschädigt zu werden; als solches stellt es die unverzichtbare Grundlage jeder Kooperation dar, die sich immer dort ergibt, wo Akteure (Vertrauensnehmer), die Einfluss auf andere (Vertrauensgeber) haben, über die *Freiheit* verfügen, in ihrem Handeln die Interessen anderer zu berücksichtigen oder nicht (Suchanek, o. J.)."

Eine andere Ansicht stammt aus der Antike (Tudor, 2023): Danach geht Vertrauen weit über eine abstrakte Transaktion hinaus – es gibt den Beteiligten den Platz und (geschützten) Freiraum, sie selbst zu sein (engl. „to be"), zu einer (z. T. temporären) Gruppe, Beziehung oder Unternehmung dazuzugehören (engl. **„**to belong"), mit dem finalen Ziel, sich durch dieses Verhältnis/diese Transaktion persönlich oder beruflich weiterzuentwickeln (engl. to „become")**.** Wie in Abb. 1.1 gezeigt, hängt Vertrauen immer mit Entscheidungen zusammen. Wenn wir mit riskanten (oder ganz allgemein neuen) Situationen konfrontiert werden, müssen wir uns entscheiden, wie wir uns verhalten. Menschen, die eher vertrauen und sich entscheiden, wohlwollend und glaubwürdig zu handeln, werden in Stresssituationen besser (und wahrscheinlich ethischer) im Sinne des Kunden und des Unternehmens handeln. Das schließt Selbstvertrauen und/oder Vertrauen in ihre Organisation und die Führungskräfte derselben mit ein. Anders gesagt: Eine Person steht vor einer Entscheidung (oder wird, wie dargestellt, mit einer riskanten Situation konfrontiert): Vertraue ich, möchte ich glaubhaft handeln oder entscheide ich mich für den oft leichteren Weg des

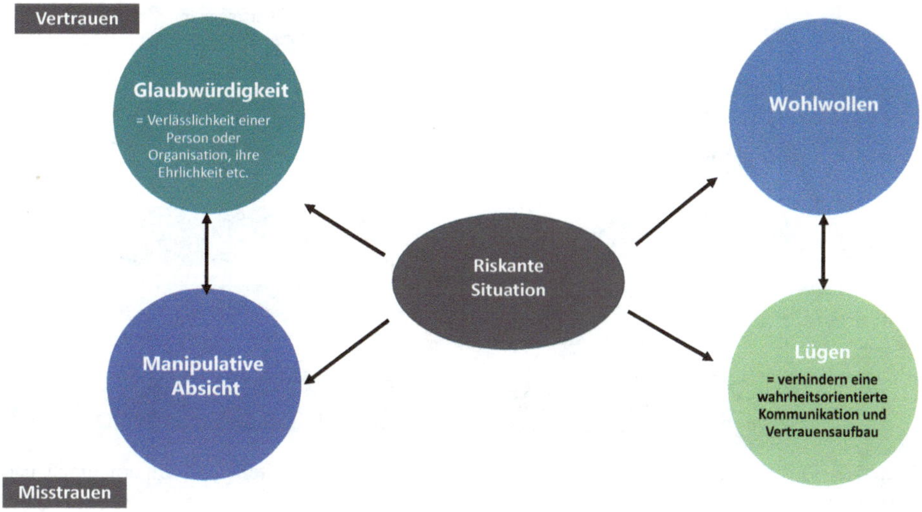

Abb. 1.1 Die vier Bedeutungen des Vertrauens bzw. Misstrauens nach Lindskold, 1978. (Quelle: Autor)

„Missvertrauens", der Manipulation und vielleicht sogar für die Lüge? Diese Entscheidung läuft oft unterbewusst ab und ist geprägt von unseren Werten, unserer Vergangenheit, unserer Kultur und ganz besonders von dem Werteumfeld (z. B. in einer Organisation), in dem wir uns bewegen. Unsere Entscheidung in dieser riskanten Situation legt aber auch die Grundlage für weitere Kontakte mit Kunden, Kollegen oder Freunden. Nicht umsonst heißt es im Sprichwort: „Wer einmal lügt, dem glaubt man nicht, auch wenn er doch die Wahrheit spricht." Wenn ich mich aber für Wohlwollen, Glaubhaftigkeit und einen Vertrauensvorschuss entscheide, stärkt das nicht nur mein Selbstvertrauen (ich habe im Einklang mit meinen Werten gehandelt), sondern meine Entscheidung beeinflusst auch den Ausgang des Gesprächs, die riskante Situation wird (meist) besser gemeistert.

Im Unternehmenskontext kann man Vertrauen in zwei Pyramiden visualisieren. Dazu habe ich die Bedürfnispyramide nach Maslow (1943) in Bezug auf Vertrauen angepasst. In der Bedürfnispyramide bauen die einzelnen Aspekte und Bedürfnisse aufeinander auf: Wenn die Grundbedürfnisse eines Menschen (Essen/Trinken, Wohnung etc.) gedeckt sind, kann man sich auf die nächste Bedürfnisebene weiterentwickeln. Genauso wie sich der Mensch mit gestillten Bedürfnissen zur nächsthöheren Bedürfnisebene weiterentwickelt, steigert sich das Vertrauen auch weiter. Jede Vertrauensentscheidung in meinem Leben hilft mir, auch bei der nächsten Entscheidung zu vertrauen. Wird mein Vertrauen belohnt, erweitere ich dieses Vertrauen auf neue Menschen und Situationen (d. h., ich steige zur nächsten Stufe auf, bei Vertrauensbruch gehe ich wieder eine oder mehrere Stufen zurück und muss von vorne mit einer Vertrauensgrundlage/Entscheidung beginnen). In Abb. 1.2 wird dargestellt, wie Vertrauen nicht nur eine positive Persönlichkeitsentwicklung im Mitarbeiter selbst unterstützt, sondern sich dann positiv auf das persönliche Vertrauensverhältnis zwischen Mitarbeitern, Führungskräften und dem Unternehmen auswirkt.

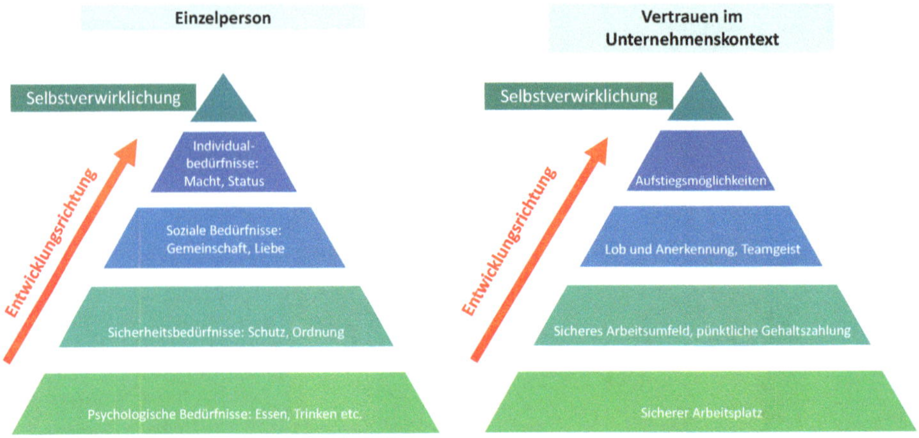

Abb. 1.2 Der psychologische Vertrauensvertrag zwischen Mitarbeitern und Unternehmen nach Kastner, 2023. (Quelle: Autor)

Vertrauen im Unternehmenskontext (dargestellt in der rechten Pyramide) entwickelt sich ähnlich wie die Bedürfnisse und das Vertrauen in der linken Pyramide: Wenn man als Mitarbeiter Vertrauen in das Unternehmen und seine Führungskräfte gefasst hat (z. B. da die Gehälter pünktlich und vollständig bezahlt werden), kann man aus dieser Sicherheit agieren und sich weiterentwickeln. Man klettert auf die nächste „Vertrauensstufe" und entwickelt sich so weiter, denn man vertraut auf seine Erfahrungen und Kompetenzen. Mit diesem Fundament und Vertrauen ausgestattet, schaffen die Mitarbeiter ein vertrauenswürdiges Angebot für den Kunden. Die Mitarbeiter haben klare Rahmenbedingungen und Befugnisse und agieren innerhalb dieses sicheren Rahmens, so wie (als Vergleich) Pferde sich innerhalb einer Pferdekoppel frei bewegen können. Freiräume schaffen Sicherheit, Ängste und Bedrohungen werden abgebaut oder entstehen (im Idealfall) erst gar nicht. Durch diese Sicherheit entsteht Selbstvertrauen (im Mitarbeiter in seine eigenen Fähigkeiten) und Vertrauen (zum Unternehmen). Durch diesen positiven Vertrauenskreislauf wachsen fast automatisch die Leistungsbereitschaft und Identifikation des Mitarbeiters mit dem Unternehmen. Es entsteht also ein ungeschriebener psychologischer Vertrag, der ein Geben und Nehmen beinhaltet.

Der Mitarbeiter entwickelt sich von „Ich liefere meine Arbeitsleistung, weil ich muss" über „Ich liefere, wenn das Unternehmen seinen Teil erfüllt" hin zu „Ich liefere, weil ich dem Unternehmen vertraue, dass es mich gut behandelt". Jede Transaktion zwischen Mitarbeiter und Führungskraft (intern) und zwischen Mitarbeitern und externen Personen (Kunden, Lieferanten) zahlt in eine Art emotionales Vertrauensbankkonto ein. Jede „Einzahlung" erhöht das Vertrauen; der Empfänger ist dann auch bereit, von seiner Seite aus in das „Bankkonto" einzubezahlen.

Vertrauen ist somit ein wesentlicher Wettbewerbsvorteil sowohl für die **Einzelperson** („Ich vertraue mir selbst, meinen Möglichkeiten, Fähigkeiten, Erfahrungen und Leistungen"), im Verhältnis zwischen **Arbeitnehmer und Arbeitgeber** („Meine Führungskraft

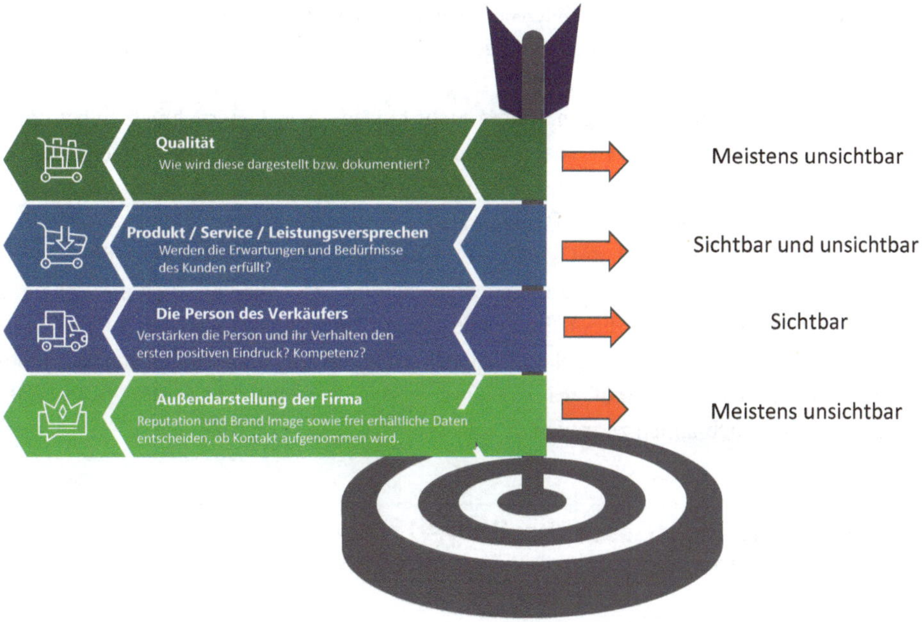

Abb. 1.3 Das Vertriebsvertrauensmodell nach Kastner, 2023. (Quelle: Autor)

und das Unternehmen meinen es gut mit mir; meine Mitarbeiter handeln im Sinne der Firma und geben ihr Bestes“) als auch in der Beziehung zum **Kunden** („Wir bieten ein vertrauenswürdiges Produkt, unsere Mitarbeiter schaffen einen vertrauenswürdigen Umgang mit unseren Kunden“).

Ohne die „Vorarbeit“ einer guten und sicheren Beziehung der Menschen zu sich selbst und zwischen Mitarbeitern und Unternehmen werden Geschäfte sehr viel schwieriger, formeller (= mehr Rechtsanwälte, Verträge, Paragrafen und Klauseln) und selten langfristiger.

Abb. 1.3 zeigt, wie man im Vertrieb Vertrauen als einen Teil der Wertschöpfungskette integrieren und damit als „unsichtbaren“ Vorteil nutzen sollte. Bereits lange vor dem ersten Kontakt zum Unternehmen überprüfen potenzielle Kunden, ob das Angebot und die Darstellung des Unternehmens vertrauenswürdig sind. Der erste Kontakt mit einem Unternehmensvertreter entscheidet dann meistens „nur“ noch, ob sich der erste Eindruck weiter verstärkt (im Positiven wie im Negativen). Wenn jedoch in den ersten Gesprächen ein vertrauenswürdiges „Paket“ (bestehend aus Produkt, Service, Image, Qualität, Deckungsgrad von Wünschen und Angebot, Preis etc.) geschnürt wird, erhöht sich die Chance auf eine Zusammenarbeit.

Konkrete Denkanstöße

- Vertraust du deinen Mitarbeitern und schaffst du einen Rahmen, in dem sie den Kunden vertrauenswürdig behandeln können?
- Gibt die externe Kommunikation dem potenziellen Neukunden einen oder mehrere Gründe, deinem Angebot zu vertrauen?

- Wenn dieses erste Vertrauen seitens des Kunden zu deiner Firma und deinen Produkten geschaffen wurde, wird es dann von deinen Mitarbeitern eher verstärkt oder zerstört?

Die Antworten auf diese Fragen sollten nicht nur aus dem Unternehmen selbst kommen, sondern extern (mit bestehenden Kunden, auf Veranstaltungen und Messen) geprüft werden. Die einfache Frage „Welche Punkte haben Sie dazu bewegt, Kontakt mit uns aufzunehmen?“ kann hier schon viele Punkte aufzeigen.

Zusammenfassend haben wir in Abschn. 1.1 betrachtet, inwieweit Vertrauen ein wesentlicher Bestandteil erfolgreicher Beziehungen ist, sowohl persönlich als auch im Verhältnis zwischen Arbeitgeber und Arbeitnehmer und auch extern zwischen Kunden und Unternehmen. Im nächsten Abschnitt gehe ich etwas konkreter auf die Auswirkungen im Geschäftsalltag ein, speziell darauf, was ein Unternehmen tun kann, um vertrauenswürdiger zu sein und dies nach außen zu tragen.

1.3 Vertrauen im Geschäftsalltag – 7 sofortige Anwendungsmöglichkeiten

Wie in Abschn. 1.1 dargelegt, spielt Vertrauen eine entscheidende Rolle in der Beziehung zwischen Kunden und Unternehmen. Dorota Balcerzyk (2021) benennt eine Studie von Simerson und Venn (2010), in der Führungskräfte nach den Eigenschaften und Charaktermerkmalen für eine effektive Führungsperson gefragt wurden. Von allen angegebenen Eigenschaften wurden drei Eigenschaften am häufigsten genannt:

1. vertrauenswürdig,
2. eine Führungskraft, die Vertrauen weitergibt, und
3. eine Person, die Mitarbeitern weiterhilft.

Diese Qualitäten helfen sowohl dem individuellen Mitarbeiter als auch der Organisation, zu wachsen und gut miteinander und mit dem Kunden umzugehen. Das Vertrauen, das Kunden in eine Firma und ihre Produkte haben, kann direkt das Leistungsversprechen beeinflussen. Eine Umfrage von Sasserath Munzinger (Eckschlager, 2023) zeigt, dass in den meisten Fällen, die für den Kunden und die Geschäftsbeziehungen wichtig sind, der menschliche Vertrauensfaktor eine große Rolle spielt:

1. Qualität der Produkte und Dienstleistungen
2. Kulanz bei Problemfällen
3. Verlässlichkeit des Unternehmens
4. Kompetenz der Mitarbeiter
5. Freundlichkeit der Mitarbeiter
6. Garantien auf Produkte und Angebote
7. Offenheit des Unternehmens bei Problemfällen
8. Nachvollziehbare Preisgestaltung

9. Umgang mit Mitarbeitern
10. Das Gefühl zu haben, dass sich das Unternehmen um einen bemüht

Da Vertrauen nur schwer messbar ist, folgen hier nun sieben konkrete Vorschläge und Themengebiete, wie Vertrauen das Leistungsversprechen einer Firma und ihrer Produkte positiv beeinflussen kann. Die Vorschläge enthalten sowohl „weiche" Faktoren (z. B. Glaubwürdigkeit und Transparenz) als auch „harte" Faktoren (Garantie, Kundenservice und Kundenerfahrungen). In diesen Beispielen geht es um langfristige Kundenbeziehungen, noch engeren Kontakt zum Kunden, eine hohe Kundenzufriedenheit und nicht zuletzt eine bessere Reputation und damit ein Abheben von Wettbewerbern.

Glaubwürdigkeit und Reputation
Ein etabliertes Vertrauen in die Glaubwürdigkeit und Reputation einer Firma kann das Leistungsversprechen stärken. Wenn Kunden glauben, dass eine Firma zuverlässig ist und gute Produkte oder Dienstleistungen liefert, sind sie eher bereit, das Leistungsversprechen als glaubwürdig zu akzeptieren. Tue Gutes, rede aktiv darüber und publiziere erfüllte Versprechen (z. B. Liefertreue, niedrige Reklamationsquote etc.). Auch im Innenverhältnis, also im Zusammenleben der Mitarbeiter und in der Beziehung zwischen Führungskraft und Mitarbeiter, verbessert Vertrauen die Zusammenarbeit, Mitarbeiter fühlen sich geschätzt und wohl, es entsteht ein sicheres Umfeld (wie in Abb. 1.2 dargestellt). Dieses Vertrauen im Innenverhältnis ist fast automatisch auch im Außenverhältnis sichtbar, denn Menschen, die vertrauensvoll miteinander umgehen, denken und handeln anders als Menschen mit wenig Vertrauen zueinander.

Viele Menschen sehen eine Welt und ein Wirtschaftsumfeld, das sich in den letzten Jahren von der in der Einleitung beschriebenen VUCA-Welt eher in eine FIBS-Welt (engl. „fake news", „isolation in filter bubbles", „burgeoning populism", „storms of conspiracy" – dt. „Falschmeldungen", „Isolation in Kleingruppen", „aufkeimender Populismus", „Verschwörungstheorien"; Seebacher, 2023) verwandelt hat. Unabhängig davon, ob man die Welt und Gesellschaft eher als VUCA oder FIBS sieht, suchen sich Menschen aufgrund ihrer Erfahrungen, soweit möglich, Kollegen, Führungskräfte und Lieferanten bewusst aus, d. h., sie wählen Menschen und Partner, die zu ihrem Wort stehen und denen sie vertrauen können. Dieses Vertrauen und die daraus resultierende Glaubwürdigkeit erlauben es Unternehmen meist auch, höhere Preise zu verlangen (Vorausgesetzt, dass das Vertrauensversprechen auch eingehalten wird). Im Unterschied zu der Zeit, in der es noch kein Internet und Bewertungsplattformen gab, sprechen Kunden heute oft und gerne über gute wie schlechte Erfahrungen und geben diese aktiv in Bewertungsportalen an Dritte weiter (z. B. Amazon-Reviews und Google-Rezensionen). Das heißt, jedes Kundenerlebnis zahlt im Positiven wie im Negativen auf die Marke (Brand) und die Reputation der Firma ein. Ein gutes Beispiel dafür ist die Marke MIELE – jeder kennt die Waschmaschinen. Bei der Präsentation für den Kunden setzt sich die zentrale Markenbotschaft aus verschiedenen Dingen zusammen: der Qualität der Produkte, der Qualität des Kundendienstes und Ersatzteilverfügbarkeit sowie dem Versprechen „Gebaut und getestet für 20 Jahre" (Dix, 2021). Zusammengenommen wird der Kunde durch dieses Versprechen der

Langlebigkeit und Nachhaltigkeit automatisch auf eine andere Preisstufe gehoben, sodass dann viele Kunden (nach meiner Erfahrung) auch bereit sind, mehr zu bezahlen. Auch ist man durch das Leistungsversprechen (Unterscheidungsmerkmale sind lange Nutzungsdauer und das allgemeine Versprechen der Qualität) weg von der Vergleichbarkeit, der andere preiswerte Marken unterliegen (Unterscheidungsmerkmal ist der Preis). Besonders wenn dieses Leistungsversprechen einer Prüfung unterzogen wird (z. B. konnte eine ältere Maschine repariert werden, das Ersatzteil war noch vorhanden und der Service hat gut gearbeitet), ist es für einen Mitbewerber fast unmöglich, diesen Kunden „abzuwerben". Schlussendlich wirkt sich also das Vertrauen des Kunden in die Glaubwürdigkeit, Qualität und Langlebigkeit der Maschinen positiv auf eine langfristige Kundenbeziehung und Kundentreue aus. Auch wenn dieses Beispiel im B2C-Bereich (Business to Customer, also zwischen Unternehmen und Kunden) stattfindet, kann man es auch ohne Weiteres auf Geschäfte zwischen Unternehmen übertragen (B2B = Business to Business).

Kundenerfahrungen und Bewertungen
Positive Erfahrungen anderer Kunden und gute Onlinebewertungen können das Vertrauen in ein Leistungsversprechen stärken. Wenn Kunden sehen, dass andere positive Ergebnisse erzielt haben, werden sie eher dazu geneigt sein, das Leistungsversprechen als verlässlich zu betrachten. Das aktive Einbeziehen von Kundenerfahrungen und Bewertungen in Werbung und Außendarstellung ist gerade bei kleinen und mittleren Unternehmen (KMU) noch stark ausbaufähig. Es ist eine Sache, einen Kunden zu haben (der von einem Unternehmen kauft), aber eine ganz andere, aus Kunden Fans zu machen (die nicht nur kaufen, sondern auch aktiv, meist ohne Bezahlung, für einen Lieferanten werben). In einer Gesellschaft, in der Influencer eine immer größere Rolle spielen (ohne dies zu bewerten), gibt es gerade im Mittelstand Möglichkeiten zur Vertrauensbildung, die meist auch nicht viel kosten. Ich habe konkret diese Erfahrung gemacht, als wir zu einer internen Verkäuferschulung Kunden eingeladen hatten. Sie waren sehr offen, inwieweit unsere Produkte ihnen wirklich geholfen hatten. Sie hatten sogar eine eigene Power-Point-Präsentation erstellt (die wir danach nutzen durften), in der die konkreten Zahlen, Einsparungen und Verbesserungen mit unseren Produkten aufgeführt und dokumentiert waren (Vorher-nachher-Vergleiche). Durch solche Testimonials werden die Glaubwürdigkeit und das Vertrauen bei potenziellen Neukunden gestärkt. Deshalb setzen wir nun Kunden und Distributoren als „Meinungsbildner" und Multiplikatoren bewusst auf Tagungen und Messen ein. Neben dem Vertrauensvorsprung, den diese Menschen genießen (da es sich nicht um unsere eigenen Mitarbeiter, sondern um „wirkliche Praktiker" handelt), entstehen durch diese Vorträge oft Inspirationen für neue Anwendungen, Lösungsansätze und Geschäftsmodelle; also eine echte Win-win-Situation für alle Beteiligten.[1]

[1] Für mehr Information zum Thema neue Vertriebswege und Integration von externem Wissen empfehle ich mein Buchkapitel: „Neue Herausforderungen im internationalen Vertrieb – wie Führungskräfte globales Denken und lokales Handeln beeinflussen können". https://link.springer.com/chapter/10.1007/978-3-658-40943-2_1.

Transparenz

Transparenz ist ein entscheidender Faktor, um das Leistungsversprechen eines Unternehmens zu stärken. Ein transparenter Ansatz zeigt den Kunden, dass das Unternehmen nichts zu verbergen hat und bereit ist, alle relevanten Informationen über seine Produkte oder Dienstleistungen offen zu teilen. Dies schafft Vertrauen und Glaubwürdigkeit, die eng mit der Wahrnehmung der Zuverlässigkeit und Qualität eines Angebots verknüpft sind. Kunden neigen dazu, sich sicherer zu fühlen, wenn sie verstehen, was sie von einem Produkt oder einer Dienstleistung erwarten können. Untermauere die positiven Eigenschaften bzw. Features deiner Produkte mit Produkttests (z. B. in Fachzeitschriften, durch Influencer und Testimonials, Qualitätszertifikate etc.). Adressiere große Hürden wie z. B. den Preis durch Vergleiche und Investitions-/Renditeberechnungen. Stelle immer den Nutzen (Ersparnis, Vorteile) in den Vordergrund. Rede niemals schlecht über Mitbewerber, aber kommuniziere deine Unterscheidungsmerkmale und Vorteile klar. Letztlich trägt Transparenz dazu bei, eine langfristige Kundenbindung aufzubauen, da die Kunden das Gefühl haben, eine fundierte Entscheidung getroffen zu haben, die ihren Bedürfnissen und Erwartungen entspricht.

Kundenbindung und -service

Ein exzellenter Kundenservice und die Fähigkeit, Kundenbindungen aufzubauen, können das Vertrauen in das Leistungsversprechen einer Firma stärken. Kunden, die das Gefühl haben, dass ihre Bedürfnisse ernst genommen werden, sind eher geneigt, dem Leistungsversprechen zu vertrauen. Falls du ein Callcenter benutzt, stelle die optimale Erreichbarkeit sicher. Gib den Mitarbeitern einen klaren Rahmen, was sie sofort entscheiden dürfen und was nicht. Schnelle Lösung = zufriedener Kunde. Regelmäßige Kontaktaufnahmen durch den Vertriebsmitarbeiter gerade nach dem Kauf bestärken das Vertrauen beim Kunden und binden ihn an das Unternehmen. Man kann in diesem Stadium aktiv nach Empfehlungen fragen und so weitere Kunden mit ähnlichen Herausforderungen in derselben Industrie gewinnen.

Erfüllung von Versprechen

Eine konsistente Erfüllung von Versprechen baut Vertrauen auf. Wenn eine Firma ihr Leistungsversprechen bezüglich Qualität, Zuverlässigkeit und anderen Leistungsmerkmalen konsequent einhält, wird das Vertrauen gestärkt. Die Erlebbarkeit von Qualität und Vertrauen spielt eine entscheidende Rolle. Kunden und Mitarbeiter müssen die Erfüllung von Versprechen spüren und erleben können. Dies kann auf verschiedene Weise geschehen. Lasse diese Menschen zu Wort kommen, denn das ist glaubhafter als Werbung:

Testimonials und Fallstudien wurden schon in Abschn. 2.2 behandelt. Ein Unternehmen kann beispielsweise auf seiner Website oder in sozialen Medien Geschichten von zufriedenen Kunden veröffentlichen, die darlegen, wie es seine Versprechen gehalten hat. Diese Testimonials können in schriftlicher Form, als Videos oder als Fallstudien präsentiert werden.

Ein **Kundenklub oder eine Community** können eine Plattform bieten, auf der zufriedene Kunden ihre positiven Erfahrungen teilen. Diese Art von Social Proof stärkt das Vertrauen neuer und bestehender Kunden und macht die Erfüllung von Versprechen sichtbar.

Kommunikationskanäle (z. B. Intranet oder Teammeetings) innerhalb des Unternehmens können dazu genutzt werden, positive Beispiele hervorzuheben, wie Versprechen eingehalten wurden. Mitarbeiter können eingeladen werden, ihre Geschichten darüber zu teilen, wie sie oder ihre Teams durch die Einhaltung von Zusagen erfolgreich waren.

Die Erfüllung von Versprechen ist ein entscheidender Faktor für den Aufbau von Vertrauen, sowohl im Außenverhältnis (zwischen dem Unternehmen und seinen Kunden) als auch im Innenverhältnis (zwischen Mitarbeitern und Führungskräften).

Authentizität (echt sein)

Authentizität spielt eine wichtige Rolle. Kunden bevorzugen Unternehmen, die authentisch sind und nicht nur oberflächlich versuchen, Vertrauen aufzubauen. Authentische Kommunikation und Handlungen tragen dazu bei, das Vertrauen zu stärken. Sei deshalb glasklar und ehrlich bei deinen Versprechungen: Sag, was dein Produkt kann und was du für den Kunden tun wirst (Versprechen, am besten messbar mit Datum), was du **versuchen** wirst, wo aber im Moment noch unklar ist, ob die Produkteigenschaft machbar ist oder nicht (Grauzone) und du das erst abklären musst und was das Produkt nicht kann bzw. was die Grenzen oder Risiken sind. Kunden können sehr wohl auch mit „schlechten" Nachrichten umgehen, aber niemand möchte etwas zugesichert bekommen und nachher funktioniert gerade dieser Punkt nicht. **Mein Grundsatz ist hier: „Under-promise, over-deliver"** (dt. „Versprich weniger, als du kannst, und leiste dann aber mehr, als du versprochen hast"). Das heißt, der Kunde gewinnt Vertrauen, dass alles, was an Leistung versprochen wird, auch eingehalten wird.

Risikoreduktion

Kunden sind eher bereit, einem Leistungsversprechen zu vertrauen, wenn sie das Gefühl haben, dass das Risiko minimiert ist. Geld-zurück-Garantien, transparente Garantiebedingungen und ähnliche Maßnahmen können das Vertrauen stärken. Durch solche Transparenz und Authentizität hat der Kunde weniger Risiko, da klar ist, was er bekommt und was nicht. Wenn diese Versprechen eingehalten werden, erhöht sich das Vertrauen des Kunden auch in mögliche zukünftige Leistungen des Unternehmens (z. B. Garantien) und dass diese genauso erbracht werden.

Viele der hier angeführten sieben Themenbereiche werden von potenziellen Kunden heutzutage weit vor dem Erstkontakt mit einem Unternehmensvertreter (z. B. Vertrieb, Messebesuch etc.) abgefragt und intern bewertet. Das heißt, dass der Kunde sich informiert hat, bevor ein Unternehmen oder Vertriebsmitarbeiter überhaupt zu einem Termin eingeladen wird. Die meisten Informationen, die vom Unternehmen publiziert wurden und öffentlich zugänglich sind, wurden bereits gesichtet und bewertet.

Denkansätze und praktische Hilfen

- Die Frage, die man sich als Führungskraft und Unternehmer stellen muss: Zahlen unsere Informationen (speziell auf der Unternehmenswebsite und auf Social Media) in unser Vertrauenskonto ein oder eher nicht? Gibt es genügend Kundentestimonials,

Testberichte und Fachartikel, die sich der potenzielle Kunde anschauen kann? Welche Hilfe kann ich in Anspruch nehmen, um vorhandene Defizite zu ändern?

- Was kann ich persönlich tun, um noch vertrauensvoller mit meinen Mitarbeitern und Kunden umzugehen?
- Informiere dich im Vorfeld eines Termins beim Kunden so gut wie möglich über deinen Gesprächspartner (Person und Firma). Dadurch werden Anknüpfungspunkte für ein Gespräch sichtbar (z. B. wenn man auf der gleichen Uni war, dasselbe Fußballteam unterstützt etc.).
- Informiere dich über seine Produkte, die Industrie, in der er tätig ist, und darüber, welche Probleme und Herausforderungen dort anstehen.
- Überlege, wie du Kunden mit ähnlichen Problemen bereits geholfen hast. Sammle Testimonials bei dir in der Firma und auch bei externen Partnern (z. B. Kunden, Zulieferern und Distributoren).
- Bringe zur richtigen Zeit, wenn die ersten Gespräche gelaufen sind und ein grundsätzliches Vertrauen bereits besteht, einen Mitarbeiter mit, der sich mit der Thematik und Industrie des Kunden sehr gut auskennt. Hierdurch wird Vertrauen aufgebaut („Ich und meine Probleme werde verstanden, ich bin in guten Händen").
- Gib Informationen großzügig weiter, aber verliere nicht dein großes Ziel aus den Augen: Viele Verkäufer beraten den Kunden zu Tode, in der Hoffnung, dass Informationen Vertrauen schaffen. Das ist zwar größtenteils so und richtig, aber das Vertrauensverhältnis muss ein Ziel haben (meistens ist es ein Auftrag oder die langfristige Geschäftsbeziehung). **Wichtig:** Ich sage NICHT, dass Vertrauen manipulativ eingesetzt werden soll oder nur Mittel zum Zweck ist. Aber letztendlich geht es nicht primär um Unterhaltung und Wissensvermittlung, sondern darum, ein für alle Beteiligten stimmiges Erlebnispaket zu erschaffen (Produkt + Personen + Wissen + Kundenerfahrung [Testimonials] + Preis und Leistungsumfang = Vertrauens-/Personen-/Produktpaket und damit ein Auftrag durch perfektes Kundenerlebnis).

1.4 Vertrauen und Beziehungen im nichtwestlichen Kontext

Nach diesen praktischen Tipps zum Thema Vertrauen möchte ich ausdrücklich betonen, dass es sich bei Vertrauen nicht nur um ein psychologisches oder philosophisches Prinzip handelt, sondern es messbar zu besseren Geschäften verhilft. Während es in der westlichen Welt eher um das Vertrauen in Gesetze und Verträge geht, steht das Vertrauen in zwischenmenschliche Beziehungen in vielen nichtwestlichen Gesellschaften im Vordergrund. Das bringt uns zum dritten Punkt, den Geschäftsgepflogenheiten in der nichtwestlichen Welt. In diesem Umfeld habe ich den größten Teil meiner beruflichen Laufbahn verbracht und möchte deshalb einige (sehr allgemeine) Empfehlungen abgeben, was zu beachten ist und wie man auch dort erfolgreich sein kann.[2]

[2] Für eine intensive Betrachtung kultureller Unterschiede zwischen Menschen und ihres unterschiedlichen Verhaltens im Geschäftsalltag empfehle ich das Buch von Erin Meyer: *Die Culture Map: Verstehen, wie Menschen verschiedener Kulturen denken, führen und etwas erreichen.*

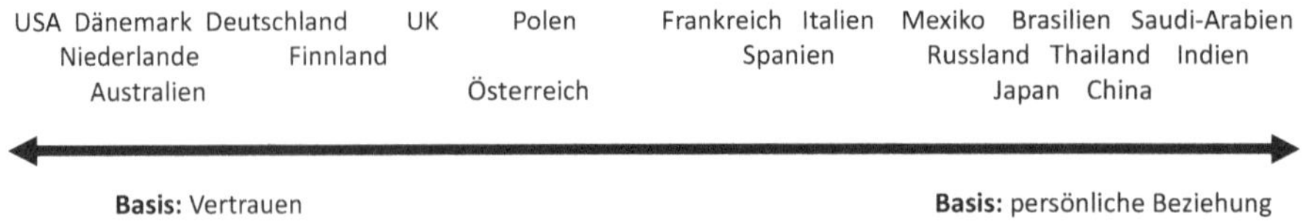

Basis: Vertrauen	Die Kommunikation zwischen Geschäftspartnern ist präzise und klar. Schriftliche Vereinbarungen als Vertrauensbasis. Botschaften werden direkt ausgedrückt und verstanden. Vertrauen entsteht durch Geschäftsaktivitäten. Diese werden aufgrund eines konkreten Grundes eingegangen und können genauso schnell wieder beendet werden.
Basis: persönliche Beziehung	Kommunikation ist viel nuancierter, vielschichtiger und nicht direkt („durch die Blume", „man liest zwischen den Zeilen". Vertrauen entsteht durch eine persönliche Beziehung zwischen den Menschen. Langsamer Vertrauensaufbau durch gemeinsame soziale Aktivitäten (z. B. Mahlzeiten), oft mit Einbezug der gesamten Familie). Langsamer Aufbau einer Geschäftsbeziehung mit Langzeit-Fokus. „Ich kenne Dich, deshalb vertraue ich Dir".

Abb. 1.4 Vertrauen in unterschiedlichen Kulturen nach Meyer, 2018. (Quelle: Autor)

Während im westlich-angelsächsisch geprägten Teil der Welt Vertrauen mehr in Absprachen und schriftlichen Verträgen fixiert wird, liegt im nichtwesentlichen Teil (der überwiegende Teil der Welt, inkl. Asien, Afrika, Südeuropa und Lateinamerika) der Vertrauensfokus eher auf persönlichen, familiäreren Beziehungen. Dies wird in Abb. 1.4 dargestellt.

Das heißt, wenn ich gerne Geschäfte mit Menschen/Firmen aus nichtwestlichen Kulturen machen möchte, muss ich mich auf deren Verständnis von Vertrauen einlassen. Aus meiner Erfahrung entstehen die größten Missverständnisse, Reklamationen und Probleme eben genau an diesem Punkt. Geschriebene Verträge sind im nichtwestlichen Kulturkreis weniger wert als die persönliche Beziehung (Verträge sind gut, Freundschaft ist besser). Gerade in Asien spielt Vertrauen die wichtigste Rolle – wenn man in China zur Familie bzw. dem Freundeskreis, gegenüber dem man Verpflichtungen hat („guanxi"), gehört, ist fast alles möglich. Entscheidungen werden nur (!) in diesem Kreis getroffen, da Mitglieder als vertrauenswürdig angesehen werden, die Gesellschaft und besonders der Staat aber nicht (engl. „low-trust-culture", Fargel, 2014). Manche westlichen Geschäftsleute lassen sich von der modernen asiatischen Infrastruktur und dem inzwischen oft westlichen äußerlichen Verhalten von Geschäftspartnern blenden, aber an der eigentlichen Entscheidungskultur hat sich nichts verändert. Asiaten bevorzugen Erfahrungsberichte entweder aus der Familie oder dem Freundes-/Vertrauenskreis. Wenn sich eine oder mehrere Personen aus diesem Vertrauenskreis für dich, dein Produkt oder deine Lösung einsetzen, wirst du den Auftrag erhalten. Dieser Empfehlungsgeber „haftet" dann aber auch in der Gruppe für dich. Dieser Vertrauensbeweis muss nicht nur vom westlichen Geschäftspartner erbracht werden, sondern auch die Marken, Qualität und der Social-Media-Auftritt müssen auf dieses Vertrauenskonto einzahlen, sodass ein rundes Paket entsteht. Wenn diese Voraussetzungen erfüllt sind, alles gut läuft und die Versprechungen erfüllt wurden, hat man die

Chance, in den Freundes-/Vertrauenskreis einzutreten. Ist dies geschehen, muss diese Verbindung (ähnlich einer Liebesbeziehung) immer wieder gepflegt werden – durch regelmäßige Besuche, gemeinsame Mahlzeiten und Freizeitaktivitäten sowie die Teilnahme an kulturellen Besichtigungen und Veranstaltungen. Auch wenn das beschwerlich und zeitaufwendig erscheint, ist es der einzige Weg zum dauerhaften Erfolg. Ich habe schon viele Stunden mit Mahlzeiten und Diskussionen über Fußball, Kultur und Lebensweisheiten mit Kunden aus der nichtwestlichen Welt erlebt. Während ich am Anfang meiner beruflichen Laufbahn diesen Teil als weniger wichtig angesehen habe, durfte ich über die Jahre eine starke persönliche Bereicherung mit Erweiterung der eigenen Sichtweise durch diese Begegnungen erfahren. Das eine oder andere Mal wurde mir zum Schluss des Besuchs per Handschlag (oder auf einer Serviette aufgeschrieben) ein Auftrag erteilt. Interessanterweise konnten alle Unklarheiten, die danach noch bestanden, auf einfacher zwischenmenschlicher Basis geklärt werden; der Vertrag umfasste oft nur eine oder zwei Seiten mit den groben Eckpunkten.

Zusammengefasst entsteht, wenn sich beide Parteien auf eine persönliche Beziehung einlassen, ein Vertrauensdreieck (Frei und Morriss, 2020): Es geht um **Authentizität** („Ich erlebe dich, so wie du wirklich bist"), die **Logik** („Ich habe deine Produktversprechungen gesehen und verstanden") und die **Empathie** („Ich glaube und vertraue dir, dass du dich wirklich für mich interessierst und unseren gemeinsamen Erfolg möchtest").

Ein Praxisbeispiel, wie Vertrauen in großem Umfang zu einem Geschäftsmodell werden kann, ist das sogenannte Microlending (dt. „Kleinkredite"). Christensen et al. (2014) erklären dieses perfekte Beispiel für das Vertrauensdreieck, das in der Praxis greifbar wird. Konventionelle Banken in Entwicklungsländern verweigern oft Kredite an Menschen ohne Sicherheiten, wodurch diese gezwungen sind, sich an „Kredithaie" zu wenden, oft zu Zinsen von 300 bis 3000 % – wenn sie überhaupt Zugang zu solchen Krediten haben. In diesen Fällen bauen Microlendingorganisationen eine persönliche Beziehung zu ihren Kreditnehmern auf, basierend auf Vertrauen, Authentizität und Empathie. Diese Organisationen bieten Kleinkredite zu relativ niedrigen Zinsen an und verlangen wenig bis gar keine Sicherheiten. Die Wirkung dieser persönlichen Vertrauensarbeit ist tiefgreifend: In vielen Ländern hatten Mikrokredite einen größeren Einfluss auf die Armutsbekämpfung als die Weltbank, der IWF oder konventionelle Banken.

Ein Beispiel ist die Grameen Bank in Bangladesch. Sie verkörpert das Vertrauensdreieck in beeindruckender Weise. Am Ende des Jahres 2005 hatte sie 5,6 Mio. Kreditnehmer in fast 60.000 Dörfern und seit ihrer Gründung im Jahr 1976 über 5,2 Mrd. Dollar verliehen – mit einer Rückzahlungsrate von über 98 %. Der Großteil der Bank gehört den Kreditnehmern selbst, was das Vertrauensverhältnis noch weiter stärkt. Gewinne werden reinvestiert, um das Kreditvolumen zu erhöhen. Diese Erfolgsquote zeigt die Stärke des Vertrauens, das zwischen Kreditgebern und Kreditnehmern aufgebaut wurde. Im B2B-Bereich sei als Beispiel Toyota genannt (Liker, 2021). Ein Unternehmen, das seinen Lieferanten vertraut, ist eher bereit, eine langfristige Partnerschaft einzugehen. Toyota setzt auf langfristige Partnerschaften mit wenigen ausgewählten Lieferanten anstatt auf kurzfristige Verträge. Dies führt zu einer höheren Qualität und Effizienz, da Lieferanten besser auf die Bedürfnisse von Toyota eingehen können. Solche stabilen Partnerschaften sind das Resultat von gegenseitigem Vertrauen, Transparenz und Verlässlichkeit. Diese Art von Vertrauen und Verlässlichkeit ist auch ein Kernpunkt des Erfolgs vieler deutscher KMU, die interessanterweise ähnliche Vertrauensbeziehungen zu Mitarbeitern, Kunden und Lieferanten pflegen wie im zuvor beschriebenen nichtwestlichen Kontext (Fokus auf persönliche Beziehungen).

1.5 Zusammenfassung

In Abschn. 1.1 wurde ausgeführt, dass Vertrauen ein komplexer und bewusster Entscheidungsprozess ist, der stark von individuellen Werten, Erfahrungen und dem kulturellen Umfeld beeinflusst wird. Inmitten der unsicher gewordenen VUCA-Welt suchen Menschen neben dem persönlichen Vertrauen auch nach Vertrauen im Unternehmenszusammenhang. Vertrauen ist ein wichtiger Wettbewerbsvorteil und Grundlage für gute Zusammenarbeit sowohl innerhalb des Unternehmens als auch in der Beziehung zu Kunden und anderen Partnern. Fehlt dieses Vertrauen, wird das Geschäftsumfeld komplizierter und formeller – es wird mehr auf Verträge und rechtliche Absicherungen gesetzt und die Beziehungen tendieren dazu, weniger langfristig zu sein.

Abschn. 1.2 beschrieb, wie Vertrauen im Geschäftsalltag das Leistungsversprechen eines Unternehmens stärken kann. Vertrauen spielt eine entscheidende Rolle für den Erfolg einer Firma, sei es durch positive Kundenerfahrungen, Authentizität oder das konsequente Einhalten von Versprechen. Glaubwürdigkeit, transparente Kommunikation und ein guter Kundenservice sind wichtige Bausteine, um Vertrauen aufzubauen. Dies führt zu stärkeren Kundenbindungen und letztlich zu mehr Erfolg.

Abschn. 1.3 betont, dass Vertrauen auch in nichtwestlichen Geschäftskontexten eine zentrale Rolle spielt, jedoch anders verstanden wird als im Westen. Während im Westen Verträge und schriftliche Absprachen dominieren, liegt in vielen nichtwestlichen Kulturen der Fokus auf persönlichen Beziehungen und Netzwerken. Erfolg basiert dort stark auf Vertrauen, das durch persönliche Kontakte, gemeinsame Erlebnisse und Empfehlungen innerhalb von Vertrauenskreisen aufgebaut wird. Dies erfordert Geduld, Authentizität und regelmäßige Pflege der Beziehungen.

1.6 Konkrete Schritte – was kannst du sofort tun?

- **Vertrauen systematisch aufbauen und pflegen**
  Vertrauen entsteht nicht über Nacht. Formuliere einfache, klare und messbare Versprechen an Kunden, Partner und Mitarbeiter. Sorge dafür, dass diese eingehalten werden. Nutze dabei Feedbackmechanismen wie Kunden- und Mitarbeiterumfragen, um kontinuierlich zu lernen und dich zu verbessern.
- **Kommunikation optimieren und Transparenz fördern**
  Schaffe eine offene und transparente Kommunikationskultur, sowohl intern als auch extern. Informiere regelmäßig über Fortschritte, Erfolge und Herausforderungen. Nutze

dabei unterschiedliche Kanäle (wie Newsletter, Social Media oder interne Meetings), um sicherzustellen, dass alle Beteiligten auf dem gleichen Stand sind.

- **Kundenbeziehungen aktiv gestalten**
  Gehe über formelle Geschäftsbeziehungen hinaus und fördere authentische und persönliche Interaktionen mit deinen Kunden.
- **Interne Vertrauenskultur stärken**
  Schaffe ein Arbeitsumfeld, in dem Vertrauen gedeiht. Versprechen werden eingehalten. Etabliere und fördere eine offene Feedbackkultur und ermögliche regelmäßige Gelegenheiten für den Austausch von Ideen und Meinungen. Investiere in Teambuilding-Maßnahmen und Schulungen, die Vertrauen und Zusammenarbeit fördern. Stelle sicher, dass Führungskräfte durch Vorbildverhalten Vertrauen aufbauen und erhalten.
- **Kulturelle Besonderheiten berücksichtigen**
  Erkenne an, dass Vertrauen in verschiedenen Kulturen unterschiedlich verstanden und aufgebaut wird. Setze auf den Aufbau persönlicher, langfristiger Beziehungen und zeige Geduld und Verständnis für kulturelle Unterschiede. Investiere in kulturelles Training und entwickele Strategien, die den spezifischen Bedürfnissen und Erwartungen der jeweiligen Kultur gerecht werden.
- **Sichere Strukturen schaffen**
  In einer VUCA-Welt ist es wichtig, Vertrauen durch Stabilität und Verlässlichkeit zu stärken. Entwickele klare Prozesse und Strukturen, die Sicherheit und Vorhersehbarkeit schaffen. Kommuniziere diese Prozesse klar an Kunden und Mitarbeiter und sorge für ihre konsequente Einhaltung. Das reduziert Unsicherheit und schafft Vertrauen in die Fähigkeit des Unternehmens, auch in unsicheren Zeiten zuverlässig zu handeln.

Literatur

Balcerzyk, D. (2021). The role of a leader in contemporary organizations. *European Research Studies Journal, XXIV*(1), 226–240. https://doi.org/10.35808/ersj/1959

Christensen, C. M., Baumann, H., Ruggles, R., & Sadtler, T. M. (2014). Disruptive innovation for social change. *Harvard Business Review*. https://hbr.org/2006/12/disruptive-innovation-for-social-change. Zugegriffen am 25.10.2024.

Churchill, W. S. (1949). *Their finest hour*. Houghton Mifflin.

Dix, F. (2021). Neue Markenkampagne von Miele: Ein Gerät für die nächsten 20 Jahre. https://www.kuechen-design-magazin.de/neue-markenkampagne-von-miele-ein-geraet-fuer-die-naechsten-20-jahre/. Zugegriffen am 25.10.2024.

Eckschlager, R. (2023, July 6). Roman Eckschlager on LinkedIn. https://www.linkedin.com/posts/roman-eckschlager_sales-marketing-tech-activity-7082597801976602624-fcyY/. Zugegriffen am 25.10.2024.

Fargel, M. (2014). *Vertrauen im chinesischen Alltag als Hintergrund zum Marktgeschehen*. marktforschung.de – Das Portal für Marktforschung, Data Analytics und Insights. https://www.marktforschung.de/marktforschung/a/vertrauen-im-chinesischen-alltag-als-hintergrund-zum-marktgeschehen/. Zugegriffen am 25.10.2024.

Frei, F. X., & Morriss, A. (2020). Begin with trust. *Harvard Business Review* – Online store. https://store.hbr.org/product/begin-with-trust/R2003H. Zugegriffen am 25.10.2024.

Kastner, C. (2023). Neue Herausforderungen im internationalen Vertrieb – wie Führungskräfte globales Denken und lokales Handeln beeinflussen können. In C. Kastner, C. Jacob, D. Hesmer, &

P. Plugmann (Hrsg.), *Innovative Unternehmensführung* (S. 1–17). essay/Springer Gabler. https://doi.org/10.1007/978-3-658-40943-2_1
Liker, J. K. (2021). *The Toyota Way: 14 management principles from the world's greatest manufacturer.* McGraw Hill Education.
Lindskold, S. (1978). Trust development, the GRIT proposal, and the effects of conciliatory acts on conflict and cooperation. *Psychological Bulletin, 85*(4), 772–793. https://doi.org/10.1037/0033-2909.85.4.772
Maslow, A. H. (1943). A theory of human motivation. *Psychological Review, 50*(4), 370–396. https://doi.org/10.1037/h0054346
Meyer, E. (2018). *Die Culture Map: Verstehen, wie Menschen verschiedener Kulturen denken, führen und etwas erreichen.* WILEY CH.
Rodriguez, A., & Rodriguez, Y. (2015). Metaphors for today's leadership: Vuca World, Millennial and "Cloud leaders". *Journal of Management Development, 34*(7), 854–866. https://doi.org/10.1108/jmd-09-2013-0110
Seebacher, U. (2023, November 15). *Navigating communication in a FIBS world: The need for a paradigm shift.* AQPS Academic Institute for Qualified Methods and Professional Structures. https://uweseebacher.org/blogs/news/navigating-communication-in-a-fibs-world-the-need-for-a-paradigm-shift. Zugegriffen am 25.10.2024.
Suchanek, Prof. Dr. A. (o.J.). *Definition: Vertrauen.* Gabler Wirtschaftslexikon. https://wirtschaftslexikon.gabler.de/definition/vertrauen-50461/version-384763. Zugegriffen am 25.10.2024.
Tudor, K. (2023). The courage to be, to become – And to belong: A person-centered understanding. *Person-Centered & Experiential Psychotherapies*, 1–16. https://doi.org/10.1080/14779757.2023.2234985. Zugegriffen am 30.10.2024.

Christian Kastner ist seit über 15 Jahren im internationalen technischen B2B-Vertrieb in Führungspositionen tätig. In dieser Zeit hat er wertvolle Erfahrungen in der Zusammenarbeit mit lokalen Geschäftspartnern und multikulturellen Teams in verschiedenen Märkten weltweit gesammelt, darunter Europa, die USA, Lateinamerika und Asien. Für ihn basiert echter Erfolg auf einer respekt- und vertrauensvollen Zusammenarbeit, bei der alle Beteiligten auf Augenhöhe miteinander agieren. Diese Erfahrungen bilden die Grundlage für die Inhalte dieses Buchkapitels.

Christian Kastner hat an Universitäten in Großbritannien studiert (MBA, MSc). Heute lebt er mit seiner Familie in der Nähe von Stuttgart. Neben seiner Familie gilt seine Leidenschaft dem Reisen, gutem Essen, Geschichte und dem lebenslangen Lernen.

Nebenberuflich engagiert er sich als Herausgeber und Autor. Er veröffentlicht Bücher, Artikel und Beiträge, unter anderem auf Plattformen wie LinkedIn und YouTube, in denen er sich mit den Themen Leadership und internationalem Vertrieb auseinandersetzt. Sein zentrales Thema ist dabei „Wie können wir wirtschaftlich erfolgreiche Unternehmen schaffen, aber auch sicherstellen, dass die Menschen ihr volles Potenzial erreichen?" Mit dem Menschen im Mittelpunkt jedes wirtschaftlichen Handelns unterstützt er Studierende und Führungskräfte durch Mentoring und Coaching dabei, eine ganzheitliche, werteorientierte Persönlichkeitsentwicklung zu erreichen.

Führungsstrategien in der Cloud: Eine Fallstudie eines mittelständischen Unternehmens

2

Werner Krings, Zahra Tohidinia und K. M. Anwarul Islam

2.1 Die Natur und das Ausmaß der Führungsherausforderung im Wandel

Zunächst beleuchten wir die jüngsten Führungsherausforderungen der Claranet GmbH nach einem kritischen Ausfall ihrer Infrastructure-as-a-Service-Plattform, der internationale Kunden betraf. Der Vorfall verdeutlicht die Risiken, die mit der Abhängigkeit von cloudbasierten Diensten einhergehen, insbesondere in einem **v**olatilen, **u**nsicheren, **k**omplexen und **a**mbigen (VUKA) Geschäftsumfeld. Die Relevanz dieser Erfahrungen für kleine und mittlere Unternehmen (KMU) liegt darin, dass sie ähnliche Herausforderungen in Krisenzeiten bewältigen müssen. Durch die Analyse von Claranets Reaktionen und der zugrunde liegenden Unternehmenskultur, die durch persönliche Erfahrungen, Experteninterviews[1] und Gespräche mit Führungskräften sowie einschlägige Literatur beleuchtet

[1] Unser besonderer Dank gilt der deutschen und englischen Geschäftsführung sowie allen Claranet-Interviewteilnehmerinnen und -teilnehmern, die dieses Projekt genehmigt und unterstützt haben. Die Transkripte stehen auf Anfrage beim Autor zur Verfügung.

W. Krings (✉)
Strategic Marketing, Framingham State University, Framingham, USA
E-Mail: wkrings@framingham.edu

Z. Tohidinia
Framingham State University Business College, Framingham, USA
E-Mail: ztohidinia@framingham.edu

K. M. A. Islam
School of Business and Social Sciences, State University of Bangladesh, Dhaka, Bangladesh
E-Mail: anwarul.bs@sub.edu.bd

C. Kastner et al. (Hrsg.), *Führung im Wandel*,
https://doi.org/10.1007/978-3-658-47645-8_2

wird, können wertvolle Erkenntnisse darüber gewonnen werden, wie Führungskräfte in KMU ihre Teams durch Krisen führen können. Dieser umfassende Ansatz zeigt, wie effektives und effizientes Management in schwierigen Zeiten, wie beispielsweise während der Covid-19-Pandemie oder anderer unerwarteter Entwicklungen, umgesetzt werden kann.

2.1.1 Aktuelle/potenzielle Auswirkungen auf das interne Umfeld

Das interne Umfeld, geprägt durch verteilte Führung, geht taktisch mit Krisen um. Die jüngste Herausforderung festigte die Eindrücke aus dem Treffen im Jahr 2022 mit dem britischen CEO und dem deutschen Geschäftsführer, die mit Spyridonidis' einzigartigem Führungsansatz übereinstimmen (Abb. 2.1).

Auf zwischenmenschlicher Ebene ist das authentische Anliegen des CEOs für Kunden und Mitarbeiter tief in Claranets DNA verankert, was sich im früheren Credo „Unsere Kunden dabei unterstützen, Großartiges zu leisten" widerspiegelt. Dieses Engagement stärkte die Widerstandsfähigkeit des Unternehmens während der Herausforderungen durch Covid-19, obwohl es erhebliche technische Probleme aufgrund des kritischen Plattformausfalls gab.

Claranets Organisation zeigte während der Krise Resilienz, wobei die Vorstandsmitglieder Teams und Kunden einbezogen, um Risiken zu mindern. Die authentische Kommunikation des Geschäftsführers (MD) und das neue Motto „Die Moderne Wirklichkeit werden lassen"

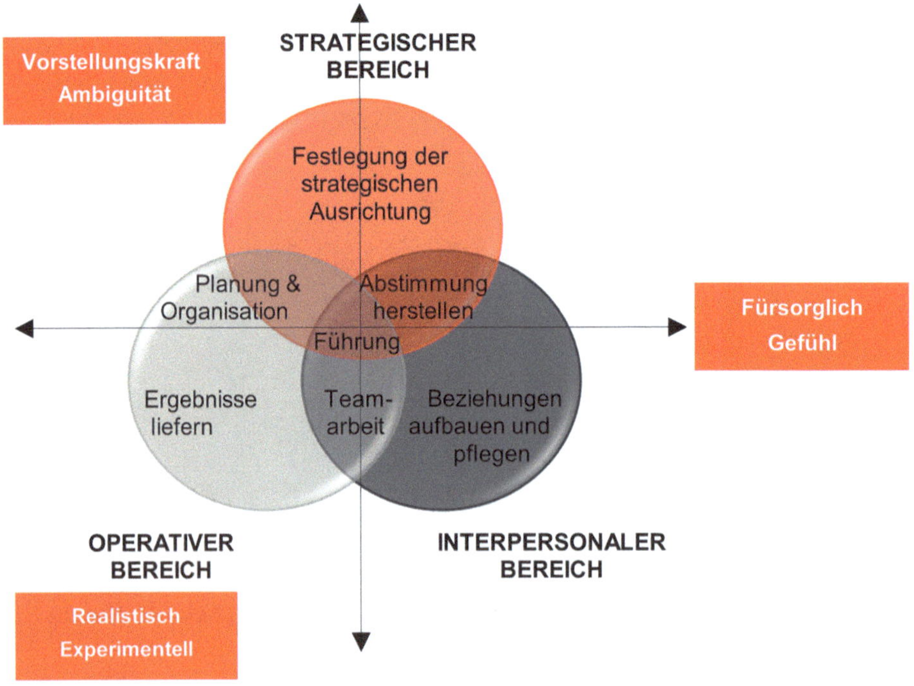

Abb. 2.1 Führungsansatz. (Quelle: Autoren in Anlehnung an Spyridonidis et al., 2022; Pendleton & Furnham, 2016)

förderten Zusammenarbeit und Effizienz, was die Kundenbeziehungen bewahrte. Die interne Kommunikation sollte verbessert werden, um schneller auf die Krise reagieren zu können.

Einige Mitarbeiter merkten an, dass das Führungsteam mit beispiellosen Ereignissen zu kämpfen hatte, während andere ihre Bemühungen unter dem Druck unzufriedener Kunden am Wochenende lobten. Ihr bescheidener und fairer Ansatz vermied Schuldzuweisungen an den Hardwareanbieter und linderte Unsicherheiten hinsichtlich der Haftung des Unternehmens. In Übereinstimmung mit Compliance- und Rechtsberatung gab der Vorstand einen ehrlichen Vorfallsbericht heraus und verfeinerte kontinuierlich die Krisenmanagement- und Kommunikationsstrategien.

2.1.2 Aktuelle/potenzielle Auswirkungen auf das externe Umfeld der Organisation

Überblick über den Wandel und den Kontext

Kurz vor dem kritischen Vorfall stellte der CEO der Claranet-Gruppe Pläne für einen strategischen Wandel vor, basierend auf Erkenntnissen aus der Bewertung des externen Umfelds von Claranet (Abb. 2.2).

Trotz makroökonomischer Herausforderungen, einschließlich der nach dem Ukrainekrieg steigenden Zinsen, priorisiert die Führung von Claranet Resilienz, vermeidet Entlassungen, fördert eine generationenübergreifende Personalpolitik und institutionelles Wissen und verfolgt Übernahmen in aufstrebenden Technologien.

Empirisch gesehen ist die Claranet GmbH aus Krisen wie Covid-19 gestärkt hervorgegangen und hat Chancen ergriffen.

Inhalt und Prozesse

Chancen bestehen darin, das Wachstum durch optimierte Einkaufszyklen voranzutreiben, mit Schwerpunkt auf Compliance, Kostenkontrolle und gesteigertem Vertrauen und Fachwissen, um unterschiedliche Kundenanforderungen zu bewältigen.

Intern sollen veraltete Aktivitäten eliminiert und isolierte Prozesse effizient neu gestaltet werden – jede Dienstleistung sollte berechnet werden. Extern liegt der Fokus auf

Abb. 2.2 PEST-Analyse (Auszug). (Quelle: Autoren; Carruthers, 2009 in Anlehnung an Augila, 1967)

Wachstum in widerstandsfähigen Sektoren und der Pflege langfristiger Beziehungen für Übernahmen nach dem Abschwung. Proaktive Anpassung erfordert Dringlichkeit, schnelles Handeln und einen kollektiven Bewusstseinswandel (Nasser, 2023). Die Dienstleistungen von Claranet werden strategisch neu ausgerichtet, wobei der Schwerpunkt auf Anpassungsfähigkeit, Resilienz, Vereinfachung, Sicherheit und datengestützter Entscheidungsfindung liegt (Claranet, 2023).

2.2 Organisatorischer Ansatz für die Führungsherausforderung im Wandel

Im ersten Jahr des Hauptautors bei Claranet trat eine Führungsherausforderung im Wandel auf, bedingt durch unternehmensweite Plattformausfälle und die Verschärfung des VUCA-Umfelds während der Covid-19-Pandemie. Die Geschäftsführung von Claranet reagierte positiv und zugänglich, angeführt von Stressresilienz und authentischer Führung, was die Zusammenarbeit in Krisenzeiten förderte (Fox et al., 2020; Colley & Spyridonidis, 2022).

Die Veränderungsinitiative griff teilweise veraltete Prozesse auf, insbesondere im Bereich des Reisekostenmanagements. Eine spezifische Empfehlung in diesem Zusammenhang könnte sein, dass das deutsche Unternehmen die Agilität bei der Einführung neuer Technologien verbessert.

Die Reaktion von Claranets Geschäftsführung auf die Covid-19-Pandemie verdeutlicht das Engagement für das Wohlbefinden der Mitarbeiter, einschließlich der Bereitschaft für Remotearbeit. Dennoch bestehen Herausforderungen, wie die Notwendigkeit einer inklusiveren Krisenkommunikation und die Berücksichtigung zusätzlicher wirtschaftlicher Vorteile.

Die Analyse unter Verwendung von Cameron und Quinns Rahmenmodell der konkurrierenden Werte (2006) und Lewins Veränderungsmanagement-Modell (1951) hebt positive Ergebnisse hervor, wobei der Fokus auf der Schaffung eines komfortablen Arbeitsumfelds liegt. Einige identifizierte passive Führungsaspekte, insbesondere in der Entscheidungsfindung und Durchsetzungsfähigkeit, weisen jedoch auf die Notwendigkeit einer kritischen Reflexion und Verbesserung auf Organisationsebene hin.

Die familiäre Kultur, welche von Authentizität, Vertrauen und einer flachen Hierarchie geprägt ist, fördert eine positive Atmosphäre. Einige spezifische Führungsaspekte bedürfen jedoch einer weiteren Bewertung.

2.2.1 Vielfalt von Menschen und Werten

Claranets familiäre Kultur, geprägt von Offenheit, Vertrauen und einer Abwesenheit von toxischem Verhalten, stellt für Neueinsteiger eine Herausforderung dar, die sich in den bestehenden Strukturen zurechtfinden müssen. Darüber hinaus unterstreichen veraltete Prozesse und Widerstand gegen Innovation die Notwendigkeit kontinuierlicher Anpassung und Veränderung.

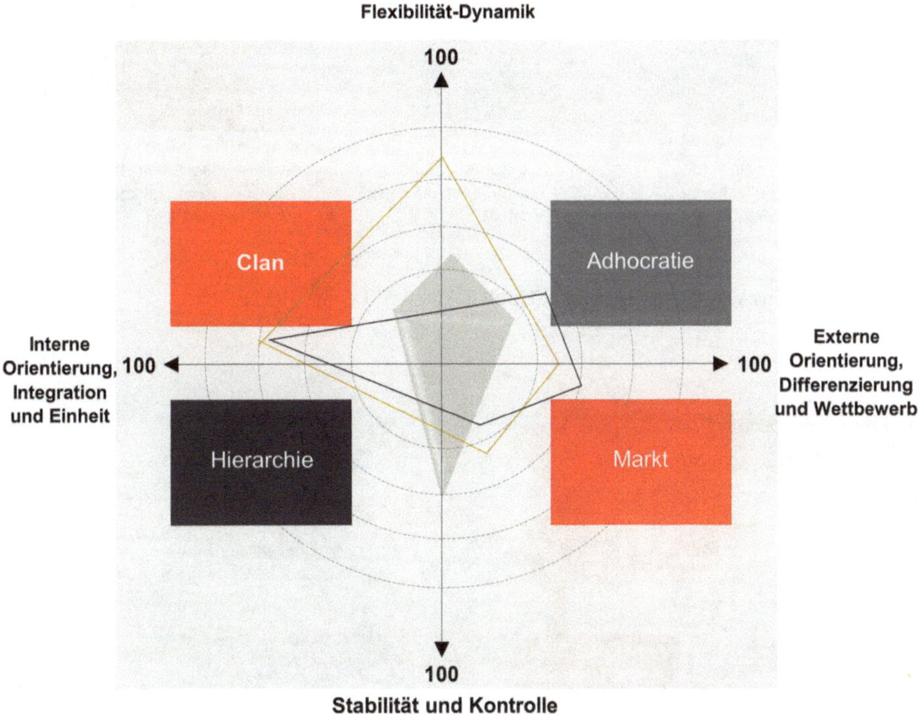

Abb. 2.3 Instrument zur Bewertung der Organisationskultur. (Quelle: Autoren; Cameron & Quinn, 2006)

Die Kollegen fördern eine ansprechende Atmosphäre mit flachen Hierarchien, informellen Strukturen und einem ergebnisorientierten Fokus. Die lobenswerte Reaktion auf Covid-19, einschließlich Initiativen zur religiösen Vielfalt, zeigt die Fürsorge der Organisation.

Die Anwendung des *Modells der konkurrierenden Werte von Cameron und Quinn* offenbart eine Mischung aus *Clan-*, *Markt-* und *Adhocratie*-Kultur. Die Clankultur steht im Einklang mit Claranets offener, vertrauensvoller Atmosphäre, während die Marktkultur mit dem zielorientierten, ergebnisfokussierten Ansatz übereinstimmt (Abb. 2.3).

2.2.2 Analyse des Führungsansatzes

Die Organisationsstruktur priorisiert flache Hierarchien, um die Zugänglichkeit des Topmanagements zu verbessern, wobei jedoch Herausforderungen bei der Delegation und der Kommunikationskoordination erkannt werden. Hier ist es wichtig zu beachten, dass eine partizipative Kultur, gemessen am **E**mployee **N**et **P**romoter **S**core (eNPS), kreativen Input fördert.

Trotz der Kommunikationsherausforderungen zeigt eine Analyse der Führungsstile aktueller und ehemaliger Vorstandsmitglieder einen schlanken, kooperativen Ansatz, der auf verteilte Führung und Autonomie setzt, im Vergleich zu anderen Unternehmen auf dem

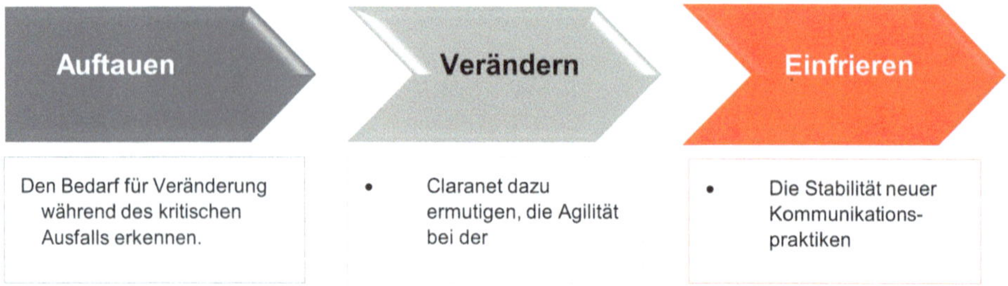

Abb. 2.4 Lewins Veränderungsmodell. (Quelle: Autoren; Lewin, 1951)

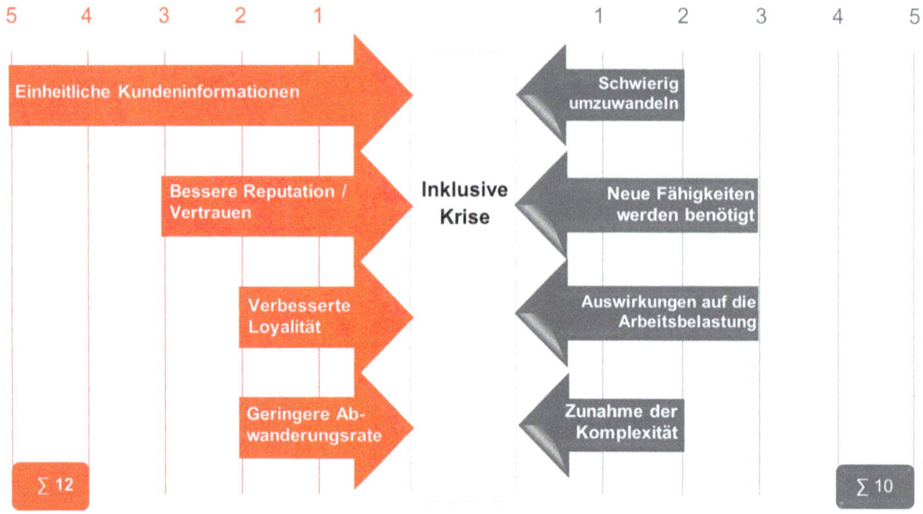

Abb. 2.5 Kraftfeldanalyse. (Quelle: Autoren; Lucidity, 2023)

Markt. Die Reaktion von Claranet auf einen kürzlichen kritischen Ausfall folgte einem strategischen „Auftauen-Verändern-Einfrieren"-Ansatz (siehe Abb. 2.4), der sich auf die Stärkung der Agilität in der deutschen Niederlassung konzentrierte.

Die Kraftfeldanalyse, die Lewins Modell nutzt, betont die Notwendigkeit, die Inklusivität der Krisenkommunikation zu stärken.

Ein differenzierter Vergleich, in Abb. 2.5, zwischen dargestellten roten und grauen Kräften, unterstreicht, dass die Führungskräfte von Claranet aktiv Veränderungen und Verbesserungen vorantreiben müssen.

Durch das Cameron-und-Quinn-Modell zeigt sich in der Krisenführung von Claranet eine stressresiliente (*Adhocratie*), ergebnisorientierte (*Markt*) und authentische (*Clan*) Kultur. Allerdings wird ein dringender Appell an eine proaktivere Haltung gemacht, insbesondere bei der Bewältigung von Entscheidungsverzögerungen und der Implementierung neuer Technologien.

Die Herausforderungen, denen sich die Führung von Claranet stellen muss, umfassen vielfältige Probleme wie Entscheidungsverzögerungen, das Fehlen durchsetzungsstarker Maßnahmen und Bedenken hinsichtlich des Arbeitsbelastungsausgleichs.

Eine proaktive Haltung, die eine inklusive Krisenkommunikation betont und zusätzliche Vorteile berücksichtigt, kann diese Herausforderungen überwinden.

Obwohl die Wirksamkeit der Führung während der Pandemie anerkannt wird, erfordert die aktuelle Krise eine entschlossene, gut ausbalancierte Strategie. Maßgeschneiderte Empfehlungen betonen eine gesteigerte Agilität, proaktive Technologieanpassung und ein strategisches Rahmenwerk für effektive Kommunikation und Umsetzung, um eine starke Mitarbeiterbindung während des Mangels an qualifizierten Experten sicherzustellen (Mayfield & Mayfield, 2002).

2.2.3 Ergebnis der Führungsänderung

Die Führung von Claranet legt Wert auf ein positives Arbeitsumfeld, indem sie intergenerationale Vielfalt betont und nicht ausschließlich auf die finanzielle Vergütung der Mitarbeiter fokussiert. Dies spiegelt eine proaktive Haltung wider. Eine gestraffte Verwaltung unterstützt ein positives Organisationsklima während Krisen, was sich in der lobenswerten Reaktion auf Covid-19 zeigt, die Fürsorge und Anpassungsfähigkeit unter Beweis stellt.

Trotz Herausforderungen in der inklusiven Krisenkommunikation und verzögerten Reaktionen auf kritische Kundenprobleme ist das Gesamtergebnis der Führungsänderungen positiv. Das Engagement der Organisation, Probleme anzugehen, demonstriert einen proaktiven Ansatz.

Claranets ergebnisorientierter Fokus könnte durch eine gut organisierte Krisenreaktion, effektive Krisenkommunikation und die Digitalisierung von Prozessen weiter verbessert werden, obwohl Herausforderungen wie längere Einkaufszyklen, Projektverzögerungen und eine Wirtschaftskrise bestehen. Die kürzlich aufgetretene Krise aufgrund eines Speicherausfalls zeigte eine erfolgreiche, aber unkoordinierte Zusammenarbeit bei der Bewältigung der Folgen.

2.2.4 Aktueller Bedarf der Organisation

Die Befragten betonten die Notwendigkeit einer verbesserten Krisenkommunikation, einer stärkeren Kundenbindung sowie einer Optimierung der Vergütung und des Reisekostenprogramms.

Herausforderungen bei der Aufrechterhaltung von Prozessen betonen die Bedeutung der Einbindung von Vertriebsleitern in die Kommunikation, was wiederum die Schnittstellen zu den Serviceleitern optimiert und die Zuständigkeiten in der Kundenbetreuung klärt.

Inklusive Krisenkommunikation baut funktionale Silos ab und sorgt für einen koordinierten Ansatz gegenüber den Kunden. Ein effektiver Krisenkommunikationsprozess umfasst das Management eskalierter Kommunikation auf Vorstands- und Serviceebene, mit entsprechender Einbindung auf Vertriebsebene.

Vorgeschlagene Initiativen konzentrieren sich darauf, Kommunikationskanäle zu verfeinern, das Timing zu optimieren und unternehmensweite Ankündigungen zu veröffentlichen, um die Zusammenarbeit und Reaktionsfähigkeit zu verbessern, wobei der Schwerpunkt darauf liegt, die aktuelle Kommunikationslücke in der Organisation zu schließen.

2.2.5 Schlussfolgerungen

Claranets Führungsansatz in Zeiten des Wandels verkörpert Positivität, Krisenadaptabilität und das Engagement für kontinuierliche Verbesserung. Die Lehren und Erkenntnisse aus dieser Fallstudie heben die Bedeutung der Förderung eines familiären und inklusiven Arbeitsumfelds hervor. Einsichten aus dem Rahmenwerk konkurrierender Werte von Cameron und Quinn sowie Lewins Modell für Veränderungsmanagement bieten ein tiefes Verständnis der Organisationsdynamik von Claranet. Zu den Herausforderungen gehören verzögerte Führungsentscheidungen und Widerstand gegen den Austausch veralteter Prozesse. Folglich besteht ein fortwährender Bedarf an adaptiver Führung.

Die Stärken der Führung von Claranet liegen in der Mitarbeiterbindung, visionären Ausrichtung und der Bereitschaft zur Veränderung, wobei Verbesserungsmöglichkeiten darin bestehen, starre Ideen anzugehen, die die Teamdynamik stören. Praktische Beispiele unterstreichen die Bedeutung von Machbarkeitsstudien vor Entscheidungen und bieten wertvolle Lektionen. Diese Synthese bietet einen umfassenden Überblick über die Dynamiken bei Claranet, die Nuancen der Führung, wertvolle Lehren und die dringende Notwendigkeit einer kontinuierlich adaptiven Führung.

2.3 Perspektive des Geschäftsführers zur Führungsherausforderung im Wandel

Die Empfehlungen des Topmanagements zielen darauf ab, die organisatorische Resilienz zu stärken, Innovationen zu fördern und eine einheitliche Reaktion auf Veränderungen und Herausforderungen zu entwickeln. Diese stimmen eng mit der Perspektive des Geschäftsführers/Managing Directors überein (Tab. 2.1).

Tab. 2.1 Empfehlungen für Claranets Geschäftsführung und KMU. (Quelle: Autoren)

Bereich	Empfehlungen
Kernwerte und Finanzstrategie	Kernwerte, welche die Organisationskultur definieren, beibehalten und stärken Eine zukunftsorientierte Finanzstrategie umsetzen, um in Krisenzeiten widerstandsfähig zu bleiben
Organisatorische Prozesse	Prozesse kontinuierlich verfeinern, mit einem Schwerpunkt auf effektiver Krisenkommunikation, um flexibel und reaktionsfähig zu bleiben (Clutterbuck & Hirst, 2002)
Führungsansatz	Flexible und anpassungsfähige Führungskultur entwickeln, die verteilte Führung und die Identifikation von Schlüsselressourcen betont, um den Herausforderungen in einem volatilen Umfeld gerecht zu werden
Schwerpunkt der Führungsänderung	Den Wert der Mitarbeiter erkennen und in Vorstandsveränderungsmanagement einbeziehen Innovation durch verteilte Führung und Hackathons fördern, um im dynamischen Marktumfeld wettbewerbsfähig zu bleiben

(Fortsetzung)

Tab. 2.1 (Fortsetzung)

Bereich	Empfehlungen
Gesamtausrichtung	Herausforderungen proaktiv angehen, wobei eine positive Unternehmenskultur mit Vision und Anpassungsfähigkeit betont werden Wachstumschancen durch transparente Kommunikation und Zusammenarbeit nutzen

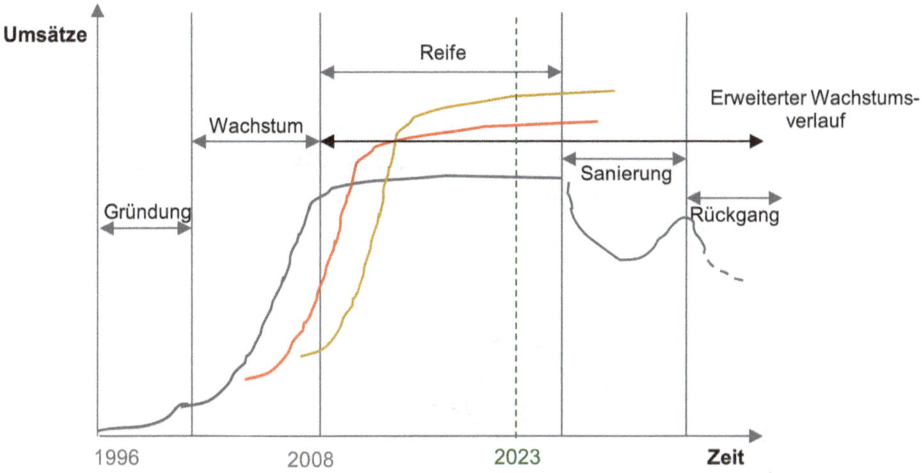

Abb. 2.6 Der Führungslebenszyklus. (Quelle: Autoren in Anlehnung an Ward, 2002)

2.3.1 Individueller Ansatz für diese spezifische Führungsherausforderung

Das verfeinerte Führungslebenszyklusmodell (Abb. 2.6) geht zunächst davon aus, dass für verschiedene Phasen des Unternehmenslebenszyklus unterschiedliche Führungskräfte erforderlich sind (graue Grafik).

Nichtsdestotrotz hat die anfängliche Führung von Claranet über 25 Jahre hinweg geschickt einen kontinuierlichen Wachstumspfad aufrechterhalten, wie in der Grafik dargestellt, indem sie einen umsichtigeren finanziellen Ansatz und eine sorgfältige Akquisitionspolitik verfolgte. Die anfängliche Führung von Claranet hat jedoch über 25 Jahre hinweg geschickt eine kontinuierliche Wachstumsentwicklung beibehalten, wie in der roten und goldenen Kurve dargestellt, indem sie einen vorsichtigen finanziellen Ansatz und eine sorgfältige Akquisitionspolitik verfolgte. Statt ihre Strategie reaktiv an äußere Ereignisse anzupassen, haben sie proaktiv eine Unternehmensplanung formuliert, um Chancen zu nutzen (Fischer, 2023; Nasser, 2023).

Durch die Nutzung einer nachgewiesenen Erfolgsbilanz im Krisenmanagement zeigt die oberste Führungsebene Resilienz bei der Bewältigung aktueller Herausforderungen, wobei ihre Weitsicht vor Misserfolg und Überheblichkeit schützt (Dotlich & Cairo, 2003). Folglich werden keine Änderungen an der Position des CEO oder Geschäftsführers für notwendig erachtet.

2.3.2 Umgang mit Dilemmata, Paradoxien und Überheblichkeit

Kotters Rahmenwerk bietet eine praktische Struktur für organisatorischen Wandel und die Förderung einer proaktiven Kultur, die sich positiv auf die Vorbereitung des *Krisenmanagements* auswirkt (Abb. 2.7 und Tab. 2.2).

Die paradoxe Natur von Führung und Überheblichkeit im Kontext von Claranet wird aus der Sicht des Änderungskaleidoskops analysiert, wobei verschiedene Dimensionen und Elemente des Wandels untersucht werden. Interviews und Beobachtungen stützen diese Analyse. Der transaktionale Führungsstil, der sich dadurch auszeichnet, dass Führungskräfte inspiriert und motiviert werden, über ihre eigenen Interessen hinauszugehen, wird durch das ausgezeichnete Commitment und Engagement von Topmanagement und Serviceteam gegenüber Kunden über ein gesamtes Wochenende während des kritischen Ausfalls veranschaulicht (Abb. 2.8 und Tab. 2.3).

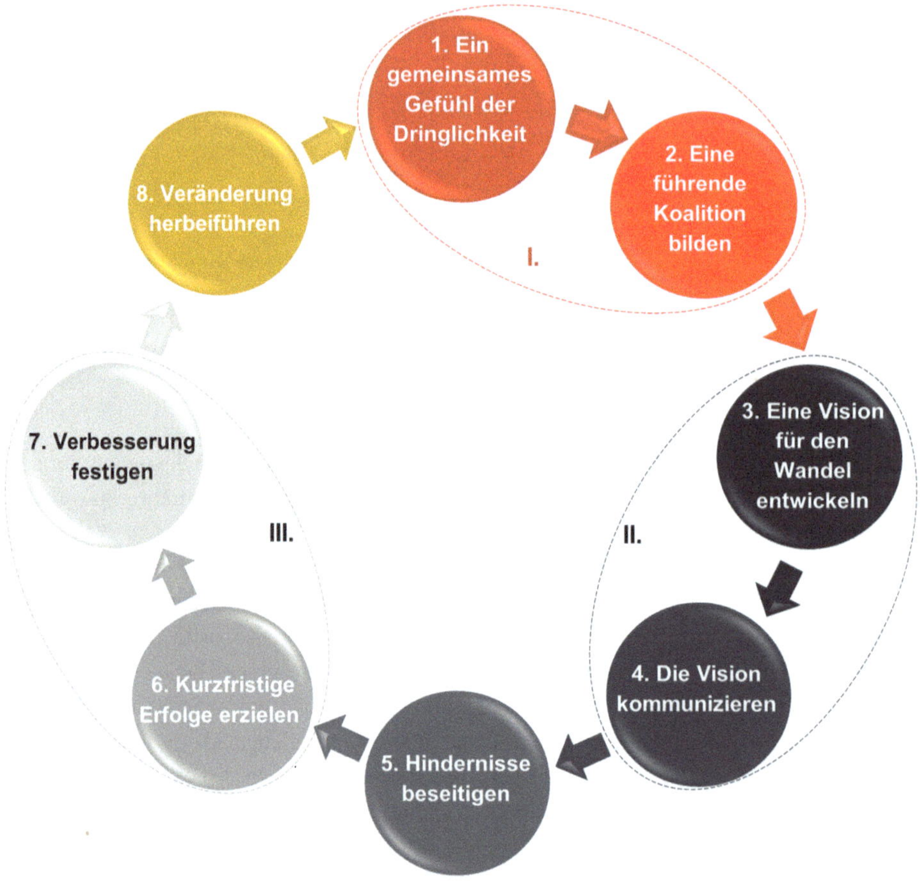

Abb. 2.7 Kotters 8-Stufen-Modell für Veränderungsmanagement. (Quelle: Autoren; Kotter, 1996)

Tab. 2.2 Synthese von Kotters Modell für Claranet. (Quelle: Autoren)

Schritt	Beschreibung
I.	Claranets Führung erkannte die Herausforderungen schnell und initiierte Aktionspläne. Es gab jedoch keine Gelegenheit, die Dringlichkeit zu erhöhen und eine für eine Koalition für einen effektiveren Wandel zu etablieren. Es sollten Leitlinien implementiert werden, um den Kreis der verantwortlichen Veränderungsagenten zu definieren. Stressresiliente und authentische Führungskräfte spielen dabei eine entscheidende Rolle, um in Krisenzeiten starke Koalitionen zu bilden
II.	Die Betonung der Notwendigkeit, die Agilität des deutschen Unternehmens zu steigern und eine inklusive Krisenkommunikation zu fördern, steht im Einklang mit unserer Vision für den Wandel. Es ist entscheidend, die Mitarbeiter schnell über das Krisenmanagement zu informieren und sie einzubeziehen, um ihre Meinungen, Anliegen und Vorschläge zu berücksichtigen, was für eine widerstandsfähige Geschäftsstrategie wichtig ist. Die Verbesserung der Transparenz in den Kommunikationswegen wird dazu beitragen, diese Herausforderung zu meistern
III.	Das positive Stimmungsbild während der Pandemie war ein kurzfristiger Erfolg für die Führung. Auch die Reaktion des Geschäftsführers während seines Urlaubs war ein weiterer kurzfristiger Erfolg. Eine leichte Verschiebung der Urlaubsplanung hätte jedoch zu mehr Kohärenz, Sichtbarkeit und Effizienz führen können. Es wird empfohlen, einen koordinierten Ansatz zu wählen, um die Terminplanung zu optimieren
5.-+-8.	Claranets familiäre Kultur navigiert effektiv Hindernisse, integriert neue Technologien und treibt Veränderungen voran. Das Wertschätzen eines angenehmen Arbeitsumfelds und der unterschiedlichen Hintergründe der Mitarbeiter verankert diese Veränderungen in der Unternehmenskultur

Abb. 2.8 Änderungskaleidoskop (Auszug). (Quelle: Autoren in Anlehnung an Balogun & Hope Hailey, 2004)

Tab. 2.3 Änderungskaleidoskop Rahmenwerk. (Quelle: Autoren)

Dimension	Beschreibung
Zeit	Claranet ist ein Knotenpunkt für Veränderungsmanagement und strategische Entwicklung, wobei Verbesserungsbereiche anerkannt werden und eine Ausrichtung auf Evolution und Wachstum im Laufe der Zeit erfolgt
Umfang	Herausforderungen für neue Mitarbeitende bestehen darin, etablierte Strukturen aufzubrechen und eine Transformation vorzuschlagen
Bewahrung	Die Organisation ist bodenständig, authentisch und vorhersehbar, was Kontinuität und Stabilität unterstreicht
Diversität und Macht	Abgesehen von einem früheren, kleinen Vorfall steht das Fehlen von Überheblichkeit im Einklang mit der Diversität/Vielfalt und der Anerkennung unterschiedlicher Perspektiven und Verhaltensweisen
Fähigkeit	Der Schwerpunkt liegt auf Mitarbeiterbeteiligung und kreativem Input, beeinflusst durch den **E**mployee **N**et **P**romoter **S**core, was mit Claranets Fähigkeit zur Anpassung und Verbesserung von Prozessen übereinstimmt
Führung in der Krise (Paradoxe Führung)	Der Umgang mit VUCA, die Fokussierung auf die entstehende Robustheit aus der Wirtschaftskrise und das erfolgreiche Management längerer Einkaufszyklen bei wachsender Pipeline zeigen eine effektive Krisenführung. Dennoch stiften unkoordinierte Ad-hoc-Entscheidungen zeitweilig Verwirrung
Bereitschaft zur Veränderung	Anerkennung der Notwendigkeit von Disziplin in Kommunikationsrollen und des Potenzials für Verwirrung in flachen Hierarchien, z. B. bei inklusiven Krisenkommunikationspraktiken
Macht (Hybris)	Selbst in herausfordernden Zeiten betonen die Zugänglichkeit und Freundlichkeit sowohl des Senior Managements als auch des Vorstands Zusammenarbeit und Inklusivität

2.3.3 Identifizierung kritischer generischer Faktoren für das Führungsteam

Das Führungsteam sollte sich mit isolierter Kommunikation (Silokommunikation) auseinandersetzen und eine koordinierte und verteilte Führung fördern, um durch den Aufbau resilienter Teams die Krisenfestigkeit zu stärken (Fox et al., 2020). Die rechtzeitige Einbindung von leitenden Vertriebsangestellten ist entscheidend, um ihre beratende Rolle zu bewahren, die Wahrnehmung ihrer verringerten Bedeutung beim Kunden zu zerstreuen und unvollständige Führung anzugehen, wie von Ancona et al. (2007) hervorgehoben. Dieser Ansatz gewährleistet eine effektive Einbindung von leitenden Vertriebsangestellten und entlastet das Topmanagement von übermäßiger operativer Beteiligung in kritischen Ausnahmesituationen.

2.3.4 Schlussfolgerung

Die Autoren haben das Narrativ rund um die Führungsherausforderung bei Claranet skizziert und die freundliche, familienorientierte Kultur der Organisation erläutert, die durch Werte geprägt ist, die eine Atmosphäre emotional verbundener Mitarbeiter fördern. Sie hoffen, dass dieses Narrativ KMUs dienen kann, um ihre Unternehmensstruktur und Kultur zu überdenken. Claranets Unternehmenskultur, die auf Authentizität und Vertrauen basiert, trägt zu einer anhaltenden Mitarbeiterbindung bei, die sich in niedrigen Fluktuationsraten widerspiegelt.

Die Organisation ist bestrebt, Herausforderungen anzugehen und Wachstumschancen zu nutzen. Zentrale Themen sind exzellente Kommunikation (einschließlich Klarheit der Zielsetzung, Vertrauen, effektiver Informationsaustausch und Kommunikation des Topmanagements; Clutterbuck & Hirst, 2002), Anpassungsfähigkeit an Veränderungen und ein optimistischer Ausblick.

Lernerfahrung

Im folgenden Abschnitt wurde die Lernerfahrung untersucht, die sich aus der Bewältigung spezifischer interner und externer Herausforderungen bei Claranet ergeben hat. Durch Beobachtungen und Interviews wurden strategische Auswahl, Design und Anwendung von Rahmenwerken und Modellen implementiert, um die Krisenmanagementfähigkeiten von Claranet zu verbessern. Dieser Prozess zielte darauf ab, über einen längeren Zeitraum hinweg zur Förderung einer effektiven Führung beizutragen, die KMUs als Beispiel dienen kann.

Auswirkungen auf die Praxis

Abschließend wurden die praktischen Implikationen durch Triangulation und Inhaltsanalyse der Interviewtranskripte bewertet. Die angewandten Rahmenwerke und Modelle sind konzeptionelle Werkzeuge, die für funktionale, lokale und globale (Glocal) VUCA-Umgebungen relevant sind (Rodriguez & Rodriguez, 2015). Diese Werkzeuge schärfen das Bewusstsein der Führungskräfte, ermöglichen eine geschickte Antizipation und Navigation von Veränderungen und verbessern letztlich die organisatorische Resilienz und Anpassungsfähigkeit.

In Krisenzeiten gestalten transformative und Veränderungsführer das erstickende VUCA (Volatilität, Unsicherheit, Komplexität, Ambiguität) in „Vision-Verständnis-Klarheit-Agilität" um und nehmen eine proaktive Haltung ein (Abb. 2.9). Visionäre Führungskräfte von KMUs nutzen dieses strategische Umdenken, um Herausforderungen geschickt zu meistern, innerhalb ihrer Organisationen zusammenzuarbeiten, Innovation zu fördern, Chancen zu ergreifen und nachhaltiges Wachstum für sich selbst, ihre Teams und ihre Organisationen sicherzustellen (Colley & Spyridonidis, 2022; Fischer, 2023; Goleman, 2000).

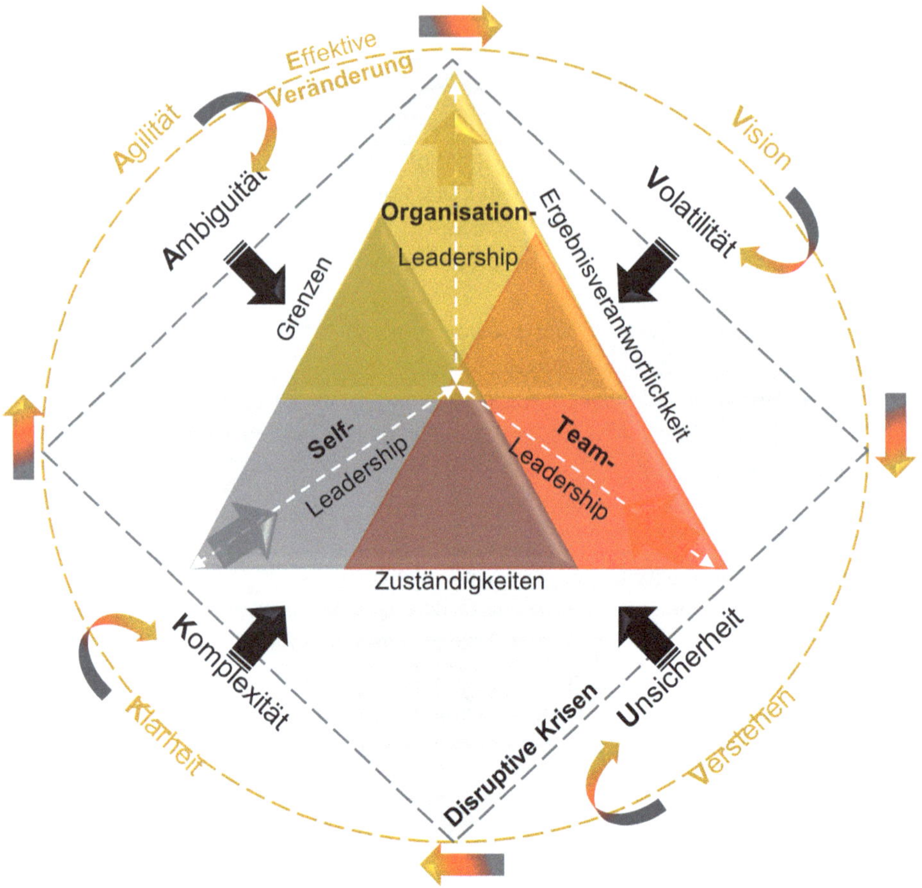

Abb. 2.9 Effektiver Führungswandel in „Glocal" VUCA. (Quelle: Autoren angelehnt an Balogun & Hope Hailey, 2004; Colley & Spyridonidis, 2022; Pendleton & Furnham, 2016; Rodriguez & Rodriguez, 2015)

Solche visionären Führungskräfte verstehen, wie sie Fähigkeiten entwickeln können, indem sie ihre Rollen und Verantwortlichkeiten sowie die Natur und die Auswirkungen von Veränderungen erkennen. Die Kultur und Werte von Claranet unterstützen den Aufbau von Führungs- und Veränderungskompetenzen, sowohl für sich selbst als auch für andere.

Literatur

Aguilar, F. J. (1967): Scanning the Business Environment. New York: Macmillan.

Ancona, D., Malone, T. W., Orlikowski, W. J., & Senge, P. (2007). In praise of the incomplete leader. *Harvard Business Review, 85*(2), 92–100.

Balogun, J., & Hope Hailey, V. (2004). Analysing the change context: The change kaleidoscope. In *Exploring strategic change* (2. Aufl.). Prentice Hall/Financial Times.

Cameron, K. S., & Quinn, R. E. (2006). *Diagnosing and changing organisational culture: Based on the competing values framework*. Wiley.
Carruthers, H. (2009). Using PEST analysis to improve business performance. *In Practice, 31*(1), 37–39.
Claranet. (2023). *About Claranet*. https://www.claranet.co.uk/about. Zugegriffen am 30.10.2023.
Clutterbuck, D., & Hirst, S. (2002). Business performance and communication excellence. In *Talking business: Making communication work*. Elsevier Ltd.
Colley, J., & Spyridonidis, D. (2022). *Unprecedented leadership: Leading in turbulent times* (1. Aufl.). Palgrave Macmillan.
Dotlich, D. L., & Cairo, P. C. (2003). *Why CEOs fail: The 11 behaviours that can derail your climb to the top-and how to manage them*. Wiley.
Fischer, O. (2023, November 17). *#update Olaf*. Internal video, Claranet GmbH. (Unpublished).
Fox, C., Davis, P., & Baucus, M. (2020). Corporate social responsibility during unprecedented crises: The role of authentic leadership and business model flexibility. *Management Decision, 58*(10), 213–233.
Goleman, D. (2000). Leadership that gets results. *Harvard Business Review, 78*(2), 4–17.
Kotter, J. P. (1996). *Leading change*. Harvard Business Review Press.
Lewin, K. (1951). *Theory of social science*. Harper and Row.
Lucidity. (2023). *Introduction to force field analysis*. https://getlucidity.com/strategy-resources/introduction-to-force-field-analysis/. Zugegriffen am 24.11.2023.
Mayfield, J., & Mayfield, M. (2002). Leader communication strategies: Critical paths to improving employee commitment. *American Business Review, 20*(2), 89–94.
Nasser, C. (2023, October 27). *FY24 Q1 Group update*. Internal video, Claranet Group. (Unpublished).
Pendleton, D., & Furnham, A. (2016). *Leadership: All you need to know* (1. Aufl.). Palgrave Macmillan.
Rodriguez, A., & Rodriguez, Y. (2015). Metaphors for today's leadership: VUCA world, millennial and "cloud leaders". *Journal of Management Development, 34*(7), 854–866.
Spyridonidis, D., Côté, N., Currie, G., & Denis, J.-L. (2022). Leadership configuration in crises: Lessons from the English response to COVID-19. *Leadership, 18*(5), 680–694.
Ward, A. (2002). *The leadership lifecycle: Matching leaders to evolving organisations*. Palgrave Macmillan.

Prof. Dr. Werner Krings – Experte für Innovation, Strategie und internationales Marketing

Prof. Dr. Werner Krings ist ein international anerkannter Experte für internationales Marketing, digitale Transformation und strategisches Wachstum, mit über 30 Jahren Führungserfahrung in der Beratung von Fortune-500- und DAX-100-Unternehmen. Seine akademische Tätigkeit umfasst die USA, Europa und Asien, mit Lehraufträgen an der Framingham State University sowie zuvor an der Woxsen University. Er veröffentlicht regelmäßig in führenden Fachzeitschriften wie Industrial Marketing Management und The Future of Business Schools und verfügt über fundierte Expertise in den Bereichen B2B-Strategie, Künstliche Intelligenz und Innovation. Seine akademische Ausbildung absolvierte er in Deutschland, den USA und Großbritannien; er hält einen DBA der Henley Business School sowie einen MBA der Warwick Business School und verbindet akademische Exzellenz mit unternehmerischer Relevanz.

Prof. Dr. Zahra Tohidinia ist Assistenzprofessorin und Chair der Marketing Fakultät an der Framingham State Universität. Ihre forschung untersucht Verbraucherdilemmas sowie Nachhaltigkeitsthemen. Bei der Bearbeitung ihrer Forschungsfragen stützt sie sich auf Experimente, Felddaten und Textanalysen. Darüber hinaus interessiert sie sich für Mund-zu-Mund-Propaganda und deren Einfluss auf zwischenmenschliche Wahrnehmungen in der heutigen digitalen Welt.

Prof. Dr. K. M. Anwarul Islam ist Professor und Leiter der Abteilung für Wirtschaftswissenschaften an der staatlichen Universität Bangladesh. Zuvor war er als Professor an der Millennium University tätig. Er absolvierte sein Studium an der University of Dhaka und promovierte an der Selangor Universität, Malaysia. Der Titel seiner Doktorarbeit lautete: „The Mediating Effect of Corporate Social Responsibility in the Relationship between Shari'ah Supervisory Board Characteristics and Performance of Islamic Banking Industry in Bangladesh". Zudem ist er Research Fellow und Gastprofessor an der INTI Internationalen Universität, Malaysia.

Dr. Islam hat über 170 wissenschaftliche Arbeiten in renommierten Fachzeitschriften veröffentlicht oder präsentiert, die in ABDC, ERA, ABS, Scopus-Q1/Q2, WoS-ESCI, SCIE und SSCI indexiert sind. Er ist ein international anerkannter Experte für Finanzen und Bankwesen. Als aktives Mitglied verschiedener Forschungs- und wissenschaftlicher Gesellschaften hat er in mehreren institutionellen Komitees mitgewirkt. Darüber hinaus ist er Autor von fünf Büchern und fungiert als Chefredakteur der „Bangladesh Journal of Multidisciplinary Scientific Research, USA" (Scopus-indexiert) sowie des „International Journal of Small and Medium Enterprises, USA" (ABS-indexiert). Laut Google Scholar hat er über 3211 Zitate, einen h-Index von 32 und einen i10-Index von 103. Dr. Islam wird im AD Scientific Index als Topwissenschaftler anerkannt und wurde 2024 als bester Wissenschaftler des Landes im Bereich Betriebswirtschaft ausgezeichnet.

3 Charismatisches Loslassen als Führungsprinzip – Nur Mutlose klammern sich an Kontrolle!

Daniel Hesmer und Norbert Wölbl

3.1 Einleitung: Wie radikal müssen wir Führung in Zukunft denken?

Die Dynamik der Märkte hat sich in den letzten Jahren dramatisch verändert. Globalisierung, Digitalisierung und technologische Disruptionen haben die Geschäftswelt schneller und unvorhersehbarer gemacht. Alte Gewissheiten über Marktzyklen, Wettbewerbsvorteile und Erfolgsfaktoren verschwinden – und damit auch die traditionellen Prinzipien der Führung. Die Frage, die sich Führungskräfte heute stellen müssen und die wir uns auch jeden Tag stellen, lautet: Gelten die alten Führungsprinzipien noch, oder müssen wir nicht nur unser Mindset, sondern auch das Handwerk der Führung radikal überdenken?

In der Vergangenheit galt Führung oft als eine Top-down-Funktion, bei der klare Strukturen, Befehlsketten und Kontrolle im Vordergrund standen. Doch in der heutigen Welt, die zunehmend durch Unsicherheit, Unberechenbarkeit und Komplexität geprägt ist, scheinen diese Ansätze nicht mehr zu funktionieren, sie haben ausgedient! Die Märkte reagieren blitzschnell auf Veränderungen und Unternehmen müssen ihre Strategien und ihre Arbeitsweisen ebenso flexibel gestalten: Organisationen sollten anfangen, die eigene Reaktionsfähigkeit nicht nur permanent weiterzuentwickeln, sondern sie sollten diese Reaktionsfähigkeit auch noch mögen. In dieser neuen Realität stellt sich die Frage, ob die traditionellen Führungsansätze ausreichend sind, um Teams und Organisationen erfolgreich durch diese Herausforderungen zu begleiten.

D. Hesmer (✉)
Sommerhausen, Deutschland

N. Wölbl
Rottweil, Deutschland

C. Kastner et al. (Hrsg.), *Führung im Wandel*,
https://doi.org/10.1007/978-3-658-47645-8_3

Führung als Fachaufgabe

Die Rolle der Führungskraft muss heute mehr denn je als eine spezialisierte Fachaufgabe betrachtet werden. Es reicht nicht mehr aus, ein exzellenter Fachexperte zu sein; Führung erfordert eigene Kompetenzen, die erlernt, entwickelt, ständig weiter verbessert und vertieft werden müssen. Führung ist keine Frage von Talent, sondern vielmehr der Mut zur Qualifizierung und die Leidenschaft für persönliche Entwicklung. Führungskräfte sind nicht nur Entscheider, sondern auch Wegweiser, Mentoren und Kommunikatoren. Sie müssen in der Lage sein, ihre Teams zu motivieren, Konflikte zu managen und eine klare Vision zu vermitteln. Nehmen wir als Beispiel diese Ansprache einer Geschäftsführerin im Rahmen einer Betriebsversammlung (sinngemäß wiedergegeben): „Mein Job ist es, euch nachvollziehbare, verständliche Visionen und Zielbilder zu vermitteln, die ihr versteht, die ihr in eurer Vorstellung konkret werden lasst, die ihr fühlen und riechen könnt. Wenn das nicht erreicht ist, muss und will ich weiter dran arbeiten und ich verspreche euch auch: Wir werden das Ziel nie aus den Augen verlieren und jeden Tag Umwege, Hindernisse, Untiefen entdecken, die wir vorher nicht kannten. Heißt auch: Wir kennen das Ziel, wir mögen das Ziel, wir wollen dahin und wir wissen demütig: Der Weg dahin wird geprägt sein von Umwegen, von Weggabelungen, von Hindernissen, auch von Innehalten und überlegen, was wir als Nächstes tun. Diese Demut wird uns guttun und uns immer wieder mit Spaß und Humor im Gepäck neue Lösungen und Ideen finden lassen."

Während früher viele Führungskräfte durch ihre fachliche Expertise an die Spitze aufgestiegen sind, sollte mittlerweile klar sein, dass dieses Fachwissen in einer Disziplin allein nicht mehr ausreicht. In einer Welt, die von ständiger Veränderung geprägt ist, müssen Führungskräfte auch in der Lage sein, mit Ungewissheit und Ambiguität umzugehen. Diese Fähigkeit, trotz unsicherer Bedingungen eine klare Richtung vorzugeben und Teams durch Turbulenzen zu führen, ist heute eine Kernkompetenz. Diese Entwicklung erfordert eine radikale Abkehr von starren Führungsprozessen und dumpfen Führungsritualen hin zu einer agilen, anpassungsfähigen Führung, die Vertrauen in die Fähigkeiten des Teams setzt und dieses Vertrauen durch Selbstverantwortung stärkt.

Mindset und Handwerk der Führung neu denken

Führung beginnt im Kopf, aber sie endet nicht dort. Ein modernes Führungsmindset verlangt mehr als nur Offenheit für Wandel und Veränderung. Es geht darum, ein tiefes Verständnis für die Dynamiken der Märkte zu entwickeln und daraus konkrete Handlungen abzuleiten. Führungskräfte werden lernen, noch konsequenter in Netzwerken zu denken, in denen Entscheidungsfindungen nicht mehr allein auf ihren Schultern ruhen, sondern gemeinsam mit Teams erarbeitet werden. Sie müssen Räume schaffen, in denen Kreativität und Innovation gedeihen können, anstatt auf alte Muster der Kontrolle und Steuerung zu setzen.

Lasst uns das „Handwerk der Führung" auch an diese neuen Gegebenheiten anpassen. Techniken wie laterale Führung – bei der nicht eine einzige Person die Verantwortung trägt, sondern die Führung situativ verteilt wird – gewinnen an Bedeutung. Führung wird zunehmend zu einer Kunst, die darin besteht, den Mitarbeitenden das Vertrauen und die Freiheit zu geben, Verantwortung zu übernehmen, ohne dass sie dabei das Gefühl haben, einsam und allein unterwegs zu sein. Hier zeigt sich das wahre Talent der Führung: Charismatisches Loslassen als strategisches Entwicklungsinstrument, um Raum für das Potenzial des Teams zu schaffen, während man gleichzeitig klare Handlungsräume und Spielfelder festlegt – diese Sicherheit gibt Mitarbeitern das Selbstbewusstsein des aktiven Handelns.

Die Führung von morgen ist weniger eine Frage von Macht und Kontrolle, sondern vielmehr von Empathie, Vertrauen, Flexibilität und der Fähigkeit, andere zu befähigen. Führung darf radikal neu gedacht werden, um den Anforderungen einer sich schnell verändernden Welt gerecht zu werden. Sie wird zur Fachaufgabe, die nicht nur die Entwicklung des Einzelnen, sondern auch den Erfolg des gesamten Teams und der Organisation vorantreibt. Die Zukunft der Führung ist charismatisch und zugleich loslassend – sie bietet Raum für Innovation und Selbstverantwortung, während sie gleichzeitig den nötigen Rahmen für Orientierung und Stabilität schafft. Wir nennen das – es dürfte euch vielleicht schon aufgefallen sein – „charismatisches Loslassen".

Lasst uns in den nächsten Kapiteln genauer auf dieses Führungsprinzip schauen und beleuchten, wie sich das auf Mitarbeiter, Teams und vor allem auf die Organisation von morgen auswirkt. Wie sehen die Erwartungen der Mitarbeitenden aus, und wie können wir den Spagat zwischen Charisma, Entscheidung und Selbstbestimmung meistern?

3.2 Die andere Seite: Was erwarten Mitarbeiter heute von Führung? Charisma, Entscheidung und Selbstbestimmung – ein Spagat?

In diesem Abschnitt nehmen wir einen Perspektivwechsel vor – übrigens auch eine herausragende Qualität von Führung: die Leidenschaft für die andere Blickrichtung. In der modernen Arbeitswelt hat sich die Beziehung zwischen Führungskräften und Mitarbeitenden grundlegend verändert. Wo früher Hierarchien und autoritäre Führungsstile die überdurchschnittliche Normalität repräsentierten, stehen heute Zusammenarbeit, Vertrauen und gegenseitige Wertschätzung im Vordergrund. Mitarbeitende suchen nicht nur nach einem Job, sondern nach Sinn, Anerkennung und der Möglichkeit, sich persönlich weiterzuentwickeln. Dieser Wandel stellt uns als Führungskräfte vor einen herausfordernden Balanceakt: Wie kann ich als charismatische Persönlichkeit inspirieren, mutige Entscheidungen treffen und dennoch die Selbstbestimmung meines Teams fördern? Lasst uns hier tiefer gehen.

Der Balanceakt zwischen Inspiration, Entscheidungskraft und Autonomie

Charismatische Führungskräfte besitzen die Fähigkeit, Menschen zu begeistern und eine klare Vision zu vermitteln. Ihr Enthusiasmus wirkt ansteckend und motiviert das Team, gemeinsam große Ziele zu erreichen. Sie schaffen es, eine emotionale Verbindung aufzubauen, und geben den Mitarbeitenden das Gefühl, Teil von etwas Größerem zu sein. Doch Charisma allein reicht nicht aus. Es muss von Authentizität und echter Wertschätzung begleitet werden, sonst verliert es an Glaubwürdigkeit. Mitarbeitende erwarten, dass wir

Führungskräfte nicht nur reden, sondern auch handeln und unseren Worten Taten folgen lassen. Auch schon so erlebt: Der Vorstand eines Unternehmens fordert Nachhaltigkeit in allen Facetten der Wertschöpfung und ruft einen Verhaltenskodex für die komplette zweite Führungsebene aus, Elektroautos zu fahren, und bietet dafür sogar interessante Anreize. Der Einzige, der allerdings weiterhin auf seinen geliebten Verbrenner schwört, ist der Vorstandsvorsitzende selbst. Das bisschen Selbstbestimmtheit dürfe er sich wohl noch gönnen. Das Bild, das sich hier ergibt, ist klar: Glaubwürdigkeitsverlust und ein charismatischer Schwächeanfall …

Gleichzeitig ist Entscheidungsfreude ein wesentliches Merkmal effektiver Führung. Klare und fundierte Entscheidungen vermitteln Sicherheit. Sie zeigen, dass die Führungskraft den Überblick behält und bereit ist, Verantwortung zu übernehmen. Dies gibt den Mitarbeitern Orientierung und ermöglicht es ihnen, sich auf ihre Aufgaben zu konzentrieren. Allerdings darf die Entscheidungsstärke nicht mit Autoritarismus verwechselt werden. Es geht nicht darum, Entscheidungen im Alleingang zu treffen, sondern den Input des Teams einzubeziehen und dennoch bereit zu sein, den finalen Schritt zu gehen, wenn es nötig ist.

Darüber hinaus wünschen sich Mitarbeiter mehr Autonomie und die Möglichkeit, eigenverantwortlich zu handeln. Sie möchten ihre Expertise einbringen, kreativ sein und Einfluss auf ihre Arbeit nehmen. Selbstbestimmung fördert nicht nur Zufriedenheit und Motivation, sondern führt oft zu innovativeren und besseren Lösungen. Eine Führungskraft, die Selbstbestimmung ermöglicht, zeigt Vertrauen in die Kompetenzen ihres Teams und schafft ein Umfeld, in dem Wachstum und Entwicklung gedeihen können.

Wege zu einer ausgewogenen Führung

Der Schlüssel zu diesem Balanceakt liegt in Empathie und Flexibilität. Starke und kraftvolle Führungskräfte erkennen die individuellen Bedürfnisse und Stärken ihrer Mitarbeitenden und ihren Führungsstil der Situation an. Offene und ehrliche Kommunikation ist dabei essenziell. Indem sie transparent über Ziele, Erwartungen und Entscheidungen sprechen, fördern sie ein Gefühl der Beteiligung und Wertschätzung. Es ist wichtig, diesen Dialog auf Augenhöhe zu führen, Feedback zu geben und anzunehmen, den so wichtigen Perspektivenwechsel einzunehmen sowie gemeinsam Lösungen zu erarbeiten.

Durch das bewusste Delegieren von Verantwortung empowern Führungskräfte ihre Mitarbeitenden, ohne sich aus der Verantwortung zu stehlen. Sie bleiben als Mentoren und Coaches verfügbar, bieten Unterstützung und Orientierung, wann immer sie benötigt wird. Dies fördert nicht nur die Selbstständigkeit des Teams, sondern entlastet auch die Führungskraft und ermöglicht ihr, sich auf strategische Aufgaben zu konzentrieren.

Dabei bildet Vertrauen das Fundament jeder erfolgreichen Zusammenarbeit. Es entsteht, wenn Führungskräfte zuverlässig zu ihrem Wort stehen und ihren Mitarbeitenden den Rücken stärken. Eine Kultur des Vertrauens fördert Mut und Initiative, da sich die Mitarbeitenden sicher fühlen, neue Wege zu gehen und Ideen einzubringen. Fehler werden als Lernchancen gesehen, und es entsteht ein Klima der Offenheit und des kontinuierlichen Lernens. Das ist übrigens für alle Beteiligten ein Entwicklungsprozess und keine Kurzstrecke, es gibt – und das haben wir selbst oft genug erlebt – Player, die ausgesprochen große Aversionen gegen Vertrauen und eigene Entscheidungs- und Handlungsfelder haben. Auf den Marathon sollten wir uns einlassen, denn er ist alternativlos.

Emotionale Intelligenz spielt auch eine zentrale Rolle in diesem Prozess. Sie befähigt Führungskräfte, ihre eigenen Emotionen und die ihrer Mitarbeitenden wahrzunehmen und angemessen darauf zu reagieren. Das hilft, Konflikte zu entschärfen, Beziehungen zu stärken und ein positives Arbeitsklima zu schaffen. Eine emotional intelligente Führungskraft erkennt, wann sie führen und wann sie loslassen sollte, und schafft so ein ausgewogenes Verhältnis zwischen Kontrolle und Freiheit – charismatisch eben.

Ein anspruchsvoller, aber lohnender Weg

Der Spagat zwischen Charisma, Entscheidungsfreude und Selbstbestimmung erfordert Mut, Selbstreflexion und die Bereitschaft zur ständigen Weiterentwicklung. Es gibt keine Patentlösung, sondern es geht darum, ein dynamisches Gleichgewicht zu finden, das den individuellen Bedürfnissen des Teams und den Anforderungen der Situation gerecht wird. Führungskräfte, die diesen Balanceakt meistern, schaffen ein Arbeitsumfeld, in dem Menschen ihr volles Potenzial entfalten können. Sie fördern Engagement, Kreativität und Loyalität – Faktoren, die in einer wettbewerbsintensiven Welt den entscheidenden Unterschied ausmachen.

Am Ende geht es darum, eine neue Art von Führung zu leben. Dieser Weg ist vielleicht nicht immer einfach, aber er führt zu einer erfüllenden und erfolgreichen Zusammenarbeit. Indem Führungskräfte den Mut haben, traditionelle Muster zu hinterfragen und sich auf den Balanceakt einzulassen, legen sie den Grundstein für nachhaltigen Erfolg – für sich selbst, ihre Teams und das gesamte Unternehmen.

3.3 Explodierende Komplexitäten und die Folgen für Führung

Lasst uns auf eine weitere Rahmenbedingung von Führung den Blick werfen: Ganz egal in welche Schlüsselprozesse wir in den Unternehmen schauen, ein Megatrend ist unumkehrbar: Die Komplexitäten nehmen zu und das Ganze ist hoch dynamisch. Ein kleines oder doch nicht so kleines Indiz dafür ist die Verdoppelung des weltweiten Datenvolumens im Dreijahresrhythmus (Kroker, 2019) – man braucht nicht allzu viel Fantasie, um zu erahnen, was künstliche Intelligenz und lernende Algorithmen in Prozessen, Strukturen und Organisationen verändern werden.

Nehmen wir ein konkretes Beispiel: Ein Unternehmen im Handelsumfeld B2B und B2C hat etwa 40.000 Produkte im Sortiment, blickt auf weltweit ca. 20.000 Kunden in allen Größen und Attraktivitätsklassen. Unser Handelsunternehmen und deren Topmanagement haben nach einer wundervollen Zeit mit statischen Preislisten entdeckt, dass dynamische Echtzeitpreislisten dem EBIT ausgesprochen guttun würden. Ein KI-Experte schaut sich das alles an und kommt am Ende auf ca. 1,5 Mrd. algorithmisch erstellte Preislisten in Echtzeit.

Wo ist jetzt der Zusammenhang zu Komplexität und Führung – dürft ihr euch zu Recht fragen. Es gibt in Zeiten höchster Komplexität nur noch zwei Prämissen.

Erstens: Vertrauen – Zweitens: Immer

Hört sich ebenso verrückt wie weltfremd an, oder? In diesem Falle: Vertrauen in Systeme und Vertrauen in Menschen, die diese Systeme steuern, programmieren und anwenden. Die neuen Komplexitäten sind Fluch und Segen zugleich – wir sind als Führungskraft selten oder nie in der Lage, uns in alle Prozesse in alle Kompetenzen fachlich so tief einzuarbeiten, dass wir verstehen, was dort passiert. Noch schlimmer: Bis wir endlich so viel verstehen, dass wir glauben, mitreden zu können, ist unser Wissen schon wieder veraltet und unsere Experten grinsen uns voller Mitgefühl und Mitleid an.

Und damit sind wir wieder bei einem unserer Lieblingsprinzipien, wie schon oben erwähnt: charismatisches Loslassen. Bleiben wir bei unserem Beispiel: Nach etwa einem halben Jahr stellt sich heraus, dass bei etwa 150.000 der 1,5 Mrd. Preislisten etwas schiefgelaufen ist inkl. massiver Kundenbeschwerden (in 5 % dieser Fälle, Bezugsgröße sind die 150.000). Das ganze Außendienstteam schlägt nun auf den „Kollegen" Algorithmus ein, denn: „Wir haben ja immer schon gesagt, dass das Teufelszeug ist, das kann nicht gut gehen, wir werden Kunden verlieren im großen Stil, wir werden zugrunde gehen …" Als Führungskraft wäre es in diesem Fall hilfreich, darauf hinzuweisen, dass wir insgesamt über 1 Promille Fehlerquote reden, dass wir in 99,99 % der Fälle herausragende Ergebnisse erzielt haben, dass wir noch mehr als bisher dem neuen System vertrauen sollten, gerne auch zum Feiern aufrufen und der Algorithmus hat schon ausgewertet, um welche Beschwerden wir uns mit welcher Priorität kümmern werden.

Natürlich ist dieses Beispiel etwas überzogen, aber in einem Falle haben wir tatsächlich Ähnliches erlebt: Von 200 Kollegen im Außendienst stellen ca. 50 das Vorgehen grundsätzlich infrage, haben dem neuen System das Vertrauen restlos entzogen, vermutlich aus Angst und Furcht vor dem Neuen und Ungewissen.

Was aber ist die Essenz aus dem Megatrend der Komplexität für unser Führungsverhalten? Vertrauen in Systeme und Menschen, und das am besten uneingeschränkt! Es ist absolut in Ordnung, wenn dieses Vertrauen wächst, und dann darf es diesen wundervollen Augenblick im Leben einer Führungskraft geben, in dem sie entspannt und mit einem tiefen Atemzug loslässt: „Ab jetzt liegt der Prozess und die Kompetenz in eurer Verantwortung – gebt Bescheid, wenn ihr Hilfe braucht. Wenn ihr keine Hilfe braucht, dann lasst es mich hin und wieder gerne wissen – ich lege aber keinen Wert darauf, zu hören, dass es läuft."

In Zeiten dynamischer Komplexität und einem chronischen Fachwissensschwund auf Führungsebene ist es alternativlos, Vertrauen als Grundlage von schlagkräftigen selbstbewussten Teams und automatisierten Kernprozessen zu verstehen.

Hier präsentieren wir ein paar kernige Thesen für Führungskulturen und Organisation der Zukunft:

- Traditionelle Managementmethoden gehen über in digitale Prinzipien der Zusammenarbeit.
- Neue Medientools sind die „gewählten" Plattformen für Wissenstransfer, Austausch und Kommunikation.

- Medienakzeptanz und Selbstlernfähigkeit werden zur Grundlage von Selbstentwicklung.
- Teilen statt Horten: Expertise basiert auf dem Wissen der Organisation, nicht auf mehr Individualwissen.
- Vertrauen wird zum Schlüsselwert für die Zusammenarbeit in einer volatilen und digitalen Welt!
- Kommunikation (auch die persönliche) schafft Identität.

Die Essenz daraus: Führen heißt überzeugen! Wer Führung künftig als „methodenverpackte Kontrolle" interpretiert, wird Menschen verlieren, wird Prozesse lahm machen und Schlagkraft opfern. Oder in einem Satz: Führen heute heißt:

Charismatisch überzeugen, mutig entwickeln und vertrauensvoll loslassen!

3.4 Was heißt denn dann „Team" in Zukunft?

Die Frage, was ein Team in Zukunft ausmacht, geht weit über die klassische Definition hinaus. Es reicht nicht mehr, eine Gruppe von Menschen um sich zu scharen, die dieselben Ziele verfolgen. In der heutigen dynamischen und vernetzten Arbeitswelt ist es die Kombination aus Führungskraft und Mitarbeitenden, die den entscheidenden Unterschied macht. Ein erfolgreiches Team der Zukunft lebt von der Fähigkeit der Führungskraft, die unterschiedlichen Stärken der Teammitglieder zu erkennen und diese zu einem sinnvollen Ganzen zusammenzufügen. Die Teammitglieder müssen Vertrauen in ihre Führungskraft haben, während die Führungskraft umgekehrt das Vertrauen in die Mitarbeitenden setzen muss, damit alle gemeinsam erfolgreich sein können.

Ein Team der Zukunft funktioniert nicht als isolierte Einheit, sondern als dynamisches Netzwerk, das in ständiger Interaktion mit seiner Umwelt steht. Dies bedeutet, dass Führung nicht mehr nur von einer Person ausgeübt wird, sondern dass Führung situativ und je nach Kompetenz im Team verteilt werden kann. Diese Art der vernetzten Führung erfordert eine neue Denkweise, in der Hierarchien zugunsten von Flexibilität und Anpassungsfähigkeit zurücktreten. Die Führungskraft von morgen muss in der Lage sein, die unterschiedlichen Rollen und Verantwortungen im Team zu koordinieren und dabei immer wieder auf die individuellen Stärken der Teammitglieder zurückzugreifen.

Die Mentalität des Schenkens

Ein Schlüssel zum Verständnis dessen, was ein Team in Zukunft ausmacht, liegt in der Mentalität des Schenkens. Diese Mentalität bedeutet, dass die Teammitglieder ihre unterschiedlichen Persönlichkeiten und Kompetenzen schätzen und bereit sind, diese bedingungslos zum Nutzen des Teams einzubringen. Es geht darum, das eigene Wissen, die eigene Zeit und die eigenen Ideen zu teilen, ohne dabei auf eine sofortige Gegenleistung zu hoffen. Dies steht im starken Kontrast zu einer „Kontoführungsmentalität", bei der jedes Geben und Nehmen abgewogen wird.

Das Team der Zukunft zeichnet sich durch ein tiefes Verständnis dafür aus, dass der Erfolg des Einzelnen untrennbar mit dem Erfolg des Teams verbunden ist. Wenn Teammitglieder bereit sind, ihre individuellen Talente und Stärken bedingungslos einzubringen, entsteht eine Kultur der Unterstützung und des Vertrauens. Es ist die Aufgabe der Führungskraft, diese Mentalität aktiv zu fördern und zu leben. Die Führungskraft muss als Vorbild vorangehen, um den Raum für eine Kultur des Gebens und Teilens zu schaffen. Nur so kann eine vertrauensvolle Atmosphäre entstehen, in der sich Mitarbeitende sicher fühlen, ihre Ideen einzubringen und Risiken einzugehen.

Diese Mentalität des Schenkens ist besonders wichtig, um den Zusammenhalt im Team zu stärken. In einer Welt, die von Unsicherheit und Komplexität geprägt ist, sind es oft die kleinen Gesten des Gebens, die den Unterschied machen. Wenn ein Teammitglied sein Wissen teilt, ohne dafür sofortige Anerkennung zu erwarten, oder wenn jemand seine Zeit investiert, um einem Kollegen zu helfen, entsteht ein Gefühl der Zusammengehörigkeit, das weit über die bloße Erfüllung von Aufgaben hinausgeht. Diese Mentalität fördert nicht nur die individuelle Entwicklung, sondern trägt auch maßgeblich zum Erfolg des gesamten Teams bei.

Laterale Führungsstrategie – gehen wir nicht alle hin und wieder in Führung?
Wer ist eigentlich in der Führungsverantwortung? Ausschließlich wir als Führungskräfte? Wir illustrieren die Beantwortung dieser Fragen mit einer kurzen Gedankenreise: Ihr seid mit einem gemischten Team auf einer Bergtour unterwegs und überquert die Alpen. Einer aus der Gruppe hat die Tour vorbereitet, hat die meiste Erfahrung in den Alpen und gilt als Bergführer der Truppe. Ihr übernachtet in vorgebuchten Massenquartieren, und teilweise ist selbst kochen angesagt. Am zweiten Tag beim Aufstieg in Richtung eines 3000ers wird es dunkel und offensichtlich zieht ein Gewitter auf. Euer Bergführer scheint leicht überfordert mit der Situation, auch weil er weiß, dass die Gruppe sich gerade in einem Klettersteig mit Metallhalterungen im Felsen befindet. Jochen, einer der Teilnehmer, ein junger, ambitionierter Skifahrer, der einmal etwas anderes machen wollte, erklärt, dass er genau diese Situationen schon dreimal erlebt hat, und gibt sofort schnelle und klare Anweisungen. Alle finden zur richtigen Zeit geschützten Unterschlupf und warten entspannt, bis die Sonne wieder rauskommt und das Gewitter wieder abzieht. Anders formuliert: Jochen hat die Führung in dieser Situation übernommen und hat offensichtlich höchste Kompetenz (im Team) signalisiert – die anderen folgten ihm uneingeschränkt, was wir als laterales oder temporäres Führungsprinzip bezeichnen würden.

Genau das sollte in Zukunft ein wichtiger Anspruch in der Teamentwicklung sein, weil wir als Führungskraft nicht in allem und jedem der „Klassenbeste" sein können. Der Anspruch muss sein: Wir haben alle relevanten Kompetenzen im Team, die wir brauchen, und wir sind als Team bereit, dem zu folgen, der jetzt im Augenblick die höchste Expertise repräsentiert. Das hört sich logisch und einfach an, aber uns fallen unzählige Gründe ein, warum das häufig nicht funktioniert. Das schadet doch unserer Reputation als Führungskraft oder nicht? Auf lange Sicht tritt das Gegenteil in Kraft – wer in der Lage ist, sichtbar und nachvollziehbar laterale Führungsprinzipien nicht nur zuzulassen, sondern aktiv zu fördern, der wird langfristig höchsten Respekt und Anerkennung für seine Führungsarbeit ernten.

Und eines sei noch hinzugefügt: Es geht hier nicht um die hierarchielose Organisation! Es geht um Schlagkraft und Handlungsfähigkeit und wir bleiben als Führungskraft verantwortlich für das Ergebnis und die Teamentwicklung.

Wenn wir dieses Prinzip etablieren wollen, brauchen wir:

1. Demut
2. Klarheit über die fachlichen und persönlichen Expertisen im Team
3. Wertschätzung für jene Kompetenzen, die uns selbst fehlen
4. „Mentalität des Schenkens"

Die zentrale Rolle der Führungskraft in der vernetzten Welt

In der heutigen vernetzten Welt kommt der Führungskraft eine zentrale Rolle zu, die weit über die eines bloßen Managers hinausgeht. Ein passendes Beispiel aus der Sportwelt für diese Rolle ist die des Fly-Halfs im Rugby. Der Fly-Half ist der Spieler, der die Offence und die Defence koordiniert, der das Spielgeschehen liest und die Strategie an die jeweilige Spielsituation anpasst. Ähnlich wie der Fly-Half muss die Führungskraft in der vernetzten Arbeitswelt in der Lage sein, die Bedürfnisse des Teams wahrzunehmen, Chancen zu erkennen und die richtigen Entscheidungen zur richtigen Zeit zu treffen.

Die Führungskraft von morgen ist weniger eine dominante Autorität und vielmehr eine Instanz, die den Raum für das Team organisiert, damit es seine Stärken entfalten kann. Es geht darum, sowohl Angriffe zu initiieren, also Visionen zu entwickeln und voranzutreiben, als auch Verteidigung zu organisieren – sprich, die Teams in unsicheren Zeiten zu schützen und zu stabilisieren. Diese Rolle erfordert eine hohe emotionale Intelligenz und die Bereitschaft, jederzeit zwischen den Anforderungen des Marktes und den Bedürfnissen des Teams zu balancieren.

Die Parallele zum Fly-Half verdeutlicht auch, dass die Führungskraft in der Lage sein muss, verschiedene Perspektiven einzunehmen und das gesamte Spielfeld zu überblicken. Das bedeutet, dass sie nicht nur auf kurzfristige Erfolge achten sollte, sondern auch langfristige Strategien im Blick behalten muss. Diese Fähigkeit, sowohl das große Ganze als auch die Details im Auge zu behalten, ist entscheidend für die Führungskraft der Zukunft. Es geht darum, die Stärken der Teammitglieder zu erkennen und sie an den richtigen Stellen einzusetzen, damit das Team als Ganzes erfolgreich agieren kann.

Führungskräfte müssen die Flexibilität besitzen, in jeder Situation das zu tun, was das Team am meisten braucht. In der Praxis bedeutet das, dass die Führungskraft manchmal an vorderster Front stehen und Entscheidungen treffen muss, die andere nicht treffen wollen. Ein anderes Mal bedeutet es, sich zurückzunehmen und dem Team die Freiheit zu geben, eigene Lösungen zu entwickeln. Diese Balance ist entscheidend für den Erfolg des Teams und macht deutlich, dass die zentrale Aufgabe der Führungskraft in der heutigen Zeit die Förderung von Selbstverantwortung und Zusammenhalt ist.

Ein weiteres wichtiges Element ist die Fähigkeit der Führungskraft, ein Gefühl der psychologischen Sicherheit zu schaffen (Lethmate, 2022). Psychologische Sicherheit bedeutet, dass sich jedes Teammitglied sicher fühlt, seine Meinung zu äußern, Fragen zu stellen und Fehler einzugestehen, ohne negative Konsequenzen fürchten zu müssen. In einer Zeit, in der Innovation und Anpassungsfähigkeit entscheidend sind, ist diese Sicherheit unerlässlich. Nur wenn Mitarbeitende das Gefühl haben, dass ihre Ideen willkommen sind, können kreative Lösungen entstehen, die das Team voranbringen.

Ein neues Verständnis von Teamarbeit

Das Team der Zukunft ist eine Einheit, die von einer starken Kombination aus individueller Stärke und gegenseitigem Vertrauen geprägt ist. Die Mentalität des Schenkens bildet die Grundlage für eine Kultur, in der Wissen und Kompetenzen frei geteilt werden und der gemeinsame Erfolg über individuelle Interessen gestellt wird. Die Führungskraft spielt dabei eine zentrale Rolle als Koordinator, Ermöglicher und Stabilitätsanker. Die Parallele zum Fly-Half im Rugby verdeutlicht, wie wichtig es ist, sowohl offensiv als auch defensiv denken zu können, Visionen zu entwickeln und das Team zu schützen.

Teamarbeit in der Zukunft ist eine Frage des Miteinanders, des Teilens und des gegenseitigen Vertrauens. Es geht nicht nur um das Erreichen von Zielen, sondern auch darum, wie diese Ziele erreicht werden und wie jeder Einzelne dazu beitragen kann. Nur wenn Führungskräfte und Teammitglieder gemeinsam bereit sind, ihre Rollen flexibel und in den Diensten des gemeinsamen Erfolgs zu leben, kann das Team der Zukunft wirklich erfolgreich sein.

Ein entscheidender Unterschied in der Teamarbeit von morgen wird die Fähigkeit sein, kollektiv zu lernen und sich anzupassen. Teams müssen in der Lage sein, aus ihren Erfahrungen zu lernen, sowohl aus den Erfolgen als auch aus den Misserfolgen. Eine lernende Kultur bedeutet, dass Fehler nicht als Niederlagen, sondern als Gelegenheiten zur Verbesserung betrachtet werden. Die Führungskraft hat die Aufgabe, diesen Lernprozess zu fördern, indem sie Feedback ermöglicht und eine offene Kommunikationskultur etabliert.

Zusammengefasst ist das Team der Zukunft eine Einheit, in der Vertrauen, gegenseitige Unterstützung und die Bereitschaft, Wissen zu teilen, im Mittelpunkt stehen. Die Führungskraft agiert als Ermöglicher, der den Raum schafft, in dem jedes Teammitglied seine Stärken einbringen kann. Die Fähigkeit, situativ zu führen, Verantwortung zu teilen und gleichzeitig die Gesamtvision im Blick zu behalten, wird entscheidend sein, um den Herausforderungen der Zukunft erfolgreich zu begegnen. Nur durch ein neues Verständnis von Teamarbeit, das auf Vertrauen, Flexibilität und der Mentalität des Schenkens basiert, kann das Potenzial eines Teams vollständig entfaltet werden.

3.5 Der Weg zum charismatischen Leader – ein kleiner Fragenkatalog für den Alltag

Wir haben uns an dieser Stelle für eine andere Art des Fazits entschieden. Betrachte unser Schlusswort als Übergabepunkt in deinen Führungsalltag. Das Lesen hat dir hoffentlich Spaß gemacht, dich schmunzeln, vielleicht auch mal reflektieren lassen. Wir haben dir hier nun ein paar Impulse, Fragen und Anregungen zusammengestellt und packen noch zwei methodische Empfehlungen dazu:

- Befasse dich in kurzen Abständen und wiederkehrend 9 Wochen lang mit diesen Fragen (optimalerweise 60 min pro Woche), du wirst Erstaunliches erleben.
- Mache aus deinen Antworten kleine, mutige Handlungsschritte im Alltag – verstehen, handeln, üben – und starte sofort.

1. **Vertrauen als Grundlage**
   - Kennst du die Fähigkeiten aller Akteure in deinem Team und wo kannst du heute schon uneingeschränkt vertrauen?
   - Entdecke und genieße die Augenblicke, in denen du Verantwortung delegieren und loslassen kannst!
   - Schaffe eine Vertrauenskultur, in der jeder Fehler als Lernchancen von dir und deinem Team interpretiert wird.
2. **Perspektivwechsel einnehmen**
   - Versuchst du jeden Tag, die Dinge auch aus Sicht deiner Mitarbeitenden zu sehen?
   - Entwickelst du Empathie und erkennst die Bedürfnisse und Stärken deines Teams an?
   - Bist du offen für Feedback und bereit, die Rolle des Lernenden einzunehmen?
3. **Klare Vision vermitteln**
   - Ist deine Vision für das Team verständlich, konkret und inspirierend?
   - Kommunizierst du die langfristigen Ziele so, dass dein Team sich damit identifizieren kann?
   - Verwendest du einfache, bildhafte Sprache, um die Vision für alle greifbar zu machen?
4. **Verantwortung übergeben und Orientierung bieten**
   - Definierst du klare Handlungsrahmen, innerhalb derer dein Team eigenverantwortlich arbeiten kann?
   - Gibst du deinen Mitarbeitenden die Freiheit, Entscheidungen selbst zu treffen, und applaudierst du, wenn sie es tun, selbst wenn nicht jede Entscheidung Weltklasse ist?
   - Fördert dein Führungsverhalten die Selbstbestimmung deines Teams, ohne dass sich einzelne Akteure alleingelassen fühlen?
5. **Laterale Führung fördern**
   - Spaß am Loslassen – kannst du schon innerlich grinsen bei dem Gedanken, dass du nicht immer allein die Führungsverantwortung übernehmen musst?
   - Fördert deine Kultur eine Umgebung, in der die Person mit der passenden Expertise situativ die Führung übernimmt, und gibst du diesen Situationen die Bühne der Sichtbarkeit?
   - Schaffst du ein Umfeld, in dem Kompetenzen im Team anerkannt und genutzt werden?
6. **Emotional intelligente Kommunikation**
   - Nimmst du die Emotionen deines Teams wahr und kannst diese Energie in konstruktive Lösungen umwandeln?

- Erkennst du die Bedeutung von psychologischer Sicherheit: Kann jeder offen sprechen und Fehler eingestehen?
- Fördert deine Kommunikation Ehrlichkeit, Transparenz und Authentizität?

7. **Mut zur Selbstreflexion**
   - Bist du bereit, dein eigenes Verhalten zu hinterfragen und daraus zu lernen – jeden Tag?
   - Entwickelst du die Fähigkeit, dich selbst zurückzunehmen, wenn es notwendig ist?
   - Reflektierst du regelmäßig deine Führungsentscheidungen und deren Auswirkungen auf dein Team?
8. **Begeisterung für Entwicklung**
   - Setzt du auf kontinuierliche Weiterentwicklung, sowohl für dich als auch für dein Team?
   - Lässt du hin und wieder Spinnereien zu? Schaffst du Raum für Kreativität und Innovation und wirfst den Dirigentenstab einfach mal in die Ecke?
   - Inspirierst du dein Team, Neues auszuprobieren und gemeinsam zu wachsen?
9. **Flexibilität und Anpassungsfähigkeit**
   - Akzeptierst du, dass nicht alles planbar ist, und bist bereit, den Kurs zu ändern?
   - Bleibst du offen für neue Lösungen und betrachtest Herausforderungen als Chancen zur Weiterentwicklung?
   - Fördert dein Führungsstil eine agile Arbeitsweise, in der dein Team selbstständig, schnell und selbstbewusst auf Veränderungen reagieren kann?
10. **Führung als Fachaufgabe verstehen**
    - Siehst du Führung als ein Handwerk, das erlernt und verfeinert werden muss, statt als angeborene Eigenschaft?
    - Entwickelst du kontinuierlich deine Führungskompetenzen weiter, zum Beispiel durch Trainings, Austausch und Reflexion?
    - Fördert dein Verständnis von Führung die Anerkennung als spezialisierte Aufgabe, die eigene Qualifikation und Leidenschaft erfordert?

Literatur

Kroker, M. (2019). *Big Data: Die weltweit erzeugten Datenvolumina verdoppeln sich alle drei Jahre.* https://blog.wiwo.de/look-at-it/2019/10/07/big-data-die-weltweit-erzeugten-datenvolumina-verdoppeln-sich-alle-drei-jahre/. Zugegriffen am 22.10.2024.

Lethmate, R. (2022). *Was ist Psychologische Sicherheit*? https://www.it-agile.de/agiles-wissen/agile-teams/was-ist-psychologische-sicherheit/

Daniel Hesmer, Jahrgang 1977, lebt mit seiner Familie in der Nähe von Würzburg. Als Bau- und Wirtschaftsingenieur verbindet er die technische und die kommerzielle Welt miteinander und bringt dies seit nunmehr über 20 Jahren in unterschiedlichen vertrieblichen Führungspositionen im In- und Ausland ein. Seinen Branchenschwerpunkt hat er in der B2B-Landschaft der Bauzuliefer- sowie Werkzeugindustrie.

Er ist Führungskraft aus Leidenschaft und daher dreht sich bei ihm alles um den Menschen und die Zusammenarbeit in der Organisation. Seine Führungsrolle versteht er als seine Fachaufgabe und lässt sich dort stets durch sein Credo leiten: „Ein gesagtes Geht-nicht ist ein gedachtes Will-nicht."

Daniel Hesmer verantwortet als Geschäftsführer die Region Zentraleuropa bei einem niederländischen Unternehmen aus der Befestigungstechnik. Das Unternehmen ist Teil eines global aufgestellten Familienunternehmens und bedient hauptsächlich Kunden in den Bereichen der Heizungs-, Lüftungs- und Klimatechnik. Zu seinen Hauptaufgaben zählen neben der Steuerung von zwei Vertriebseinheiten auch Wachstumsstrategien sowie Digitalisierung und Transformation.

Als Mitgründer der WelikeU GmbH, einem Start-up für innovatives Recruiting und Authentic Branding, ist er für das Thema Social Selling verantwortlich und begleitet HR-Abteilungen und Unternehmen auf dem Weg in die Sichtbarkeit.

Norbert Wölbl, Dipl.-Sportökonom, Keynote-Speaker, Wachstumsberater und Entscheidercoach, gilt als ausgewiesener und erfahrener Experte für integrierte Marktbearbeitung, marktorientierte Unternehmensführung, umsetzungsorientierte Marktstrategien und onlinebasierte Veränderungsprogramme.

Er war und ist seit über drei Jahrzehnten als strategischer Begleiter von Unternehmen und Organisationen unterwegs, unter anderem als geschäftsführender Partner eines renommierten Beratungsunternehmens im süddeutschen Raum. Heute bringt er als Head of Marketing, Market Development & Communication seine Erfahrung und seine PS bei einem langjährigen Kunden aus der Kontraktlogistik auf die Straße.

Stärke statt Stress: Wie ganzheitliche Führung das Leben positiv verändern kann

4

Judith Geiß

4.1 Einleitung

Die belastenden Nachwirkungen der Covid-19-Pandemie, Kriege, globale Krisen und die damit verbundene weltweit einsetzende Inflation – im Businesskontext geht es hoch her. Der wirtschaftliche Druck auf Unternehmen wächst zusehends, Führungskräfte wie Mitarbeitende sehen sich mit ständig steigenden Anforderungen konfrontiert.

Damit untrennbar verbunden ist der subjektiv wahrgenommene Stress der einzelnen Arbeitnehmerinnen und Arbeitnehmer. Er hat Auswirkungen auf die grundsätzliche Lebenseinstellung, auf Gesundheit und Wohlbefinden. Längst gilt es als wissenschaftlich anerkannt, dass Menschen, die unter langfristigem Stress stehen, tendenziell eher zu psychischen und körperlichen Erkrankungen neigen (American Psychological Association, 2023).

Das hat nicht nur Folgen auf die Gesellschaft und das Gesundheitswesen, sondern trifft auch jedes Unternehmen in seinen Grundfesten. Denn psychisch stark belastete Mitarbeitende sind bis zu sechsmal eher bereit, ihren Job zu wechseln. Sie sind weniger leistungsfähig und fühlen sich weniger mit dem Unternehmen verbunden (McKinsey-Health-Institute Report, 2022). Laut der Weltgesundheitsorganisation (WHO) gehen jedes Jahr weltweit 12 Mrd. Arbeitstage aufgrund von Depressionen und Angststörungen verloren, was jährlich rund 1 Trillion US-Dollar an Produktivitätsverlusten verursacht (World Health Organisation 2024).

J. Geiß (✉)
Viernheim, Deutschland
E-Mail: office@aurora-institute.eu

C. Kastner et al. (Hrsg.), *Führung im Wandel*,
https://doi.org/10.1007/978-3-658-47645-8_4

4.2 High Performance neu definiert

Angesichts dieser herausfordernden Rahmenbedingungen gilt es, Führung komplett neu zu denken und zu definieren. Führungskräfte sind gefordert, mit besonderem Einfühlungsvermögen auf ihr Team einzugehen und die Arbeitsbedingungen so zu gestalten, dass statt Anspannung und Druck ein Klima der persönlichen Entfaltung entstehen kann. In solch einem Umfeld ist eine völlig andersartige Definition von High Performance möglich – nämlich im Sinne des maximal möglichen Energielevels, in dem Leistung als positiver Flowzustand erlebt werden kann (Scharfenberg, 2024).

In diesem Zusammenhang können wir uns ein Beispiel am Spitzensport nehmen. Damit Weltklasseathleten in der Lage sind, Höchstleistungen zu erbringen, sind neben Disziplin und konsequenter Weiterentwicklung auch andere Fähigkeiten gefragt. Dazu gehören etwa ein gesunder Umgang mit Druck, ein ausgewogenes Maß an Resilienz und vor allem auch Regenerationsfähigkeit. Gepaart mit Anpassungsfähigkeit und Flexibilität sowie intrinsischer Motivation bilden diese Qualitäten sowohl im Sport als auch in der Wirtschaft die wesentliche Grundlage für exzellente Leistungen (Scharfenberg, 2024).

Führung hat somit die Aufgabe, eine Arbeitsumgebung zu schaffen, die Mitarbeitende genau in diesen Bereichen fördert und unterstützt. Wie das möglich ist, soll dieser Beitrag anhand einer anschaulichen Geschichte zeigen, in die ich viele wertvolle Praxistipps sowie all meine persönliche, langjährige Erfahrung als Interimmanagerin, zertifizierte Coachin und Businessmentorin einbringe.

Denn ich bin überzeugt: Wenn es um ganzheitliche (Selbst-)Führung geht, liegt der Schlüssel zum Erfolg in der Fähigkeit, die Verbindung zwischen körperlicher, geistiger und emotionaler Gesundheit zu fördern. Indem wir uns auf unsere eigenen Stärken konzentrieren und gesunde Gewohnheiten entwickeln, können wir nicht nur unsere Leistungsfähigkeit steigern, sondern auch ein erfülltes und authentisches Leben führen. So wird es möglich, nicht nur selbst erfolgreich zu sein, sondern als Führungskraft auch andere auf ihrem Weg zum Erfolg zu inspirieren und zu unterstützen.

4.3 Der Weg ins Burn-out

Die Anzeige am Wecker auf dem Nachtkästchen blinkt rot und wirkt fast spöttisch. Es ist 3:30 Uhr. Draußen herrscht stockdunkle Nacht, kein Geräusch durchdringt die Stille. Peter starrt an die Decke. Sein Herz rast, Schweißperlen bilden sich auf seiner Stirn. Die Betthälfte neben ihm ist leer. Anne hat sich wohl wieder einmal ins Gästezimmer zurückgezogen.

Seit mehr als zwei Stunden versucht Peter, wieder in den Schlaf zu finden. Unruhig hat er sich hin und her gewälzt, sich sogar eine warme Milch mit Honig gemacht – vergeblich.

Die Gedanken rasen durch seinen Kopf. Als Abteilungsleiter in einem Softwareunternehmen ist der 47-Jährige für ein 30-köpfiges Team verantwortlich. Das Unternehmen wächst und floriert, aktuell steht eine Fusion mit einem amerikanischen Konzern im Raum. Die Nachricht ist eingeschlagen wie eine Bombe und hat in Peters Team für viel Unruhe gesorgt. Jeden Tag ist er mit Mitarbeitergesprächen beschäftigt, in denen er versucht, die Wogen zu glätten. „Werden wir gekündigt, werden die Abteilungen wie bisher weiter bestehen?“ Fragen prasseln auf ihn ein. Er gibt Informationen weiter, zumindest soweit möglich, denn die Order von ganz oben lautet „strengste Geheimhaltung“. Und das bedeutet, dass auch er selbst bezüglich der weiteren Schritte und geplanten Maßnahmen großteils völlig im Dunkeln tappt.

Mindestens genauso große Sorgen bereiten ihm die kommenden Wochen, die ganz der Budgetplanung gewidmet sein werden. Peter benötigt dringend drei weitere Mitarbeitende, um die ständig zunehmende Auftragslage zumindest einigermaßen bewältigen zu können, doch die Vorgaben des Finanzvorstandes sind strikt. Er soll in drei Tagen ein Konzept vorlegen. Dafür wird wieder einmal das Wochenende herhalten müssen, denkt Peter und fragt sich im selben Moment, wie er seiner Frau erklären kann, dass aus dem geplanten Familienausflug schon wieder nichts wird. Am liebsten würde Peter alles hinschmeißen, sich in Luft auslösen und damit einfach aus der Situation flüchten. Die Gewissheit, dass das nicht einfach möglich ist, schnürt ihm die Kehle zu.

Die Minuten schleichen dahin. Als das Dunkel der Nacht sich endlich in eine zarte Dämmerung verwandelt, hält Peter es nicht mehr aus. Müde und erschöpft steht er auf und tappt verschlafen ins Badezimmer.

Auch die heiße Dusche, die er minutenlang auf sich niederprasseln lässt, hat Peters Lebensgeister nicht geweckt. Er betrachtet nachdenklich sein Spiegelbild. In den letzten Wochen hat er fast sieben Kilo abgenommen. Ständig ist er unkonzentriert und launisch, er vergisst Termine und Informationen aus wichtigen Meetings. Tiefe Schatten liegen unter seinen Augen, seine Haut ist fahl, er sieht abgekämpft aus. „Keine Müdigkeit vorschützen“, sagt er laut zu der erschöpften Gestalt, die ihm aus dem Spiegel entgegenblickt. Er strafft die Schultern und macht sich auf den Weg zur Küche. „Nur schnell einen starken Kaffee trinken, dann geht es wieder“, denkt er.

Es ist verdächtig ruhig. Normalerweise klingt das fröhliche Lachen seiner kleinen Tochter um die Tageszeit durchs Haus, begleitet von der Stimme seiner Frau. Doch heute hört Peter nichts. In der Küche ist keine Spur von den beiden. Peter will gerade nach Anne rufen, als er den Zettel neben der Kaffeemaschine entdeckt.

„Ich kann einfach nicht mehr. Du bist ja doch nur mit deiner Arbeit beschäftigt. Da macht es auch nichts, wenn wir nicht mehr da sind. Bitte ruf mich nicht an, ich bin mit der Kleinen bei meinen Eltern.“

Peter liest die Zeilen, die sich wie ein Schlag in die Magengegend anfühlen, immer und immer wieder. Panik steigt in ihm auf. Sein Herz pocht, es schnürt ihm die Kehle zu. Er will zum Handy greifen, seine Frau anrufen. Sie anflehen, zurückzukommen. Tränen steigen in seine Augen, dann spürt er ein starkes Schwindelgefühl, er sackt zusammen und landet unsanft auf dem Küchenboden. Zusammengekauert drückt er sein Gesicht an seine Knie und kann nur noch schluchzen. Er zittert am ganzen Körper, während er schweißüberströmt keinen klaren Gedanken mehr fassen kann.

Die Minuten ziehen dahin, völlig ohne Zeitgefühl ist jegliche Kraft aus Peters Körper gewichen. Von irgendwoher hört er sein Handy klingeln. Er will nicht abheben, fühlt sich zu schwach, um seine Hände zu bewegen. Weil der Klingelton bereits zum fünften Mal hartnäckig fordernd nach ihm schreit, hebt Peter den Kopf. Das Handy liegt direkt neben ihm. Der Name, der am Display aufleuchtet, lautet „Stefan Schubert" – es ist Peters Chef.

Die Situation aus Expertinnensicht

Peter hat über eine lange Zeit sein Privatleben hintangestellt, die Zeichen seines Körpers, wie etwa die Schlaflosigkeit, den Konzentrationsmangel und den starken Gewichtsverlust ignoriert. Die belastende berufliche Situation hat seine gesamte Aufmerksamkeit gefordert und letztlich sogar dazu geführt, dass seine Ehe nun vor dem Aus steht.

Indem Peter ständig seine psychischen und physischen Grenzen überschritten hat, ist er in ein klassisches Burn-out gerutscht. Er erlebt eine starke emotionale Erschöpfung, fühlt sich überfordert und in der herausfordernden Phase der Unternehmensübernahme von der Führungsetage alleingelassen. Seinem Impuls, einfach alles hinter sich zu lassen, kann er aus Verantwortungsgefühl und Pflichtbewusstsein nicht ohne Weiteres nachkommen. Ein Teufelskreis, der sich zuspitzt und letztlich einen traurigen Höhepunkt in Form einer Panikattacke erreicht.

Was unser Protagonist Peter erlebt, ist eine Situation, wie sie in Deutschland und auf der ganzen Welt tagtäglich passieren kann. So offenbart eine Untersuchung von McKinsey, bei der im Zeitraum von Februar bis April 2022 rund 15.000 Mitarbeitende und 1000 Führungsverantwortliche in 15 Ländern befragt wurden, ein dramatisches Bild. Jeder vierte Befragte gab dabei an, Symptome eines Burn-outs aufzuweisen (McKinsey, 2023). Der Moment des Zusammenbruchs, den Peter als absoluten Tiefpunkt erlebt, birgt die Chance für einen Neubeginn und eine Neuausrichtung des Lebens. Der Wake-up-Moment beinhaltet das Potenzial für Peter, seine Prioritäten neu zu definieren, den Fokus auf die eigene Gesundheit zu legen und einen neuen Umgang mit seiner beruflichen Tätigkeit zu finden.

Dafür braucht es nicht nur Peters Bereitschaft, sondern auch die Unterstützung und Begleitung seines Unternehmens. Insbesondere sein Vorgesetzter hat hier die einmalige Möglichkeit, mit einem ganzheitlichen Blick einen Beitrag zu leisten und Peter als wertvollen Mitarbeitenden im Unternehmen zu halten.

4.4 Erste Schritte in ein neues Leben

Mühevoll schafft es Peter nach weiteren Minuten, in denen das Klingeln wie ein Presslufthammer durch seinen Kopf dröhnt, das Handy in die Hand zu nehmen. Jeder Zentimeter der Bewegung fühlt sich anstrengend an.

„Hallo Stefan …?", bringt er hervor.

„Wo steckst du bloß, Peter? Wir warten hier alle seit einer Stunde auf dich. Wir wollten heute die Zahlen für die Budgetpräsentation am Donnerstag vorbereiten, und du hast …"

Stefans Worte verhallen in Peters Kopf. Er kann ihnen nicht folgen. Zu erschöpft, zu müde fühlt er sich. Er will nur noch schlafen.

„Hallo, Peter, hallo? Bist du noch dran?“ Stefans Stimme wird lauter, ärgerlicher und reißt Peter noch einmal aus seiner Erstarrung.

„Tut mir leid, Stefan, mir gehts gerade nicht so gut“, murmelt er, dann lässt er sein Handy einfach am Fußboden liegen und steht auf. Peter stolpert über den Flur zum Schlafzimmer und lässt sich aufs Bett fallen. Noch im selben Moment schläft er ein.

Die nächsten Tage verschwimmen für Peter zu einem trüben Nebel.

Er liegt stundenlang auf der Couch, starrt an die Decke oder lässt den Fernseher laufen, ohne wirklich hinzusehen. Unzählige Anrufe und Nachrichten, die auf seinem Handydisplay aufleuchten, ignoriert er einfach. Sein Kopf ist schwer, seine Gedanken sind ein chaotisches Durcheinander. Ein dumpfer Schmerz pocht hinter seinen Schläfen, als würde sein Verstand gegen eine unsichtbare Wand anrennen.

Mit jedem Tag wird ihm klarer, dass er so nicht weitermachen kann. Sein Leben, so wie es bisher war, ist aus den Fugen geraten. Der Job, der ihn einmal so erfüllt hat, fühlt sich nur noch wie eine Last an. Er vermisst seine Frau, seine Tochter und immer mehr wird ihm bewusst, dass er etwas ändern muss. Doch allein der Gedanke daran wirkt wie eine unüberwindbare Herausforderung. Die Schuldgefühle gegenüber seiner Familie nagen an ihm ebenso wie die Angst vor dem, was die Zukunft bringt.

Drei Tage sind seit Peters Zusammenbruch vergangen, als die Türglocke seinen Dämmerzustand durchbricht. Ein nervtötendes Geräusch, das es ihm unmöglich macht, einfach weiter auf dem Sofa zu liegen. Er rafft sich auf, sein ganzer Körper schmerzt und es kostet ihn all seine Kraftreserven, den Weg zur Eingangstür zu bewältigen. Als es ein weiteres Mal läutet, öffnet er die Tür. Vor ihm steht Stefan Schubert, sein Chef.

Stefan starrt ihn fassungslos an, als er Peter sieht – unrasiert, mit dunklen Augenringen.

„Um Gottes Willen, Peter, was ist denn los?“ Stefans Stimme klingt sowohl besorgt als auch vorwurfsvoll. „Du gehst seit Tagen nicht ans Telefon, niemand weiß, wo du bist, und ehrlich gesagt, du siehst aus, als wärst du gerade aus einem Albtraum erwacht.“

„Na, vielen Dank“, antwortet Peter und versucht, die Situation mit einem Grinsen zu retten, das aber, wie er sofort merkt, eher einer verzweifelten Grimasse ähnelt. Er macht einen Schritt zur Seite und mit einer ausholenden Handbewegung bietet er seinem Chef an, einzutreten. „Ich glaube, wir müssen reden, Stefan“, sagt er und versucht, seine Gedanken so gut es geht für das bevorstehende Gespräch zu sortieren.

Wenige Minuten später sitzen die beiden Männer am Küchentisch. Stefan mit ernster Miene und verschränkten Armen. Die Spannung im Raum ist spürbar.

„Also, was ist los, Peter? Wir alle stehen unter Druck, und du bist einfach abgetaucht. Das kanns ja wohl nicht sein …“, sagt Stefan, seine Stimme ist ruhig, doch unverkennbar auch verärgert.

Peter atmet tief ein und bemüht sich um eine einigermaßen aufrechte Haltung. Schließlich beginnt er zu sprechen, langsam und leise. „Stefan … Ich bin fertig. Ich habe es nicht mehr ausgehalten. Der Druck im Job, die Verantwortung, und dann ist Anne auch noch gegangen … Sie hat unsere Tochter mitgenommen und ist zu ihren Eltern gezogen, weil sie es nicht mehr erträgt, wie ich mich in die Arbeit stürze und alles andere vernachlässige.“

Stefan runzelt die Stirn, überrascht und sichtlich betroffen. „Das tut mir leid, Peter. Warum, um Himmels Willen, hast du mir das nicht gesagt?"

„Ich wollte stark sein, das Team nicht im Stich lassen und hab gar nicht gemerkt, wie sehr mir das alles über den Kopf wächst. Ich habe nicht mehr geschlafen, kaum noch gegessen. Ich dachte, ich kann das irgendwie alleine bewältigen, aber es geht einfach nicht mehr. Ich kann so nicht weitermachen."

Stefan lehnt sich zurück, und ein tiefes Seufzen entfährt ihm. „Das ist eine extreme Belastung, Peter. Ich kann das gut nachvollziehen. Aber du musst auch bedenken, dass wir gerade vor einer ausgesprochen wichtigen Phase stehen. Die Fusion, die kommenden Herausforderungen – wir brauchen dich – jetzt mehr denn je."

Peter nickt schwach. „Ich weiß, Stefan, aber wenn ich so weitermache, werde ich komplett zusammenbrechen. Wenn das passiert, hat niemand etwas davon."

Stefan bleibt still, seine Augen ruhen auf Peter, er runzelt nachdenklich die Stirn. „Und was schwebt dir vor? Was brauchst du, um wieder auf die Beine zu kommen?"

Peter zögert, bevor er spricht. „Ich … ich brauche Zeit. Zeit, um mich zu sammeln, um wieder zu Kräften zu kommen. Vielleicht könnten wir jemanden vorübergehend einstellen, der mich entlastet, oder einige meiner Aufgaben umverteilen, bis ich wieder stabil bin. Und ich brauche flexible Arbeitszeiten, damit ich auch Zeit für mich selbst finde – für Sport, und um einfach zur Ruhe zu kommen."

Stefan schüttelt leicht den Kopf. „Flexible Arbeitszeiten, jemanden einstellen … Das klingt in der Theorie gut, aber wir haben gerade keine Zeit für Experimente und das Budget ist ohnehin schon knapp. Was ist mit den Kollegen? Wie wird das auf sie wirken?"

Peter spürt, wie seine Unsicherheit zurückkehrt, doch er zwingt sich, stark zu bleiben. „Stefan, das ist kein Experiment. Es ist ein notwendiger Schritt. Wenn ich jetzt ausfalle, weil ich mich übernehme, wird das die Abteilung viel mehr belasten. Die Leute im Team werden es verstehen, wenn wir es richtig kommunizieren. Es geht nicht um Schwäche, sondern um die Stärke, die wir brauchen, um gemeinsam durch diese Phase zu kommen."

Stefan seufzt und massiert seine Schläfen. „Ich kann nachvollziehen, was du meinst, und zugleich bin ich skeptisch. Wir müssen sicherstellen, dass das Team nicht auseinanderbricht. Du musst dich darauf konzentrieren, wirklich wieder auf die Beine zu kommen."

Peter nickt erleichtert. „Danke, Stefan. Es muss einfach möglich sein und ich werde alles daransetzen, so schnell wie möglich wieder fit zu sein."

Mit diesen Worten ist der erste Schritt in ein neues Leben getan. Peter fühlt sich zum ersten Mal seit Wochen, vielleicht Monaten, nicht mehr alleingelassen. Es liegt noch viel Arbeit vor ihm, aber er weiß, dass er mit der richtigen Unterstützung und den nötigen Maßnahmen wieder zu Kräften kommen wird.

Die Situation aus Expertinnensicht

Aus der Sicht einer Führungskraft wie Stefan ist es verständlich, dass es zunächst Bedenken gibt, wenn ein wichtiger Mitarbeiter wie Peter eine Auszeit oder besondere Unterstützung benötigt – gerade in einer Phase, in der grundlegende Weichen für den Fortbestand des Unternehmens gestellt werden. In Zeiten von Fusionen und großen Projekten scheint es oft einfacher, die Belastung gleichmäßig auf alle zu verteilen. Doch gerade in solchen Momenten ist es wichtig, die langfristige Gesundheit und Leistungsfähigkeit des Teams – und einzelner Teammitglieder – im Auge zu behalten.

So kann verhindert werden, dass Mitarbeitende wie Peter ausbrennen, und stattdessen können diese mit Achtsamkeit wieder zu voller Kraft – oder noch besser – zu einer völlig neuen Leistungsfähigkeit und Balance zurückfinden. Langfristig profitieren sowohl Mitarbeitende als auch das Unternehmen von Maßnahmen, die das körperliche und psychische Wohlbefinden fördern. Denn gesunde, motivierte und ausgeglichene Teammitglieder können wesentlich mehr zur Zielerreichung beitragen und sind so eine wertvolle Stütze für den Unternehmenserfolg.

Die Herausforderung für Führungskräfte besteht darin, die Balance zu finden: Einerseits müssen sie das Tagesgeschäft und kurzfristige Ziele im Auge behalten, andererseits dürfen sie nicht die langfristige Gesundheit ihres Teams vernachlässigen. Es ist diese Balance, die letztlich den Erfolg eines Unternehmens sichert – in Zeiten der Krise ebenso wie in Zeiten des Wachstums.

4.5 Neue Routinen: Der Weg zu mehr Balance

Es ist Montagmorgen, die Vögel zwitschern im Garten, die Sonne schickt erste Strahlen durchs Fenster, als Peter ruhig aufwacht. Kein hektisches Aufspringen, keine Panik. Stattdessen liegt er entspannt im Bett und atmet tief durch. Peter beginnt den Tag mit einer kurzen Meditation. Er schließt die Augen, konzentriert sich auf die Stimme, die aus seinen Kopfhörern sanft zu ihm durchdringt, er spürt, wie eine tiefe, innere Ruhe in ihm aufsteigt. Danach zieht er seine Laufschuhe an und joggt eine Runde durch den Park. Die frische Luft tut ihm gut und während er läuft, spürt er die Energie und Lebensfreude, die er so lange vermisst hat.

Zu Hause angekommen, erwartet ihn das Frühstück mit Anne und seiner Tochter. Der gemeinsame Start in den Tag ist inzwischen zu einem festen Ritual geworden, und Peter genießt es, die Zeit mit seiner Familie zu verbringen. Seine beiden Lieblingsmenschen sind vor einigen Wochen wieder zu Hause eingezogen und Peter weiß, dass seine Veränderung den entscheidenden Unterschied gemacht hat. „Du bist endlich wieder der Peter, in den ich mich verliebt habe“, hat Anne ihm erst am Vortag gesagt. „Präsent, liebevoll und so entspannt wie lange nicht mehr.“ Sie hatten gemeinsam beschlossen, es noch einmal zu versuchen, und jetzt, mit dieser neuen Balance, fühlt es sich wie ein kompletter Neustart ihrer Beziehung an.

Auch im Büro ist nichts mehr wie früher. Peter hat gelernt, Prioritäten zu setzen und sich nicht mehr in endlosen Aufgaben zu verlieren. Regelmäßige Pausen sind für ihn jetzt selbstverständlich und er nimmt sich Zeit, um durchzuatmen, anstatt von einem Meeting zum nächsten zu hetzen. Nach der Arbeit bleibt der Laptop aus. Stattdessen verbringt Peter die Abende mit seiner Familie oder bei seinen Hobbys – er spielt Gitarre oder liest ein Buch. Sein Leben macht ihn zum ersten Mal seit langer Zeit wieder Spaß.

Peters Veränderungen sind auch in seinem Team nicht unbemerkt geblieben. Seine Kolleginnen und Kollegen sehen, dass er entspannter und gleichzeitig produktiver ist. „Was hast du verändert, Peter? Du wirkst so viel ruhiger und gelassener“, hat seine Kollegin Sarah eines Tages während der gemeinsamen Mittagspause gefragt. Er erzählte ihr von seiner Morgenroutine, von den festen Pausen und davon, wie wichtig es ist, auch mal Nein zu sagen.

Es dauert nicht lange, bis sein Team beginnt, seine neuen Gewohnheiten zu übernehmen. Sabine, die früher als Workaholic bekannt war, geht nun regelmäßig in der Mittagspause spazieren. Auch Mark, der sonst immer bis spät in die Nacht gearbeitet hat, findet eine neue Routine für sich. „Ich habe angefangen, nach der Arbeit Yoga zu machen“, erzählt er Peter stolz. „Es hilft mir, abzuschalten und den Stress des Tages loszulassen.“

Die Veränderung ist spürbar. Das Team arbeitet enger zusammen, die Atmosphäre ist lockerer, und Konflikte werden schneller und konstruktiver gelöst. Peter hat, ohne es zu beabsichtigen, eine Bewegung im Team angestoßen, die alle motiviert, besser auf sich selbst zu achten. Auch Stefan, Peters Chef, bemerkt die positive Entwicklung, die sich auch in den Erfolgskennzahlen widerspiegelt, und beginnt, flexiblere Arbeitszeiten und Homeoffice-Möglichkeiten aktiv zu fördern.

Einige Wochen später sitzen Peter und Stefan zusammen in einem Café gegenüber dem Büro. Es ist eine ruhige Nachmittagspause, und die Sonne scheint durch die Fenster. „Es ist unglaublich, wie sehr sich alles verändert hat“, sagt Stefan und blickt Peter nachdenklich an. „Nicht nur du, sondern das ganze Team scheint anders zu arbeiten. Mehr Energie, mehr Motivation – und das ohne diesen ständigen Druck.“

Peter lächelt. „Ja, es fühlt sich an, als hätten wir eine ganz neue Art von High Performance entdeckt. Es geht nicht mehr nur darum, mehr zu arbeiten, sondern besser zu arbeiten. Und dabei auf uns selbst zu achten.“

Stefan nickt und sieht aus dem Fenster. „Es ist wirklich faszinierend, wie du das geschafft hast. Das Team hat sich mit dir verändert. Die Produktivität ist gestiegen, und wir haben weniger Ausfälle. Ich hätte nicht gedacht, dass solche Maßnahmen so eine Wirkung haben könnten.“

Peter lächelt wieder. „Es geht darum, die richtige Balance zu finden. Arbeit, Freizeit und Privatleben sollten sich ergänzen, nicht gegenseitig im Weg stehen.“

Die Situation aus Expertinnensicht

Peters Geschichte zeigt, wie entscheidend es ist, das Thema Gesundheit und Wohlbefinden in den Mittelpunkt der Führung zu stellen. Unternehmen, die ihren Mitarbeitenden Raum für Erholung und Entwicklung bieten, profitieren langfristig von kreativeren und engagierteren Teams.

Eine gesundheitsfördernde Unternehmenskultur ist nicht nur auf individuelle Initiativen angewiesen, sondern muss auch von der Führung aktiv gestaltet werden. Flexible Arbeitszeiten, Programme zur Gesundheitsförderung und ein offener Umgang mit Stress und Belastung sind essenziell, um Burn-out vorzubeugen und die langfristige Leistungsfähigkeit der Mitarbeitenden zu sichern. Unternehmen, die das erkennen und umsetzen, schaffen nicht nur ein besseres Arbeitsumfeld, sondern sichern auch ihren wirtschaftlichen Erfolg.

Peter beweist außerdem eindrucksvoll, wie tiefgreifende persönliche Veränderungen zu einem positiven Wandel im gesamten Unternehmen führen können. Wenn Führungskräfte wie Stefan diesen Wandel unterstützen, entsteht eine Kultur, in der Wohlbefinden und Leistung Hand in Hand gehen. Und genau das sollte Ziel und Anspruch ganzheitlicher Führung sein.

4.6 Lessons learned – zentrale Maßnahmen zur Burn-out-Prävention

Sowohl Führungskräfte als auch Mitarbeitende selbst können im Rahmen einer ganzheitlichen (Selbst-)Führung aktiv zur Vermeidung und Vorbeugung von Burn-out beitragen. Hier finden Sie je fünf zentrale Maßnahmen …

Für Führungskräfte

1. **Offene Kommunikation**: Fördern Sie regelmäßigen Austausch und eine offene Gesprächskultur, um Probleme frühzeitig zu erkennen.
2. **Work-Life-Balance unterstützen**: Ermöglichen Sie Flexibilität, etwa in Form von Homeoffice-Möglichkeiten und flexiblen Arbeitszeitmodellen.
3. **Vorbildfunktion wahrnehmen**: Leben Sie gesunde Arbeitsgewohnheiten vor, die auch Raum für Auszeiten bieten.
4. **Burn-out-Anzeichen erkennen**: Sprechen Sie Anzeichen von Überlastung frühzeitig aktiv an.
5. **Arbeitslast managen**: Nehmen Sie regelmäßig Anpassungen der Aufgaben vor und planen Sie realistisch.

Für Mitarbeitende

1. **Pausen einplanen:** Nehmen Sie sich bewusst Auszeiten und grenzen Sie Arbeitszeit und Freizeit bewusst voneinander ab.
2. **Zeitmanagement:** Setzen Sie Prioritäten und kommunizieren Sie offen, wenn Projekte mehr Zeit benötigen als von Ihren Führungskräften angedacht.
3. **Verantwortung teilen:** Suchen Sie Unterstützung im Team, wenn es nötig ist.
4. **Ausgleich schaffen:** Tun Sie sich selbst etwas Gutes durch regelmäßige Bewegung, Entspannungstechniken und ausreichend Schlaf.
5. **„Nein“ sagen lernen:** Übernehmen Sie keine zusätzlichen Aufgaben, wenn es zu viel wird – Nein ist ein ganzer Satz.
6. **Erfolge feiern:** Ein wichtiger Meilenstein ist erreicht? Würdigen Sie Ihre Erfolge bewusst, bevor Sie wie selbstverständlich wieder zur Tagesordnung übergehen.

Fazit

Peters Reise vom Burn-out zur Balance erzählt von persönlicher Transformation und nachhaltig gesundem beruflichem Erfolg. Unser Protagonist hat es geschafft, sein Leben neu zu ordnen, indem er seine körperliche und seelische Gesundheit völlig neu für sich definiert. Durch neue Routinen, bewusste Pausen und eine achtsame Haltung ist es ihm gelungen, sowohl seine berufliche Leistung zu steigern als auch sein Privatleben wieder ins Gleichgewicht zu bringen. Der entscheidende Moment war die Rückkehr seiner Familie – ein Zeichen dafür, dass seine Veränderung nicht nur ihn selbst, sondern auch sein Umfeld positiv beeinflusst hat.

Peters Geschichte verdeutlicht auch, wie wichtig eine ganzheitliche Führungskultur ist. Führungskräfte tragen Verantwortung nicht nur für die Leistung ihrer Mitarbeitenden, sondern auch für deren Wohlbefinden. Eine gesunde Work-Life-Balance ist keine Option, sondern eine Notwendigkeit für langfristigen Erfolg. Unternehmen, die dies frühzeitig erkennen, sichern sich nicht nur loyalere und leistungsfähigere Teams, sondern schaffen auch eine Kultur, in der sich alle Beteiligten wohlfühlen und ihr volles Potenzial entfalten können.

Führungskräfte sind im Sinne einer ganzheitlichen Führung gefordert, sich aktiv für die Gesundheit und das Wohlbefinden ihrer Mitarbeitenden einzusetzen. Es reicht nicht, den Druck zu senken – es geht darum, Räume für Erholung, Entwicklung und persönliche Balance zu schaffen. Denn nur so kann wahre High Performance erreicht werden – nachhaltig, menschlich und erfolgreich.

Literatur

American Psychological Association. (2023). *Stress in America 2023. A nation recovering from collective trauma.* https://www.apa.org/news/press/releases/stress/2023/collective-trauma-recovery#:~:text=URL%3A%20https%3A%2F%2Fwww.apa.org%2Fnews%2Fpress%2Freleases%2Fstress%2F2023%2Fcollective,100. Zugegriffen am 16.07.2024.

Brassey, J. (2022). Addressing employee burnout: Are you solving the right problem? McKinsey Health Institute Report, 7–8.

McKinsey. (2023). *What is burnout*? https://www.mckinsey.com/featured-insights/mckinsey-explainers/what-is-burnout. Zugeriffen am 12.08.2024.

Scharfenberg, J. (2024). Skript zum Leadership Mastery Coaching Programm – Stand 2024.

World Health Organization. (2024). *Mental health at work.* https://www.who.int/news-room/fact-sheets/detail/mental-health-at-work. Zugegriffen am 04.09.2024.

Judith Geiß hat in den mehr als zehn vergangenen Jahren als Coachin und Übernahme-Mentorin viele Mitarbeitende und Führungskräfte in persönlichen und organisationalen Transformationsprozessen begleitet. Über zehn Jahre hinweg hat sie sich einen Namen als Expertin im Bereich der Post-Merger-Integration gemacht und dabei Teams in internationalen Unternehmen, insbesondere im Spannungsfeld zwischen den USA und Deutschland, erfolgreich durch komplexe Veränderungsprozesse geführt. Sie hat Brücken zwischen zwei Kulturen gebaut und Transformationen maßgeblich begleitet. Doch obwohl diese Projekte faktisch erfolgreich waren, stellte Judith fest, dass oft die Menschen auf der Strecke blieben.

Ihre eigenen Erfahrungen mit Burnout und der Suche nach mehr Balance haben sie dazu gebracht, ihr Coaching auf einen ganzheitlichen Ansatz auszurichten. Sie erkannte, dass echte (Selbst-)Führung bei der Priorisierung der eigenen körperlichen und emotionalen Gesundheit beginnt. Heute unterstützt sie Führungskräfte und Mitarbeitende dabei, unter dem hohen Druck und den ständig wachsenden Anforderungen nicht nur zu überleben, sondern zu wachsen.

Judith fördert in ihrer Arbeit gesunde Gewohnheiten, stärkt persönliche Ressourcen und hilft ihren Kunden, eine ausgewogene Work-Life-Balance zu finden. Ihre Coaching-Philosophie beruht auf der Überzeugung, dass wahre Veränderung von innen heraus entsteht. Sie glaubt daran, dass jeder Mensch sein volles Potenzial entfalten kann. Ihr größtes Erfolgserlebnis ist es, zu sehen, wie ihre Kunden ihre Ziele erreichen, ihre Stärken entdecken und mit einem Lächeln in die Zukunft blicken.

5 Wenn der Blick in die Tiefe uns schlauer macht: Wie Piloten und Bergsteiger mit sicheren Entscheidungen zum Ziel kommen

Peter Westphal

5.1 Einleitung

Führen heißt entscheiden. Ob allein oder im Team, Führungskräfte treffen ständig Entscheidungen. Der Alltag ist voll von scheinbar kleinen Routineentschlüssen, aber auch von wegweisenden, strategischen Richtungsänderungen. Die Qualität dieser Entscheidungen ist ein wesentliches Merkmal für die Führungskapazität des Unternehmens, mit großer Auswirkung auf die Unternehmenszukunft. Sie ist daher auch ein Grund für die hohe Vergütung von Führungskräften.

In der heutigen, stark vernetzten Welt, die oft mit VUCA (unbeständig, unsicher, komplex, mehrdeutig) beschrieben wird, ist Entscheidungsfindung für Führungskräfte so anspruchsvoll wie nie zuvor. Unmittelbare Kommunikation in dieser eng verknüpften Welt hat Entscheidungs- und Handlungszeiträume schrumpfen lassen. Selten stehen alle nötigen Informationen zur Verfügung und die Verlässlichkeit der vorhandenen Informationen ist oft unklar. Mehrdeutigkeit erlaubt unterschiedliche Interpretationen der vorliegenden Daten. Zunehmende Transparenz und Erwartungen unterschiedlicher Stakeholder haben den Druck erhöht. Entscheidungsdruck unter Unsicherheit gehört heute zum Alltag einer Führungsperson. Daher ist solide Entscheidungsfindung kritisch für den Erfolg einer Führungskraft und des Unternehmens – und Fehler sind schnell fatal.

Erfahrung mit kritischen, risikobehafteten Entscheidungen gibt es aber bereits seit vielen Jahren in Hochrisiko- und Hochzuverlässigkeitsorganisationen („high reliability organizations") wie der Luftfahrt, Chemie oder im Extrembergsteigen, wo schlechte Entscheidungen, sehr zeitnah, weitreichende Folgen haben können. Fatale Entscheidungs-

P. Westphal (✉)
Korntal-Münchingen, Deutschland
E-Mail: peter@westphal-mail.net

C. Kastner et al. (Hrsg.), *Führung im Wandel*,
https://doi.org/10.1007/978-3-658-47645-8_5

fehler bedrohen das Potenzial und Wachstum dieser Industrien (Helmreich & Foushee, 2019). Aus diesem Grund wurde hier sehr stark in die Entscheidungsforschung investiert. Wegweisend in dieser Entwicklung war die zivile Luftfahrt, aus der die meisten Erkenntnisse über kritische Entscheidungsfindung und Werkzeuge zur Fehlervermeidung kommen.

5.2 Der Weg zum sicheren Fliegen

Als Flugzeuge in den 1970er-Jahren technisch zuverlässiger wurden, schien ein enormes Wachstum der Luftfahrtindustrie möglich. Dennoch sorgten weiterhin häufige, spektakuläre Flugzeugabstürze für Aufsehen und Unsicherheit. In über 80 % der Unfälle war das Problem der Faktor Mensch (Hagen, 2017).

Die Industrie stand vor einem Problem: Voll ausgebildete, nach allen professionellen Standards qualifizierte Piloten brachten regelmäßig moderne und voll funktionsfähige Flugzeuge zum Absturz. Noch schlimmer: Bei 80 % der Abstürze flog der Kapitän, nicht der Co-Pilot, das Flugzeug. Noch dazu: Einige der, bis heute, schwersten Flugkatastrophen geschahen durch sehr erfahrene Kapitäne. Diese Situation veranlasste Aufsichtsbehörden und Fluggesellschaften, ein umfangreiches und langfristiges Forschungsprogramm zu starten. Kaum ein anderer Bereich hat so umfangreiche und qualitativ hochwertige Forschungsarbeit erfahren wie Teamarbeit im Cockpit (Fengler, 2024). Dadurch wurde ein neues Verständnis von menschlicher Entscheidungsfindung und Fehleranfälligkeit im Arbeitskontext gewonnen. Es wurde deutlich, dass die menschliche Natur Begrenzungen und Schwächen hat, die zu vorhersehbaren, systemischen Fehlern führen. Irren ist menschlich – auch bei erfahrenen Piloten (Härting, 2017).

Die zivile Luftfahrt hat Strategien und Werkzeuge entwickelt, die heute in jedem Cockpit, auf jedem Flug angewandt werden. Sie werden mit entsprechenden Trainingsprogrammen, die verpflichtend für jede Fluggesellschaft sind, eingeübt und müssen alle sechs Monate von Piloten im Simulatorcheck demonstriert werden. Nur dadurch konnte die zivile Luftfahrt ihr heutiges Niveau an Flugsicherheit erreichen (Westphal, 2022). Inzwischen werden diese Erkenntnisse und Strategien auch in vielen anderen Hochrisikobereichen, wie Kernkraft, Öl und Gas, Chemie und zunehmend in der Medizin, angewandt.

Ursachenforschung zur Entscheidungsfindung

Die Analysen zeigten, dass Fehler nicht gleichmäßig verteilt, überall, auftraten, sondern vorhersehbaren Mustern folgten. Es zeigten sich systematische Schwachstellen in Entscheidungs- und Arbeitsprozessen, an denen die gleichen Fehler immer wieder auftraten (Reason, 1990). Dies erlaubte es, fehleranfällige Prozesse und Situationen zu identifizieren und gezielte Schutz- oder Gegenmaßnahmen zu entwickeln (Reason, 1997). Wesentlich war aber die Feststellung, dass menschliche Begrenztheit und Fehleranfälligkeit zum täglichen Leben dazugehören und es auch immer bleiben werden.

Um den Faktor Mensch in die Rolle des Entscheiders und Verantwortungsträgers mit einzubeziehen, wurde ein ganzheitliches Konzept entwickelt, das an individuellen, zwischenmenschlichen (Team-) und systemischen (Arbeits- und Organisations-)Schwachstellen ansetzte. In der Luftfahrt führte dies zu einem grundlegenden Kulturwandel der Führungs- und Arbeitskultur (Westphal, 2022).

Da dieses Kapitel praxis- und anwendungsbezogen sein soll, würde eine ausführliche Darstellung der Forschungsergebnisse den Rahmen sprengen. Das Literaturverzeichnis am Ende enthält relevante Literatur zur Vertiefung der Themen (z. B. Helmreich & Foushee, 2019; Hagen, 2017; Westphal, 2022).

5.3 Überblick

Die entwickelten Werkzeuge und Strategien zur Verbesserung der Entscheidungsfindung lassen sich einteilen in:

a) **Haltung** gegenüber Fehlern, bei sich selbst und anderen,
b) **individuelle Kapazitätsbegrenzungen und Veranlagungen**, die zu Entscheidungsfallen werden und Fehler verursachen können,
c) **Teamprozesse**, die gute Teamentscheidungen fördern oder behindern,
d) **Zeitdruck, Arbeitsbelastung, Stress und andere Situationsfaktoren**, die als Verstärker der drei oberen Gefahrenbereiche wirken.

Dieses Kapitel stellt die wesentlichen Schwachstellen in Entscheidungsprozessen vor, die für die Haltung, für individuelle Entscheider und bei der Teamarbeit identifiziert wurden. Im Weiteren wird auf die wichtige Rolle von Arbeitsbelastung, Zeitdruck, Müdigkeit und Stress als kritische Verstärker der fehleranfälligen Schwachstellen eingegangen – mit Werkzeugen und Strategien, wie diese Faktoren in der Luftfahrt entschärft werden, um die Entscheidungsqualität zu erhöhen. Diese Bereiche sind eng miteinander verknüpft und werden hier nur zum leichteren Verständnis getrennt behandelt.

Auch wenn in der Luftfahrt das Betriebsziel „Sicherheit“ sehr prominent ist und Entscheidungsqualität oft als Vermeidung von Fehlern dargestellt wird, geht es in der Praxis um eine ganzheitliche Verbesserung der Entscheidungsqualität, die sich auch in einer Steigerung der Effektivität und Effizienz ausdrückt. Ziel ist also nicht das Vermeiden von Fehlentscheidungen, sondern die Entwicklung kreativer und komplexer Problemlösungsansätze für undefinierte Probleme (Orasanu, 2019), die alle Unternehmensziele miteinschließen.

5.4 Haltung

Werkzeuge und Strategien würden relativ nutzlos bleiben, wenn sie nicht durch die richtige Haltung unterstützt würden. Das persönliche Annehmen der grundlegenden menschlichen Begrenzungen, d. h. die Überzeugung, dass Mittel und Werkzeuge zur Unterstützung der eigenen Arbeitsprozesse nötig sind, ist eine Voraussetzung für den erwünschten Erfolg. Dies drückt sich in Achtsamkeit gegenüber dem Fehlerpotenzial, Offenheit für unterstützende Werkzeuge sowie bewusste Teamarbeit aus.

Irren ist menschlich. Diese alte Weisheit hat die Ursachenforschung in der Luftfahrt nicht nur bestätigt, sondern auch zusätzliche, überraschende Einsichten geliefert. Der Gedanke, dass Fehlentscheidungen vor allem durch junge, unerfahrene oder unprofessionelle Piloten gemacht werden, stellte sich als falsch heraus. In vielen Fällen waren es die erfahrenen und über ihre Kollegen erhabenen Kapitäne, die buchstäblich fatale Entscheidungsfehler begangen. Das Gefühl der Überlegenheit und Unantastbarkeit schien viele Schutzmaßnahmen außer Kraft zu setzen. Laut Härting (2017), Flugkapitän und verantwortlich für Pilotentraining und Sicherheit bei Austrian Airlines, zeichnen sich gerade – aber natürlich nicht nur – Piloten und Pilotinnen im Alter von 45 bis 55 Jahren durch die Gefahr einer überlegenen Haltung aus. Ein häufiges Element dieser fehleranfälligen Haltung ist Selbstüberschätzung.

Selbstüberschätzung
Selbstüberschätzung (Overconfidence Bias) ist die Neigung, das eigene Leistungsvermögen, Wissen und die eigene Kontrolle über Situationen zu hoch einzuschätzen. Dazu gehört auch das Überschätzen der eigenen Geschwindigkeit, eine Aufgabe zu erledigen. Die Neigung zur Selbstüberschätzung stärkt zwar subjektiv das Selbstwertgefühl, kann aber direkt und indirekt zu schlechten Entscheidungen führen. Sobald falsche Einschätzungen in Entscheidungen einfließen, basieren diese auf fehlerhaften Informationen. Indirekt entfaltet Selbstüberschätzung ihre gefährliche Wirkung besonders in Kombination mit Führungsverantwortung für Teams. Von Selbstüberschätzung geprägte Kommunikation kann sich negativ auf Teamprozesse für Entscheidungen auswirken. Selbstüberschätzung gilt als Mitwirkungsfaktor in vielen Unfällen, darunter der Untergang der Titanic, die Tschernobyl-Explosion und beide Spaceshuttle-Unglücke.

5.5 Entscheidungsfallen: Zwei Fallbeispiele

Fall 1: Die Flugzeugkatastrophe von Teneriffa
Am 27. März 1977 wurde der Flughafen in Las Palmas, auf den Kanarischen Inseln, wegen einer Bombendrohung geschlossen und viele Flugzeuge nach Los Rodeos, Teneriffa, umgeleitet. Darunter waren eine amerikanische Pan-Am-Boeing 747 und eine KLM-Boeing 747 aus Amsterdam. Als der Flughafen in Las Palmas wieder freigegeben wurde, mussten die gestrandeten Maschinen, die zum Teil die Taxibahn zugeparkt hatten, über die gesamte Länge der Startbahn rollen, um nach einer 180-Grad-Drehung am Ende von dort aus starten zu können. Teile der Startbahn waren mittlerweile mit dichtem Nebel überzogen. Die KLM-Maschine wurde geführt von Kapitän Jacob van Zanten – kein gewöhnlicher Pilot. Er war verantwortlich für die Pilotenausbildung und Zertifizierung bei KLM. Sein Co-Pilot an diesem Tag hatte erst zwei Monate zuvor seine Leistungsüberprüfung bei van

Zanten absolviert und das *Inflight*-Magazin an Bord dieses Fluges zeigte ein großes Bild von ihm als Repräsentanten der Fluggesellschaft.

Die Besatzung der KLM-Maschine stand unter Zeitdruck, um die maximale Arbeitszeit einhalten zu können. Obwohl Verwirrung herrschte, ob die nebelige Startbahn frei war, ließ Kapitän van Zanten die Triebwerke zum Start anlaufen. Beim ersten Mal unterbrach ihn der Co-Pilot. Kurz darauf startete van Zanten dennoch, ohne Starterlaubnis der Flugsicherung, und wurde dieses Mal nicht mehr aufgehalten – ein gravierender Fehler. Nach 38 s stieß die vollgetankte Maschine mit der ebenfalls über die Startbahn fahrenden Pan-Am-Boeing 747 zusammen. Bei dem Unfall verloren 583 Menschen ihr Leben. Es ist bis heute das größte Flugzeugunglück der Luftfahrtgeschichte. Der geborgene KLM-Flugschreiber zeigte, dass Co-Pilot und ein Flugingenieur im Cockpit Zweifel daran hatten, dass die Startbahn wirklich frei war. Die Aufzeichnung des Cockpitgesprächs demonstrierte eine dominante Haltung, die solche Fehlentscheidungen begünstigt und das Verhindern solcher Fehler durch Teammitglieder erschwert. Eine solche Führungshaltung schließt oft die Perspektive „Andere machen Fehler, aber mir kann nichts passieren" mit ein. Viele Faktoren spielten bei dieser Katastrophe eine Rolle. Die Analyse der Fehlerkette leistete jedoch einen großen Beitrag dazu, die Entscheidungsfindung und Führungskultur in der Luftfahrt zu verändern.

Diese überlegene Haltung war tief in der Führungskultur der Zeit verankert, die noch durch die Anfänge der Fliegerei und das heldenhafte Bild des Pilotenberufs geprägt waren. Die tollkühnen Helden der Lüfte, die mit Brille und wehendem Schal in offenen Cockpits den Elementen trotzten, hatten dieses Berufsbild geprägt. Selbst als größere und komplexere Maschinen einen Co-Piloten erforderten, stand Teamarbeit nicht im Vordergrund. Ohnehin konnten beide Piloten bei den Wind- und Maschinengeräuschen kaum miteinander kommunizieren. So war die Rolle des Kapitäns als alleiniger Kommandant des Flugzeugs lange vorgegeben. Für Robert Francis, stellvertretender Vorsitzender des National Transportation and Safety Boards (NTSB) der USA, waren Anweisungen der Kapitäne an die Co-Piloten vor Beginn eines Fluges mit „Don't do anything, don't say anything. Don't touch anything!" symptomatisch für die Führungshaltung und Teamarbeit im Cockpit (Gordon et al., 2013, S. 3).

Fall 2: Extrembergsteigen auf Mt. Everest

Am 9. Mai 1996 machten sich zwei Expeditionen auf die letzte Etappe von Camp 4 zum Gipfel des Mt. Everest. Die Teams, mit je elf ausländischen Bergsteigern und Nepali Sherpa, wurden geführt von Rob Hall und Scott Fischer, zwei sehr erfahrenen Bergführern. Der normalerweise zwölfstündige Aufstieg in der sauerstoffarmen Luft oberhalb von 8000 m begann kurz vor Mitternacht. Das Erreichen des Gipfels bis zum Mittag galt als wichtiges Ziel der Bergsteiger, da sich der Abstieg sonst in die Nacht hinein verzögern würde. Zudem hatten die mitgeführten Sauerstoffflaschen nur eine begrenzte Kapazität. Zeit war daher ein wichtiger Faktor.

Beide Teamleiter hatten eine Grenze von 2 Uhr festgelegt, die sogenannte Umkehrregel, und sie ihren Teams immer wieder eingeschärft. Wer bis dahin nicht auf dem Gipfel war, musste umkehren. Durch mehrere Ereignisse verzögerte sich der Aufstieg beider Teams. Die meisten Bergsteiger und beide Bergführer ignorierten die Umkehrregel jedoch und stiegen bis in den späteren Nachmittag hinein weiter zum Gipfel. Beim verspäteten Abstieg über Nacht erreichte ein Sturm den Berg – kein ungewöhnliches Ereignis auf Mt. Everest. Beide Bergführer und drei ihrer Teammitglieder starben beim Abstieg. Die Übrigen überlebten mit zum Teil lebensgefährlichen Verletzungen. Es war einer der tödlichsten Tage in der Geschichte des Mt. Everest.

Rob Hall zeigte eine ähnliche selbstüberschätzende Führungshaltung als einer der Teamleiter der Mt.-Everest-Expeditionen. Hall hatte in den vorherigen sechs Jahren 39 Bergsteiger zum Gipfel des Mt. Everest geführt und galt als einer der erfahrensten Bergführer. Vor dem Aufstieg stellte er dem Team seine Führungshaltung mit den Worten vor: „Ich werde dort oben keine Meinungsverschiedenheiten dulden. Mein Wort wird absolutes, unanfechtbares Recht sein" (Roberto, 2013, S. 22). Das Team-Debriefing der Überlebenden zeigte, dass diese Haltung die Geschehnisse ermöglichte, die später zu seinem Tod und dem eines Teils seiner Expedition führen würden.

5.6 Individuelle Fehlerquellen

Einige Entscheidungsfallen und vorhersehbare Fehlerquellen betreffen individuelle Entscheidungsfindung. Indirekt können diese aber auch Teamentscheidungen beeinflussen. Nach ihrer Vorstellung werden Werkzeuge und Strategien aufgezeigt, diesen individuellen Entscheidungsfallen zu begegnen.

5.6.1 „Get-there-itis" (Planfortführungsneigung)

Entscheider in Führungsrollen sind in der Regel zielorientierte Persönlichkeiten mit Verantwortung und Eigenmotivation, die schnell und direkt das gesteckte Ziel zu erreichen wollen. Diese Zielorientierung hat viele Vorteile. Sie kann aber auch in eine gefährliche Fixierung auf das Ziel führen, vor allem je näher man dem Ziel kommt. Gegenteilige Informationen und Warnsignale, die den geplanten Kurs oder das bestehende Projekt infrage stellen, werden dann oft ausgeblendet und ignoriert. Dieses Phänomen wird in der Luftfahrt als „get-there-itis" („plan continuation bias") bezeichnet.

„Get-there-itis" äußert sich dort am häufigsten in fortgesetzten Landeanflügen, wenn genug Signale für einen Abbruch der Landung vorhanden sind. Mit dem festen Blick auf die Landebahn – oder manchmal auch nur mit der Erwartung, dass diese jederzeit aus dem Nebel auftaucht – fliegt der Pilot weiter, auch wenn Warnsignale im Cockpit erklingen. Der Start von KLM 4805 in Teneriffa, nach vier Stunden Wartezeit und unter Zeitdruck, ist ein Beispiel dieser Tendenz. Genauso kann die Entscheidung der Bergführer Hall und Fischer auf Mt. Everest, trotz Verspätung weiter zum Gipfel zu steigen, als Fall von „get-there-itis" gesehen werden. Mit dem Gipfel im Blick gab es kein Zurück mehr. Es ist bezeichnend, dass dieser Effekt beiden Bergführern bekannt war und sie ihn eigentlich eingeplant hatten – für die anderen Bergsteiger. Im medizinischen Rettungsdienst tritt „get-there-itis" auf, wenn der Sanitäter nach Blaulichtfahrt und einer offensichtlichen Diagnose zu schnell das Medikament spritzen will, ohne gründlich die Dosierung zu überprüfen. So nah am Ziel, dass alles andere aus den Augen verloren wird. Das schnelle, zielgerichtete Eingreifen kann Leben retten, aber auch z. B. zu voreiligen Fehldiagnosen oder Dosierungsfehlern führen. „Get-there-itis" ist eine menschliche Eigenschaft, die zur Entscheidungsfalle in allen Bereichen werden kann. In der Wirtschaft befällt „get-there-itis" z. B. geplante Projekte, die unbedingt gestartet oder abgeschlossen werden sollen, obwohl es inzwischen Warnsignale dagegen gibt.

5.6.2 Tunneling (Tunnelblick)

Tunneling führt dazu, von dem einmal gefassten Lösungsansatz nicht mehr loszulassen, auch wenn es Anzeichen gibt, dass er nicht zielführend ist. Diese Dynamik ist eng mit der „get-there-itis" verwandt. Beim Tunnelblick geht es aber nicht um eine Fixierung auf das Ziel, sondern auf das Problem oder die ergriffene Maßnahme. Tunneling beruht auf dem psychologischen Phänomen, dass die menschliche Wahrnehmung, das Denken und damit auch das Entscheiden sich unter Stress einengen, fokussieren und periphere oder gegenteilige Informationen ausschließen. Diese stressbedingte Fokussierung führt zu einer regelrechten Blindheit für Informationen, die sonst klar und deutlich wahrgenommen würden. Um dem Verlust des Gesamtbildes entgegenzuwirken und sicherzustellen, dass das Flugzeug weiterhin geflogen wird, hat sich in der Luftfahrt der Leitsatz „Aviate, navigate, communicate!" (fliege, navigiere, kommuniziere) etabliert. In der Wirtschaft kann Tunneling zum Festhalten am ersten Lösungsansatz führen, auch wenn die gewünschten Ergebnisse ausbleiben. Bei längerfristigen Prozessen werden gegensätzliche Informationen unter Umständen noch wahrgenommen, aber vorschnell abgewertet oder bleiben gänzlich unberücksichtigt.

Air France 447

Der Fall von Air France 447 in der Nacht vom 1. Juni 2009, in der auch Müdigkeit der Piloten dazukam, ist ein Beispiel dafür, wie sich Tunneling auswirkt. Das Flugzeug durchquerte nachts, auf dem Weg von Rio de Janeiro nach Paris, die tropische Zone entlang des Äquators. Kurzfristige Eiskristalle, durch örtliche tropische Gewitterwolken ausgelöst, verstopften die Messgeräte des A330 und führten zu fehlerhaften Geschwindigkeitswerten, die das Abschalten des Autopiloten auslösten. Dieses Phänomen war bekannt und hätte von den Piloten lediglich, für wenige Minuten, das Weiterfliegen per Hand ohne jegliche Änderung bis zum Abschmelzen der Eiskristalle verlangt. Stattdessen fixierte sich der fliegende Pilot so auf die fehlerhafte Geschwindigkeitsanzeige und sein Gleichgewichtsgefühl, dass er einen extremen Steigflug einleitete. Trotz aller Lösungsversuche, die danach im Cockpit stattfanden – einschließlich des Versuchs des Co-Piloten, das Steuer zu übernehmen –, hielt er an seinem Steigflug fest, bis das Flugzeug einen Strömungsabriss erlitt und aus voller Flughöhe ins Meer stürzte. Bis zum Schluss war der Pilot überzeugt, das Flugzeug müsste steigen, obwohl bei einem Strömungsabriss das Senken der Nase die erste eingeübte, eigentlich automatische, Reaktion sein sollte. Das fast ununterbrochen klingende Warnsignal für Strömungsabriss wurde an keiner Stelle von der Besatzung aufgenommen.

Die Lehren aus diesem und ähnlichen tragischen Vorfällen sind auch für andere Kontexte wertvoll. Tunnelblicke führen dazu, das Gesamtbild aus dem Auge zu verlieren und das Wesentliche in der Entscheidungssituation zu verpassen.

5.6.3 Gedankliche Abkürzungen (Heuristiken) und Neigungen (Biases)

Eine optimale Entscheidung setzt voraus, dass das Problem richtig verstanden wird, alle relevanten Informationen bekannt sind, die Konsequenzen aller Optionen genau gewusst werden und die Wertigkeit, d. h. die Präferenzen, für alle Aspekte der potenziellen Lösungen präzise bewusst sind und geordnet werden können. Es ist leicht ersichtlich, dass das menschliche Gehirn in den meisten Fällen nicht in der Lage ist, diese Menge an Informationen zu verarbeiten. Gerade unter Zeitdruck wird dies im Alltag schnell unmöglich.

In der Realität des Arbeitslebens werden Entscheidungen daher oft anders getroffen: mithilfe von gelernten Abkürzungen oder sogenannten Heuristiken. Sie sind Methoden, die mit begrenztem Wissen oder mit unvollständigen Informationen, in sehr kurzer Zeit, praktikable Lösungen liefern, die unter gewissen Bedingungen auch gut funktionieren können (Gigerenzer, 2020). Diese Abkürzungen können aber auch zu kognitiven Verzerrungen führen und damit zu vorhersehbaren schlechten Entscheidungen. Das Anwenden dieser Abkürzungsregeln ist den Entscheidern in der Regel nicht bewusst. Heuristiken können gute und notwendige Entscheidungswege darstellen, aber auch leicht zu Entscheidungsfallen werden. Zwei häufige mentale Abkürzungsmethoden sind.

Verfügbarkeitsheuristik (Availability Bias)
Wenn jemand verschiedene Möglichkeiten vergleichen muss, die Informationen dafür aber nicht hat, wird unbewusst die Leichtigkeit der Erinnerung als Ersatz für die eigentlich gesuchte Information genommen. Was mir leichter in den Sinn kommt, muss wichtiger oder größer sein. Ein Beispiel wäre der Größenvergleich zweier Städte, einer, deren Name besser bekannt ist als der der anderen. Die bekannte Stadt wird oft als größer eingeordnet. In Wirklichkeit wird eine einfachere Frage beantwortet: „Wie leicht kommt es mir in den Sinn?" als die eigentliche Frage, zu der mir die Informationen fehlen. Diese unbewusste Ersatzmethode wählt das Gehirn auch, wenn es einfach Denkenergie sparen will. Im Alltag ist das häufig der Fall. Dadurch kann sich auch ein zu hohes Vertrauen in das eigene Urteilsvermögen entwickeln und zu wenig durchdachten Entscheidungen führen.

Bestätigungsfehler (Confirmation Bias)
Danach tendieren Menschen dazu, eher nach Informationen zu suchen, zu interpretieren und sich an sie zu erinnern, die ihre Meinung oder Gedanken bestätigen. Dies kann leicht zu einem vorschnellen Festlegen auf die erste Vermutung bei einer Problemlösung führen. Grundsätzlich fördert diese Tendenz eine eingeschränkte Entscheidungsfindung, in der alternative Erklärungen nicht betrachtet werden. Auch dies fördert ein zu hohes Vertrauen in das eigene Urteilsvermögen, basierend auf einem stark vereinfachten Bild der Realität.

5.7 Werkzeuge und Strategien gegen individuelle Fehlerquellen

„Get-there-itis", Tunneling und mentale Abkürzungen können zu voreiligen, nicht richtig durchdachten Entscheidungen führen, bei denen wichtige, vorhandene Informationen nicht berücksichtigt werden. Von außen gesehen, können dies überraschend schlechte und verwunderliche Fehler sein. Daher gibt es heute eine Reihe von Werkzeugen im Cockpit, die dies verhindern sollen.

Stopp! Check! (Innehalten)
Ein erstes Gegenmittel gegen „get-there-itis" ist das kurze Anhalten, um den Überblick wiederzugewinnen und noch einmal zu fragen „Mache ich wirklich das Richtige? Spricht etwas dagegen? Habe ich etwas übersehen?" Für den medizinischen Rettungsdienst haben Rall, Galvin und Flin (2008) das 10-für-10-Prinzip entwickelt: 10 s Pause für 10 min Aktion. Die Tatsache, dass sich diese kurzen Pausen selbst bei Notärzten im Einsatz finden lassen, zeigt, wie wichtig dieser Realitätscheck im Alltag ist. Diese kurze Unterbrechung ist auch in der Teamarbeit wichtig.

Cross-Check (Teamarbeit)
Der 4-Augen-Blick oder das Teammitglied, das die Signale wahrnimmt, die man selbst übersieht, können Lebensretter in solchen Situationen sein. Nichts hilft mehr, um uns aus unguten Fixierungen zu befreien, als Teammitglieder, die uns wieder zum richtigen Blick verhelfen können.

In der Luftfahrt wurde Teamarbeit als größte Ressource für solche Fälle erkannt und daraufhin das Crew-Resource-Management-Konzept in die Pilotenausbildung aufgenommen (Helmreich & Foushee, 2019). Es geht darin um Faktoren effektiver Teamarbeit, wie psychologische Sicherheit, ein konstruktives Autoritätsgefälle und eine offene Fehlerkultur im Cockpitteam. Hierarchie ist vorgegeben, darf aber das Eingestehen von Fehlern und das Aussprechen von Zweifeln nicht behindern. Schulungen in Durchsetzungstechniken (Assertiveness Training) für Kapitäne und Co-Piloten üben dies ein. Vor jedem Flug werden diese im Briefing besprochen, sodass sie als Arbeitskultur im Cockpit etabliert sind. Dazu gehört auch das offene Zulassen unterschiedlicher Sichtweisen bei Diskussionen und explizites Nachfragen nach alternativen Interpretationen. Führungsautorität wird mit dem Abstreiten von Perfektion eingegrenzt und das Team in die Achtsamkeit auf Fehler mit einbezogen

(Ginnett, 2019). Fragen wie „Haben wir etwas übersehen? Könnte es auch andere Gründe geben?“ werden hierfür eingeübt. Wesentliche Flugparameter (z. B. Startgeschwindigkeit, Flughöhe), vollendete Aktionen und Instrumenteneinstellungen (Autopilot) werden im Cross-Check vom anderen Piloten bestätigt.

Standardisierte Arbeitsprozesse, Checklisten und Gedächtniselemente (Memory Items)

Standardisierte Vorgehensweisen *(Standard Operating Procedures)*, Checklisten und, für plötzliche Notfälle, Memory Items, zielen darauf ab, neben einer Gedächtnisstütze zur Entlastung des Gehirns, den Fokus auf geregelte Prozesse und die notwendigen Schritte zu lenken. Dadurch können Fixierungen auf einen Aspekt vermieden werden. Auch wenn diese Werkzeuge langweilig erscheinen mögen, vermeiden sie nachweislich Fehler und führen zu besseren Entscheidungen. Durchdachte, gut vorbereitete Prozesse sind eine Antwort auf tollkühne Flugmanöver von heldenhaften Piloten, bei denen dann zu oft ein elementarer Schritt vergessen wurde. Am Anfang wurden diese Werkzeuge von Piloten – und auch Ärzten – sehr abwertend betrachtet. Heute ist deutlich, dass sie zu einer enormen Verbesserung der Entscheidungsqualität führen, weil sie gedankliche Energie für wichtigere Prozesse freisetzen und das Vergessen wichtiger Schritte verhindern. Sie sind heute professioneller Standard. Gleichzeitig sollten standardisierte Arbeitsprozesse und Checklisten nicht blind befolgt werden, denn es gibt Situationen, an die bei der Entwicklung dieser Prozesse nicht gedacht wurde. Weitere Vorteile im Voraus geplanter und gut eingeübter Prozesse werden weiter unten unter „Verstärkung der Fehleranfälligkeit durch hohe Arbeitsbelastung“ behandelt.

Ziele und Grenzen sichtbarmachen (Bugs)

Was sich im Cockpit als einfache Zahlenwerte darstellt, aussehend wie alle anderen Werte auf den vielen Instrumenten, wird für die Entscheidungsfindung im Voraus unmissverständlich sichtbar gemacht. Kritische Werte, z. B. für Höhe, Geschwindigkeit, Schubkraft etc., werden durch sogenannte Bugs, d. h. visuelle, unübersehbare Zeiger, vor jedem Flugabschnitt gekennzeichnet. Damit wird die Situationswahrnehmung (Situation Awareness) gesteigert und die kognitive Energie gespart, immer wieder die einzelnen Zahlen interpretieren zu müssen. Das Nahekommen einer Grenze, und damit einer Gefahr, oder aber des gewollten Richtwerts (richtige Landegeschwindigkeit) werden so vereinfacht und Missverständnisse vermieden. Gerade in Situationen von erhöhter Arbeitsbelastung und Stress vereinfacht dies die Entscheidungsfindung. In der Wirtschaft wird zwar nicht mit dynamischen Cockpitinstrumenten gearbeitet, dennoch hilft auch hier das klare Sichtbarmachen von Grenzwerten und Zielzuständen.

5.8 Fehlerquellen und Strategien in Teams

Die Komplexität der heutigen Arbeit und die enge Vernetzung der Arbeitsprozesse bedeuten, dass heute viele Aufgaben nicht mehr allein, in Isolation, erledigt werden können. Menschen müssen zusammenarbeiten. Auch Entscheidungsfindung findet daher oft im Teamkontext statt.

Für Entscheidungsfindung birgt die Zusammenarbeit mit anderen erweiterte Möglichkeiten, die Fehler Einzelner zu erkennen sowie mehr Informationen und breitere Perspektiven zusammenzubringen, um am Ende besser durchdachte Entscheidungen zu treffen. Sie birgt aber auch zusätzliche Fehlerquellen, d. h. potenzielle Schwachstellen, an denen Fehler oder mangelhafte Entscheidungsqualität entstehen können. Dieser Abschnitt untersucht diese potenziellen Schwachstellen von Team-Entscheidungsprozessen sowie die Werkzeuge, Prozesse und Strategien, die Teams zur Verfügung stehen, um bessere Entscheidungen zu treffen.

Teamprozesse

Für Entscheidungen im Unternehmenskontext stellt sich zunächst die grundsätzliche Frage: Treffen Teams bessere Entscheidungen als Einzelpersonen? Viele Forschungsergebnisse bestätigen, dass die Antwort auf diese Frage von der Qualität der Teamarbeit abhängt (Hackman, 2002). Teams haben das Potenzial, wesentlich schlechtere Entscheidungen zu treffen als einzelne Entscheider. Gerade in komplexen Fragen haben Teams aber auch das Potenzial, wesentlich besser zu sein als Einzelentscheider, wenn die Teamprozesse dafür gut funktionieren.

Konkret bedeutet das: Für erfolgreiche Entscheidungsarbeit in Teams benötigt es Vertrauen, dass eine angstfreie Kommunikation unterschiedlicher Informationen und Perspektiven ermöglicht, sowie zielführende Prozesse, die diese Informationen zusammenbringen, auszuwerten und eine Teamentscheidung herbeizuführen (Roberto, 2013). Für komplexe Probleme muss ein Team einen offenen Austausch aller relevanten Informationen ermöglichen und bestehende Annahmen und Perspektiven hinterfragen können.

Gemeinsames Situationsverständnis

Damit Informationsaustausch und kollektives Bearbeiten eines Problems geschehen können, ist eine gemeinsame Sicht der Situation („shared mental models") und der relevanten Zusammenhänge im Team wichtig. Gleichzeitig sollte das Maß an Gleichheit nicht so groß sein, dass ein Team zu sehr auf die eigene, enge und vielleicht vereinfachte Sicht festgelegt ist („group think"). Aus einem gemeinsamen Situationsverständnis heraus kann ein gemeinsamer Lösungsansatz erarbeitet werden. Nur wenn man das gleiche Problem lösen will, wird Zusammenarbeit zielführend sein. Wichtig ist auch das Wissen, wer im Team was weiß und wer was kann („transactive memory"). Kompetenzbasiertes Vertrauen (Westphal, 2023) ist für das Teilen und Gebrauchen dieser Informationen im Team notwendig. Teamprozesse, die diese Komponenten fördern, sind daher hilfreich für gute Teamentscheidungen. Gleichzeitig sind diese Komponenten auch Bereiche für Fehlerquellen, durch die Teams zu Fehlentscheidungen kommen können.

5.9 Werkzeuge und Strategien für Teamentscheidungen

Zusammenarbeit in Entscheidungssituationen ist kaum irgendwo mehr untersucht worden als im Cockpit von Flugzeugen (Fengler, 2024). Daher ist die dort eingespielte und gut trainierte Teamarbeit voller Werkzeuge und Prozesse, die eine sichere und zielführende Entscheidungsfindung gewährleisten sollen.

5.9.1 Teamwerkzeuge für gemeinsames Situationsverständnis

Ein gemeinsames Verständnis der Situation, Ziele und geplanten Schritte wird durch folgende Werkzeuge gefördert.

Rollenklarheit und Verantwortungsverteilung
Eine klare und allen bekannte Verteilung der Aufgaben und Verantwortungsbereiche ist wichtig. So werden keine Aspekte übersehen und es gibt bei der Ausarbeitung der Lösung, z. B. den Erwartungen, wer was getan hat oder tun wird, keine Missverständnisse. Probleme können eskalieren, wenn erwartete Schritte nicht getan wurden, ohne dass dies dem Team bewusst war. Rollenklarheit stärkt auch die Zusammenarbeit im Team, da Ambiguität über das „Wer tut was?" reduziert wird (Airbus, 2024).

Briefings (Vorbesprechungen)
Briefings werden routinemäßig vor, während und unter Umständen auch nach jedem Flug durchgeführt. Diese kurzen, zeitnahen Lage- oder Einsatzbesprechungen dienen dazu, die geplanten Ziele, Prioritäten und Schritte in Erinnerung zu rufen und im Team ein gemeinsames Verständnis der Lage und des Vorgehens zu schaffen (Federal Aviation Administration, 2024b; Flight Safety Foundation, 2024). Das Airbus-A320-Trainingshandbuch z. B. empfiehlt, dass diese Briefings interaktiv sein und in einer logischen Reihenfolge geschehen sollten, sodass am Ende alle dasselbe Bild vom Spielplan haben (Haroon, 2024). Diese Briefings sind in der Luftfahrt detailliert ausgearbeitet und vorgegeben, werden trainiert und müssen regelmäßig in einer Befähigungsüberprüfung („proficiency check") demonstriert werden. Auch im herkömmlichen Unternehmenskontext fördert regelmäßiger, kurzer Austausch über geplante Schritte, Prioritäten und Ziele ein gemeinsames Bild der Unternehmenssituation. Agiles Management versucht, dies z. B. als Teil des Scrumkonzepts aufzugreifen.

Call Outs (Ansagen)
Call Outs sind verbale Statements von Intentionen und Aktionen, die ein Pilot durchführt, oder von Flugparametern (z. B. Flughöhe), sodass die Cockpitcrew ein gemeinsames Situationsverständnis behält. Dadurch werden Missverständnisse deutlich und Unsicherheit in der Teamarbeit wird reduziert. Damit diese Kommunikation gelingt, wird ein geschlossener Kommunikationskreislauf praktiziert, indem der andere Pilot den Kommunikationsinhalt wiederholt und die Aktion bestätigt (z. B. Airbus, 2024). An dieser Stelle sollten Unklarheiten und Fragen ausgesprochen werden, um Missverständnisse oder Fehler aufzudecken. Wichtig in der Luftfahrt, und in der Teamarbeit generell, ist, dass die verwendeten Ausdrücke auch so verstanden werden, wie sie gemeint sind. Dafür gibt es in der Luftfahrt standardisierte und klar definierte Ausdrucksformen („standard phraseology"). Laut Gordon et al. (2013) sind vorhersehbare Kommunikationsmuster möglicherweise der beste und effektivste Weg, um den Stress zu mindern, der durch die ständige

Unklarheit am Arbeitsplatz entsteht. Die Standardisierung von Kommunikationsmustern, so die Autoren, „ermöglicht es der Crew, ihre geistige Energie darauf zu verwenden, sich mit spezifischen technischen Problemen zu befassen, anstatt sie mit dem Versuch zu verschwenden, herauszufinden, was andere sagen, denken oder erwarten“ (Gordon et al., 2013, S. 45).

5.9.2 Teamwerkzeuge gegen individuelle Fehler

Das Team ist eine der wichtigsten Ressourcen, um individuelle Fehler zu bemerken, bevor Schaden entsteht.

Pilot Monitoring, PM (überprüfender Pilot)
Während die Hierarchie im Cockpit zwischen Kapitän und Co-Pilot unterscheidet, werden in jeder Flugphase die Rollen des fliegenden Piloten (Pilot Flying) und des überwachenden Piloten (Pilot Monitoring) festgelegt (z. B. Airbus, 2024). Damit kommt dem nichtfliegenden Piloten, unabhängig von der hierarchischen Position, eine klare Rolle zu – auf Fehler und Abweichungen vom Plan zu achten. Unfallberichte in der Luftfahrt heben klar das Versagen des überwachenden Piloten hervor, sollte dieser Informationen zurückgehalten haben, die für die Entscheidungen wichtig gewesen wären. Selbst Kapitäne lassen ihre Entscheidungen so für mögliche Fehler überwachen.

Cross-Check/4-Augen-Prinzip
Wie bereits unter individuellen Entscheidungen gezeigt, werden das Lesen oder Einstellen von Instrumentenwerten, z. B. im Autopiloten, oder Ergebnisse von Aktionen vom anderen Piloten geprüft und bestätigt. Diese Vorgehensweise findet sich in Unternehmen als 4-Augen-Prinzip oder in anderen Überprüfungsprozessen wieder. Wesentlich ist das Identifizieren von kritischen Schritten, Werten oder Informationen, die in die Entscheidungsfindung mit einfließen, bei denen man sich nicht auf eine Person allein verlassen sollte.

Checklisten
Checklisten sind ein sehr effektives und vielseitiges Werkzeug, das in immer mehr Bereichen eingesetzt wird. Sie erfüllen eine Reihe von Funktionen. Eine wesentliche ist, das Übersehen oder Unterlassen von Arbeitsschritten zu vermeiden. Die Luftfahrtgeschichte ist gefüllt mit Piloten, die, fixiert auf den Start, die Flügelkonfiguration (Flaps) vergaßen, die zum Abheben notwendig ist. Ähnlich fixiert, landeten auch einige, ohne das Fahrwerk ausgefahren zu haben. Checklisten komplementieren die Briefings und Cross-Checks, indem sie Vorgehensschritte aufzeigen und die korrekte Durchführung bestätigen. Sie helfen damit auch, eine gemeinsame Sicht der Situation sowie des Gesamtprozesses zu behalten und sich dennoch auf einen Schritt konzentrieren zu können.

Steriles Cockpitkonzept gegen Ablenkung

Hans Härting (2017), Flugkapitän und Verantwortlicher für die Pilotenausbildung bei Austrian Airlines, weist darauf hin, dass Ablenkung oder Müdigkeit beitragende Faktoren bei einem Drittel der Fehler waren, die zu Unfällen führten. Ablenkung kann ein individuelles Problem sein, im Team kann es aber eine ganz eigene Dynamik entwickeln. Am 21. Oktober 2009 waren die Piloten von Northwest Airlines Flug 188 so im persönlichen Gespräch vertieft, dass sie 150 Meilen über ihr Ziel hinausflogen und dies erst bemerkten, als eine Flugbegleiterin nach der Vorbereitung für die Landung fragte. Um zu gewährleisten, dass die vorhandenen mentalen Ressourcen in wichtigen Flugphasen für Entscheidungsprozesse zur Verfügung stehen, d. h., um Ablenkungen zu minimieren, ist die sterile Cockpitregel heute Standard. Dieses Konzept verordnet, dass in den kritischen Flugphasen, unterhalb 10.000 Fuß (3000 m) Flughöhe, nur arbeitsrelevante Gespräche stattfinden dürfen (Airbus, 2024).

Joel Neeb (2017) ist früherer F-15-Kampfpilot und heute Unternehmensberater, der die Strategie von Kampfpiloten in extrem komplexen und dynamischen Situationen auf die Führung von Unternehmen anwendet. Er macht deutlich, wie wichtig es für Piloten ist, sich in kritischen Situationen auf eine geringe Zahl wesentlicher Instrumente zu konzentrieren. Das setzt voraus, vorher entschieden zu haben, was die kritischen Parameter in der Situation sind. Die Gefahr, sich in nebensächlichen Instrumenten zu verlieren, ist für Piloten – mit schwerwiegenden Konsequenzen – sehr real. Ähnlich können eigene Vorlieben für bestimmte Unternehmensaspekte, Projekte oder Entwicklungen in kritischen Phasen leicht von dem Blick aufs Wesentliche, z. B. Liquidität, Preisentwicklungen oder andere kritische Indikatoren, ablenken. Dieser Fokus auf die kritischen 3–5 Instrumente und das bewusste Unterlassen von ablenkenden – aber oft schönen und interessanten – Tätigkeiten ist für Neeb ein wesentlicher Lerneffekt zur Reduzierung der Aufgabensättigung in einem der dynamischsten Risikobereiche, die es gibt.

5.10 Verstärkung der Fehleranfälligkeit durch hohe Arbeitsbelastung

Ob allein oder in der Zusammenarbeit mit anderen, Menschen machen beim Entscheiden leicht vorhersehbare Fehler. Wenn diese Fehleranfälligkeit mit Situationen starker Arbeitsbelastung, z. B. durch Zeitdruck, Aufgabensättigung, Stress aus anderen Lebensbereichen oder Müdigkeit zusammenkommt, steigt die Wahrscheinlichkeit, dass es zu mangelhaften Lösungsansätzen oder Fehlern kommt und die Entscheidungsqualität dramatisch absinkt.

Gefährliche Verstärker

Zeitdruck, Aufgabensättigung, Stress und Müdigkeit wirken als gefährliche Verstärker für menschliche Fehlerquellen. Diese Verstärker werden in der Luftfahrt durch Workloadmanagement, soweit es geht, aufgefangen. Workloadmanagement ist daher ein grundlegendes Instrument zur Verbesserung von Entscheidungen. Es geht dabei nicht in erster Linie um das Optimieren unserer Arbeitsweise an sich, sondern darum, die vermeidbaren negativen Auswirkungen dieser Verstärker auf unsere Entscheidungsprozesse zu erkennen und Werkzeuge einzusetzen, um diese zu verringern oder ganz zu vermeiden. Workloadmanagement und die damit verbundenen Werkzeuge bilden heute einen wesentlichen Ansatzpunkt zur Verbesserung der Flugsicherheit. Diese Strategie wird aber nicht funktionieren, wenn gutes Workloadmanagement einfach zu Mehrarbeit genutzt wird.

Die menschliche Begrenztheit drückt sich unter anderem in der Menge an Informationen aus, die wir auf einmal verarbeiten können, in der Dauer der Konzentration, die wir halten können, und in der begrenzten Widerstandsfähigkeit negativen Emotionen gegenüber. Auch mit Übung und Erfahrung bleibt der Mensch in diesen Bereichen sein eigenes Nadelöhr. Selbstüberschätzung der eigenen Grenzen (Overconfidence Bias), z. B. der Glaube, dass Müdigkeit und Stress nur andere betreffen, aber kaum Auswirkung auf die eigene Leistungsqualität haben, tritt auch in diesem Zusammenhang regelmäßig auf und leistet einen häufigen Beitrag zu Fehlern.

Aufgabensättigung

Aufgabensättigung (Task Saturation) ist das Gefühl, zu viel zu tun zu haben und nicht genug Zeit, Werkzeuge oder andere Mittel, um die Aufgaben bewältigen zu können (National Business Aviation Association, 2013). Auch in der Geschäftswelt ist Aufgabensättigung für Entscheidungsträger ein zunehmendes Problem. In der Luftfahrt wird es als eine der 10 größten Gefahren für die Flugsicherheit eingestuft (National Business Aviation Association, 2013). Noch extremer betrifft dies jedoch Kampfpiloten bei simulierten Luftkämpfen.

Eine der Hauptfolgen von Arbeitsüberlastung ist ein vermindertes Situationsbewusstsein. Dies kann zu übersehenen Hinweisen, verzögerten Reaktionen oder sogar zum völligen Verlust des Bewusstseins für kritische Faktoren führen (DelCiello, 2024). Als Folge der Aufgabensättigung können Piloten die Konzentration und den Situationsüberblick verlieren, weil sie versuchen, alles gleichzeitig im Blick zu haben. Sie sind dann nicht mehr in der Lage, zu analysieren und zu priorisieren, was Vorrang haben sollte, können sich nicht auf eine spezifische Aufgabe konzentrieren und erleiden schließlich totalen Kontrollverlust. Andere reagieren, ganz im Gegensatz dazu, mit einem mentalen Einfrieren, einer Überfixierung auf das Problem oder den Stressauslöser, was ebenfalls schnell zum Verlust des Gesamtbilds und zur Handlungsunfähigkeit führt. In jedem Fall steigt das Fehlerpotenzial durch die Überlastung extrem an.

Ohne effektive Strategien würden Piloten schnell überwältigt werden. Der Umgang mit Aufgabensättigung kann jedoch, bis zu einem gewissen Grad, gelernt und trainiert werden. Für Piloten ist dies überlebenswichtig. In manchen Trainingsprogrammen wird zunehmende mentale Überlastung („progressive overload") absichtlich und gezielt eingesetzt.

Direkte Strategien gegen Aufgabensättigung

Da Aufgabensättigung im Alltag ein so wichtiges Hindernis für gute Entscheidungsprozesse ist, folgen hier einige direkte Strategien, um diese mentale Überlastung zu vermeiden oder mit ihr umzugehen.

1) **Mentale Vorbereitung**

Ein wichtiges Element, für alle, die komplexe Leistungen erbringen müssen, ist Vorbereitung. Mentale Simulationen, die konkrete Szenarien mit einer „Was würde ich tun, wenn …"-Aufgabe durchspielen, helfen einmal, eine Bandbreite von gut durchdachten Lösungsmöglichkeiten zu entwickeln und später die Zeit dafür einzusparen. Zum anderen helfen sie, mental, das Unnormale und Überraschende normaler zu machen. Die Überforderung am akuten Zeitpunkt wird so reduziert. Ähnlich können Fallstudien aus relevanten Bereichen dazu dienen, im Vorfeld eine Vielfalt von Handlungsmöglichkeiten kennenzulernen. Vorzeitiges Üben von Situationen, in denen die Aufgabenfülle die normalen Handlungskapazitäten übersteigt, ist ein wichtiger Weg, um später der wirklichen Situation effektiv begegnen zu können. Des Weiteren sind die unten in diesem Abschnitt beschriebenen generellen Planungs- und Prozessschritte zur Reduzierung der Arbeitsbelastung genauso strategisch gegen Aufgabensättigung einzusetzen.

2) **Überreaktionen vermeiden**

Um der Gefahr der Überfixierung (Tunnelblick) oder der mentalen Zerstreuung (Konzentrationsverlust) zu entkommen, ist es absolut wichtig, sich Zeit für die Gesamtsituation zu nehmen. Überreaktion und sofortiges Eintauchen in den Stressauslöser schließen oft die Tür für weise Entscheidungen. Offenes Wahrnehmen aller Informationen ist wesentlich für die weiteren Schritte. Luftfahrtpsychologe Deniz Kiliçgedik-Sazak (2014) empfiehlt sogar einen kurzen, bewussten Aufgabenwechsel, um durch Unterbrechung die Überfixierung auf den ersten Lösungsreflex zu verhindern. Fluggesellschaften trainieren dies in ihren Upset Recovery Trainings. Da Stressreaktionen zuerst automatisch gesteuert werden, bedarf es bewusster Übung, um ruhig bleiben zu können.

3) **Einordnen und Priorisieren**

Hier wird die Frage nach dem wirklich Wichtigen gestellt und abgewogen, welche Aspekte oder Konsequenzen des Problems Priorität haben sollten. Nur so kann die wertvolle Zeit in einer übersättigten Situation effektiv genutzt werden.

4) **Zusammenarbeit und Nutzen aller Ressourcen**

Statt als alleiniger Held oder einsames Opfer der Situation zu begegnen, ist es für Entscheidungsfindung und für Handlungskapazität weise, die Ressourcen des Teams mit einzubinden. Gemeinsame Wahrnehmung, Optionensuche und Abwägungen können auch unter Zeitdruck zu wesentlich besseren Ergebnissen führen. Eine grundlegende Ausrichtung des Crew-Resource-Management-Trainings der Flugzeugbesatzungen ist es, im Notfall nicht in die Einzelkämpferrolle zurückzufallen, sondern von allen vorhandenen Informationen und Erfahrungen Gebrauch zu machen. Dies geschieht auch durch explizites Fragen nach Ideen oder Vorbehalten.

5) **Konzentrieren auf das Wesentliche**

Es liegt in der Natur übersättigter Situationen, unsere Aufmerksamkeit in alle möglichen – wichtigen und unwichtigen – Richtungen zu ziehen. Diese Informations- und Verarbeitungsüberlastung kann nur durch Konzentration auf das Wesentliche und Machbare, oder unter Umständen Delegation des Übrigen, geleistet werden. Dazu ist es notwendig, die harte Entscheidung zu treffen, was die wesentlichen Aspekte sind – und welche es nicht sind. Joel Neeb, aus dem F-15-Cockpit, drückt es so aus: „Finde heraus, was die wenigen Schlüsselindikatoren in der Situation sind. Im Flugzeug, ohne äußere Sicht, sind es der künstliche Horizont, Flughöhe und Luftgeschwindigkeit" (Neeb, 2017, Absatz 6). Für ihn sind die komplexen Situationen eines Luftkampfes nur zu meistern, wenn er sich auf diese 3 Instrumente konzentriert – nur so viel, wie er verarbeiten kann. Checklisten und andere Werkzeuge helfen zusätzlich in solchen Situationen, Schritt für Schritt, die Konzentration zu behalten.

Checkliste für Aufgabensättigung
Ähnlich zeichnet die FAA (Federal Aviation Authority) diese Schritte in ihrer Checkliste für Aufgabensättigung auf (Gordon et al., 2013):

- **Stopp:** Überreaktion vermeiden.
- **Denken:** Fixierungsfehler vermeiden, Überblick behalten.
- **Perspektive:** Wie hoch ist die wirkliche Priorität hier? Wie groß ist das Problem wirklich?
- **Priorisieren:** Fokussiere auf die wesentlichen Kontrollprozesse des Flugzeugs. Auf jeden Fall: Vergiss nicht zu fliegen! Aviate, navigate, communicate!

Zeitdruck
Zeitdruck stellt ein wesentliches Problem für Entscheidungsfindung dar und verändert die Art, wie wir Entscheidungen treffen. Zeit ist für Entscheidungsfindung wichtig, weil komplexe Entscheidungen gründliche Abwägungsprozesse zwischen ganz unterschiedlichen Aspekten beinhalten (z. B. Farbe gegen Motorkraft beim Autokauf). Zeitdruck verkürzt die nötigen Wahrnehmungs- und Abwägungsprozesse und begünstigt den Gebrauch von heuristischen Abkürzungen. Oftmals wird dies durch das Empfinden von Stress noch weiter verstärkt und führt leicht zu suboptimalen oder falschen Ergebnissen.

Stress
Das menschliche Gehirn, so wie der Körper, reagiert auf Stress durch Verengung der Wahrnehmung und Ausblenden vieler Informationen aus dem Umfeld. Der Körper konzentriert sich nur noch auf einen Punkt. Besonders betroffen ist davon das Gehör – vieles wird unter Stress einfach überhört. Zudem entsteht ein starker Handlungsdrang (Angriff) oder eine Handlungslähmung (Rückzug, Flucht). Daher kann Stress eine gefährliche Handlungsneigung (Action Bias), den „Tue doch etwas! Irgendetwas!"-Impuls, auslösen. Es ist leicht ersichtlich, dass Entscheidungsprozesse von Stressreaktionen stark beeinträchtigt werden.

5.11 Strategien und Werkzeuge des Workloadmanagements (Arbeitsaufteilung)

Thomas Fengler (2020), Verkehrspilot und Unternehmensberater, ordnet Werkzeuge zur Entlastung der Arbeitsdichte in drei Strategiebereiche ein: Aufteilen (Portionieren), b) Verschieben (Sequenzieren) und c) Verteilen (Delegieren).

Prozessentscheidungen klären oder treffen
Als Erstes können die Prozessentscheidungen, d. h. die Entscheidungen über den Entscheidungsprozess selbst, identifiziert und vorgezogen, oder überprüft, werden. Besteht Klarheit darüber, *wann*, *wonach*, *wie* und *von wem* diese Entscheidung getroffen werden soll? Wenn nicht, kann mentale und zeitliche Arbeitsbelastung für die eigentlichen Entscheidungen freigesetzt werden, indem man diese Punkte vorher bewusst klärt und festlegt. Dadurch werden nicht nur Fragen, die für die Entscheidung ohnehin beantwortet werden müssen, entkoppelt und vorher entschieden, sondern auch Unsicherheit über die Entscheidung als Ganzes wird reduziert. Ambiguität kann sich so erschwerend auf Entscheidungsarbeit auswirken, wie ein arbeitsreicher Prozess den Arbeitsspeicher eines Computers in Anspruch nimmt – es steht dann nur noch wenig Bearbeitungskapazität für den eigentlichen Prozess zur Verfügung.

Zeit zum Entscheiden verlängern
Bei der Landung oder bei technischen Problemen bedeutet dies, eine Warteschleife zu fliegen, um Zeit zu gewinnen oder Höhe zu verlieren. Es ist eine Strategie, die direkt gegen den Zeitdruck eingesetzt wird. Wenn Zeitdruck den Entscheidungsprozess gefährdet, wird gefragt: „Muss diese Entscheidung wirklich so schnell getroffen werden? Was sind die Konsequenzen einer zeitlichen Verlängerung?“ Das „Wann“ der Entscheidung, der Entscheidungspunkt, wird unter neuen Gegebenheiten korrigiert, um die Arbeitsbelastung für eine gute Entscheidungsfindung zu reduzieren und genügend Zeit für einen guten Prozess zu gewinnen. Dies ist in vieler Hinsicht die einfachste, in der Praxis aber oft zu wenig genutzte, Strategie.

5.11.1 Entscheidungsprozesse aufteilen und verschieben

Da sich diese menschlichen Grenzen nur sehr begrenzt und langsam erweitern lassen, ist eine wesentliche Strategie der Piloten, die Prozesse zur Entscheidungsfindung in getrennte Teilschritte aufzuteilen, d. h. zu portionieren (Fengler, 2020), und sie zeitlich so zu verschieben, dass es zu geringerer Arbeitsbelastung und höherer Entscheidungsqualität kommt. Diese Strategie ist zur Verbesserung der Entscheidungsfindung so wichtig, dass sie konsequent in den Abläufen des gesamten Fluges angewandt wird. Daher werden die wesentlichen Anwendungen dieser Strategie hier im Einzelnen vorgestellt.

Entscheidungsschritte aufteilen und Teile der Entscheidung vorziehen

Eine wesentliche Entlastung des Entscheidungsprozesses geschieht durch das Entkoppeln und zeitliche Vorziehen einzelner Entscheidungsschritte. Vorheriges Festlegen von Entscheidungskriterien und Grenzen, z. B. in Regeln und Plänen, ist eine Art, Entscheidungen aufzuteilen und vorzuziehen, sodass mehr Zeit für das Finden von Optionen, Abwägungsprozesse und später eine gut überlegte Entscheidung vorhanden ist. So werden am Entscheidungspunkt auch situationsbedingte Emotionen, die die Entscheidungsqualität negativ beeinflussen würden, vermieden. Dies ist eine wesentliche Strategie, die darauf abzielt, den Entscheidungsprozess so zu gestalten, dass nötige Ressourcen zur Verfügung stehen und der Kopf kühl und frei von Störungen ist.

Richtlinien und Standardarbeitsprozesse

Viele der Richtlinien und Standardarbeitsprozesse in der Luftfahrt sind als Entscheidungskriterien zu verstehen, mit denen ein wesentlicher Teil des Entscheidungsprozesses zeitlich vorgezogen worden ist. Oft kann so am Entscheidungspunkt aus einer offenen Frage eine einfachere Ja/Nein-Entscheidung gemacht werden, die weniger kognitive Energie benötigt und freier von Verzerrungen (Bias) ist. Daher sind Richtlinien und standardisierte Prozesse (SOPs) ein Instrument, um Entscheidungsprozesse zeitlich vorzuziehen, sodass sie gründlich, mit genügend Zeit und Unterstützung von anderen für die nötigen komplexen Abwägungsprozesse durchgeführt werden können. Es wird einmal richtig für die Zukunft entschieden, um jedes Mal neue, kreative, aber auch fehlerfällige, Einzelentscheidungen zu vermeiden. Aus anderer Perspektive betrachtet, werden einmal Probleme kategorisch gründlich besprochen und einheitliche Lösungen vorgeschrieben, sodass in Zukunft nicht jedes Problem eine eigene, kreative, zeit- und ressourcenaufwendige Einzellösung braucht.

Auf den Strategien von Kampfpiloten gegen Aufgabensättigung aufbauend, empfiehlt Joel Neeb (2017) sogar das konsequente Festhalten und Standardisieren von wiederkehrenden oder routinemäßigen Arbeitsprozessen, so wie das Entwickeln von Checklisten für diese Prozesse. Diese werden dann zwar zu eher langweiligen, automatischen Arbeitsschritten, jedoch wird gerade dadurch viel kognitive Energie und Kreativität für Entwicklung und wirklich wichtige Fragen freigesetzt. Dies fördert zusätzlich ein gemeinsames Verständnis der Arbeitssituation („shared mental models“), ähnlich wie durch regelmäßige Briefings und Call Outs in zivilen Cockpits. Schädliche Unsicherheiten im Team werden so verringert und extra Kommunikationsschleifen, Zeitverlust oder Missverständnissen vorgebeugt.

Feste Grenzen im Voraus setzten

Das Setzen klarer Grenzen ist ein Sonderfall von Richtlinien, der in der Praxis eine große Rolle spielt. Die Umkehrregel auf Mt. Everest ist ein gutes Beispiel für diese Strategie. Die klare Regel, umzukehren, wenn der Gipfel nicht bis 2 Uhr erreicht wird, sollte das Team davor bewahren, im Eifer des Gefechts („get-there-itis“) und mit der gesamten schon investierten Zeit, Anstrengung und Geld im Rücken die falsche Entscheidung zu treffen und weiter auf den Berg zu steigen. Es ist auch ein Beispiel dafür, dass diese Effekte wenig durch die Erfahrung der Entscheider reduziert werden. Gerade die erfahrenen Teamleiter stehen in der Versuchung, dem Erfolgsdruck zu erliegen.

Auch im Cockpit wird ständig mit dem Setzen klarer Grenzen als Entscheidungshilfe gearbeitet. Dabei wird ein Teil der Entscheidung – wo die Grenze zum Handlungsbedarf ist – vorgezogen. Für jeden Flughafen wird z. B. eine Grenze für Sichtweite bei der Landung festgelegt, abhängig von der Größe des Flugzeugs und technischen Hilfsmitteln, sodass eine klare Entscheidung am Entscheidungspunkt vereinfacht wird (Federal Aviation Administration, 2024a). Diese Grenzen und Parameter werden im Cockpit zusätzlich durch sogenannte Bugs an den Instrumenten sichtbar gemacht, die Zielzustände und Grenzen leicht erkennbar machen, um die kognitive Energie zur Suche und Konzentration zu verringern.

Je schwieriger es am Entscheidungspunkt ist, vor einer Grenzüberschreitung halt zu machen (Suchtverhalten), je weiser ist es, im Vorfeld Werkzeuge zu etablieren, damit diese Grenzen, auch vom Teamleiter selbst, eingehalten werden. Hier spielt psychologische Sicherheit und offene Kommunikation im Team eine lebenswichtige Rolle.

Entscheidungspunkte im Voraus festlegen

Neben dem Überschreiten bestimmter Grenzen sind für manche Flugphasen Entscheidungspunkte im Voraus präzise festgelegt. Beim Landeanflug ist für jeden Flughafen ein Final Approach Fix (FAF) festgelegt, ein Punkt, an dem unter anderem Zielflughöhe, Geschwindigkeit und Tragflächenkonfiguration definiert sind. Jegliche Abweichung sollte zu einem, ebenfalls vorher festgelegten, Missed-Approach-Ausweichmanöver führen. Ähnlich verhält es sich z. B. mit der festgelegten Entscheidungshöhe (Decision Altitude, DA) beim Landeanflug (Federal Aviation Administration, 2024a). Bei dieser festgelegten Flughöhe muss die Landebahn sichtbar sein, sonst muss der Landeanflug abgebrochen werden. Dabei ist bereits eingeplant, dass das Flugzeug beim Durchstarten zunächst noch an Höhe verlieren wird und die Entscheidungshöhe damit höher als die Minimalflughöhe sein muss. Auch für Wirtschaftsunternehmen können feste Entscheidungspunkte verhindern, dass, genau wie bei einem Landeanflug, Entscheidungen schleichend aufgeschoben werden, bis die Situation außer Kontrolle gerät.

Alternativen im Voraus festlegen

In Vorfeld des Fluges werden alternative Flughäfen gesucht und auf Tauglichkeit überprüft, sodass dies nicht im Notfall getan werden muss. Das Gleiche gilt für Ausweichmanöver nach abgebrochenen Landungen („missed approach procedures"), die vorher festgelegt, im Briefing vor der Landung besprochen und dann bereits in den Autopiloten eingegeben werden. Damit müssen im Moment der Entscheidung nicht alle Parameter gleichzeitig überdacht werden. Mentales Simulieren und Einplanen von Wenn-dann-Szenarios sind gute Instrumente, die Möglichkeiten eines Entscheiders zu erweitern und die Entscheidung auf Wenn-dann-Basis zu treffen und nicht die „Was nun?"-Frage stellen zu müssen.

5.11.2 Strategien für Krisensituationen

Nicht nur in der Luftfahrt kann die Arbeitsbelastung bei Notfällen eskalieren. Auch wenn jeder Notfall einzigartig ist, sind Piloten darauf trainiert, systematisch und konzentriert zu reagieren. Dies wird in der Regel alle sechs Monate im Simulator trainiert und geprüft.

Da Entscheidungsfindung in Notfällen schnell gehen muss (Zeitdruck) und gerade deswegen die Gefahr besteht, dass Abkürzungen und Fehler auf dem Weg begangen werden, lernen Piloten ein Entscheidungsmodell auswendig, dass für Notfallsituationen geübt wird. Diese Modelle sind weltweit sehr ähnlich und sollen das voreilige Überspringen wichtiger Entscheidungsschritte vermeiden. Lufthansa z. B. verwendet das FOR-DEC Modell, was für Facts, Options, Risks and Benefits, Decision, Execution, Check steht und, wie eine Checkliste, den Gedankenprozess entlasten soll. Hier kommen fast alle Werkzeuge aus diesem Kapitel zum Einsatz.

Ein weiterer wichtiger Schritt in diesen Sondersituationen ist es, für Rollenklarheit zu sorgen. Zwischen den beiden Piloten sind die Rollen des fliegenden Piloten (Pilot Flying, PF) und des überwachenden Piloten (Pilot Monitoring, PM) genau festgelegt. Im Notfall hat der Kapitän also die Wahl, das Flugzeug selbst zu fliegen und das Problemlösen zu delegieren oder das Fliegen zu delegieren und sich selbst um die Problemlösung zu kümmern. Wichtig ist Klarheit, wer was übernimmt, denn der erste Grundsatz im Notfall ist: „Das Flugzeug muss immer geflogen werden.“ Auch für Führungskräfte in Unternehmen kann dies während Zeiten herausfordernder Projekte oder Krisen in Randbereichen in Vergessenheit geraten.

Viele Fluggesellschaften bevorzugen die Variante, dass der Kapitän in Notfällen der überwachende Pilot ist und damit die Freiheit hat, sich mit dem Problem zu befassen. Diese Strategie für Führungskräfte, sich in besonderen Situationen von Routineaufgaben zu befreien, um Kapazität für das wirklich Wesentliche zu haben, ist auch in Wirtschaftsunternehmen hilfreich, solange die Verantwortung für die tägliche Führungsarbeit von jemandem übernommen wird. Aviate, navigate, communicate!

5.12 Fazit

Die erfolgreiche Anwendung dieser Werkzeuge und die Entwicklung von tollkühnen, aber sehr fehleranfälligen, Helden der Lüfte zu professionellen Managern von Crewressourcen – mit dem heutigen, 1000-fach höheren, Sicherheitsniveau – kam nicht automatisch und ohne Widerstand. Der Gebrauch von Checklisten war lange verpönt. Heute ist er absoluter Standard, auch in vielen anderen Industrien. Diese Entwicklung war erfolgreich, weil sie von der Ausbildung bis zu Unfallberichten nach Flügen zur professionellen Kultur in der Luftfahrt wurde.

Diese Werkzeuge basieren auf umfangreichen Studien aus der wirklichen Welt, die sich in alle Arbeitsbereiche übertragen lassen, in denen Menschen arbeiten. Der Faktor Mensch, auch als Entscheider oder Teil eines Entscheidungsteams in Unternehmen, ist universal und so zeigen Anwendungen der Werkzeuge in der Geschäftswelt ebenso einen Weg zu besseren und sichereren Entscheidungen auf. Vorteilhaft ist es, wenn diese Werkzeuge auf individueller, Team- und Organisationsebene angewandt werden. So entsteht ein System aus Einstellungen, Abläufen und Verhaltensweisen, das Teil der Unternehmenskultur ist. Dann hilft das System dem Akteur, auch unter Druck solide Entscheidungen zu treffen, statt ihn im Problemfall als Versager und Verursacher zu sehen. Menschen machen vorhersehbare Fehler – können aber auch lernen, diese Fallen zu meistern.

Literatur

Airbus. (2024). *Airbus flight crew training manual* [Webseite]. https://www.737ng.co.uk/A320%20321%20FCTM%20Flight%20Crew%20Training%20Manual.pdf. Zugegriffen am 02.10.2024.

DelCiello, M. (2024). *Michael DelCiello on understanding task saturation in aviation and managing workloads for flight safety.* Inside Business [Webseite]. https://www.insidebusiness.com/michael-delciello-on-understanding-task-saturation-in-aviation-and-managing-workloads-for-flight-safety/. Zugegriffen am 09.09.2024.

Federal Aviation Administration. (2024a). *FAA handbook: Approaches* [Webseite]. https://www.faa.gov/sites/faa.gov/files/regulations_policies/handbooks_manuals/aviation/instrument_procedures_handbook/FAA-H-8083-16B_Chapter_4.pdf. Zugegriffen am 02.10.2024.

Federal Aviation Administration. (2024b). *FAA safety briefing July/August 2024*, *64*(4). ISSN: 1057-9648. https://www.faa.gov/newsroom/safety-briefing/julyaugust2024-faa-safety-briefing. Zugegriffen am 02.10.2024.

Fengler, T. (2020). *Erfolgreiches Change-Management: Der Weg zur lernenden Organisation.* Books on Demand.

Fengler, T. (2024). *Crew resource management* [Webseite]. https://imcockpit.de/. Zugegriffen am 07.10.2024.

Flight Safety Foundation. (2024). *Flight preparation and conducting effective briefings. Operator's Guide to Human Factors in Aviation (OGHFA)* [Webseite]. https://skybrary.aero/articles/flight-preparation-and-conducting-effective-briefings-oghfa-bn. Zugegriffen am 02.10.2024.

Gigerenzer, G. (2020). *Risiko: Wie man die richtigen Entscheidungen trifft.* Pantheon.

Ginnett, R. C. (2019). Crews as groups: Their formation and their leadership. In B. G. Kanki, J. Anca, & T. R. Chidester (Hrsg.), *Crew resource management.* Academic Press.

Gordon, S., Mendenhall, P., & O'Connor, B. B. (2013). *Beyond the checklist. What else health care can learn from aviation teamwork and safety.* Cornell University Press.

Hackman, J. R. (2002). *Leading teams. Setting the stage for great performance.* Harvard Business School Press.

Hagen, J. U. (2017). *Fatale Fehler.* Springer Gabler.

Haroon, K. (2024). *A320 normal procedures (15.07.2024)* [Webseite]. https://www.theairlinepilots.com/forumarchive/a320/a320-normal-procedures.pdf. Zugegriffen am 02.10.2024.

Härting, H. (2017). *Das Team ist alles in der Luft und am Boden. Deutsche Gesellschaft für Internistische Intensivmedizin und Notfallmedizin* [Video Datei]. https://www.youtube.com/watch?v=QtgGNq2LTVA. Zugegriffen am 12.09.2024.

Helmreich, R. L., & Foushee, H. C. (2019). Why CRM? Empirical and theoretical bases of human factors training. In B. G. Kanki, J. Anca, & T. R. Chidester (Hrsg.), *Crew resource management.* Academic Press.

Kiliçgedik-Sazak, D. (2014). *Overloaded under stress: Managing task saturation and startle on the flight deck* [Webseite]. https://www.denizkilicgedik.com/post/task-saturation-and-startle-reflex. Zugegriffen am 25.09.2024.

National Business Aviation Association (2013). Task saturation: How much is too much? [Webseite]. https://nbaa.org/aircraft-operations/safety/task-saturation-how-much-is-too-much/. Zugegriffen am 25.04.2025.

Neeb, J. (2017). *Too much to do and not enough time to do it* [Webseite]. https://www.afterburner.com/fighting-task-saturation-04/. Zugegriffen am 12.09.2024.

Orasanu, M. J. (2019). Decision-making in the cockpit. In B. G. Kanki, J. Anca, & T. R. Chidester (Hrsg.), *Crew Resource Management*. Academic Press.

Rall, M., Glavin, R., & Flin, R. (2008). The '10-seconds-for-10-minutes principle' – Why things go wrong and stopping them getting worse. *Bulletin of The Royal College of Anaesthetists, 51*(2614), 2616.

Reason, J. (1990). *Human error*. Cambridge University Press.

Reason, J. (1997). *Managing the risks of organizational accidents*. Ashgate.

Roberto, M. A. (2013). *Why great leaders don't take yes for an answer*. FT Press.

Westphal, P. (2022). Achieving better decision-making and growth by transforming mindsets and organizational cultures: Changing from blame cultures to systematic error management in aviation and beyond. In A. Ruthemeier, S. Röder, K. Schröter, & P. Plugmann (Hrsg.), *The global impact of social innovation: Disrupting old models and patterns*. Springer.

Westphal, P. (2023). Globale Führungskompetenz durch eine dezentrale, teilweise virtuelle Unternehmensführung. In C. Kastner, C. Jacob, D. Hesmer, & P. Plugmann (Hrsg.), *Innovative Unternehmensführung*. Springer Gabler.

Peter Westphal ist Rektor und Geschäftsführer der AWM gGmbH, einem gemeinnützigen Bildungsinstitut im Raum Stuttgart, mit einem Fokus auf interdisziplinäre Studien für Menschen, die in interkulturellen, globalen Kontexten arbeiten. Peter Westphal verbrachte fast 30 Jahre in verschiedenen Ländern Asiens, in Führungs- und Beratungsrollen mit nationalen und globalen Organisationen, bevor er mit seiner internationalen Familie für Beratungsaufgaben nach Europa zurückkehrte. Er erlernte Mandarinchinesisch an der Feng-Chia-Universität, Taiwan, erwarb seinen MBA an der Edinburgh Business School, UK, und promovierte an der Northcentral University, USA, mit einem Ph.D. in Organizational Leadership. Seine Leidenschaft gilt der Entwicklung von Entscheidungskompetenzen von Führungskräften und Teams. Neben den interkulturellen Herausforderungen globaler Führungsarbeit, besonders im Kontext globaler, dezentraler Führungsteams, ist Peter Westphal spezialisiert auf Entscheidungsprozesse für einzelne Führungskräfte und Entscheidungsteams im In- und Ausland. Durch jahrelange Beschäftigung mit Teamarbeit in der zivilen Luftfahrt (CRM) konzentriert er sich auf die menschlichen Faktoren (Human Factors), die zielführende Entscheidungsfindung behindern oder fördern können. In seiner globalen Forschungsarbeit untersucht er kulturelle Unterschiede in der Wahrnehmung von Video- und Telefonkonferenzen virtueller Führungsteams.

Nutzen und Stolpersteine bei Einführung von agiler Projektmethodik in Kleinunternehmen

6

Doerthe Ramin

6.1 Ausgangssituation

In den letzten Jahren sind agile Modelle mehr und mehr in Unternehmen eingeführt worden. Dies ist teilweise als komplette Umstellung im Unternehmen oder als Teilprojekt – Umstellung einer Abteilung – passiert. Die Notwendigkeit dafür wird angegeben aufgrund der Brittle-Anxious-Non-linear-Incomprehensive(BANI)-Welt oder der Notwendigkeit, rascher und flexibler auf Anforderungen von außen reagieren zu können. Damit will man Unternehmen weiter in die Lage versetzen, ihre Geschäfte profitabel zu halten. Mit den agilen Modellen erfolgen Entscheidungen rascher im Unternehmen, verschieben allerdings auch gleichzeitig die Entscheidungsebenen. Letzteres kann zu Friktionen im Unternehmen führen. Die Einführung und damit auch Umsetzung dieser agilen Methoden bedeutet einen mehrschichtigen Wandel in der Ausübung der Abläufe im Unternehmen. Dieser zeigt seine Auswirkungen gleichsam in allen Abläufen und Abteilungen.

Nehmen wir ein Beispiel eines einfachen Warenbestellprozesses. Die Fachabteilung gibt eine Bestellung für Teile immer in der ersten Woche des Monats auf, die sie zur Montage einer Maschine A, die täglich gebaut wird, braucht. Die Bestellung geht im normalen Verlauf in den Einkauf, der bestellt und fakturiert. Die Ware kommt, sofern verfügbar, nach ein paar Tagen in der Firma an und kann verbaut werden. In der agilen Welt würden diese Bestellungen anders ausgelöst werden, da man sich in kürzeren Abständen in anders zusammengesetzten Teams um die Produktionsinhalte und damit auch die Produktionskette kümmern würde. Die Notwendigkeiten zur Bestellung der gebrauchten Teile für Maschine A, Maschine B usw. würden in anderen zeitlichen Abständen und Mengen bestellt werden, abhängig davon, wie die agilen Teams die Produktionszyklen für Maschine A, Maschine

D. Ramin (✉)
Jersbek, Deutschland

C. Kastner et al. (Hrsg.), *Führung im Wandel*,
https://doi.org/10.1007/978-3-658-47645-8_6

B usw. vorgesehen haben. Das bedeutet für den Einkauf, dass er nicht mehr den gewohnten Zyklus Anfang des Monats Bestellung für die eigene Planung der Aufgaben zugrunde legen kann, sondern die Bestellungen eher unregelmäßiger – exakt auf die Produktionszyklen gemäß Nachfrage und Planung des Product Owners und seines agilen Teams – und in anderen Mengengerüsten kommen.

Dieser Beitrag beschäftigt sich mit der Diskussion agiler Modelle in Bezug auf Klein- und mittelständische Unternehmen auf Grundlage intensiver Praxiserfahrung und der eigenen Abschlussthese des Executive Master of Business Administration (Ramin, 2019). Ziel ist es aufzuzeigen, was die größten Unterschiede der Modelle sind und wie sie geschickt miteinander kombiniert werden können. Dabei ist es wichtig zu verstehen, wo die Fallstricke liegen und wie tief die Umstellung auf agile Modelle in jedes Unternehmen in Prozessen wirkt.

6.2 Kurzbeschreibung der Modelle

Als Einführung und zur Schaffung einer Verständnisbasis erfolgt eine kurze Einführung der beiden gängigsten Projektmanagementmodelle. Ergänzt werden diese durch die hybride Form.

Traditionelle (Wasserfall-)Methode

Der klassischen Wasserfallmethode liegen die Komponenten Zeit, Kosten, (Fach-)Personal und Umfang/Aufwand zugrunde. Der Projektplan wird sequenziell erstellt und die definierten Arbeitspakete werden nacheinander abgearbeitet, um so zur Lösung zu gelangen. Ändert sich eine dieser Größen oder gibt es Änderungswünsche, hat das unmittelbar Auswirkungen auf die anderen Komponenten. Dann werden im Idealfall entsprechende Maßnahmen umgesetzt, um das Projekt in den Hauptfaktoren im Rahmen zu halten. Dabei können Entscheidungen zuungunsten z. B. der Kosten gefällt werden. Ferner verläuft es immer nach demselben Ablauf ab: die Planung gefolgt von der Umsetzung und zum Abschluss das Testen des Ergebnisses (Abb. 6.1).

Agile Methode

Geläufige agile Methoden im Projektmanagement – Zusammenhang sind Scrum (Methode zur Entwicklung von Projekten und Produkten, anfangs hauptsächlich für Softwareentwicklung genutzt) und SAFe (Scaled Agile Framework – diese Methode hat vier Grundwerte: Ausrichtung, integrierte Qualität, Transparenz, Implementierung, an denen sie sich ausrichtet), um nur einige zu nennen. Sie haben alle gemeinsam, dass sie die zu erledigenden Aufgaben bis zur Fertigstellung des Projektes in kleine Arbeitspakete zerlegen, die an den Hauptthemen des zu erlangenden Ergebnisses festgemacht werden. Außerdem handeln sie auf der Basis von Handlungsgrundsätzen, Verfahren zur Umsetzung der Handlungsgrundsätze und Prozessmodellen. Alles kombiniert führt zu einem für die jeweilige Herausforderung logischen Prozess.

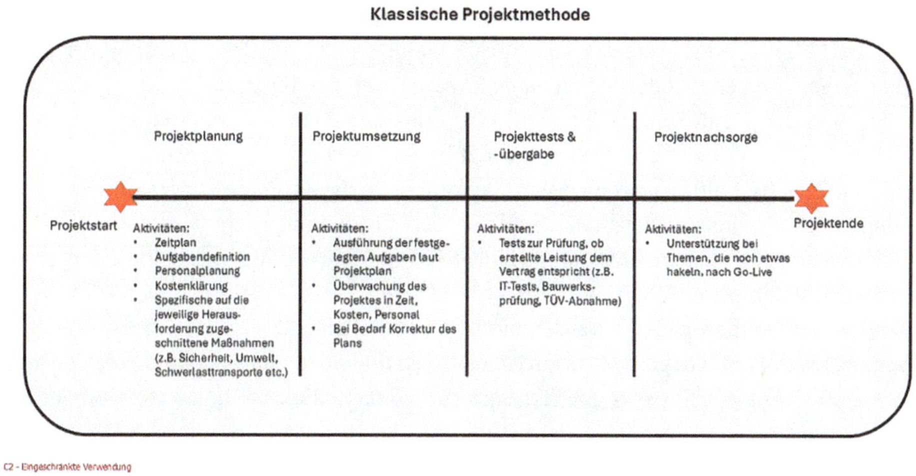

Abb. 6.1 Klassische Methode

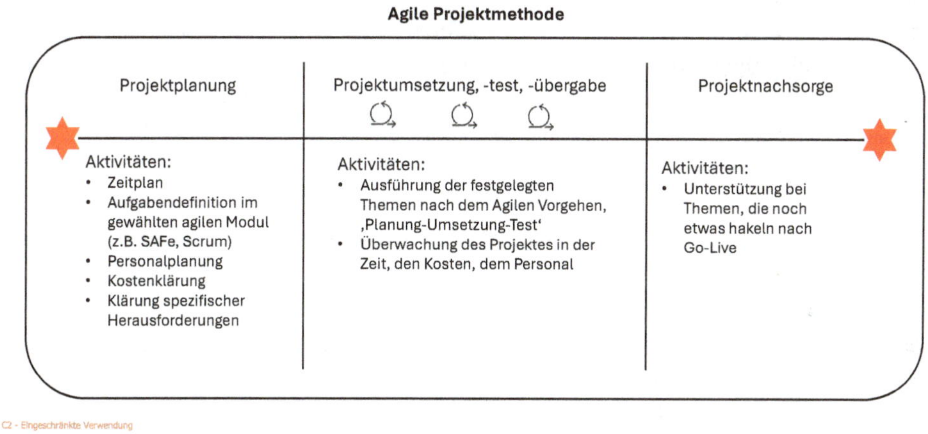

Abb. 6.2 Agile Methodik

Die Planung des Projektes findet (Abb. 6.2) in normaler Projektplanungsvorgehensweise statt. Die Durchführung erfolgt dann in den agilen Prozessen, die alle nach demselben Prinzip ablaufen: Definieren (Define) –Erarbeiten/Bauen (Build) – Fertigstellen (Release). In dem Prozess gibt es stets kurze sogenannte Sprints von zwei bis drei Wochen, in denen konzentriert an den definierten Aufgaben gearbeitet wird. Dabei entscheiden die Mitglieder der Teams, welchen Weg sie weiterverfolgen wollen und welche Ansätze nicht.

Alle agilen Methoden gehen davon aus, dass ein Set an Aufgaben, das von den Beteiligten in deren Arbeitsgruppen vorab definiert wird, ausreicht, das Produkt bzw. die Dienstleistung zu erschaffen. Alle in diesem ersten Schritt (Define) nicht genannten Teilprozesse bzw. Komponenten werden im weiteren Verlauf nicht berücksichtigt. Das bedeutet im Umkehrschluss, dass die Phase ‚Define' sorgsam gehandhabt werden sollte bei der Sammlung der zu bearbeitenden Themen und die notwendigen Experten Teil des Teams sind.

Denn in der nachfolgenden Phase ‚Build' zeigt sich dann, ob das Produkt, die Dienstleistung auf Basis von Phase ‚Define' gebaut/kreiert werden kann. Da dann in Sprints (2–3 Wochen Zeitabschnitte) gearbeitet wird, kommt es in dieser Phase zur eigentlichen Erarbeitung des Produktes/Dienstleistung bzw. der Erarbeitungsweg wird festgelegt. Die Teams entscheiden hier eigenständig – ohne Chef – auf Grundlage der Anforderungen was sie an Lösungen weiterführen und was sie verwerfen. Da gibt es später auch kein Zurück mehr. Am Ende dieser Phase werden die Lösungen allen Interessierten in der Unternehmung vorgestellt und begründet, wieso man diesen und nicht einen anderen Weg gegangen ist. Damit erlangt der Prozess gute Transparenz, so dass alle Beteiligten stets auf dem aktuellen Stand sind.

Die letzte Phase ‚Build' bildet dann die Fertigung des Produktes bzw. der Dienstleistung. Der gesamte Prozess hat damit einen Bruchteil der Zeit eines traditionellen Prozesses gedauert.

Abb. 6.2 zeigt auf, dass die Methoden sich in der Art und Weise der Projektdurchführung unterscheiden. Die agile Methode bringt – wie oben beschrieben – mit sich, dass sich im Unternehmen die Kompetenzen für den inhaltlichen Anteil an der Lösung verschieben. Die agilen Teams übernehmen die inhaltliche Entscheidung. Was das für die Organisation bedeutet, wird im nächsten Abschnitt behandelt.

Hybrides Model

Aus beiden Modellen lässt sich auch ein hybrides Model des Projektmanagements kombinieren. Dies wird gemacht, um die Vorteile beider Welten zu vereinen und davon Vorteile zu haben. Weiterhin erfordern bestimmte gesetzliche Grundlagen in einigen Branchen ein strukturiertes, sequenzielles Vorgehen und können nicht in agiler Weise getätigt werden.

Beispielsweise kann die Planung des Projektes nach dem Vorgehen der klassischen Methode ablaufen. Das Projekt selbst wird dann in agiler oder teilagiler Weise durchgeführt. Die Nachsorgephase erfolgt dann wieder rein nach der klassischen Methode. Diese Kombination erlaubt es, Flexibilität zu haben und doch nach einer bestimmten Ablaufstruktur zu agieren.

Die Herausforderung liegt in den Schnittstellen eines Modells (Wasserfall- und agiles Modell) zum anderen. Diese Stellen gilt es so zu gestalten, dass die in Wasserfall verbleibenden und in Agil beginnenden Mitarbeitenden genau wissen, wo hier die Verantwortlichkeiten liegen. Dieser Punkt ist immens wichtig, da es hier rasch zu Reibung kommen kann, was zur Folge hat, dass sich die Prozesse verlangsamen und sich die Stimmung im Unternehmen in Anspannung dreht. Das erfordert am Anfang einige Zeit der Übung und Nachsicht auf beiden Seiten – sicher hilft hier ein orchestrierter Einführungsplan unter Leitung der Geschäftsleitung und Personalabteilung bzw. Changeexperten. Hier kommt dann auch das oben erwähnte Vorschalten der Vorbereitung der fachlichen Entscheidenden für eine komplikationslose Einführung zum Tragen.

Die Kombination der beiden Modelle befähigt Unternehmen, die Abschnitte in der Produktionskette bzw. den Dienstleistungsablauf an den Stellen zu beschleunigen, an denen sie rasch auf externe Änderungen wie z. B. Lieferengpass, erhöhte Bestellmengen, verändertes Kundenverhalten reagieren müssen bzw. an denen sie eine Wertsteigerung erlangen können.

In den folgenden Abschnitten werden die Risiken und wichtigsten Punkte bei agiler Methode für Kleinunternehmen betrachtet.

6.3 Risiken bei der Nutzung von agilen Methoden

Rahmah et al. (2024) haben in ihrer Analyse bisheriger wissenschaftlicher Aufsätze zum Thema agiles Projektmanagement herausgefunden, dass Wissen, Unternehmenskultur, spezifische Charakteristika des Projektes, Unterstützung aus dem Unternehmen und Kommunikation zu den wichtigsten Komponenten gehören, die den Erfolg eines agilen Ablaufs ausmachen. Das zeigt auf die Komponenten, die bei der Entscheidung bzw. Einführung agiler Methoden meistens übersehen bzw. nicht genug gewürdigt werden.

Wenn man sich mit diesem Wissen einmal anschaut, was bei der Einführung/Nutzung agiler Methoden in Organisationen passiert, kann man sehr gut erkennen, dass diese Einführung so gut wie nie ausreichend vorbereitet wurde. Das hat unterschiedliche Gründe. Diese können bspw. sein Zeit ist nicht ausreichend, Personal ist mit zu vielen Projekten belegt, Finanzierung des Mehraufwandes ist nicht gedeckt usw.

Was passiert? Wir haben in Abschn. 6.2 gesehen, dass agile Methoden einen anderen, flexibleren Ansatz haben. Das bedeutet im Umkehrschluss, dass die bisherigen Verantwortlichkeiten in den einzelnen Rollen im Unternehmen nicht mehr so bestehen wie angelegt. Die inhaltlichen Entscheidungen werden *nicht mehr* von den bisherigen damit qua Rolle betrauten Mitarbeitenden ausgeführt, sondern von Mitarbeitenden in den agilen Teams. Diese Mitarbeitenden können Teil der Arbeitsgruppe, Abteilung usw. der bisherigen Entscheider sein und für diese arbeiten. Damit verschiebt sich die Macht der Entscheidung um eine oder mehrere Hierarchieebenen nach unten. **Das ist eine immense Änderung im Organisationssystem**. Bei Betrachtung der Art und Weise, wie in Deutschland Führungskräfte incentiviert wurden und werden, nämlich mit Territorium, Macht und Entscheidungsbefugnissen, wird ihnen genau das mit der Einführung agiler Methoden zum Teil genommen.

Daher sollte die Änderung hin zu agilen Methoden gut im Unternehmen vorbereitet werden. Faktisch nimmt man bezeichneten Rollen etwas weg, das man bis dato von ihnen gefordert hat, und darüber hinaus berührt es sie auch emotional, was in keinem Fall vernachlässigt werden sollte. Daher ist es unabdingbar, dass es einen Prozess im Unternehmen gibt, der der Umstellung vorgeschaltet ist, der in sachlicher Art und Weise diese Organisationsänderungen und Notwendigkeiten darstellt. Er sollte auch Coaching beinhalten, um die emotionalen „Verletzungen" der betroffenen Führungskräfte aufzufangen bzw. ihnen eine Option zu geben, sich damit ausreichend zu beschäftigen.

Zum vorgeschalteten Prozess gehört auch das stetige Vorleben der Unternehmenswerte und ebenfalls deren Einforderung von den Mitarbeitenden. Denn ohne eine gute und verankerte Wertebasis kann Agilität im Unternehmen nicht den gewünschten Erfolg bringen und sogar Schaden nicht nur auf arbeits-, sondern viel mehr auf menschlicher Ebene anrichten (Rahmah et al., 2024).

In Kleinunternehmen findet sich gegebenenfalls der Gründer und/oder der Inhaber in dieser fachlichen Kompetenz bzw. Teilkompetenz. Dies bedeutet, dass er/sie diese Rolle aufsplitten muss und im Vertrauen auf seine Mitarbeitenden diese Kompetenz der Entscheidung abgibt. Hinzu kommen in dieser Konstellation auch noch Familienwerte und wenn die Firma bereits über Generationen besteht, haben diese sich in vielen Gewohnheiten, Aktivitäten, Sichtweisen usw. im Unternehmen manifestiert. Bei letzter Konstellation lohnt es sich sicher, als Gründer und/oder Inhaber mit einer firmenfremden Person, wie z. B. Coach, Berater, diese Werte und deren Platz in der eigenen Persönlichkeit/Charakter, die Form als Organisation (wie ist das Unternehmen aufgebaut mit Verantwortlichkeiten und welche Werte sind definiert) sowie das Zusammenspiel mit den Mitarbeitenden und Kunden bzw. Dienstleistern sorgsam und respektvoll anzuschauen.

6.4 Lösungen für die Risiken

Wir sind alle Menschen – so auch Führungskräfte. Die transformatorische Aufgabe, die die Führungskräfte heute haben, ist nicht einfach und verlangt ihnen als Mensch und in der Rolle als Führungskraft jede Menge ab. Aus der bis hierhin geführten Diskussion ist erkennbar, dass sie drei wichtige Dinge zu bewältigen haben:

1. **Führungsstil an Agilität anpassen**
2. **Fehler zulassen bei sich selbst und im Team**
3. **Neue Organisationsaufstellung aktiv leben**

Führungsstil an Agilität anpassen Da die Führungskräfte nicht mehr die direkte Entscheidungsgewalt haben, bleibt ihnen nur, sich an die neue Situation anzupassen, und das heißt, den Führungsstil zu ändern. Das ist nicht einfach und kommt auch darauf an, welchen Persönlichkeitsreifegrad die Personen mitbringen.

Zum Führen in agilen Umgebungen braucht es zuallererst gute Kenntnis über sich selbst, damit man bei sich selbst bleiben und den anderen deren benötigten Raum zum Handeln geben kann. Das ist Vertrauen im Prozess. Da Agilität, wie das Wort sagt, Flexibilität innehat, sollte man als Führungskraft auch diese Eigenschaft mitbringen.

Agile Führungskräfte haben als erste „Pflicht", Agilität ohne Vorbehalte anzunehmen und damit ihre Teams zur Zusammenarbeit zu motivieren (Villadsen, 2023).

Ferner richtet sich die Aufgabenverschiebung der Führung auch dahin, dass sie unentwegt ihre Teams motivieren, sie in der Lage sind, die Teams dahin zu führen, Dinge auszuprobieren und eigenverantwortlich Aufgabenpakete zu übernehmen und dafür die Verantwortung zu tragen (Preußig & Sickert, 2023).

Fehler zulassen bei sich selbst und im Team Beim Umlernen bzw. Neulernen von Abläufen passieren selbstverständlich auch Dinge, die wir im Allgemeinen als Fehler bezeichnen. Auf dem Weg zum Erwachsenensein verlernen wir leider bzw. wird uns aberzogen anzuerkennen, dass genau der nicht sofortige Erfolg das Puzzlestück ist, das uns lernen lässt. Geht Weg A nicht, probieren wir Weg B und so weiter, bis wir unser Ziel erreicht haben. Genau diese Eigenschaft braucht es in der agilen Methodik, da der Pfad zum Ergebnis nicht minutiös vorgegeben ist, sondern sich vielmehr auf dem Weg dahin entwickelt. Hier ist es dienlich, mit dieser Entrepreneurart an die Sache heranzugehen und als Mitarbeitende dafür den Raum von den Chefs zu bekommen.

Um der Komplexität und Schnelligkeit der Zeit gerecht werden zu können, lernen beide Seiten, Chefs und Mitarbeitende, in ihren Arbeitsbereichen die Anwendung von agilen Methoden und den damit für sie verbundenen Fähigkeiten. Das bedeutet ebenso, dass Mitarbeitende Nachsicht mit ihren Chefs haben sollten, denn auch sie lernen, neu bzw. anders zu führen. Hier braucht es zumindest am Anfang einen täglichen Dialog, um Missverständnisse von Anfang an zu vermeiden und gemeinsam das neue Modell für das Unternehmen vorteilhaft auf den Weg zu bringen.

Neue Organisationsaufstellung aktiv leben Um die agile Projektmethodik als Gesamtorganisation leben zu können, sollte man sich bewusst machen, dass dies heißt, täglich immer wieder neu damit zu beginnen, denn kein Tag ist wie der andere in dieser Methodik. Jeden Tag neu lernen, entstandene Räume nutzen und loslassen als Chef und den Mitarbeitenden Vertrauen geben. Aus der praktischen Erfahrung heraus ist das der schwierigste Teil, da man doch eher zum Kontrollieren neigt aufgrund der Ansprüche/Vorgaben der Organisation. Auch hier sollte die Organisation die Abteilungen, die in Kontakt bzw. Abhängigkeit mit dem agilen Unternehmensteil stehen, so vorbereiten, dass sie Arbeitsweisen und deren Ergebnisse entsprechend einordnen können. Ferner bedarf es auch einer Offenheit aller Unternehmensteile und ein Wohlwollen gegenüber dem „übenden" Unternehmensteil.

Dabei können anfangs eng getaktete Jours fixes helfen, Problematiken anzusprechen und gemeinsame Wege zu suchen. Es kann auch ausprobiert werden, wie man vorgehen will. Wichtig ist, dass das Team zusammen entscheidet, da es in der Agilität auch gemeinsam in den Arbeitsgruppen die Lösungen erstellt.

6.5 Fazit

Es braucht eine genaue Analyse der bestehenden Arbeitsweise im Unternehmen, um zu entscheiden, ob man als Kleinunternehmen bzw. Mittelstand agile Projektführung einführt oder nicht. Denn es kann das System kräftig durcheinander rütteln und menschliche Befindlichkeiten auch in negativen Richtungen hervorrufen. Das führt gelegentlich dazu, dass man Mitarbeitende verliert, die heute gerade speziell ausgebildet, schwierig auf dem Markt zu finden sind.

Der Vorgang benötigt ferner eine solide Vorbereitung mit einer guten Wertebasis, die bisher auch gelebt wurde und den Zusammenhalt garantiert.

Agile Methoden fordern von den Beteiligten auf allen Hierarchiestufen, loszulassen von Gelerntem und neu Prozesse/Vorgehen zu erlernen und auch Führung im agilen Umfeld zu praktizieren.

Praxistipp

1. Es gilt, genau zu überlegen, ob man die Kapazitäten im Unternehmen hat, agile Arbeitsweisen konsequent einzuführen. Gegebenenfalls bringt eine Umstrukturierung oder die Nutzung eines neuen Computerprogramms mehr Fortschritt, sodass sich die Mitarbeitenden auf ihre Aufgaben konzentrieren können und damit den gefragten Mehrwert schaffen.
2. Wenn die Entscheidung für die Einführung agiler Methoden gewählt wurde, ist es unabdingbare Voraussetzung, dass ein Wertesystem im Unternehmen besteht, das alle akzeptieren und leben. Es sollte gut verankert sein und durch die Führungskräfte und/oder Eigentümer konsequent vorgelebt und eingefordert werden.
3. Führungskräfte (angestellt oder als Eigentümer) haben die Aufgabe, alle Mitarbeitenden, auch wenn sie nicht im agilen Unternehmensteil direkt involviert sind, vorab über das Vorhaben und die damit einhergehenden Änderungen zu informieren, Fragen zu beantworten und Unsicherheiten der Belegschaft ernst zu nehmen.
4. Konsequente Kommunikation im Team und emphatische Unterstützung auf der ganzen Ebene zu allen Zeiten, damit die Mitarbeitenden in einem Status sind, in dem sie lernen, Fehler zu machen und daraus für das Unternehmen das Beste herauszuholen.

Literatur

Preußig, J., & Sickert S. (2023). *Agiles Führen – Aktuelle Methoden für moderne Führungskräfte* (2. Aufl.). Haufe-Lexware GmbH & Co. KG, Freiburg, 2024, ISBN 978-3-648-17316-9.

Rahmah, A. S., Pratama, N. R., Kuswadi, S. A., & Ichsan, M. (2024). The effectiveness of implementing agile project management: A systematic literature review. *Global Business and Finance Review, 29*(6), 170–186. (17 pages) Citation indexes: SCOPUS. https://doi.org/10.17549/gbfr.2024.29.6.170

Ramin, D. (2019). *Is it enough to digitize to stay competitive for German Mittelstand or does it need to change its business model altogether?* EMBA thesis, Henley Business School, University of Reading.

Villadsen M. (2023, December 13). *Better change*. https://www.betterchange-consulting.com/resources/what-is-agile-leadership/?gad_scource=1. Zugegriffen am 13.10.2024.

Doerthe Ramin (MBA Henley Business School) ist studierte Kulturmanagerin. Sie hat in unterschiedlichen Positionen im Marketing und Kommunikation bei internationalen Firmen gearbeitet, bevor sie sich dem Thema Führungskräfteentwicklung und Changemanagement zugewendet hat. Sie ist ICF-akkreditierte und dreifach zertifizierte Coach. Weiterhin ist sie von MHS befähigte und geprüfte Emotionale-Intelligenz-Coach sowie ausgebildete Resilienzcoach. Sie arbeitet hauptsächlich im Bereich des Change Managements in internationalen Projekten in der Beratung. Ergänzend dazu wirkt sie im Bereich Führungskräfteentwicklung und emotionale Intelligenz. In dieser Funktion entwickelte und lehrte sie be Führungsprogramme und coacht in- wie extern in diversen Programmen.

Erfolgreiche Führung durch Methoden- und Strukturkompetenzen: Nachhaltige Wettbewerbsvorteile für den Mittelstand

7

Uwe Seebacher

7.1 Einleitung

In der dynamischen und wettbewerbsintensiven Geschäftswelt des Mittelstands spielt die Fähigkeit von Führungskräften, komplexe Aufgaben effizient zu strukturieren, zielgerichtete Prozesse zu implementieren und Mitarbeiter effektiv zu führen, eine entscheidende Rolle für den Erfolg. Um diese Herausforderungen erfolgreich zu bewältigen, bedarf es neben fachlicher Expertise fundierter Methoden- und Strukturkompetenzen.

Es geht aber nicht nur darum, dass Manager in KMUs selbst über die erforderlichen Methoden- und Strukturkompetenzen (MSK) verfügen, sondern darum, dass sie auch die entsprechenden Konzepte, Instrumente, Mechanismen und Prozesse in den Organisationen etablieren und evaluieren, damit die Mitarbeiter nachhaltig in Ergänzung deren Fachkompetenz auch die so wesentlichen Kompetenzen hinsichtlich Methoden und Strukturen entwickeln, erlernen und schließlich anwenden können.

Die Originalversion des Kapitels wurde revidiert. Ein Erratum ist verfügbar unter
https://doi.org/10.1007/978-3-658-47645-8_22

U. Seebacher (✉)
Academic Institute for Qualified Methods and Professional Structures (AQPS), Graz, Österreich
E-Mail: uwe.seebacher@aqps.eu

C. Kastner et al. (Hrsg.), *Führung im Wandel*,
https://doi.org/10.1007/978-3-658-47645-8_7

7.1.1 Bedeutung von Methoden- und Strukturkompetenzen für den Mittelstand

Die Bedeutung von Methoden- und Strukturkompetenzen für Führungskräfte im Mittelstand lässt sich wie folgt zusammenfassen:

- **Erhöhte Effizienz und Effektivität:** Durch die Anwendung geeigneter Methoden und Strukturen können Prozesse optimiert, Ressourcen effizienter eingesetzt und Zeit eingespart werden.
- **Verbesserte Entscheidungsfindung:** Strukturierte Vorgehensweisen und effektive Kommunikationsstrategien führen zu fundierteren Entscheidungen und minimieren Risiken.
- **Gesteigerte Mitarbeiterzufriedenheit:** Klare Strukturen, transparente Prozesse und eine wertschätzende Kommunikation fördern die Motivation und Zufriedenheit der Mitarbeiter.
- **Nachhaltige Wettbewerbsvorteile:** Unternehmen, die Methoden- und Strukturkompetenzen erfolgreich einsetzen, sind in der Lage, schneller auf Veränderungen zu reagieren und sich so im Wettbewerb zu behaupten.

Darauf aufbauend kann die Bedeutung von Methoden- und Strukturkompetenzen für Mitarbeiter im Mittelstand ebenso definiert werden, denn in der heutigen Arbeitswelt, die von ständigem Wandel und komplexen Herausforderungen geprägt ist, gewinnen Methoden- und Strukturkompetenzen für Mitarbeiter im Mittelstand an immenser Bedeutung (Knackstedt et al., 2020). Diese Kompetenzen befähigen Mitarbeiter, Aufgaben effizient und effektiv zu bewältigen, eigenständig zu denken und proaktiv zu handeln – Eigenschaften, die für den Erfolg sowohl einzelner Mitarbeiter als auch ganzer Unternehmen im Mittelstand entscheidend sind.

Methodenkompetenz im Bereich der Mitarbeiter beschreibt die Fähigkeit, geeignete Methoden und Werkzeuge zur Lösung von Problemen und zur Erreichung von Zielen auszuwählen, anzuwenden und weiterzuentwickeln. Dazu zählen beispielsweise:

- **Projektmanagementmethoden:** Die Fähigkeit, Projekte zu planen, zu organisieren, zu steuern und zu kontrollieren, ist für die erfolgreiche Umsetzung von Vorhaben im Mittelstand unerlässlich (Lange, 2015).
- **Prozessoptimierungstechniken:** Die Optimierung von Geschäftsprozessen trägt zur Steigerung der Effizienz und Effektivität bei und kann so zu einem Wettbewerbsvorteil führen (Li, 2007).
- **Problemlösungsmethoden:** Strukturierte Vorgehensweisen zur Identifizierung und Lösung von Problemen sind in allen Bereichen des Mittelstands gefragt (Döring, 2003).
- **Kommunikationstechniken:** Effektive Kommunikation ist entscheidend für die Zusammenarbeit im Team und den Austausch von Informationen (Seebacher, 2024).
- **Zeitmanagementstrategien:** Die Fähigkeit, Zeit effektiv zu nutzen und Prioritäten zu setzen, ist für Mitarbeiter im Mittelstand essenziell (Rühle, 2009).

Strukturkompetenz befähigt Mitarbeiter, komplexe Sachverhalte zu ordnen, klare Strukturen zu schaffen und diese effektiv zu kommunizieren. Dazu zählen beispielsweise:

- Die Fähigkeit zur Erstellung von Plänen und Konzepten: Klare Pläne und Konzepte sind die Grundlage für erfolgreiches Handeln.
- Die Strukturierung von Meetings und Präsentationen: Gut strukturierte Meetings und Präsentationen fördern die Effizienz und Effektivität der Zusammenarbeit.
- Die Delegierung von Aufgaben: Die Fähigkeit, Aufgaben effektiv zu delegieren, ist für Führungskräfte und Teammitglieder gleichermaßen wichtig.
- Die Anwendung von Zeitmanagementmethoden: Strukturierte Zeitmanagementmethoden helfen dabei, Aufgaben effizient zu erledigen und Zeit zu sparen.
- Die Nutzung von Informations- und Kommunikationstechnologien: Moderne Informations- und Kommunikationstechnologien können die Arbeit im Mittelstand erheblich erleichtern.

Die Vorteile von Methoden- und Strukturkompetenzen für Mitarbeiter im Mittelstand sind vielfältig:

- Erhöhte Effizienz und Effektivität: Durch die Anwendung geeigneter Methoden und Strukturen können Aufgaben schneller, besser und mit weniger Aufwand erledigt werden.
- Verbesserte Entscheidungsfindung: Strukturierte Vorgehensweisen und effektive Kommunikationsstrategien führen zu fundierteren Entscheidungen.
- Gesteigerte Motivation und Zufriedenheit: Mitarbeiter, die ihre Aufgaben effizient und erfolgreich bewältigen können, sind motivierter und zufriedener.
- Erhöhte Flexibilität und Anpassungsfähigkeit: Methoden- und Strukturkompetenzen befähigen Mitarbeiter, sich schnell auf neue Herausforderungen und Gegebenheiten einzustellen.
- Verbesserte Zusammenarbeit im Team: Klare Strukturen und effektive Kommunikation fördern die Zusammenarbeit im Team und den Austausch von Informationen.
- Größere Eigenverantwortung: Mitarbeiter mit Methoden- und Strukturkompetenzen sind in der Lage, mehr Eigenverantwortung zu übernehmen.

Methoden- und Strukturkompetenzen sind für Mitarbeiter im Mittelstand unverzichtbar, um in der dynamischen und wettbewerbsintensiven Arbeitswelt erfolgreich zu bestehen. Durch die gezielte Entwicklung dieser Kompetenzen können Mitarbeiter ihre Effizienz und Effektivität steigern, ihre Motivation und Zufriedenheit erhöhen und so zum Erfolg ihres Unternehmens beitragen.

Zahlreiche Studien belegen den positiven Zusammenhang zwischen Methoden- und Strukturkompetenzen und dem Unternehmenserfolg. So zeigt eine Untersuchung des Instituts für Mittelstandsforschung der RWTH Aachen (IfM), dass Unternehmen mit einer hohen Ausprägung dieser Kompetenzen deutlich produktiver und profitabler sind als Unternehmen mit schwächer ausgeprägten Methoden- und Strukturkompetenzen. In der

Praxis sehen sich Führungskräfte im Mittelstand jedoch häufig mit der Herausforderung konfrontiert, dass ihnen die Zeit und die Ressourcen fehlen, um ihre Methoden- und Strukturkompetenzen systematisch weiterzuentwickeln.

7.1.2 Relevanz des Themas im Kontext dynamischer Veränderungsprozesse und zunehmender Spezialisierung

In der heutigen Arbeitswelt des Mittelstands sind Unternehmen und Mitarbeiter mit einer Vielzahl von Herausforderungen konfrontiert: Dynamische Veränderungsprozesse, zunehmende Spezialisierung und die Notwendigkeit, schnell auf neue Anforderungen zu reagieren, erfordern neue Kompetenzen von Führungskräften und Mitarbeitern. In diesem Kontext gewinnen Methoden- und Strukturkompetenzen an immenser Bedeutung.

In einer sich schnell verändernden Welt, die durch technologische Fortschritte und globale Vernetzung geprägt ist, sind dynamische Veränderungsprozesse unvermeidlich. Diese Veränderungen betreffen alle Bereiche einer Organisation und erfordern eine kontinuierliche Anpassung. Digitalisierung und Automatisierung sind treibende Kräfte, die bestehende Geschäftsmodelle revolutionieren und neue Möglichkeiten schaffen. Laut einer Studie von Kincentric ist es für Unternehmen unerlässlich, kontinuierlich neue Denkansätze zu entwickeln, um wettbewerbsfähig zu bleiben.

Mit der steigenden Komplexität in der Arbeitswelt geht eine immer frühere und zunehmende Spezialisierung einher. Diese Entwicklung ermöglicht es Fachkräften, sich tiefgehendes Wissen in spezifischen Bereichen anzueignen, was für die Erfüllung komplexer Aufgaben erforderlich ist. Jedoch wird diese Spezialisierung zunehmend als problematisch erachtet, da sie Flexibilität und Anpassungsfähigkeit einschränken kann. Die frühe Spezialisierung führt oft dazu, dass Mitarbeiter weniger breit aufgestellt sind und Schwierigkeiten haben, sich an veränderte Anforderungen anzupassen (Bastiampillai & Havard-Williams, 1987).

Die frühe und zunehmende Spezialisierung kann zu einem Engpass in der beruflichen Entwicklung führen. Mitarbeiter, die sich zu früh auf einen engen Bereich spezialisieren, haben möglicherweise weniger Möglichkeiten, ihre Fähigkeiten auf andere Bereiche zu übertragen. Dies kann die Innovationsfähigkeit von Unternehmen einschränken und die Anpassung an neue Technologien und Marktbedingungen erschweren. Eine übermäßige Spezialisierung kann außerdem zu einem Mangel an allgemeineren Fähigkeiten führen, die für das Verständnis und die Bewältigung von übergreifenden Problemen notwendig sind.

Trotz der Herausforderungen bietet die Kombination von dynamischen Veränderungsprozessen und gezielter Spezialisierung auch Chancen. Unternehmen können von spezialisierten Fachkräften profitieren, die durch ihre tiefgehenden Kenntnisse innovative Lösungen entwickeln können. Gleichzeitig müssen Unternehmen sicherstellen, dass sie eine Kultur der kontinuierlichen Weiterbildung und Anpassung fördern, um die negativen Auswirkungen der Spezialisierung zu minimieren. Dies erfordert ein Gleichgewicht zwischen spezialisierter Expertise und der Förderung von allgemeinen Fähigkeiten, die Flexibilität und kreatives Denken unterstützen.

Ein Beispiel für den Umgang mit diesen Herausforderungen bietet die Automobilindustrie. Unternehmen wie Tesla setzen auf hoch spezialisierte Technologien, während sie gleichzeitig flexible Innovationsstrategien verfolgen, um sich schnell an Marktveränderungen anzupassen. Diese Herangehensweise ermöglicht es ihnen, sowohl von spezialisierter Expertise als auch von der Fähigkeit zur schnellen Anpassung zu profitieren.

Methoden- und Strukturkompetenzen sind für Führungskräfte und Mitarbeiter im Mittelstand unverzichtbar, um in der dynamischen und wettbewerbsintensiven Arbeitswelt erfolgreich zu bestehen. Topjournale und Verlage aus dem Bereich Management und Wirtschaftswissenschaften belegen die Relevanz dieser Kompetenzen in Bezug auf Effizienz, Flexibilität, Spezialisierung und Wissensaustausch. Unternehmen, die ihre Mitarbeiter bei der Entwicklung dieser Kompetenzen unterstützen, sind besser gerüstet, um die Herausforderungen des 21. Jahrhunderts zu bewältigen und langfristig erfolgreich zu sein.

7.2 Die Bedeutung von Methoden- und Strukturkompetenzen

Was meinen wir, wenn wir von Methoden- und Strukturkompetenzen sprechen?

- **Methodenkompetenz** (Athey & Orth, 1999) umfasst die Fähigkeit, geeignete Methoden und Werkzeuge zur Lösung von Problemen und zur Erreichung von Zielen auszuwählen, anzuwenden und weiterzuentwickeln. Dazu zählen beispielsweise Projektmanagementmethoden, Prozessoptimierungstechniken, Moderationstechniken und Zeitmanagementstrategien.
- **Strukturkompetenz** (Metzl & Hansen, 2018) befähigt, komplexe Sachverhalte zu ordnen, klare Strukturen zu schaffen und diese effektiv zu kommunizieren. Dies beinhaltet unter anderem die Fähigkeit zur Erstellung von Plänen und Konzepten, zur Strukturierung von Meetings und Präsentationen sowie zur Delegierung von Aufgaben.

7.2.1 Die Ursprünge der Methoden- und Strukturwissenschaften

Die Methodik- und Strukturwissenschaft, wie wir sie heute kennen, ist ein relativ junges Wissenschaftsfeld. Ihre Wurzeln lassen sich jedoch bis in die Antike zurückverfolgen, wo bereits erste Ansätze zur systematischen und strukturierten Vorgehensweise in verschiedenen Bereichen erkennbar waren.

Einer der frühesten Vorläufer der Methodik- und Strukturwissenschaft war die Schule der Methodiker in der antiken Medizin (Manz, 2005). Diese Schule, die im 1. Jahrhundert v. Chr. von Asklepiades von Bithynien gegründet wurde, vertrat einen systematischen Ansatz zur Diagnose und Behandlung von Krankheiten. Asklepiades und seine Anhänger nutzten die Humoralpathologie, um die Ursachen von Krankheiten zu erklären, und entwickelten spezifische Behandlungsmethoden auf der Grundlage dieser Theorie (Meyer-Steineg, 2016).

Die Methodiker (Caton, 2017; Kollesch & Nickel, 1979) zeichneten sich durch ihre Bereitschaft aus, Wissen aus verschiedenen Disziplinen zu integrieren. Sie nutzten Erkenntnisse aus der Physik, Philosophie und Mathematik, um ihre medizinischen Theorien und Praktiken zu untermauern. Dieser interdisziplinäre Ansatz war ein wichtiger Faktor für den Erfolg der Schule der Methodiker und trug zur Weiterentwicklung der Methodik- und Strukturwissenschaft bei.

Spätere Vertreter der Schule der Methodiker, wie Themison von Laodikeia und Soranus von Ephesus, trugen zur Weiterentwicklung der methodischen Lehre bei. Themison erweiterte die Theorie der Humoralpathologie und entwickelte ein komplexes System zur Diagnose und Behandlung von Krankheiten. Soranus hingegen integrierte philosophische und literarische Konzepte in die Medizin und gilt als Begründer der soranischen Gynäkologie (Diepgen, 1937).

Die Schule der Methodiker verlor im Laufe des Mittelalters an Bedeutung. Dies lag zum Teil an der Dominanz der galenischen Medizin, die einen anderen Ansatz zur Diagnose und Behandlung von Krankheiten vertrat. Die methodischen Prinzipien und Erkenntnisse der Schule der Methodiker wurden jedoch im Laufe der Geschichte wiederentdeckt und weiterentwickelt.

In der Neuzeit und insbesondere im 20. Jahrhundert kam es zu einer Renaissance der Methodik- und Strukturwissenschaft. Neue Ansätze und Methoden wurden entwickelt, um komplexe Systeme zu analysieren, zu strukturieren und zu optimieren. Die Methodik- und Strukturwissenschaft findet heute Anwendung in einer Vielzahl von Bereichen, darunter Management, Ingenieurwesen, Informatik und Sozialwissenschaften.

7.2.2 Erläuterung der verschiedenen Dimensionen dieser Kompetenzen anhand konkreter Beispiele

Methoden- und Strukturkompetenzen sind zentrale Fähigkeiten, die sowohl für Führungskräfte als auch für Mitarbeiter im Mittelstand von immenser Bedeutung sind. Sie ermöglichen es, komplexe Herausforderungen effektiv zu bewältigen, Prozesse zu optimieren und die Zusammenarbeit zu verbessern. Im Folgenden werden die verschiedenen Dimensionen dieser Kompetenzen anhand konkreter Beispiele erläutert:

1. **Planungs- und Organisationskompetenz:**
   - **Beispiel:** Ein Projektmanager entwickelt einen detaillierten Projektplan, der alle Aufgaben, Meilensteine und Ressourcen klar definiert.
   - **Dimensionen:**
     - Fähigkeit, Ziele klar zu definieren und zu priorisieren,
     - strukturierte Vorgehensweise bei der Planung und Organisation von Aufgaben,
     - effektives Zeit- und Ressourcenmanagement.
2. **Problemlösungskompetenz:**
   - **Beispiel:** Ein Mitarbeiter identifiziert ein Problem in einem Produktionsprozess und entwickelt einen systematischen Ansatz zur Lösung des Problems.

- **Dimensionen:**
  - Fähigkeit, komplexe Probleme zu analysieren und die Ursachen zu identifizieren,
  - kreatives und strukturiertes Denken zur Lösungsfindung,
  - Fähigkeit, verschiedene Lösungsoptionen zu bewerten und die beste Option auszuwählen.

3. **Entscheidungsfindungskompetenz:**
   - **Beispiel:** Ein Teamleiter trifft eine fundierte Entscheidung über die Einführung einer neuen Softwarelösung, nachdem er alle relevanten Informationen gesammelt und verschiedene Optionen abgewogen hat.
   - **Dimensionen:**
     - Fähigkeit, relevante Informationen zu sammeln und zu analysieren,
     - Fähigkeit, verschiedene Optionen abzuwägen und die beste Option auszuwählen,
     - Fähigkeit, Entscheidungen klar und effektiv zu kommunizieren.
4. **Kommunikationskompetenz:**
   - **Beispiel:** Ein Mitarbeiter präsentiert klar und strukturiert seine Ergebnisse in einem Meeting und bezieht dabei alle relevanten Aspekte ein.
   - **Dimensionen:**
     - Fähigkeit, komplexe Sachverhalte klar und verständlich zu kommunizieren,
     - aktives Zuhören und Verstehen der Perspektive anderer,
     - Fähigkeit, konstruktives Feedback zu geben und zu erhalten.
5. **Moderationskompetenz:**
   - **Beispiel:** Ein Teamleiter moderiert eine Gruppenarbeit effektiv, indem er die Diskussion fördert, Konflikte löst und dafür sorgt, dass alle Teilnehmer aktiv beteiligt sind.
   - **Dimensionen:**
     - Fähigkeit, eine Gruppe effektiv zu leiten und zu motivieren,
     - Fähigkeit, Diskussionen zu strukturieren und zu moderieren,
     - Fähigkeit, Konflikte zu lösen und einen Konsens zu finden.
6. **Präsentationskompetenz:**
   - **Beispiel:** Ein Mitarbeiter präsentiert seine Ideen und Ergebnisse in einer überzeugenden und ansprechenden Weise vor einem Publikum.
   - **Dimensionen:**
     - Fähigkeit, Inhalte klar und strukturiert zu präsentieren,
     - effektiver Einsatz von Präsentationstechniken und -medien,
     - Fähigkeit, das Publikum zu fesseln und zu überzeugen.
7. **Zeitmanagementkompetenz:**
   - **Beispiel:** Ein Mitarbeiter priorisiert seine Aufgaben effektiv und nutzt seine Zeit optimal, um alle Fristen einzuhalten.

- **Dimensionen:**
  - Fähigkeit, Aufgaben zu priorisieren und Zeitpläne zu erstellen,
  - Fähigkeit, Zeitfresser zu erkennen und zu vermeiden,
  - Fähigkeit, effektiv mit Unterbrechungen und Störungen umzugehen.

8. **Delegationskompetenz:**
   - **Beispiel:** Ein Teamleiter delegiert Aufgaben effektiv an seine Mitarbeiter, indem er die Stärken und Fähigkeiten jedes Einzelnen berücksichtigt.
   - **Dimensionen:**
     - Fähigkeit, Aufgaben klar und eindeutig zu delegieren,
     - Fähigkeit, das Vertrauen und die Verantwortung der Mitarbeiter zu stärken,
     - Fähigkeit, die delegierten Aufgaben zu überwachen und Feedback zu geben.
9. **Lernbereitschaft und Lernfähigkeit:**
   - **Beispiel:** Ein Mitarbeiter nimmt aktiv an Trainings und Weiterbildungen teil, um seine Methoden- und Strukturkompetenzen kontinuierlich zu verbessern.
   - **Dimensionen:**
     - offene Haltung gegenüber neuen Lerninhalten und -methoden,
     - Fähigkeit, aus Erfahrungen zu lernen und Fehler zu korrigieren,
     - Motivation, sich kontinuierlich weiterzuentwickeln und die eigenen Kompetenzen zu verbessern.
10. **Anwendungsorientierung und Pragmatismus:**
    - **Beispiel:** Ein Mitarbeiter wendet sein Wissen und seine Fähigkeiten effektiv in der Praxis an, um konkrete Probleme zu lösen und Verbesserungen zu erzielen.
    - **Dimensionen:**
      - Fähigkeit, abstraktes Wissen in praktische Lösungen umzusetzen,
      - Fokus auf Ergebnisse und Effizienz,
      - Fähigkeit, pragmatische und umsetzbare Lösungen zu entwickeln.

Auf den ersten Blick wirken diese Beispiele und Dimensionen logisch und verständlich. Doch in der Praxis zeigt sich, dass viele Projekte und Initiativen die Zeit- und Budgetvorgaben nicht einhalten können. Dies liegt oft daran, dass durch die frühe Spezialisierung das notwendige Wissen über geeignete Methoden und Strukturen fehlt. Die Konsequenzen sind nicht nur verlängerte und teurere Projekte, sondern auch falsche Entscheidungen und schlechte Ergebnisse aufgrund mangelnder Stringenz und Konsistenz.

7.2.3 Relevanz dieser Kompetenzen für die Bewältigung typischer Herausforderungen im Mittelstand

In der dynamischen und wettbewerbsintensiven Arbeitswelt des Mittelstands sind Unternehmen und Mitarbeiter mit einer Vielzahl von Herausforderungen konfrontiert:

- **Schnelle Anpassung an Veränderungen:** Ständige Veränderungen in Märkten, Technologien und Kundenanforderungen erfordern die Fähigkeit, sich schnell und effektiv anzupassen.

- **Steigende Komplexität:** Unternehmensprozesse und Aufgaben werden immer komplexer, was eine strukturierte und systematische Vorgehensweise erfordert.
- **Effizienzsteigerung und Kostensenkung:** Der Druck auf Effizienz und Kostensenkung erfordert die Optimierung von Prozessen und die Vermeidung von Verschwendung.
- **Verbesserung der Zusammenarbeit und Kommunikation:** In einem zunehmend vernetzten Umfeld ist eine effektive Zusammenarbeit und Kommunikation zwischen Mitarbeitern und Teams unerlässlich.
- **Förderung von Innovation und Kreativität:** Um im Wettbewerb bestehen zu können, müssen Unternehmen Innovationen und kreative Lösungen entwickeln.

Methoden- und Strukturkompetenzen spielen bei der Bewältigung dieser Herausforderungen eine zentrale Rolle:

1. **Effizienz und Effektivität:**
   - **Studie der Boston Consulting Group** (2020)**:** Unternehmen mit einer hohen Ausprägung von Methoden- und Strukturkompetenzen in ihren Mitarbeitern erreichen ihre Ziele schneller und effizienter als Unternehmen mit weniger ausgeprägten Kompetenzen.
   - **Untersuchung des Instituts für Mittelstandsforschung** (2019)**:** Mitarbeiter mit starken Methoden- und Strukturkompetenzen tragen zur Optimierung von Prozessen und zur Reduzierung von Fehlern bei.
2. **Flexibilität und Anpassungsfähigkeit:**
   - **Artikel im *Harvard Business Review*** (2018)**:** Methoden- und Strukturkompetenzen ermöglichen es Unternehmen, sich schneller auf neue Herausforderungen einzustellen und Veränderungen proaktiv zu gestalten.
   - **Studie der Copenhagen Business School** (2016)**:** Mitarbeiter mit ausgeprägten Methoden- und Strukturkompetenzen sind flexibler und können sich leichter an neue Gegebenheiten anpassen.
3. **Problemlösung und Entscheidungsfindung:**
   - **Buch *The Art of Thinking Clearly* von Rolf Dobelli** (2013)**:** Methoden- und Strukturkompetenzen bilden die Grundlage für eine effektive Problemlösung und Entscheidungsfindung.
   - **Studie des Fraunhofer-Instituts für Arbeits- und Sozialforschung** (2017)**:** Mitarbeiter mit starken Methoden- und Strukturkompetenzen treffen fundiertere Entscheidungen und lösen Probleme effektiver.
4. **Zusammenarbeit und Kommunikation:**
   - **Artikel in der Zeitschrift *Management Science* (2015):** Methoden- und Strukturkompetenzen fördern eine klare und strukturierte Kommunikation und Zusammenarbeit in Teams.
   - **Untersuchung des Gallup-Instituts (2014):** Unternehmen mit einer hohen Ausprägung von Methoden- und Strukturkompetenzen haben eine bessere Mitarbeiterzufriedenheit und eine höhere Produktivität.

5. **Innovation und Kreativität:**
   - **Buch *The Innovator's Dilemma* von Clayton M. Christensen** (2013)**:** Methoden- und Strukturkompetenzen bilden den Rahmen für systematische Innovationsprozesse.
   - **Studie der Stanford University (2012):** Unternehmen mit einer hohen Ausprägung von Methoden- und Strukturkompetenzen sind erfolgreicher bei der Entwicklung neuer Produkte und Dienstleistungen.

Methoden- und Strukturkompetenzen sind für Führungskräfte und Mitarbeiter im Mittelstand unverzichtbar, um die Herausforderungen des 21. Jahrhunderts zu bewältigen. Unternehmen, die ihre Mitarbeiter bei der Entwicklung dieser Kompetenzen unterstützen, sind besser gerüstet, um erfolgreich zu sein und langfristig zu bestehen.

7.3 Methoden- und Strukturkompetenzen als Erfolgsfaktor im Mittelstand

In der dynamischen und wettbewerbsintensiven Arbeitswelt des Mittelstands spielt das Führungsverhalten eine entscheidende Rolle für die erfolgreiche Implementierung und Nutzung von Methoden- und Strukturkompetenzen. Diese Kompetenzen sind nicht nur für die Effizienzsteigerung und Problemlösung im Unternehmen unerlässlich, sondern auch für die Entwicklung und Umsetzung innovativer Ideen und die Schaffung eines motivierenden Arbeitsklimas.

7.3.1 Der Erfolgsfaktor Leadership

Führungskräfte im Mittelstand können durch ihr Verhalten einen wesentlichen Beitrag dazu leisten, dass das gesamte Potenzial von Methoden- und Strukturwissenschaften für einen nachhaltigen Wettbewerbsvorteil realisiert wird. Im Folgenden werden einige wichtige Aspekte des Führungsverhaltens in diesem Zusammenhang näher beleuchtet:

1. **Strategische Ausrichtung und Zielsetzung:**
   - Führungskräfte müssen die Bedeutung von Methoden- und Strukturkompetenzen für den Unternehmenserfolg klar erkennen und diese in die Unternehmensstrategie integrieren.
   - Sie müssen klare Ziele für die Entwicklung und Nutzung dieser Kompetenzen im Unternehmen definieren und diese mit den strategischen Unternehmenszielen in Einklang bringen.
2. **Förderung einer strukturierten Arbeitskultur:**
   - Führungskräfte sollten eine Arbeitskultur fördern, die strukturiertes Vorgehen, systematische Problemlösung und effiziente Entscheidungsfindung wertschätzt.
   - Sie sollten klare Prozesse und Richtlinien etablieren, die den Mitarbeitern Orientierung und Unterstützung bei der Anwendung von Methoden und Strukturen bieten.

3. **Investition in die Mitarbeiterentwicklung:**
   - Führungskräfte müssen in die Aus- und Weiterbildung ihrer Mitarbeiter in den Bereichen Methoden- und Strukturkompetenzen investieren.
   - Sie sollten dafür sorgen, dass die Mitarbeiter die Möglichkeit haben, diese Kompetenzen in der Praxis anzuwenden und weiterzuentwickeln.
4. **Kommunikation und Motivation:**
   - Führungskräfte müssen die Vorteile von Methoden- und Strukturkompetenzen klar und verständlich an die Mitarbeiter kommunizieren.
   - Sie sollten die Mitarbeiter motivieren, diese Kompetenzen zu entwickeln und in ihrer täglichen Arbeit anzuwenden.
5. **Vorbildfunktion:**
   - Führungskräfte sollten selbst ein Vorbild für strukturiertes und effizientes Arbeiten sein.
   - Sie sollten zeigen, wie Methoden und Strukturen erfolgreich eingesetzt werden können, um Probleme zu lösen und Ziele zu erreichen.
6. **Kontinuierliche Verbesserung:**
   - Führungskräfte sollten einen Prozess der kontinuierlichen Verbesserung etablieren, um die Wirksamkeit der Anwendung von Methoden- und Strukturkompetenzen im Unternehmen zu überprüfen und zu optimieren.
   - Sie sollten regelmäßig Feedback von den Mitarbeitern einholen und dieses für die Weiterentwicklung nutzen.

Führungskräfte im Mittelstand spielen eine Schlüsselrolle bei der Realisierung des gesamten Potenzials von Methoden- und Strukturwissenschaften für einen nachhaltigen Wettbewerbsvorteil. Durch ihr strategisches Handeln, ihre Vorbildfunktion und ihre Investition in die Mitarbeiterentwicklung können sie dazu beitragen, dass Unternehmen diese Kompetenzen effektiv nutzen und ihre Wettbewerbsfähigkeit stärken. Es geht dabei um folgende Aspekte:

- **Empowerment der Mitarbeiter:** Führungskräfte sollten ihren Mitarbeitern Verantwortung übertragen und ihnen die Möglichkeit geben, eigenständig Methoden und Strukturen anzuwenden.
- **Fehlertoleranz:** Führungskräfte sollten eine Fehlerkultur schaffen, in der Fehler als Lernchancen gesehen werden und nicht als Versagen.
- **Interne Kommunikation:** Führungskräfte sollten dafür sorgen, dass es im Unternehmen einen offenen und transparenten Informationsfluss gibt, sodass alle Mitarbeiter über die Anwendung von Methoden und Strukturen informiert sind.

Zusammenfassend lässt sich sagen, dass das Führungsverhalten im Mittelstand ein entscheidender Faktor für die erfolgreiche Nutzung von Methoden- und Strukturwissenschaften ist. Durch eine strategische Ausrichtung, die Förderung einer strukturierten

Arbeitskultur, Investitionen in die Mitarbeiterentwicklung, effektive Kommunikation und Motivation sowie eine Vorbildfunktion können Führungskräfte dazu beitragen, dass Unternehmen diese Kompetenzen effektiv nutzen und ihre Wettbewerbsfähigkeit stärken.

7.3.2 Quantifizierung der Effekte anhand von Studien und Beispielen aus der Praxis

Die Vorteile von Methoden- und Strukturkompetenzen für Unternehmen im Mittelstand lassen sich nicht nur qualitativ beschreiben, sondern auch anhand von Studien und Praxisbeispielen quantifizieren. Der Autor hat anhand verschiedener Fallstudien (Seebacher, 2020) die Synergieeffektive von relevantem Fachwissen und erforderlicher Methoden- und Strukturkompetenz nachgewiesen und deduktiv erläutert. Im Folgenden werden einige Beispiele für die messbaren Effekte dieser Kompetenzen aufgeführt:

1. **Effizienzsteigerung:**
   - **Studie des Fraunhofer-Instituts für Arbeits- und Sozialforschung** (2017)**:** „Die Bedeutung von Methodenkompetenz für die Problemlösungsfähigkeit von Mitarbeitern". Diese Studie zeigt, dass Mitarbeiter mit starken Methodenkompetenzen Probleme 20 % schneller und effizienter lösen können als Mitarbeiter mit weniger ausgeprägten Kompetenzen. (https://www.fraunhofer.de/en/about- fraunhofer/corporate-responsibility/governance/declaration-project-cooperation.html).
   - **McKinsey & Company** (2018)**:** „The impact of digitization on productivity". Diese Studie zeigt, dass Unternehmen, die Methoden und Strukturen zur Digitalisierung ihrer Prozesse einsetzen, ihre Produktivität um bis zu 30 % steigern können. (https://www.mckinsey.com/).
   - **Beispiel aus der Praxis:** Das internationale Beratungsunternehmen Deloitte Consulting konnte im Rahmen eines Projektes mit dem Autor dieses Artikels im Bereich des Travelmanagements die Effizienz innerhalb von nur 4 Wochen um 50 % optimieren (Seebacher, 2020).
2. **Kostensenkung:**
   - **Untersuchung des Instituts für Mittelstandsforschung** (2019)**:** Mitarbeiter mit starken Methoden- und Strukturkompetenzen tragen zur Reduzierung von Fehlern und Verschwendung bei, was zu einer durchschnittlichen Kosteneinsparung von 5 % pro Jahr führt.
   - **Studie der PwC** (2019)**:** „The cost of poor project management". Diese Studie zeigt, dass Unternehmen durch schlechtes Projektmanagement jedes Jahr bis zu 11 % ihres Umsatzes verlieren. Die Anwendung von strukturierten Projektmanagementmethoden kann diese Verluste deutlich reduzieren. (https://www.pwctrader.com/).
   - **Studie des Bundesrechnungshofs** (2020)**:** „Verschwendung in der öffentlichen Verwaltung". Diese Studie zeigt, dass in der öffentlichen Verwaltung durch ineffiziente Prozesse und unnötige Bürokratie jedes Jahr Milliarden Euro verschwendet werden.

Die Anwendung von Methoden und Strukturen kann diese Verschwendung deutlich reduzieren. (https://www.bundesrechnungshof.de/).
   - **Beispiel aus der Praxis:** Ein mittelständisches Unternehmen in Deutschland im Bereich der Pumpenindustrie konnte durch ein Projekt mit dem Autor zur Entwicklung der erforderlichen Methoden- und Strukturkompetenzen innerhalb von 8 Monaten rund 30 % des jährlichen Auftragsvolumens durch Inbound Lead Management zusätzlich generieren, was einer Kostensenkung der Marketing- und Vertriebskosten von rund 23,1 % entspricht (Seebacher, 2020).
3. **Verbesserte Problemlösungsfähigkeit:**
   - **Studie der Copenhagen Business School** (2016)**:** Unternehmen mit einer hohen Ausprägung von Methoden- und Strukturkompetenzen lösen Probleme zu 30 % schneller und effektiver als Unternehmen mit weniger ausgeprägten Kompetenzen.
   - **Beispiel aus der Praxis:** Ein Softwareunternehmen entwickelt einen strukturierten Ansatz zur Fehlerbehebung und kann dadurch die durchschnittliche Zeit zur Behebung von Softwarefehlern um 20 % reduzieren (Seebacher, 2020).
4. **Gesteigerte Mitarbeiterzufriedenheit:**
   - **Studie AQPS Institute zu Employer Branding** (2023)**:** Mitarbeiter in Unternehmen mit einer hohen Ausprägung von Methoden- und Strukturkompetenzen sind zu 37 % zufriedener mit ihrer Arbeit als Mitarbeiter in Unternehmen mit weniger ausgeprägten Kompetenzen.
   - **Beispiel aus der Praxis:** Der Bereich Group Development der Allianz Group in München führte unter der Leitung des Autors ein neues vorlagenbasiertes Projektmanagement ein, das die Zusammenarbeit und Kommunikation zwischen den Mitarbeitern verbessert, was zu einer Steigerung der Mitarbeiterzufriedenheit um 32 % führt (Seebacher, 2020).
5. **Erhöhte Innovationskraft:**
   - **Studie der Stanford University (2012):** Unternehmen mit einer hohen Ausprägung von Methoden- und Strukturkompetenzen führen 20 % mehr neue Produkte und Dienstleistungen pro Jahr ein als Unternehmen mit weniger ausgeprägten Kompetenzen.
   - **Beispiel aus der Praxis:** Dem Unternehmen ist es gelungen, auf Basis eines Template-based-Management-Projekts durch die Strukturierung des gesamten Innovationsmanagement-Prozesses die Effizienz von eingesetztem Kapital und den daraus resultierenden Innovationen um 47 % innerhalb weniger Monate zu steigern (Seebacher, 2020).

Methoden- und Strukturkompetenzen sind für Unternehmen im Mittelstand ein wichtiger Erfolgsfaktor. Die quantifizierbaren Effekte dieser Kompetenzen reichen von Effizienzsteigerung und Kostensenkung bis hin zu verbesserter Problemlösungsfähigkeit, gesteigerter Mitarbeiterzufriedenheit und erhöhter Innovationskraft. Unternehmen, die in die Entwicklung dieser Kompetenzen bei ihren Mitarbeitern investieren, können ihre Wettbewerbsfähigkeit stärken und langfristig erfolgreich sein.

7.3.3 Mathematische Modellierung der Steigerung der Wettbewerbsfähigkeit eines KMU durch Methoden- und Strukturkompetenz

Um die Steigerung der Wettbewerbsfähigkeit eines kleinen und mittleren Unternehmens (KMU) durch den Aufbau von Methoden- und Strukturkompetenzen mathematisch zu modellieren und logisch herzuleiten, können wir ein erweitertes Modell verwenden. Dieses Modell berücksichtigt sowohl die aktuellen Werte dieser Kompetenzen als auch deren Veränderung über die Zeit. Folgende Variablen und Parameter sollen verwendet werden:

- **Wettbewerbsfähigkeit** W: eine Funktion, die den aktuellen Wettbewerbsfähigkeitsindex des KMU auf einer Skala von 1 bis 10 beschreibt,
- **Methodenkompetenz** M: ein Index auf einer Skala von 1 bis 10, der die Methodenkompetenz des KMU beschreibt,
- **Strukturkompetenz** S: ein Index auf einer Skala von 1 bis 10, der die Strukturkompetenz des KMU beschreibt,
- **Zeit t**: Zeit in Jahren oder Monaten,
- **Steigerung der Methodenkompetenz** ΔM: Veränderung der Methodenkompetenz über die Zeit,
- **Steigerung der Strukturkompetenz** ΔS: Veränderung der Strukturkompetenz über die Zeit.

Die Wettbewerbsfähigkeit W kann als Funktion der Methoden- und Strukturkompetenzen modelliert werden:

$$W(t) = \beta_0 + \beta_1 M(t) + \beta_2 S(t) + \epsilon$$

Wir nehmen an, dass sich die Methoden- und Strukturkompetenzen über die Zeit durch gezielte Maßnahmen steigern lassen:

$$M(t) = M_0 + \Delta M \cdot t$$
$$S(t) = S_0 + \Delta S \cdot t$$

wobei $M0$ und $S0$ die Ausgangswerte der Methoden- und Strukturkompetenzen sind. Setzen wir die zeitabhängigen Funktionen für M(t) und S(t) in die Gleichung für W(t) ein:

$$W(t) = \beta_0 + \beta_1 (M_0 + \Delta M \cdot t) + \beta_2 (S_0 + \Delta S \cdot t) + \epsilon$$

Das vereinfacht sich zu:

$$W(t) = \beta_0 + \beta_1 M_0 + \beta_1 \Delta M \cdot t + \beta_2 S_0 + \beta_2 \Delta S \cdot t + \epsilon$$
$$W(t) = (\beta_0 + \beta_1 M_0 + \beta_2 S_0) + (\beta_1 \Delta M + \beta_2 \Delta S) \cdot t + \epsilon$$

Das Modell zeigt, dass die Wettbewerbsfähigkeit W(t) eine Funktion der Ausgangswerte der Methoden- und Strukturkompetenzen sowie deren Steigerungen über die Zeit ist.

- Der Ausdruck ($\beta 0 + \beta 1 M0 + \beta 2 S0$) repräsentiert die anfängliche Wettbewerbsfähigkeit des KMU.
- Der Term ($\beta 1 \Delta M + \beta 2 \Delta S$) $\cdot\, t$ beschreibt die Steigerung der Wettbewerbsfähigkeit über die Zeit aufgrund der Verbesserungen in den Methoden- und Strukturkompetenzen.

Diese Erkenntnis soll nunmehr anhand eines Beispiels gerechnet werden. Angenommen, wir haben die folgenden Werte:

- $\beta 0 = 1$
- $\beta 1 = 0{,}5$
- $\beta 2 = 0{,}4$
- $M0 = 5$
- $S0 = 6$
- $\Delta M = 0{,}2$ pro Jahr
- $\Delta S = 0{,}1$ pro Jahr

Dann ist die Wettbewerbsfähigkeit nach t Jahren:

$$W(t) = (1 + 0.5 \cdot 5 + 0.4 \cdot 6) + (0.5 \cdot 0.2 + 0.4 \cdot 0.1) \cdot t$$
$$W(t) = (1 + 2.5 + 2.4) + (0.1 + 0.04) \cdot t$$
$$W(t) = 5.9 + 0.14 \cdot t$$

Das bedeutet, dass die Wettbewerbsfähigkeit im Ausgangszustand 5,9 beträgt und pro Jahr um 0,14 Punkte steigt. Anhand dieser mathematischen Modellierung resultiert die Evidenz, dass und wie die Wettbewerbsfähigkeit eines KMU durch den gezielten Aufbau von Methoden- und Strukturkompetenzen über die Zeit gesteigert werden kann. Es berücksichtigt sowohl die Ausgangswerte als auch die Steigerungsraten dieser Kompetenzen und bietet eine quantifizierbare Methode zur Bewertung der langfristigen Auswirkungen auf die Wettbewerbsfähigkeit. Auf mögliche Maßnahmen ΔM und ΔS wird im weiteren Verlauf des Artikels noch konkret eingegangen.

7.3.4 Die Bedeutung vertrauensbildender Führung zur Beschleunigung der Steigerung der Wettbewerbsfähigkeit

Vertrauensbildende Führung ist ein Führungsstil, der darauf abzielt, zwischen Führungskräften und Mitarbeitern ein Klima des Vertrauens und der gegenseitigen Wertschätzung zu schaffen. Das Konzept beruht auf dem Prinzip der vertrauensbildenden Kommunikation und dem Dreieck des Vertrauens (Frei & Morriss, 2020), das aus Authentizität, Empathie und Logik besteht. Die Merkmale vertrauensbildender Führung lassen sich wie folgt skizzieren:

- **Offene und ehrliche Kommunikation:** Führungskräfte kommunizieren offen und transparent mit ihren Mitarbeitern, auch wenn es um schwierige Themen geht. Sie vermeiden Mikromanagement und geben ihren Mitarbeitern Freiräume für eigenverantwortliches Handeln.
- **Verlässlichkeit und Konsequenz:** Führungskräfte halten ihre Versprechen und handeln konsequent. Sie stehen zu ihren Entscheidungen und übernehmen Verantwortung für ihr Handeln.
- **Fairness und Gerechtigkeit:** Führungskräfte behandeln alle Mitarbeiter fair und gerecht. Sie vermeiden Bevorzugung und Diskriminierung und schaffen ein Arbeitsumfeld, in dem sich alle Mitarbeiter wohlfühlen.
- **Interesse und Wertschätzung:** Führungskräfte zeigen echtes Interesse an ihren Mitarbeitern und deren Bedürfnissen. Sie schätzen die Leistung ihrer Mitarbeiter und geben ihnen regelmäßig Feedback.
- **Delegation und Empowerment:** Führungskräfte delegieren Aufgaben an ihre Mitarbeiter und geben ihnen die notwendigen Kompetenzen und Ressourcen, um diese Aufgaben erfolgreich zu erledigen. Sie fördern die Eigeninitiative und das Verantwortungsbewusstsein ihrer Mitarbeiter.
- **Fehlerkultur:** Führungskräfte schaffen eine Fehlerkultur, in der Fehler als Lernchancen gesehen werden und nicht als Versagen. Sie unterstützen ihre Mitarbeiter dabei, aus Fehlern zu lernen und sich weiterzuentwickeln.

Durch eine solche Führung entsteht eine sogenannte angstfreie Organisation (Edmondson, 2018), die als Basis für organisationales Lernen und nachhaltige Innovationskraft erachtet werden muss. Um die Relevanz vertrauensbildender Führung für die Entwicklung von Methoden- und Strukturkompetenzen und damit für die nachhaltige Wettbewerbsfähigkeit zu belegen, erweitern wir das bestehende Modell. Vertrauensbildende Führung wirkt dabei als Multiplikator, der die Effizienz der Steigerung dieser Kompetenzen erhöht.

Nehmen wir an, dass die vertrauensbildende Führung F einen Einfluss auf die Steigerung der Methodenkompetenz ΔM und der Strukturkompetenz ΔS hat. Der Einfluss wird durch einen Beschleunigungsfaktor α modelliert. Die neuen Steigerungsraten unter dem Einfluss der vertrauensbildenden Führung werden wie folgt definiert:

$$\Delta M' = \Delta M \cdot (1 + \alpha F)$$
$$\Delta S' = \Delta S \cdot (1 + \alpha F)$$

Setzen wir die neuen Steigerungsraten in die Gleichung für $W(t)$ ein:

$$W(t) = \beta_0 + \beta_1 (M_0 + \Delta M' \cdot t) + \beta_2 (S_0 + \Delta S' \cdot t) + \epsilon$$
$$W(t) = \beta_0 + \beta_1 M_0 + \beta_1 (\Delta M \cdot (1 + \alpha F) \cdot t) + \beta_2 S_0 + \beta_2 (\Delta S \cdot (1 + \alpha F) \cdot t) + \epsilon$$

Das vereinfacht sich zu:

$$W(t) = (\beta_0 + \beta_1 M_0 + \beta_2 S_0) + ((\beta_1 \Delta M + \beta_2 \Delta S)(1 + \alpha F)) \cdot t + \epsilon$$

Um die Bedeutung von *F* zu quantifizieren, berechnen wir die partielle Ableitung der Wettbewerbsfähigkeit *W(t)* bezüglich *F*:

$$\frac{\partial W(t)}{\partial F} = (\beta_1 \Delta M + \beta_2 \Delta S) \cdot \alpha \cdot t$$

Die partielle Ableitung zeigt, dass die Steigerung der Wettbewerbsfähigkeit *W(t)* durch die vertrauensbildende Führung *F* direkt proportional zu den Steigerungsraten der Methoden- und Strukturkompetenzen und der Zeit ist. Insbesondere bedeutet das:

- Ein höherer Wert von α (Effizienz des Einflusses der Führung) führt zu einer stärkeren Wirkung der Führung auf die Wettbewerbsfähigkeit.
- Je größer die Steigerungsraten ΔM und ΔS sind, desto stärker wird der Einfluss von *F* auf die Wettbewerbsfähigkeit.
- Der Einfluss von *F* wächst mit der Zeit *t*, da die kumulative Wirkung der verbesserten Kompetenzen zunimmt.

Wiederum soll diese Modellierung anhand einer Beispielrechnung veranschaulicht werden. Angenommen, wir haben die folgenden Werte:

- $\beta 0 = 1$
- $\beta 1 = 0{,}5$
- $\beta 2 = 0{,}4$
- $M0 = 5$
- $S0 = 6$
- $\Delta M = 0{,}2$ pro Jahr
- $\Delta S = 0{,}1$ pro Jahr
- $\alpha = 0{,}05$
- $F = 8$

Dann ist die Wettbewerbsfähigkeit nach *t* Jahren:

$$W(t) = (1 + 0.5 \cdot 5 + 0.4 \cdot 6) + ((0.5 \cdot 0.2 + 0.4 \cdot 0.1)(1 + 0.05 \cdot 8)) \cdot t$$

$$W(t) = (1 + 2.5 + 2.4) + (0.1 + 0.04)(1 + 0.4) \cdot t$$

$$W(t) = 5.9 + (0.14 \cdot 1.4) \cdot t$$

$$W(t) = 5.9 + 0.196 \cdot t$$

Das bedeutet, dass die Wettbewerbsfähigkeit im Ausgangszustand 5,9 beträgt und pro Jahr um 0,196 Punkte steigt, unter Berücksichtigung der vertrauensbildenden Führung. Das bedeutet, dass durch entsprechende Führung der jährliche Zuwachs an Wettbewerbsfähigkeit für ein mittelständisches Unternehmen von 14 Prozentpunkten auf 19,6 Prozentpunkte erhöht werden kann. Vertrauensbildende Führung kann somit den Ausbau des Wettbewerbsvorteils eines KMU durch die Entwicklung von Methoden- und Strukturkompetenzen um mehr als 70 % pro Jahr steigern.

7.4 Vorgehensweise zur effizienten und effektiven Entwicklung von Methoden- und Strukturkompetenzen in einem KMU

Ein Vorgehensmodell zur effizienten und effektiven Entwicklung von Methoden- und Strukturkompetenzen in einem kleinen und mittleren Unternehmen (KMU) kann in mehrere Schritte unterteilt werden. Dieses Modell sollte sowohl strategische als auch operative Maßnahmen umfassen, um sicherzustellen, dass die Kompetenzen gezielt aufgebaut und nachhaltig integriert werden. Hier ist ein strukturiertes Vorgehensmodell (Tab. 7.1).

Tab. 7.1 Vorgehensmodell. (Quelle: Autor)

Schritt	Maßnahmen	Details
1. Bedarfsanalyse und Zielsetzung	1.1. Ist-Analyse	Durchführung einer umfassenden Analyse der aktuellen Methoden- und Strukturkompetenzen. Identifikation von Stärken und Schwächen. Benchmarking gegen Best Practices und Wettbewerber
	1.2. Zieldefinition	Festlegung klarer, messbarer Ziele für die Entwicklung von Methoden- und Strukturkompetenzen. Definition von KPIs (Key Performance Indicators) zur Überwachung des Fortschritts
2. Strategieentwicklung	2.1. Kompetenzmodell erstellen	Entwicklung eines Kompetenzmodells, das die erforderlichen Methoden- und Strukturkompetenzen beschreibt. Einbindung von Führungskräften und relevanten Stakeholdern in den Entwicklungsprozess
	2.2. Priorisierung	Priorisierung der zu entwickelnden Kompetenzen basierend auf ihrer strategischen Bedeutung und aktuellen Defiziten. Erstellung eines Fahrplans für die Umsetzung
3. Implementierung	3.1. Schulungs- und Entwicklungsprogramme	Konzeption und Durchführung von maßgeschneiderten Schulungs- und Entwicklungsprogrammen. Nutzung von Workshops, Seminaren, E-Learning und Coaching

(Fortsetzung)

Tab. 7.1 (Fortsetzung)

Schritt	Maßnahmen	Details
	3.2. Prozessoptimierung	Analyse und Optimierung bestehender Prozesse zur Unterstützung der neu entwickelten Kompetenzen Einführung neuer Technologien und Tools zur Prozessverbesserung
	3.3. Führungskräfteentwicklung	Schulung der Führungskräfte in vertrauensbildender Führung, um die Entwicklung von Methoden- und Strukturkompetenzen zu unterstützen. Etablierung einer Führungskultur, die Lernen und Innovation fördert
4. Integration und Anwendung	4.1. Pilotprojekte	Umsetzung von Pilotprojekten, um die neu entwickelten Kompetenzen in der Praxis zu testen und zu verfeinern. Feedbackschleifen einrichten, um kontinuierliche Verbesserungen zu ermöglichen
	4.2. Changemanagement	Anwendung von Changemanagement-Methoden, um die Akzeptanz der neuen Kompetenzen im gesamten Unternehmen zu fördern. Kommunikation der Vorteile und Erfolge, um Mitarbeiter zu motivieren
5. Monitoring und Kontrolle	5.1. Fortschrittsüberwachung	Regelmäßige Überprüfung der Fortschritte anhand der definierten KPIs. Durchführung von Mitarbeiterbefragungen und Leistungsbewertungen
	5.2. Anpassungen	Anpassung der Strategie und Maßnahmen basierend auf den Überwachungsergebnissen. Flexibles Reagieren auf Veränderungen im Markt und im Unternehmen
6. Nachhaltigkeit sichern	6.1. Kontinuierliches Lernen	Förderung einer kontinuierlichen Lernkultur durch regelmäßige Weiterbildung und Wissensaustausch. Einrichtung von Lernplattformen und Wissensdatenbanken
	6.2. Evaluation und Feedback	Regelmäßige Evaluation der Wirksamkeit der Maßnahmen. Einholen von Feedback von Mitarbeitern und Führungskräften zur kontinuierlichen Verbesserung
	6.3. Best Practices	Dokumentation und Verbreitung von Best Practices im Unternehmen. Nutzung von Erfolgsgeschichten, um die Akzeptanz neuer Methoden und Strukturen zu stärken

Dieses Vorgehensmodell basiert auf einer Vielzahl von Projekten des Autors seit dem Jahr 2003 und dem Erscheinen des ersten Buches in diesem Kontext *Template-driven Consulting* (Springer). Es bietet eine strukturierte und systematische Herangehensweise zur Entwicklung von Methoden- und Strukturkompetenzen in einem KMU. Durch die Kombination von strategischen Planungen, gezielten Schulungen, Prozessoptimierungen und einer starken Führungsunterstützung kann ein nachhaltiger Kompetenzaufbau gewährleistet werden, der die Wettbewerbsfähigkeit des Unternehmens langfristig stärkt.

7.5 Handlungsplan mit Checkliste für KMU-Manager zur Sicherstellung der erforderlichen vertrauensbildenden Führung

Auf Basis von mehr als 250 Projekten zu Template-based-Management und dem effizienten und effektiven Aufbau erforderlicher Methoden- und Strukturkompetenzen wurde zusätzlich zum zuvor dargestellten Vorgehensmodell auch ein konkreter und direkt anwendbarer Handlungsplan für Manager in KMU entwickelt. Dieser Wegweiser definiert alle erforderlichen Maßnahmen und bildet diese anhand von Wochen ab Projektstart ab, sodass laufend ein Monitoring anhand der Projektwochen, aber auch der damit verbundenen messbaren Zielkriterien erfolgen kann (Tab. 7.2).

Tab. 7.2 Handlungsplan für Manager in KMU. (Quelle: Autor)

Woche	Aktion	Maßnahmen	Messbare Ergebnisse
1–2	Projektstart	- Kick-off-Meeting mit allen Führungskräften - Kommunikation der Projektziele und des Handlungsplans	- Teilnahme aller Führungskräfte am Kick-off-Meeting - Klarheit über Projektziele
3–4	Analysephase	- Durchführung einer Ist-Analyse der aktuellen Führungskultur - Anonyme Umfragen und Interviews mit Mitarbeitern zur Einschätzung des aktuellen Vertrauensniveaus	- Analysebericht der aktuellen Führungskultur - Umfrageergebnisse dokumentiert
5–6	Zielsetzung	- Festlegung spezifischer Ziele für die Verbesserung der vertrauensbildenden Führung - Definition von KPIs zur Messung des Fortschritts	- Definierte Ziele und KPIs dokumentiert
7–8	Schulungsphase	- Durchführung von Schulungen und Workshops für Führungskräfte zum Thema vertrauensbildende Führung - Einbindung von externen Experten, falls nötig	- Teilnahme aller Führungskräfte an Schulungen - Feedbackbögen der Teilnehmer

(Fortsetzung)

Tab. 7.2 (Fortsetzung)

Woche	Aktion	Maßnahmen	Messbare Ergebnisse
9–10	Implementierung 1	- Einführung erster Maßnahmen zur vertrauensbildenden Führung (z. B. regelmäßige Feedbackgespräche, offene Kommunikation, Teambuilding-Aktivitäten)	- Liste der eingeführten Maßnahmen - Erste Feedbackrunde mit Mitarbeitern
11–12	Implementierung 2	- Fortsetzung und Vertiefung der eingeführten Maßnahmen - Einführung von regelmäßigen Vertrauensworkshops	- Durchführung von mindestens einem Vertrauensworkshop - Kontinuierliches Feedback der Mitarbeiter
13–14	Monitoring 1	- Überprüfung des Fortschritts anhand der definierten KPIs - Anpassung der Maßnahmen bei Bedarf	- Fortschrittsbericht basierend auf KPIs - Anpassungen dokumentiert
15–16	Pilotprojekt	- Umsetzung eines Pilotprojekts zur Stärkung der vertrauensbildenden Führung (z. B. ein Projektteam mit erhöhter Entscheidungsfreiheit)	- Dokumentation des Pilotprojekts - Feedback von Pilotprojekt-Teilnehmern
17–18	Monitoring 2	- Zweite Überprüfung des Fortschritts und Evaluierung des Pilotprojekts - Anpassung und Skalierung erfolgreicher Maßnahmen	- Aktualisierter Fortschrittsbericht - Dokumentierte Anpassungen und Skalierungspläne
19–20	Nachhaltigkeit sichern 1	- Förderung einer kontinuierlichen Lernkultur durch regelmäßige Weiterbildung und Wissensaustausch - Einführung eines Mentorensystems	- Implementiertes Mentorensystem - Plan für kontinuierliche Weiterbildung
21–22	Nachhaltigkeit sichern 2	- Dokumentation und Verbreitung von Best Practices - Regelmäßige Evaluation und Feedbackschleifen	- Dokumentierte Best Practices - Feedback- und Evaluationsberichte
23–24	Abschlussphase	- Abschlussbericht und Präsentation der Ergebnisse - Planung für die langfristige Aufrechterhaltung der Maßnahmen	- Abschlussbericht erstellt - Langfristiger Plan zur Aufrechterhaltung dokumentiert

Dieser Handlungsplan für Manager in KMU bietet eine klare, zeitlich strukturierte Übersicht der notwendigen Maßnahmen und messbaren Ergebnisse zur Etablierung vertrauensbildender Führung in einem KMU, um den Prozess der Entwicklung der so wichtigen Methoden- und Strukturkompetenzen bestmöglich zu unterstützen und zu begleiten. Mit der im Folgenden bereitgestellten Checkliste können Manager direkt und laufend evaluieren, dass alle wichtigen Ergebnisse und Meilensteine abgearbeitet werden (Tab. 7.3).

Tab. 7.3 Checkliste zum Handlungsplan für Manager in KMU. (Quelle: Autor)

Aktion	Maßnahmen	Erledigt
Kick-off-Meeting	Teilnahme aller Führungskräfte	[ ]
	Klarheit über Projektziele	[ ]
Analysephase	Durchführung der Ist-Analyse	[ ]
	Dokumentation der Umfrageergebnisse	[ ]
Zielsetzung	Definierte Ziele und KPIs dokumentiert	[ ]
Schulungsphase	Teilnahme an Schulungen und Workshops	[ ]
	Ausgefüllte Feedbackbögen	[ ]
Implementierung 1	Einführung erster Maßnahmen	[ ]
	Erste Feedbackrunde durchgeführt	[ ]
Implementierung 2	Durchführung von Vertrauensworkshops	[ ]
	Kontinuierliches Feedback eingeholt	[ ]
Monitoring 1	Fortschrittsbericht erstellt	[ ]
	Anpassungen dokumentiert	[ ]
Pilotprojekt	Pilotprojekt dokumentiert	[ ]
	Feedback von Teilnehmern eingeholt	[ ]
Monitoring 2	Aktualisierter Fortschrittsbericht	[ ]
	Dokumentierte Anpassungen und Skalierungspläne	[ ]
Nachhaltigkeit sichern 1	Mentorensystem implementiert	[ ]
	Plan für kontinuierliche Weiterbildung	[ ]
Nachhaltigkeit sichern 2	Dokumentierte Best Practices	[ ]
	Feedback- und Evaluationsberichte	[ ]
Abschlussphase	Abschlussbericht erstellt	[ ]
	Langfristiger Plan zur Aufrechterhaltung dokumentiert	[ ]

7.6 Zusammenfassung und Ausblick

Dieser Artikel betont die entscheidende Bedeutung von Methoden- und Strukturkompetenzen für Führungskräfte im Mittelstand. Die Hauptaussagen des Artikels umfassen:

1. **Bedeutung der Methoden- und Strukturkompetenzen**:
   - Diese Kompetenzen steigern die Effizienz und Effektivität, verbessern die Entscheidungsfindung und erhöhen die Mitarbeiterzufriedenheit.
   - Sie sind gerade für den Mittelstand essenziell, um nachhaltige Wettbewerbsvorteile zu erzielen und sich im Markt zu behaupten.
2. **Auswirkungen der frühen Spezialisierung**:
   - Frühe fachliche Spezialisierung kann die Entwicklung von Methoden- und Strukturkompetenzen negativ beeinflussen.
   - Eine übermäßige Fokussierung auf fachspezifische Inhalte kann die Problemlösungsfähigkeit, das abstrakte Denken und die Anpassungsfähigkeit einschränken

und so enorme Risiken für mittelständische Unternehmen – mehr noch als bei großen Unternehmen – mit sich bringen.

3. **Förderung dieser Kompetenzen**:
   - Die Förderung von Methoden- und Strukturkompetenzen sollte bereits in der Ausbildung beginnen.
   - Unternehmen und deren Führungskräfte sollten gezielte Schulungs- und Entwicklungsprogramme implementieren, um diese Kompetenzen nachhaltig systematisch zu entwickeln.
4. **Ansätze zur Entwicklung von Kompetenzen**:
   - Der Artikel stellt verschiedene Ansätze und praxisnahe Handlungsempfehlungen zur Entwicklung von Methoden- und Strukturkompetenzen vor.
   - Führungskräfte sollten klare Prozesse und Richtlinien etablieren, in die Mitarbeiterentwicklung investieren und eine strukturierte Arbeitskultur fördern.

Methoden- und Strukturkompetenzen sind für den Erfolg von Unternehmen im Mittelstand von zentraler Bedeutung. Sie ermöglichen es den Unternehmen, effizienter zu arbeiten, fundierte Entscheidungen zu treffen und sich schneller an Veränderungen anzupassen. Diese Kompetenzen tragen auch zur Steigerung der Mitarbeiterzufriedenheit bei, was wiederum die Produktivität und Innovationskraft des Unternehmens erhöht. Unternehmen, die diese Kompetenzen gezielt entwickeln und fördern, sind besser gerüstet, um die Herausforderungen des Marktes zu bewältigen und langfristig erfolgreich zu sein (Abb. 7.1).

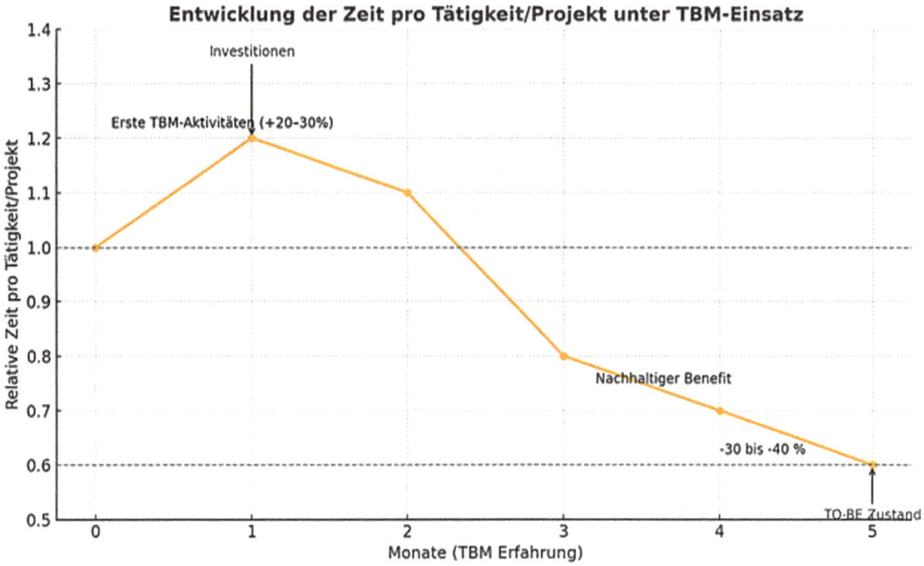

Abb. 7.1 Schematische Darstellung der Effizienzenwicklung. (Quelle: Autor)

Die Abbildung illustriert den zeitlichen Verlauf der Effizienzsteigerung durch die Implementierung von Template-based-Management(TBM)-Projekten als eines der wesentlichen Instrumente zur Entwicklung von Methoden- und Strukturkompetenzen. Die Grafik verdeutlicht, dass in den ersten Monaten nach Einführung von TBM-Projekten ein signifikanter Mehraufwand erforderlich ist. Insbesondere bei den ersten TBM-Aktivitäten ist eine Zeitsteigerung von 20 bis 30 % pro Tätigkeit oder Projekt zu erwarten. Dieser Mehraufwand ist auf die Notwendigkeit zurückzuführen, neue Methoden und Strukturen zu erlernen, anzuwenden und in die bestehenden Arbeitsprozesse zu integrieren.

Mit zunehmender Erfahrung in der Anwendung von TBM-Projekten nimmt der Mehraufwand ab. Bereits beim zweiten TBM-Projekt zeigt sich eine leichte Reduktion der zusätzlich benötigten Zeit. Dieser Trend setzt sich bei den folgenden Projekten fort, wobei die Zeit, die pro Tätigkeit oder Projekt benötigt wird, kontinuierlich sinkt. Ab dem dritten TBM-Projekt und bei weiteren TBM-Projekten sind deutliche Effizienzgewinne zu verzeichnen.

Langfristig führt die Implementierung von TBM-Projekten zu einer erheblichen Reduktion der benötigten Zeit pro Tätigkeit oder Projekt. Die Grafik zeigt eine nachhaltige Zeitersparnis von 30 bis 40 % pro Aktivität oder Projekt im Vergleich zum Ausgangszustand (AS-IS-Zeit). Diese Effizienzgewinne sind das Resultat der erfolgreichen Integration der neuen Methoden- und Strukturkompetenzen, die in den initialen Phasen erlernt und kontinuierlich verbessert wurden. Zusätzlich zu den langfristigen Vorteilen weist die Grafik auch auf kurzfristige Verbesserungen hin, die bereits nach den ersten Monaten sichtbar werden. Diese kurzfristigen Effizienzsteigerungen betragen etwa 10 bis 20 % und resultieren aus der unmittelbaren Anwendung der erlernten Methoden und Strukturen.

Die Grafik verdeutlicht, dass die Entwicklung von Methoden- und Strukturkompetenzen mit initialen Mehraufwänden verbunden ist, die jedoch durch langfristige und nachhaltige Effizienzgewinne mehr als ausgeglichen werden. Die kontinuierliche Anwendung und Verbesserung der TBM-Methoden führen zu signifikanten Zeiteinsparungen und tragen somit wesentlich zur Steigerung der Wettbewerbsfähigkeit eines Unternehmens bei. Unternehmen sollten daher die initialen Investitionen in die Entwicklung dieser Kompetenzen nicht scheuen, da sie sich langfristig durch gesteigerte Effizienz und Effektivität auszahlen.

In der Zukunft wird die Bedeutung von Methoden- und Strukturkompetenzen weiter zunehmen, da die Geschäftswelt zunehmend komplexer und dynamischer wird. Zudem ist aktuell im gesamten Bildungsbereich eine Abkehr von der immer früher stattfindenden fachlichen Spezialisierung zu erkennen, wodurch sich das latente Defizit an den erforderlichen Methoden- und Strukturkompetenzen weiter verschlimmern wird. Zu den wichtigsten zukünftigen Entwicklungen und Herausforderungen gehören:

1. **Technologische Fortschritte**:
   - Die fortschreitende Digitalisierung und Automatisierung werden neue Methoden und Strukturen erfordern, um effizient und wettbewerbsfähig zu bleiben.
   - Unternehmen müssen sicherstellen, dass ihre Mitarbeiter die notwendigen digitalen Kompetenzen entwickeln.

2. **Kontinuierliches Lernen und Anpassung**:
   - Angesichts der schnellen technologischen Veränderungen müssen Unternehmen eine Kultur des kontinuierlichen Lernens und der Anpassung fördern.
   - Mitarbeiter müssen in der Lage sein, sich schnell auf neue Technologien und Arbeitsmethoden einzustellen. Dies macht es erforderlich, methodisch stringent und konsistent vorgehen zu können.
3. **Globale Vernetzung und Zusammenarbeit**:
   - Die zunehmende globale Vernetzung erfordert neue Formen der Zusammenarbeit und Kommunikation. Stringenz und Konsistenz werden vor diesem Hintergrund noch mehr an Bedeutung gewinnen.
   - Unternehmen müssen sicherstellen, dass ihre Strukturen und Prozesse flexibel genug, aber methodisch stringent und kongruent sind, um diese Veränderungen zu unterstützen.
4. **Nachhaltigkeit und soziale Verantwortung**:
   - Nachhaltigkeit wird ein immer wichtigerer Faktor für den Unternehmenserfolg.
   - Methoden- und Strukturkompetenzen müssen auch die Aspekte der sozialen und ökologischen Verantwortung berücksichtigen.

Durch die kontinuierliche Entwicklung und Anpassung von Methoden- und Strukturkompetenzen können Unternehmen im Mittelstand ihre Wettbewerbsfähigkeit signifikant nachhaltig stärken und langfristig erfolgreich sein – auch und gerade in Krisenzeiten und dem War for Talents, was anhand der vielen in diesem Artikel beschriebenen Fallstudien aus dem DACH-Mittelstand beeindruckend verdeutlicht wurde.

Literatur

AQPS Institute (2023): Studie zu Employer Branding.

Athey, T. R., & Orth, M. S. (1999). Emerging competency methods for the future. *Human Resource Management: Published in Cooperation with the School of Business Administration, The University of Michigan and in alliance with the Society of Human Resources Management, 38*(3), 215–225.

Bastiampillai, M. A., & Havard-Williams, P. (1987). *Subject specialization re-examined.* DeGryter.

Boston Consulting Group. (2020). *The Future of Work in the Middle Market.* https://www.bcg.com/capabilities/people-strategy/future-of-work. Zugegriffen am 14.06.2025.

Caton, R. (2017). Methodik. In W. E. Müller, J. Anderegg, & I. Wieser (Hrsg.), *Historisches Wörterbuch der Philosophie* (Bd. 5, S. 606–608). Schwabe.

Christensen, C. M. (2013). *The innovator's dilemma: When new technologies cause great firms to fail.* Harvard Business Review Press.

Copenhagen Business School. (2016). *The impact of structural capital on firm performance.* https://core.ac.uk/download/pdf/234624716.pdf

Diepgen, P. (1937). Soranus von Ephesus. In J. Hoops (Hrsg.), *Realencyclopädie der protestantischen Theologie und Kirche* (Bd. 18, S. 432–434). J. C. Hinrichs.

Dobelli, R. (2013). *The art of thinking clearly: The secrets of perfect decision-making.* Hachette UK.

Döring, W. (2003). Integratives Projekt-Management. *Managementhandbuch für Führungskräfte, Manz.*
Edmondson, A. C. (2018). *The fearless organization: Creating psychological safety in the workplace for learning, innovation, and growth.* Wiley.
Fraunhofer-Institut für Arbeits- und Sozialforschung. (2017). *Die Bedeutung von Methodenkompetenz für die Problemlösungsfähigkeit von Mitarbeitern.*
Frei, F., & Morriss, A. (2020). *Unleashed: The unapologetic leader's guide to empowering everyone around you.* Harvard Business Press.
Harvard Business Review. (2018). *The importance of structure for innovation.* https://hbr.org/2023/09/is-organizational-hierarchy-getting-in-the-way-of-innovation
Institut für Mittelstandsforschung. (2019). *Mittelstandsreport 2019.* https://www.ifm.rwth-aachen.de/cms/~ixoi/ifm/?mobile=1&lidx=1
Knackstedt, R., Truschkat, I., Häußling, R., Zweck, A. (2020). Arbeitswelt im Wandel – Herausforderungen für Organisation und Individuum. In: Knackstedt, R., Truschkat, I., Häußling, R., Zweck, A. (eds) *Betriebliches Kompetenzmanagement im demografischen Wandel. Kompetenzmanagement in Organisationen.* Springer, Berlin, Heidelberg. https://doi.org/10.1007/978-3-662-59545-9_1
Kollesch, J., & Nickel, R. (1979). Methodiker. In G. Keil & R. Herrlinger (Hrsg.), *Die Deutsche Gesundheits-Lexikon* (Bd. 4, S. 604). Enke.
Lange, S. (2015). *Komplexität im Projektmanagement: Methoden und Fallbeispiele für erfolgreiche Projekte.* Springer.
Li, P. (2007). Prozessoptimierung: Methoden, Anwendungen und Herausforderungen. *Chemie Ingenieur Technik, 79*(10), 1567–1580.
Manz, G. (2005). Methodiker. In W. Haubrich, J. v. Stackelberg, & B. Brocke (Hrsg.), *Enzyklopädie der Philosophie* (Bd. 4, S. 151–152). Wilhelm Fink.
McKinsey & Company. (2018). *The impact of digitization on productivity.*
Metzl, J. M., & Hansen, H. (2018). Structural competency and psychiatry. *JAMA Psychiatry, 75*(2), 115–116.
Meyer-Steineg, D. (2016). Asklepiades von Bithynien. In W. E. Müller, J. Anderegg, & R. Neuburger (Hrsg.), *Kompetenzmanagement im Mittelstand: Erfolgsfaktor und Herausforderung.* Carl Hanser Verlag GmbH Co KG.
Neuburger, R. (2021). Kompetenzmanagement im Mittelstand: Erfolgsfaktor und Herausforderung. Carl Hanser Verlag GmbH Co KG.
Rühle, H. (2009). Zeitmanagement. *Führung von Mitarbeitern: Handbuch für erfolgreiches Personalmanagement, 6*, 97–109.
Seebacher, U. (2020). *Template-based management.* AQPS.
Seebacher, U. (2024). *Unternehmenskommunikation neu gestalten.* Springer Books.
Studie der PwC. (2019). *The cost of poor project management.*
Studie des Bundesrechnungshofs. (2020). *Verschwendung in der öffentlichen Verwaltung.*

Links

(AQPS 2021), "Leadership Development" (Linde 2006) oder "Template-based Management (Springer 2020) oder "European Human Resource Management" (HBM 2009) oder dem „Handbuch Führungskräfte-Entwicklung" (USP 2004).

Prof. Dr. Uwe Seebacher (MBA) ist seit 2003 Vorstand des Academic Institutes for Qualified Methods and Professonal Structures (www.aqps.eu), der renommierten Academy of Management (www.aom.org), für die er bereits zahlreiche Papers reviewed und supervised hat. Er ist Mitglied der Indian Academy of Management (www.indam.in), und im Vorstand des Instituts für Sales und Marketing Automation (www.ifsma.de), im Expertenbeirat des Bundesverbands der Industriekommunikation (www.bvik.org) wie auch im wissenschaftlichen Beirat des Deutschen Dialogmarketing Verbandes (www.ddv.de). Er ist CFO bei FYNEST International (www.fynest.agency) und bei Predictores.ai (www.predictores.ai), einem ehemaligen Studenten-Start-ups und nunmehrigem Soonicorn im Bereich Predictive Intelligence. Zudem ist er als Investor und Academic Advisor bei weiteren Unternehmen engagiert. Für seine innovativen Konzepte und Initiativen, z. B. mit der Allianz, der Europäischen Union, der Wirtschaftskammer Österreich, Bayer Leverkusen und BASF, erhielt er verschiedene Auszeichnungen, wie z. B. den Diskobolos Innovationspreis der Europäischen Handelskammer und den Exportpreis 2016 der Wirtschaftskammer Österreich. Weitere Informationen finden Sie unter www.uweseebacher.org oder auf LinkedIn unter https://www.linkedin.com/in/uweseebacher/.

Agilität und Resilienz in der KMU-Führungspraxis

8

Tim Robert Zander

8.1 Einleitung: Relevanz und Definition von Agilität und Resilienz

In einer Geschäftswelt, die von Unsicherheit und schnellem Wandel geprägt ist, gelten **Agilität** und **Resilienz** als zentrale Erfolgsfaktoren für Unternehmen, insbesondere für kleine und mittlere Unternehmen (KMU). Agilität ermöglicht es Unternehmen, schnell auf externe Veränderungen zu reagieren und interne Prozesse flexibel anzupassen. McKinsey & Company hat festgestellt, dass **65 % der Organisationen**, die eine sehr erfolgreiche agile Transformation durchlaufen haben, signifikante Verbesserungen in ihrer finanziellen Leistungsfähigkeit verzeichnen konnten. Interessanterweise konnten sogar **15 %** der Unternehmen, deren agile Transformation weniger erfolgreich war, dennoch positive Effekte erzielen, was die Bedeutung agiler Methoden für die Steigerung der Unternehmensleistung unterstreicht (Aghina et al., 2021). Dies zeigt, dass Agilität mehr als nur ein Buzzword ist – sie schafft messbare und nachhaltige Vorteile in der Geschäftswelt.

Gleichzeitig spielt **Resilienz** eine entscheidende Rolle, wenn es darum geht, Krisen nicht nur zu bewältigen, sondern gestärkt aus ihnen hervorzugehen. Während der Covid-19-Pandemie haben resiliente Unternehmen ihre Fähigkeit unter Beweis gestellt, durch eine Kombination aus geringem Schockeffekt, schnellerer Erholung und besserer Anpassung langfristige Wettbewerbsvorteile zu erzielen. Diese Unternehmen erkannten Bedrohungen frühzeitig, ergriffen umgehend Maßnahmen zur Wiederherstellung ihrer Betriebsfähigkeit und passten ihre Geschäftsmodelle effektiv an die neuen Marktbedingungen an (Reeves et al., 2021).

T. R. Zander (✉)
Berlin, Deutschland
E-Mail: info@tim-robert-zander.de

C. Kastner et al. (Hrsg.), *Führung im Wandel*,
https://doi.org/10.1007/978-3-658-47645-8_8

Die Kombination von Agilität und Resilienz bildet die Grundlage für eine robuste und wachstumsorientierte Unternehmensstrategie. Gerade für KMU sind diese beiden Ansätze von unschätzbarem Wert, um den vielfältigen Herausforderungen der heutigen Geschäftswelt nicht nur zu begegnen, sondern diese auch erfolgreich zu meistern.

Agilität und **Resilienz** bilden nach meiner langjährigen Erfahrung von der Leitung von Forschungsprojekten über die Gründung von Start-ups bis hin zur Konzernberatung das Yin-Yang-Prinzip (siehe Abb. 8.1) eines erfolgreichen Unternehmens. Beide Konzepte stehen nicht isoliert nebeneinander, sondern ergänzen sich gegenseitig und bilden die Basis für nachhaltigen Erfolg.

Agilität ist die Fähigkeit eines Systems, flexibel und proaktiv auf Veränderungen in der Umwelt zu reagieren. Sie ermöglicht Unternehmen nicht nur ein schnelles Agieren, sondern auch die aktive Gestaltung von Chancen in der Zukunft. Dazu gehört die Bereitschaft zur kontinuierlichen Optimierung von Prozessen, zur schnellen Entscheidungsfindung und zum Lernen in iterativen Zyklen.

Resilienz hingegen ermöglicht es Unternehmen, auch in Krisenzeiten ihre Stabilität zu bewahren und aus Rückschlägen gestärkt hervorzugehen. Sie schützt den Kern eines Systems vor schädlichen Einflüssen und gibt Unternehmen die Fähigkeit, sich nach unvorhergesehenen Ereignissen wieder zu erholen.

Während Agilität Unternehmen in die Lage versetzt, kurzfristig zu reagieren, sorgt Resilienz für die langfristige Widerstands- und Anpassungsfähigkeit in unsicheren Zeiten.

Abb. 8.1 In Wachstums- und Wandelprozessen gilt es, eine Balance aus Anpassungs- und Widerstandsfähigkeit zu entwickeln. (Quelle: Tim Robert Zander)

Die beiden Konzepte arbeiten Hand in Hand: **Resilienz unterstützt Agilität**, indem sie ein Unternehmen in die Lage versetzt, Rückschläge zu absorbieren – oder sogar zu vermeiden – und schnell wieder handlungsfähig zu werden. Umgekehrt **stärkt Agilität die Resilienz**, indem sie kontinuierliche Anpassung und Weiterentwicklung ermöglicht. So können Unternehmen nicht nur auf Krisen reagieren, sondern auch die sich daraus ergebenden Chancen nutzen, um langfristig wettbewerbsfähig zu bleiben.

Dieses Zusammenspiel von Agilität und Resilienz ist der Kern einer gesunden und zukunftsfähigen Unternehmensstrategie – insbesondere für kleine und mittlere Unternehmen, die sich in einem zunehmend volatilen Umfeld behaupten müssen.

8.2 Agil-resiliente Werte: Das Fundament erfolgreicher Unternehmen

Katharina Maehrlein beschreibt in ihrem Artikel „Widerstandsfähig durch agile Werte – Resilienz in der Teamarbeit" in Heft 290 von *managerSeminare* (Maehrlein, 2022), wie agile Werte die Resilienz von Teams stärken. Sie betont, dass agiles Arbeiten Teams nicht nur anpassungsfähiger macht, sondern auch vor psychischen Belastungen schützt. Gleichzeitig zeigt sie auf, dass Resilienz eine wichtige Voraussetzung für agiles Arbeiten ist. Werte wie Selbstverpflichtung, Offenheit, Mut, Fokus und Respekt bilden die Grundlage, auf der resiliente Teams aufgebaut werden, die auch in schwierigen Situationen handlungsfähig bleiben.

In meiner praktischen Arbeit habe ich diesen Ansatz weiterentwickelt und festgestellt, dass resiliente Werte wie Stabilität, Selbstreflexion und Kontinuität eine zusätzliche Schutzschicht darstellen, die Unternehmen nicht nur durch Krisen tragen, sondern auch langfristiges Wachstum fördern. Diese Werte stärken die Resilienz eines Unternehmens und schaffen eine solide Grundlage, auf der auch in unsicheren Zeiten erfolgreich agiert werden kann.

Grundlegende Wertedefinition

Zur Klärung des Begriffs der „Werte" ist die Definition aus dem *Gabler Wirtschaftslexikon* hilfreich. Demnach sind Werte „Strukturen normativer Erwartungen, die sich im Zuge reflektierter Erfahrung (Tradition, Sozialisation, Entwicklung einer Weltanschauung) herausbilden. Werte strukturieren das Erkennen, Erleben und Wollen, indem sie Orientierungsmaßstäbe für die Bevorzugung von Gegenständen oder Handlungen bilden" (Suchanek et al., 2009). Diese Definition zeigt, wie (agil-resiliente) Werte in Unternehmen als Orientierungskompass dienen und langfristige Stabilität ermöglichen können.

Agile Werte für die KMU-Praxis

Das *Agile Manifesto* (Beck et al., 2001) beschreibt vier zentrale Wertzusammenhänge, die den Kern agiler Arbeitsweisen definieren:

1. **Individuen und Interaktionen mehr als Prozesse und Werkzeuge**
2. **Funktionierende Software mehr als umfassende Dokumentation**
3. **Zusammenarbeit mit dem Kunden mehr als Vertragsverhandlung**
4. **Reagieren auf Veränderung mehr als das Befolgen eines Plans**

Diese Grundsätze unterstreichen die Bedeutung von Flexibilität, zwischenmenschlicher Zusammenarbeit und schneller Anpassung an Veränderungen. Diese Werte haben ihren Ursprung in der Softwareentwicklung und sind heute in vielen anderen Bereichen der Unternehmensführung verankert.

Zusätzlich zu diesen Wertaussagen gibt es in agilen Rahmenwerken wie **Scrum** spezifische Werte, die diese Philosophie weiter vertiefen: **Commitment (Selbstverpflichtung)**, **Courage (Mut)**, **Focus (Fokus)**, **Openness (Offenheit)** und **Respect (Respekt)**. Diese Scrumwerte fördern eine Kultur der Eigenverantwortung und des Respekts, die für den Erfolg agiler Teams unerlässlich ist.

In meiner praktischen Arbeit habe ich diese Konzepte weiterentwickelt und ein agiles Wertesystem geschaffen, das speziell auf die Bedürfnisse von kleinen und mittleren Unternehmen ausgerichtet ist.

Die folgenden agilen Werte sind die Kernkomponenten meines Modells:

1. **Flexibilität**:
   KMU müssen in der Lage sein, ihre Strukturen und Prozesse dynamisch zu verändern, um auf neue Chancen oder Herausforderungen reagieren zu können. Diese Flexibilität ist entscheidend für die Anpassung an ein sich ständig veränderndes Marktumfeld.
2. **Schnelles Feedback**:
   Die Fähigkeit, schnell Feedback zu erhalten und darauf zu reagieren, ist ein zentrales Element agiler Methoden. Für KMU ist dies besonders wichtig, um ihre Produkte und Dienstleistungen kontinuierlich zu verbessern und auf Kundenbedürfnisse einzugehen.
3. **Iteratives Vorgehen**:
   Anstatt auf starre, langfristige Planungen setze ich auf iterative Zyklen. Diese Methode ermöglicht es Unternehmen, Risiken zu minimieren und schnell auf Veränderungen zu reagieren, während sie ihre Projekte Schritt für Schritt vorantreiben.
4. **Experimentierfreude**:
   Eine Kultur des Experimentierens fördert die Innovationskraft eines Unternehmens. Mein Modell ermutigt KMU, neue Ansätze auszuprobieren und aus Fehlern zu lernen, um ihre Wettbewerbsfähigkeit zu stärken.
5. **Fokus**:
   Bei aller notwendigen Flexibilität ist es essenziell, dass Unternehmen ihre strategischen Ziele klar vor Augen haben. Ein fokussierter Ansatz ermöglicht es, die langfristigen Unternehmensziele zu erreichen und gleichzeitig agil zu bleiben.
6. **Selbstorganisation**:
   Selbstorganisierte Teams sind in der Lage, eigenständig Entscheidungen zu treffen und ihre Arbeitsweise selbst zu bestimmen. Diese Autonomie fördert nicht nur die Effizienz, sondern steigert auch die Motivation und das Verantwortungsbewusstsein der Mitarbeitenden.

Resiliente Werte und ihre Bedeutung für langfristige Widerstandsfähigkeit
Während agile Werte Flexibilität und schnelle Anpassung ermöglichen, bieten **resiliente Werte** Stabilität und Beständigkeit, die Unternehmen benötigen, um langfristig erfolgreich zu sein. Diese Werte helfen, Krisen zu überstehen und gestärkt aus ihnen hervorzugehen. In meiner praktischen Arbeit habe ich festgestellt, dass die folgenden resilienten Werte für kleine und mittlere Unternehmen besonders entscheidend sind:

1. **Stabilität**:
   Stabilität ist das Fundament eines widerstandsfähigen Unternehmens. Sie sorgt dafür, dass Unternehmen auch in turbulenten Zeiten eine solide Basis behalten, auf der sie schnelle und sichere Entscheidungen treffen können. Unterstützt wird diese Stabilität durch klare Strukturen und Prozesse, die das Vertrauen der Mitarbeitenden und Stakeholder stärken.
2. **Selbstreflexion**:
   Die Fähigkeit zur Selbstreflexion ermöglicht es Unternehmen, die eigenen Prozesse, Strategien und Strukturen regelmäßig zu überprüfen und anzupassen. Dies trägt dazu bei, Schwachstellen frühzeitig zu erkennen und sich kontinuierlich zu verbessern. Selbstreflexion fördert eine Lernkultur, die dazu beiträgt, langfristig erfolgreich und widerstandsfähig zu bleiben.
3. **Kontinuität**:
   Resiliente Unternehmen zeichnen sich dadurch aus, dass sie trotz Veränderungen an ihren Kernprozessen und Werten festhalten. Diese Kontinuität bietet Sicherheit und Orientierung – sowohl für Mitarbeitende als auch für Kunden und Partner. Eine klare Balance zwischen Flexibilität und Kontinuität ist der Schlüssel für langfristigen Erfolg.
4. **Beständigkeit**:
   Beständigkeit beschreibt die Fähigkeit eines Unternehmens, auch unter hohem Druck konsistente Leistungen zu erbringen. Unternehmen, die in der Lage sind, unter widrigen Umständen eine gleichbleibend hohe Qualität zu liefern, stärken das Vertrauen ihrer Kunden und schaffen ein stabiles Arbeitsumfeld für ihre Mitarbeitenden.
5. **Übersicht**:
   In Krisenzeiten ist es entscheidend, den Überblick über Risiken und Chancen zu behalten. Resiliente Unternehmen sind in der Lage, ihr Umfeld genau zu beobachten, fundierte Entscheidungen zu treffen und sich auf das Wesentliche zu konzentrieren. Übersicht hilft, schnell und präzise zu reagieren, auch wenn die äußeren Umstände unsicher sind.
6. **Selbstorganisation**:
   Selbstorganisation bezieht sich in diesem Zusammenhang auf die **intrapersonelle Organisation**, d. h. die Fähigkeit des einzelnen Mitarbeitenden, sich selbst zu organisieren und Verantwortung für sein Handeln zu übernehmen. Diese Fähigkeit ist insbesondere in Krisenzeiten, in denen externe Strukturen weniger stabil sind, von großer Bedeutung. Mitarbeitende, die in der Lage sind, ihre eigenen Ressourcen effizient einzusetzen und Prioritäten zu setzen, tragen wesentlich zur Resilienz des gesamten Unternehmens bei.

Selbstorganisation fördert nicht nur die Eigenverantwortung, sondern stärkt auch die Flexibilität und Reaktionsfähigkeit des Unternehmens in schwierigen Zeiten.

Wertebalance: Die Synergie zwischen agilen und resilienten Werten
Die Balance zwischen **agilen** und **resilienten Werten** ist entscheidend, um Unternehmen sowohl anpassungsfähig als auch widerstandsfähig zu machen. Während agile Werte kurzfristige Flexibilität fördern, bieten resiliente Werte die notwendige Stabilität, um langfristig erfolgreich zu sein. Die folgenden Wertepaare (siehe Abb. 8.2) zeigen, wie diese beiden Ansätze zusammenwirken:

1. **Flexibilität und Stabilität**:
   Flexibilität ermöglicht schnelle Reaktionen auf Veränderungen, während Stabilität eine verlässliche Basis schafft. Diese Balance stellt sicher, dass Unternehmen dynamisch und gleichzeitig verlässlich agieren können.

Abb. 8.2 Die sechs agil-resilienten Wertepaare sorgen für nachhaltigen Erfolg in der Unternehmensführung. (Quelle: Tim Robert Zander)

2. **Schnelles Feedback und Selbstreflexion**:
   Schnelles Feedback fördert kurzfristige Anpassungen, während Selbstreflexion tiefere Einsichten und langfristige Verbesserungen ermöglicht. Beide Werte ergänzen sich, um kontinuierliches Lernen zu fördern.
3. **Iteratives Vorgehen und Kontinuität**:
   Iteratives Arbeiten fördert schnelle Anpassungen, während Kontinuität die Beständigkeit wichtiger Prozesse sicherstellt. Diese Balance ermöglicht Innovation, ohne die langfristige Orientierung zu verlieren.
4. **Experimentierfreude und Beständigkeit**:
   Kreativität und Innovation werden durch Experimentierfreude gefördert, während Beständigkeit eine gleichbleibend hohe Qualität sichert. Die Balance ermöglicht das Ausprobieren neuer Ideen, ohne die Qualität zu gefährden.
5. **Fokus und Übersicht**:
   Fokus hilft, sich auf das Wesentliche zu konzentrieren, während Übersicht den strategischen Überblick sichert. Diese Balance sorgt dafür, dass Unternehmen sowohl das große Ganze als auch die Details im Blick haben – wie ein Leuchtturm, der Orientierung bietet.
6. **Selbstorganisation und Selbstorganisation**:
   Selbstorganisation ist ein agiler Wert, der Teams befähigt, autonom zu arbeiten und Entscheidungen zu treffen. **Selbstorganisation** bezieht sich als resiliente Fähigkeit auf die intrapersonelle Organisation – die Fähigkeit des einzelnen Mitarbeitenden, sich selbst zu organisieren und Verantwortung für das eigene Handeln zu übernehmen. Diese Balance ermöglicht flexibles und effizientes Arbeiten, sowohl auf individueller als auch auf Teamebene.

8.3 Gesunde Selbstführung: Die Basis für nachhaltige (Fremd-)Führung

Führungskräfte stehen heute unter erheblichem Druck, sowohl persönlich als auch fachlich Höchstleistungen zu erbringen. Dabei geraten die eigenen Bedürfnisse und die Fähigkeit zur Selbstfürsorge häufig in den Hintergrund. **Selbstführung** beschreibt die Fähigkeit, sich selbst zu organisieren, persönliche Grenzen zu erkennen und mit den eigenen Ressourcen effektiv umzugehen. Sie ist die Grundlage für eine langfristig gesunde und nachhaltige Führung.

Ohne gesunde Selbstführung laufen Führungskräfte Gefahr, auszubrennen und ihre Leistungsfähigkeit sowie die ihres Teams zu gefährden. Daher ist es unerlässlich, die eigenen Stressmuster zu reflektieren, blockierende Glaubenssätze zu erkennen und eine Balance zwischen Leistungsdruck und Erholung zu finden (Zander, 2024). Nur durch gesunde Selbstführung kann langfristig eine resiliente und agile Führung aufgebaut werden, die sowohl die persönliche Gesundheit als auch den Unternehmenserfolg sichert.

Intrapersonelle Selbstorganisation: Wie Führungskräfte ihre eigenen Ressourcen managen

Die Fähigkeit zur **intrapersonellen Selbstorganisation** ist für Führungskräfte unerlässlich, um mit den eigenen Ressourcen effizient umzugehen und langfristig gesund zu bleiben. Dabei geht es nicht nur um Zeitmanagement, sondern auch um Selbstregulation, das Setzen von Prioritäten und den bewussten Umgang mit der eigenen physischen und psychischen Gesundheit.

Führungskräfte sind häufig einer hohen Arbeitsbelastung und hohen Erwartungen ausgesetzt, die dazu führen, dass eigene Bedürfnisse vernachlässigt werden. Um dieser Überlastung entgegenzuwirken, ist es notwendig, sich selbst als eine begrenzte Ressource zu begreifen, die durch bewusste Pausen, Regeneration und Stressmanagement gepflegt werden muss. Ein zentrales Element der intrapersonellen Selbstorganisation ist es daher, die eigenen Grenzen zu erkennen und sich realistische Ziele zu setzen, um Überforderung zu vermeiden (Zander, 2024).

Darüber hinaus fördert **Selbstführung** die Fähigkeit, auch in schwierigen Zeiten die Kontrolle über das eigene Handeln zu behalten. Führungskräfte sollten sich regelmäßig Zeit nehmen, um ihre Prioritäten zu überprüfen und sicherzustellen, dass ihre täglichen Aufgaben mit den langfristigen Zielen übereinstimmen. Dies erfordert einen klaren Blick auf die eigenen Ressourcen sowie die Fähigkeit, bei Bedarf Hilfe anzunehmen oder Aufgaben zu delegieren (Zander, 2024).

Ein weiterer wichtiger Aspekt der intrapersonellen Selbstorganisation ist der bewusste Umgang mit Pausen und Erholungsphasen. Regelmäßige Erholungsphasen sind entscheidend, um die Leistungsfähigkeit zu erhalten und langfristig produktiv zu bleiben. In meiner praktischen Arbeit hat sich gezeigt, dass gezielte Pausen dazu beitragen, sowohl die kognitive Leistungsfähigkeit als auch das allgemeine Wohlbefinden zu steigern (Zander, 2024). Führungskräfte sollten daher nicht nur für ihr Team, sondern auch für sich selbst fest eingeplante Erholungszeiten schaffen, um dauerhaft leistungsfähig zu bleiben (siehe Abb. 8.3).

Blockierende Glaubenssätze und Coaching: Strategien zur Selbstreflexion und Verbesserung der Führung

Eine der größten Herausforderungen für Führungskräfte bei der Selbstführung sind **blockierende Glaubenssätze**, die oft unbewusst das eigene Verhalten und die eigenen Entscheidungen beeinflussen. Diese tief verwurzelten Überzeugungen stammen meist aus der Kindheit oder frühen Lebenserfahrungen und wirken sich besonders in Drucksituationen aus. Solche Glaubenssätze können zum Beispiel lauten: „Ich muss immer stark sein", „Ich darf keine Fehler machen" oder „Ich muss alles allein bewältigen". Diese Überzeugungen führen häufig zu Überlastung und ineffizientem Führungsverhalten.

In meiner praktischen Arbeit begegne ich immer wieder Führungskräften, die von diesen blockierenden Glaubenssätzen beeinflusst sind, was sich negativ auf ihre Fähigkeit zur gesunden Selbstführung und auf ihr Führungsverhalten auswirkt (Zander, 2024). Um diesen Kreislauf zu durchbrechen, bietet **Coaching** eine wertvolle Unterstützung, indem

Abb. 8.3 Um in Zeiten des Wachstums und des Wandels bestehen zu können, reicht die reine Wachstumsdenke nicht aus. Es braucht einen Fokus auf Regeneration. (Quelle: Tim Robert Zander)

Führungskräfte befähigt werden, diese Glaubenssätze zu reflektieren, bewusst zu erkennen und durch neue, konstruktivere Überzeugungen zu ersetzen.

Im Coaching werden diese hinderlichen Muster identifiziert und durch sogenannte **Erlauber** ersetzt. Diese Erlauber sind positive, konstruktive Überzeugungen wie „Ich darf Pausen machen", „Ich darf Fehler machen und daraus lernen" oder „Ich muss nicht alles allein lösen". Dieser Prozess der **Selbstreflexion** hilft Führungskräften nicht nur, ihre Arbeitsweise zu verbessern, sondern auch ihre emotionale Belastbarkeit zu stärken, was langfristig zu einer gesünderen und effektiveren Führung führt (Zander, 2024).

Regelmäßige Reflexion und die Arbeit mit einem Coach können Führungskräften helfen, diese blockierenden Glaubenssätze dauerhaft zu überwinden. Dadurch kann bei gleichzeitiger Stärkung der eigenen Resilienz und der des Teams flexibler und agiler auf Herausforderungen reagiert werden.

Vorbildfunktion und Auswirkungen auf das Team: Gesunde Führung durch systemische Wechselwirkungen
Führungskräfte haben nicht nur die Aufgabe, ihre eigenen Ressourcen zu managen, sondern auch als **Vorbild** für ihre Mitarbeitenden zu fungieren. Ihr Verhalten, insbesondere in Bezug auf Selbstführung und Stressmanagement, wirkt sich direkt auf das Team aus. Diese Wechselwirkungen sind **systemischer Natur** – das Verhalten einer Führungskraft wirkt nicht isoliert, sondern beeinflusst das gesamte Team und kann sowohl positive als auch negative Dynamiken auslösen.

Wenn es Führungskräften gelingt, ihre eigenen **Glaubenssätze** und Verhaltensweisen zu reflektieren und gesunde Arbeitsgewohnheiten zu entwickeln, schaffen sie einen Raum, in dem auch ihre Mitarbeitenden diese positiven Muster übernehmen können. Führungskräfte, die achtsam mit ihren eigenen Ressourcen umgehen, vermitteln ihrem Team das Bewusstsein, dass Selbstfürsorge und Pausen nicht nur akzeptabel, sondern notwendig sind, um langfristig leistungsfähig zu bleiben. Diese **systemischen Wechselwirkungen** führen dazu, dass das gesamte Team von einer gesunden Führung profitiert und agiler sowie resilienter wird (Zander, 2024).

Eine Führungskraft, die sich selbst gut führt, legt damit den Grundstein für ein Arbeitsumfeld, das **psychologische Sicherheit** bietet. Die Mitarbeitenden trauen sich eher, Fehler einzugestehen, offen zu kommunizieren und selbstverantwortlich mit den eigenen Ressourcen umzugehen. Dies fördert nicht nur die individuelle Leistungsfähigkeit, sondern erhöht auch die Widerstandsfähigkeit und Flexibilität des gesamten Teams. In diesem Zusammenhang wird deutlich, wie sehr Führung und Teamdynamik ineinandergreifen und wie wichtig es ist, die **systemischen Wechselwirkungen** positiv zu gestalten.

8.4 Selbstorganisation in Teams: Die Basis für agile und resiliente Strukturen

In einem agilen Umfeld ist die Fähigkeit eines Teams, sich selbst zu organisieren, der Schlüssel zu seiner Widerstands- und Anpassungsfähigkeit. **Interpersonelle Selbstorganisation** bedeutet, dass die Teammitglieder Verantwortung für ihre Aufgaben und Entscheidungen übernehmen, anstatt auf externe Anweisungen zu warten (Zander, 2022). Dies fördert nicht nur die Eigenverantwortung, sondern schafft auch Raum für Kreativität und Flexibilität.

Ein selbstorganisiertes Team zeichnet sich dadurch aus, dass es in der Lage ist, seine Arbeitsweise eigenständig zu gestalten, Prioritäten zu setzen und Herausforderungen gemeinsam zu bewältigen. Führungskräfte spielen dabei eine unterstützende Rolle, indem sie den Teams die nötige Autonomie gewähren und ihnen den Rahmen vorgeben, in dem sie agieren können. Es ist wichtig, dass Führungskräfte **Vertrauen** in die Fähigkeiten ihrer Teams haben, damit diese sich entfalten und eigenständig Lösungen finden können.

Die Förderung interpersoneller Selbstorganisation beginnt mit einer Kultur, die **offene Kommunikation** und **kollektive Entscheidungsfindung** unterstützt. Regelmäßige

Meetings, transparente Zielsetzungen und die Einbeziehung der Mitarbeitenden in Entscheidungsprozesse schaffen ein Umfeld, in dem Selbstorganisation gedeihen kann. Teams müssen ermutigt werden, ihre eigene Arbeitsweise kritisch zu hinterfragen und kontinuierlich zu verbessern. Durch diesen Prozess der Selbstreflexion und Anpassung entsteht eine **Resilienz**, die das Team auch in Krisenzeiten handlungsfähig macht.

Entscheidungsfähigkeit und Autonomie: Warum entscheidungsfähige Teams agiler und resilienter sind

Entscheidungsfähigkeit ist ein zentraler Aspekt der **Resilienz und Agilität** von Teams und Organisationen (Zander, 2022). Teams, die eigenständig Entscheidungen treffen können, sind besser in der Lage, schnell auf Veränderungen zu reagieren und sich an neue Herausforderungen anzupassen (siehe Abb. 8.4). Das **OKR-Framework** (**Objectives and Key Results**) spielt dabei eine entscheidende Rolle. Es gibt den Teams Freiräume für eigenverantwortliches Handeln und gleichzeitig eine klare strategische Ausrichtung.

Abb. 8.4 Selbstorganisierte Teams arbeiten nicht nur zusammen, sondern halten auch gemeinsam Widerständen stand. (Quelle: Tim Robert Zander)

OKRs setzen ambitionierte Ziele (**Objectives**) und messbare **Key Results**, die den Teams helfen, den Fortschritt zu verfolgen und zu steuern. Dies fördert nicht nur die Agilität, sondern auch die **Autonomie** der Teams, da sie selbst entscheiden können, wie sie die **Key Results** am besten erreichen.

Ein Vertriebsteam könnte sich zum Beispiel das **Objective** setzen, einen neuen Umsatzrekord zu erreichen. Die entsprechenden **Key Results** könnten sein:

1. Gewinnung von zehn neuen Großkunden innerhalb von zwei Monaten.
2. Erhöhung der Abschlussquote von 20 % auf 30 % in diesem Quartal.
3. Implementierung eines neuen CRM-Systems innerhalb des Quartals.

Diese Struktur gibt dem Team eine klare Richtung vor, gewährt dabei aber die Freiheit zu entscheiden, wie es diese **Key Results** erreicht. Die Fähigkeit, solche Entscheidungen selbstständig zu treffen, stärkt die Anpassungs- und Widerstandsfähigkeit des Teams.

Kontinuierliche Verbesserung und Feedbackkultur: Retrospektiven und ihre Rolle in der Organisationsentwicklung
Eine **Feedbackkultur** und die kontinuierliche **Selbstreflexion** sind entscheidend für die Entwicklung agiler und resilienter Strukturen. Retrospektiven sind eine Methode, die es Teams ermöglicht, regelmäßig innezuhalten, ihre Arbeitsweise zu reflektieren und aus ihren Erfahrungen zu lernen. Im Rahmen von **OKRs** bieten Retrospektiven die Möglichkeit, den Fortschritt bei der Erreichung der **Key Results** zu überprüfen und notwendige Anpassungen vorzunehmen.

Dieser iterative Prozess der Überprüfung und Anpassung stärkt nicht nur die **Resilienz** des Teams, sondern sorgt auch dafür, dass es flexibel bleibt und auf Veränderungen reagieren kann, ohne die langfristigen Ziele aus den Augen zu verlieren. Retrospektiven fördern eine **offene Fehlerkultur**, die es den Teammitgliedern ermöglicht, aus ihren Fehlern zu lernen und sich kontinuierlich zu verbessern. Dies ist ein zentrales Element der agilen Arbeitsweise und trägt wesentlich zur langfristigen Organisationsentwicklung bei.

8.5 Lessons Learned: Agile und resiliente Führung in der Praxis

Dieser Abschnitt fasst die wichtigsten Punkte zusammen, die Führungskräfte aus diesem Kapitel mitnehmen sollten. Es geht darum, die in den vorhergehenden Abschnitten diskutierten Prinzipien in den Arbeitsalltag zu integrieren und eine Kultur zu schaffen, die sowohl agile als auch resiliente Werte fördert.

1. **Wertebasierte Führung**: Agilität und Resilienz ergänzen sich. Während agile Werte wie Flexibilität und schnelles Feedback auf kurzfristige Anpassungen abzielen, sorgen resiliente Werte wie Stabilität und Selbstreflexion für langfristige Widerstandsfähigkeit. Führungskräfte sollten eine Balance zwischen beiden finden, um dynamische Herausforderungen zu meistern und gleichzeitig Stabilität zu bieten.

2. **Gesunde Selbstführung**: Nur Führungskräfte, die mit ihren eigenen Ressourcen effizient umgehen, können langfristig leistungsfähig bleiben und als Vorbild für ihre Teams fungieren. Intrapersonelle Selbstorganisation und die Fähigkeit zur Selbstreflexion sind die Schlüssel zu nachhaltiger Führung.
3. **Selbstorganisation in Teams fördern**: Die Stärkung der interpersonellen Selbstorganisation ist entscheidend, um Teams in die Lage zu versetzen, eigenständig zu handeln und Verantwortung zu übernehmen. OKRs bieten hier einen klaren Rahmen, um Zielausrichtungen zu schaffen, ohne die Autonomie der Teams einzuschränken.
4. **Kontinuierliche Verbesserung und Feedbackkultur**: Agile und resiliente Teams zeichnen sich durch eine starke Feedbackkultur und das Streben nach kontinuierlicher Verbesserung aus. Retrospektiven und andere Reflexionsformate fördern das Lernen aus Erfahrungen und stärken die Widerstandsfähigkeit des gesamten Unternehmens.

8.6 Checkliste für Führungskräfte: Reflexionsfragen zur Integration agiler und resilienter Werte

- **Lebe ich die agilen und resilienten Werte vor?**
  - Fördere ich Flexibilität, Stabilität, schnelles Feedback, Selbstreflexion und Selbstorganisation in meinem Team?
- **Nehme ich mir regelmäßig Zeit für gesunde Selbstführung?**
  - Plane ich bewusst Pausen und Erholungszeiten für mich ein?
  - Reflektiere ich regelmäßig mein eigenes Arbeitsverhalten?
- **Delegiere ich Verantwortung und fördere Autonomie?**
  - Gebe ich meinem Team die Freiheit, eigene Entscheidungen zu treffen und den besten Weg zur Zielerreichung zu wählen?
  - Nutze ich OKRs, um klare Ziele zu setzen, ohne die Autonomie des Teams einzuschränken?
- **Führe ich regelmäßig Retrospektiven durch?**
  - Gibt es regelmäßige Reflexionsrunden, in denen das Team seine Arbeitsweise überprüft und aus Erfolgen und Fehlern lernt?
- **Habe ich eine starke Feedbackkultur etabliert?**
  - Fördere ich eine offene Fehlerkultur, in der regelmäßig konstruktives Feedback gegeben und angenommen wird?
- **Sucht mein Team kontinuierlich nach Verbesserungen?**
  - Nutzt mein Team Möglichkeiten zur Optimierung von Arbeitsprozessen und stärkt damit seine Resilienz und Agilität?

Literatur

Aghina, W., Handscomb, C., Salo, O., & Thaker, S. (2021, 25. Mai). The impact of agility: How to shape your organization to compete. McKinsey & Company. https://www.mckinsey.com/capabilities/people-and-organizational-performance/our-insights/the-impact-of-agilityhow-to-shape-your-organization-to-compete. Zugegriffen am 26.04.2025.

Beck, K., Beedle, M., van Bennekum, A., Cockburn, A., Cunningham, W., Fowler, M., Grenning, J., Highsmith, J., Hunt, A., Jeffries, R., Kern, J., Marick, B., Martin, R. C., Mellor, S., Schwaber, K., Sutherland, J., & Thomas, D. (2001, February 13). *Manifesto for Agile Software Development.* Agile Manifesto. https://agilemanifesto.org/. Zugegriffen am 26.04.2025.

Maehrlein, K. (2022, April 22). Widerstandsfähig durch agile Werte – Resilienz in der Teamarbeit. *managerSeminare*, *22*(290), 36–43.

Reeves, M., Shmul, Y., & Martínez, D. Z. (2021, November 4). *How resilient businesses created advantage in adversity during COVID-19.* Boston Consulting Group. https://www.bcg.com/publications/2021/how-resilient-companies-created-advantages-in-adversity-during-covid. Zugegriffen am 26.04.2025.

Suchanek, A., Lin-Hi, N. & Maier, G. W. (2009, 5. Juni). *Werte.* Gabler Wirtschaftslexikon. https://wirtschaftslexikon.gabler.de/definition/werte-49667/version-384764. Zugegriffen am 26.04.2025.

Zander, T. R. (2022, December 1). „Entscheidungsfähige Teams machen eine gesunde Organisation aus" – Resilient durch agile Werte. *Arbeit und Arbeitsrecht*, *12*(22), 42–43.

Zander, T. R. (2024, February 6). Mit gesunder Selbstführung Ressourcen schonen. *Betriebliche Prävention*, *136*(02), 81–83.

Tim Robert Zander ist Gründer und Geschäftsführer von Agilität & Resilienz Consulting. Als agiler Coach und Resilienzberater begleitet er Unternehmen und Führungskräfte dabei, ihre Strukturen so zu gestalten, dass sie den Herausforderungen dynamischer Märkte gewachsen sind. Mit seiner Expertise unterstützt er Unternehmen von Start-ups bis zu Großkonzernen bei der Einführung agiler Methoden und der Entwicklung widerstandsfähiger Teams. Dabei verbindet er tiefes Fachwissen aus seiner Tätigkeit als Gründer mehrerer Start-ups in den Bereichen Biotechnologie und Augmented Reality mit praxisnaher Beratung. Neben seiner unternehmerischen Tätigkeit lehrt Tim Robert Zander Kampfsport und Selbstverteidigung an der Technischen Universität Berlin. Dies unterstreicht seine Überzeugung, dass körperliche und mentale Stärke entscheidend für den Erfolg im Beruf und im Leben sind. Zudem ist er als Dozent an der Erasmus Hochschule Basel tätig. Mit seinem integrativen Ansatz, der Agilität und Resilienz als Eckpfeiler erfolgreichen Managements vereint, begleitet er Unternehmen durch Wandel und Wachstum und schafft so die Basis für langfristigen Unternehmenserfolg.

Erfolg durch Führung: Die kritische Rolle des Managements in Changeprojekten 9

Martin Wilbers

9.1 Manager als Zielgruppe von Changemanagement

Changemanagement ist ein kritischer Prozess in der modernen Geschäftslandschaft. Zumindest muss man zu dieser Erkenntnis kommen, wenn man sich in der Geschäftswelt umhört. Change ist unfassbar oft führend im Business-Buzzwordbingo. Vermutlich deshalb, weil er (über-)lebensnotwendig für Organisationen ist.

Organisationen entwickeln sich ständig weiter, um sich zum Beispiel an neue Marktanforderungen, technologische Fortschritte oder Umstrukturierungen anzupassen. Während typischerweise viel Wert daraufgelegt wird, wie Mitarbeiter diese Veränderungen bewältigen, ist es ebenso wichtig, wenn nicht sogar wichtiger, die Rolle der Manager zu berücksichtigen. Manager sind nicht nur Vermittler des Wandels; sie sind auch selbst von dessen Auswirkungen betroffen. Ihre Position in der organisatorischen Hierarchie gibt ihnen die Macht, Changeinitiativen entweder zu fördern oder zu sabotieren. Daher hängt erfolgreiches Changemanagement erheblich von der Unterstützung und aktiven Beteiligung der Manager ab.

Umso spannender ist es, dass die Zielgruppe in vielen Changeausbildungen, also die Gruppe der Betroffenen, häufig „ein Team“, „die Belegschaft“, „die Mitarbeitenden“ sind. Dabei muss bei jedem Changeanliegen immer zuerst ganz nach oben gezielt werden. In die höchsten Hierarchieebenen, sofern man noch in einer derart strukturierten Organisation arbeitet und in ihr etwas verändern möchte.

Ohne den konsequenten Rückhalt der Unternehmensspitze und der Führungskräfte-Crew ist jede Changeanstrengung von vorneherein vergebens. Ich plädiere deshalb schon an dieser Stelle dafür, dass sich die begriffliche Abkürzung des „CEO“ bestenfalls nicht

M. Wilbers (✉)
Berlin, Deutschland

C. Kastner et al. (Hrsg.), *Führung im Wandel*,
https://doi.org/10.1007/978-3-658-47645-8_9

nur mit „Chief Executive Officer“ ausschreiben lässt, sondern immer auch ein „Change Executive Officer“ verstanden wird. Zumal man manche Veränderungsnotwendigkeiten nicht einfach wegdelegieren kann. Weder an externe Berater noch an das Management eine Stufe darunter. Veränderung ist – oft eben nicht nur indirekt – zumeist Chefsache. Warum, möchte ich hier näher ausführen.

9.2 Die Doppelrolle der Manager im Changemanagement

Manager aller Ebenen übernehmen im Changemanagement-Prozess häufig eine Doppelrolle. Einerseits sind sie Führungskräfte, die ihre Teams durch Übergänge leiten. Andererseits sind sie selbst Mitarbeiter, die dieselben Unsicherheiten, Störungen und Ängste wie ihre Teamkollegen erleben. Diese Doppelrolle wird oft übersehen, was zu einer Lücke in den Changemanagement-Strategien führen und den Erfolg von Changeinitiativen untergraben kann.

Das hängt damit zusammen, dass sie in ihrer Rolle sehr oft als die primären Kommunikatoren und Treiber für ein Veränderungsanliegen herangezogen werden. „Ihr müsst mit euren Teams daran arbeiten, dass …“ Selbst dann, wenn der Change durch eine externe Instanz, zumeist ein Beratungsunternehmen, begleitet wird, kommen die Führungskräfte aufgrund ihrer engen Beziehung zu den Mitarbeitern und ihre Kenntnisse der organisationalen Zusammenhänge nicht drum herum, eine eben *führende* Rolle in der Veränderung zu übernehmen. Genau darin kann aber durchaus auch ein mächtiger Hemmschuh liegen.

Auch Manager sind Menschen. Und im Zweifel betrifft eine Veränderung ganz direkt ihre Wirksphäre. Etwa die eigene Abteilung beziehungsweise den eigenen Bereich. Kaum einer ist davor gefeit, dass sich in so einem Fall persönliche Reaktionen auf die Veränderung einstellen. Diese Reaktion, die Gedankenwelt, aber eben auch der Umgang mit Managern als Zielgruppe im Change beeinflusst maßgeblich ihre Haltung zum Veränderungsanliegen. Aus Haltung folgt Verhalten. Und Verhalten überträgt sich. Zum Beispiel auf die Teamkollegen, die in ihrer Führungskraft jemanden erkennen, der selbst großen Zweifel daran hat, ob die eingeschlagene Richtung die richtige ist. Gegebenenfalls, weil er persönlich betroffen ist. Warum sollten die Teamkollegen dann eine andere Haltung einnehmen, und wenn sie es doch tun, wie kommen sie damit bei ihrer Führungskraft durch oder im Berufsalltag zurecht?

Akzeptanzmatrix

Manager sind also von entscheidender Bedeutung für das Gelingen eines Changeanliegens. Nicht, dass es die Mitarbeiter nicht wären. Absolut nicht. Aber alles beginnt oben. Und um mit dieser Arbeit zielgerichtet beginnen zu können, macht es Sinn, sich bewusst zu machen, welche Art von Umgang mit oder welchen Blick auf eine drohende Veränderung es gibt.

Es gibt verschiedenste Modelle, die man dafür heranziehen kann. Ein aus meiner Sicht recht praxisnahes ist die Akzeptanzmatrix von Mohr et al. (1998), die eine Betroffenengruppe in Skeptiker, Bremser, Promotoren und Widerständler aufteilt. Ich habe den Grundgedanken und auch die Rollen immer als sehr hilfreich empfunden, vor allem weil das Modell nicht so furchtbar komplex ist und dennoch ziemlich viel erklärt.

Da gibt es einmal die **Promotoren**. Das sind diejenigen Mitarbeiter, die eine Veränderung entweder als für sich wenig gravierend oder aber positiv einschätzen. Darunter fallen auch solche Mitarbeiter, die eine grundsätzlich eher positive Einstellung zu Veränderungen haben. Sie verstehen, dass Veränderungen für eine erfolgreiche Zukunft nötig sind, oder gehören jenem Kreis von Menschen an, die Abwechselung und Entwicklung proaktiv suchen. In genau diesem Pool von Mitarbeitern findet man Unterstützer mit Blick auf die anderen Teile einer betroffenen Zielgruppe. Sie können andere Kollegen vom Veränderungsanliegen überzeugen, im besten Falle, weil sie aus demselben Team oder der gleichen Abteilung sind, auf derselben Hierarchiestufe stehen oder aus anderen Gründen ein anderes Vertrauensverhältnis zu betroffenen Mitarbeitern haben. Im Grunde gilt dieselbe Dynamik auch für Führungskreise.

Dann gibt es die sogenannten **Skeptiker.** Sie blicken wenig optimistisch auf die Veränderung und tun dies aus sachlichen Gründen. Sie glauben, dass die Veränderung fachlich nicht handfest ist. Hier hilft oft zuhören, ernst nehmen, diskutieren und dabei auf der Sachebene bleiben.

Die **Bremser** haben persönliche beziehungsweise emotionale Vorbehalte gegenüber der Veränderung. Sie fürchten, dass es persönliche Einschnitte für sie gibt. In der Regel gibt das kaum einer offen zu und schiebt Sachargumente vor. Angst lässt sich eher schwer rationalisieren, aber man kann sie konkretisieren, um sie zu überwinden. Es braucht viel Feingefühl und Empathie, um den Unterschied zwischen Bremsern und Skeptikern zu erkennen.

Und schließlich gibt es noch die **Saboteure.** Sie sind aus Prinzip gegen die Veränderung, machen im Zweifel Stimmung, schüren den negativen Flurfunk und sind auch sonst eher unangenehm. Die Gründe dafür können tief verwurzelt in der Persönlichkeit dieser Menschen liegen oder aber auch darin, dass sie keine Lust haben, irgendetwas zu ändern, und viel dafür tun, um eine Veränderung zu verhindern. Wichtig: Nicht zu sehr auf diese Menschen konzentrieren. Die Erfahrung zeigt, dass man sie nicht ändern kann. Gleichzeitig muss man sich bewusst machen, dass solche Kollegen für ein Veränderungsprojekt absolut erfolgsgefährdend sein könnten, je nachdem, um wen es sich handelt. Ist dem so, muss gehandelt werden. Und zwar konsequent bis zur Beendigung der Zusammenarbeit, wenn die Veränderung für das Unternehmen kritisch ist. Klingt furchtbar hart, ist es auch, aber wenn eine ganze Organisation oder ein größerer Funktionsbereich dranhängt, muss das Wohl der Mehrheit zählen und nicht die Rücksicht auf den Einzelnen. Ich persönlich kenne da keinen Spaß, denn ein Arbeitgeber versorgt viele Familien. Das bedeutet Verantwortung und im Zweifel auch schwere Entscheidungen.

Wenn Sie Glück haben, dann sind die von der Veränderung betroffenen Führungskräfte allesamt der Gruppe der Promotoren zugehörig. Dann stellt sich eigentlich nur noch die Frage danach, ob sie auch gute Kommunikatoren sind, und schon kann der gestaltete Teil der Veränderung, sozusagen das „dicke Brett", beginnen. Aber seien wir ehrlich: Häufig ist das eher nicht der Fall. Und wenn es auch noch eine Verhaltensänderung sein soll, die angestrebt wird, wird es doppelt schwer.

Die Reise, die einer Veränderung zugrunde liegt, müssen Manager nun als Erste durchlaufen. Neue Richtlinie, neue Technologien, neue Arbeitsweisen, neue Strukturen – all das müssen Führungskräfte auch erst mal verdauen. Und vor allem: verstehen. Ohne Verständnis gibt es selbstredend keinerlei Chance, die Veränderung als treibende Kraft zu begleiten.

9.3 Macht

Schauen wir nun zunächst einmal darauf, was wir uns von unseren Managern im Change erwarten, beziehungsweise, welchen Anspruch wir an ihre Rolle diesbezüglich haben. Um den Umfang dieses Beitrages nicht zu sprengen, versuche ich, das einmal in größere Handlungs- oder Kompetenzfelder zu fassen. Aus meiner Sicht fußt der Anspruch an das Thema „Führen in Veränderung" auf vier davon:

- **Kommunikation**: Manager sind die primären Informationskanäle bezüglich Veränderungen. Ihre Fähigkeit, klar, ehrlich und positiv über den Wandel zu kommunizieren, kann erheblich beeinflussen, wie ihre Teams die Veränderungen wahrnehmen und darauf reagieren. Im Gegensatz dazu kann negative oder mehrdeutige Kommunikation Misstrauen und Widerstand hervorrufen.
- **Vorbildfunktion**: Manager dienen als Vorbilder. Wenn sie Veränderungen annehmen und Anpassungsfähigkeit demonstrieren, setzen sie ein positives Beispiel für ihre Teams. Dies kann Vertrauen inspirieren und Mitarbeiter ermutigen, ihrem Beispiel zu folgen.
- **Ressourcenzuweisung**: Manager kontrollieren die Zuweisung von Ressourcen, einschließlich Zeit, Budget und Personal. Indem sie Changeinitiativen durch angemessene Ressourcenzuweisung priorisieren und unterstützen, können sie reibungslosere Übergänge erleichtern und ihr Engagement für den Wandel demonstrieren.
- **Motivation und Moral**: Die Moral eines Teams spiegelt oft die Moral seines Managers wider. Wenn Manager motiviert und begeistert von den Veränderungen sind, zeigen ihre Teams wahrscheinlich ähnliche Einstellungen. Im Gegensatz dazu können demotivierte oder widerständige Manager dazu führen, dass auch ihre Teams demotiviert werden. Das funktioniert nicht immer so, denn Manager sind keine Motivationscoaches und Motivation kann man auch nicht auf eine Weise erzeugen, wie es häufig von Führungskräften erwartet wird. Will heißen: Manchmal sitzen in den Teams Saboteure. Da kann die Führungskraft zunächst auch nichts dafür.

Führungskräfte vergessen recht häufig, dass sie im Wesentlichen über Macht verfügen. Selbst dann, wenn sie ihren Führungsjob nicht gut machen, zum Beispiel, weil sie als Führungskraft einfach nicht geeignet sind, verfügen sie über Macht. Mithin ein Grund, warum man genau überlegen sollte, wer zur Führungskraft wird. Es gibt einfach Menschen, die können mit Macht nicht verantwortungsvoll umgehen und erhalten durch ihre Rolle aber Möglichkeiten, über das Wohl und Wehe anderer Menschen oder ganzer Organisationen zu entscheiden. Es verwundert mich genau deshalb immer wieder, wie wenig sorgsam Menschen für Führungspositionen ausgesucht und auch ausgebildet werden. So unglaublich viele Problemstellungen, die Organisationen haben, haben nicht zuletzt etwas damit zu tun, dass Führung einfach nicht funktioniert. Dafür gibt es Gründe. Es ist erstaunlich, dass wir schon so viele Jahre in unterschiedlichsten geschäftlichen Kreisen genau darüber philosophieren und sich doch recht wenig daran ändert.

Zurück zur Macht. Führungskräfte haben Macht. Unter anderem jeweils in den oben genannten Handlungs- und Kompetenzfeldern. Genau das ist es, was dazu führt, dass Führungskräfte über das Gelingen oder das Scheitern einer Veränderung schon von Beginn an entscheiden können. Sind sie dem Veränderungsvorhaben nicht gewogen, könnten sie versucht sein, die Ressourcen knapp zu halten. Zum Beispiel mit Blick auf die sonstigen operativen Notwendigkeiten und den damit verbundenen Umsatz. Sie könnten in Teamsitzungen oder auch einem Einzelgespräch negativ über das Veränderungsvorhaben sprechen und den Teammitgliedern damit suggerieren, dass der Change nicht zu unterstützen ist. Vielleicht verbreiten solche Führungskräfte in diesen Gesprächen sogar subtil Ängste. Ein Beispiel könnte die Einführung eines ERP-Systems sein und betroffene Führungskräfte, die diese Einführung falsch finden, könnten versucht sein, ihren Teammitgliedern zu suggerieren, dass ein solches System deren Job ersetzen könnte. Ähnliches bei der Einführung eines CRM-Systems. Es gibt vielerlei Beispiele, die in diese Kerbe schlagen.

Selbstverständlich gibt es all das auch umgekehrt: Auch Promotoren oder Skeptiker, die man überzeugen kann, haben Macht. Sie können ein Changeprojekt vorantreiben und Werbung für die Umsetzung machen. Nicht nur das: Aufgrund ihrer Rolle können sie aktiv und sichtbar mitgestalten. Einmal in ihren Teams, aber auch im Kreis der Führungskräfte.

Wie in vielen Changeprojekten konzentrieren sich manche Veränderungsverantwortlichen, häufig aufgrund ihrer Unerfahrenheit, zunächst einmal auf die negativen Einflussnehmenden. Im Zweifel sogar auf die Saboteure, denn sie erscheinen als erste und größte Gefahr. Ich bin bestimmt nicht allein mit der Erfahrung, dass diese Art des Vorgehens häufig verkehrt ist. Es ist weitaus sinnvoller, sich mit Promotoren und Skeptikern zu befassen, im Kreise dieser Gruppen Personen zu identifizieren, die dem Changeanliegen helfen, und damit eine Art natürliches und schweres Gegengewicht gegenüber den ablehnenden Haltungen im Führungsteam bilden. Promotoren für sich zu gewinnen und sie aktiv einzubinden und dabei vor allem Menschen zu finden, die einen entsprechenden Einfluss haben, ist insbesondere auch für die Überzeugung der Skeptiker ratsam. Es macht einfach einen Unterschied, ob man im „Kollegenkreis“ auf Augenhöhe miteinander spricht oder ob das im Rahmen einer Hierarchie passiert. Gleichzeitig empfehle ich, genau zu prüfen, an welchen Stellen auch Hierarchie ein wirksames Mittel für die Veränderungsumsetzung im Führungskräfteteam sein kann.

Wir halten also fest: Führungskräfte haben Macht. Sie können sie positiv oder negativ im Rahmen eines Veränderungsprojektes nutzen. Beides hat immensen Einfluss darauf, wie ein Projekt verlaufen wird. Und gleichzeitig bleibt festzuhalten, dass sich diese Macht nicht nur auf Mitarbeitende unterhalb der Führungskräfte bezieht, sondern auch innerhalb des Führungskreises selbst eine Rolle spielt. Ergänzen möchte ich an der Stelle noch, dass Macht in diesem Sinne nicht nur eine formale Angelegenheit ist, die mit der Stellung der Hierarchie und gegebenenfalls irgendwelchen Weisungsbefugnissen und impliziten Karriereboostern oder Karrierekillern zu tun hat, sondern auch etwas ganz Persönliches ist. Macht kann sich auch aus Ausstrahlung, dem Charisma speisen, die eine Führungskraft hat. Und das sollte man keinesfalls unterschätzen. Informelle Strukturen können zum Verhängnis werden, wenn man sie nicht kennt oder falsch bewertet.

9.4 Stakeholderanalyse als Werkzeug

Die spannende Frage an der Stelle ist, wie man denn nun diejenigen, die Macht haben, findet und bewertet. Keine Frage: Einfach ist das nicht. Im Übrigen ist das eine Fragestellung, die externe Berater nicht ohne interne Hilfe beantworten können, weshalb Changeteams niemals nur aus externen Kräften bestehen sollten.

Ein hilfreiches, aber auch nicht ungefährliches Werkzeug zur Bearbeitung dieser Fragestellung ist die Stakeholderanalyse, eine Art Suchradar und Ordnungsrahmen. Eine schöne Übersicht zur Stakeholderanalyse findet sich im Organisationshandbuch des Bundesministeriums des Innern und für Heimat sowie des Bundesverwaltungsamts. Die Verwendung dieses Analyseinstruments in Changeprojekten ist nicht neu. Klassischerweise findet man die Stakeholderanalyse in vielen verschiedenen Projektsettings und auch die Art, wie sie gestaltet wird, ist unterschiedlich. Der gemeinsame Nenner der meisten Stakeholderanalysen ist aber, dass relevante Personen oder Interessengruppe im Rahmen der Analyse miteinander in Beziehung gesetzt und mittels ausgewählter Kriterien zum Beispiel entlang ihrer Interessen priorisiert werden.

Ich verwende die Stakeholderanalyse wie unten dargestellt und ordne Führungskräfte in ihr an. Meine beiden Ordnungskriterien sind „Einfluss“ und „Unterstützung“. Einfluss steht dabei für die Macht der Führungskraft, die sich aus Hierarchie und Persönlichkeit speist, und mindestens Letzteres ist schon recht subjektiv. Unterstützung bildet ab, welche Haltung die jeweilige Person zum Changeanliegen hat. Dann werden die Personen im Zweifel mit Linien miteinander verbunden und es wird textlich hinzugefügt, welche inhaltliche Beziehung sie zueinander haben. Außerdem wird vermerkt, worauf gegebenenfalls ihre Haltung zum Projekt fußt. Sie merken schon, liebe Leserinnen und Leser, ohne eine vernünftige Recherche ist das nicht zu machen. Ich kann Ihnen sagen, dass im Besonderen bei schwierigen Projekten diese Arbeit lohnt, aber Sie werden viel Zeit beim Mittagessen und Kaffee verbringen, um ins Gespräch zu kommen, Menschen kennenzulernen und im Zweifel auch Menschen in der Organisation zu finden, die Ihnen einen persönlichen Eindruck über andere schildern. Das muss man alles nicht allein tun, aber gleichsam gilt auch, dass bei der Interpretation der so erhobenen Daten immer noch eine Menge Fehler passieren können. Deshalb ist es wichtig, dass man das Instrument mit Vorsicht nutzt (Abb. 9.1).

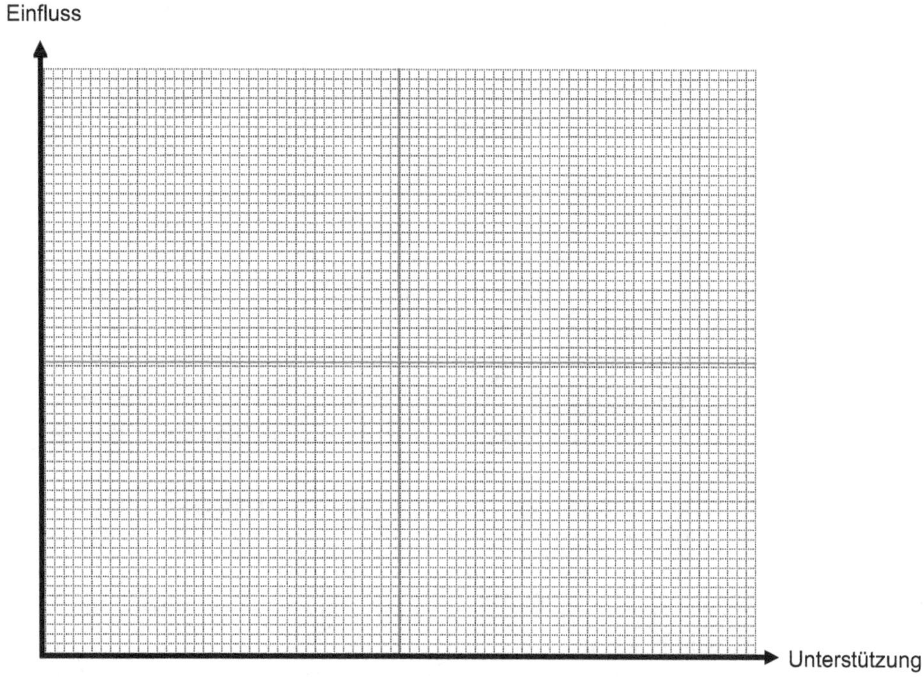

Abb. 9.1 Stakeholderanalyse. (Quelle: Autor)

Es entsteht eine Art Landkarte, die Aufschluss darüber gibt, welche Führungskräfte als Promotoren gewertet werden können, welche vielleicht auch problematisch sind und wie man mit Letzteren umgehen kann. Es zeigt sich auch, inwieweit das Feld der Promotoren gegebenenfalls schon sehr gut aufgestellt ist, das heißt, mit welcher Umsetzungsstärke von Beginn an Sie rechnen können und auf wen Sie zugehen müssen, um bestimmte Hilfsanliegen loszuwerden oder auch Aufgaben im Changeprojekt zu verteilen. Die Devise sollte lauten: Jene, die das Projekt unterstützen, sollten von Beginn an ganz aktiv eingebunden und informiert werden.

Noch ein Tipp an dieser Stelle, auch wenn ich mich wiederhole: Seien Sie sich immer bewusst, dass das Ergebnis der Analyse viel weniger ein wissenschaftlich beziehungsweise empirisch sauberes ist, sondern oft auch auf (fundierten) Annahmen und Erzählungen beruht. Außerdem sollte Ihre Analyse außerhalb des Projektteams möglichst niemand sehen. Staatsgeheimnis? Das nicht, aber glauben Sie mir: Die Eitelkeit bestimmter Führungskräfte könnte vulkanartig explodieren, wenn sie Wind davon bekommen, wie Sie und Ihr Team diese Führungskräfte in Sachen Einfluss, Haltung und Beziehungen einschätzen, also vielleicht weniger schmeichelhaft, und damit eine Aussage über deren Stellenwert treffen. Selbst wenn diese Aussage begründet und wahr ist, ist das der Emotionalität manch eines Menschen völlig egal. Den Problemen, die sich im Nachgang daraus ergeben können, kann man durch Diskretion vorbeugen.

9.5 Ausrichtung des Topmanagements für den Wandel

Die Ausrichtung des Topmanagements ist der entscheidendste erste Schritt bei jeder Changeinitiative. Ohne die volle Unterstützung und aktive Beteiligung der obersten Führungskräfte sind Changebemühungen meistens zum Scheitern verurteilt. Trotzdem werden viele Changeprojekte delegiert und beteiligt sind häufig eher untere Entscheiderebenen. In manchen Unternehmen gibt es für die Projekte dann Steering Committees, die sich alle paar Wochen treffen. Und in denen sitzt vielleicht auch jemand aus der Geschäftsführung oder dem Vorstand. Meiner Erfahrung nach ist es zumindest in größeren mittelständischen Zusammenhängen aber häufig so, dass die Personen in diesen Entscheidungsgremien sich darauf verlassen, dass sie in der jeweiligen Sitzung so umfänglich und gut informiert sind, dass sie nur noch den Daumen hoch oder den Daumen runter machen müssen. Das ist zu wenig und entspricht nicht der Art von aktiver Beteiligung, die ich für zielführend halte.

Ein gutes Beispiel, wie es anders geht, ist zum Beispiel die Beutlhauser-Gruppe. Oliver Sowa, einer der Geschäftsführer der Unternehmensgruppe, erzählte in einem Vortrag auf der Transformationskonferenz 2024 der SRH Hochschule Heidelberg, dass er selbst ein halbes Jahr mit betroffenen Mitarbeitern in Workshops zugebracht hat, um ganz aktiv gemeinsam mit ihnen an der Visualisierung und Klärung von Arbeitsabläufen beziehungsweise Prozessen zu arbeiten. *Das* ist aktive Beteiligung der Topentscheiderebene. Raus aus dem Büro, ab auf den Shopfloor oder in den Workshopraum. Vorangehen und mitmachen.

Aber warum ist das eigentlich so wichtig, wenn es doch in vielen Unternehmen gerade nicht so läuft?

- **Strategische Vision und Richtung:** Das Topmanagement gibt die strategische Vision und Richtung für die Organisation vor. Ihr Engagement für den Wandel ist entscheidend, um sicherzustellen, dass die Initiative mit den langfristigen Zielen der Organisation übereinstimmt und die notwendige Unterstützung erhält. Wenn etwas als furchtbar wichtig proklamiert wird, das Topmanagement dann aber nicht aktiv und sichtbar daran teilnimmt, kann man sich als Mitarbeitender schon die Frage stellen, warum die ganze Sache die Mühe dann überhaupt wert ist. Das gilt natürlich nicht nur für Veränderungsprojekte.
- **Konsistenz und Kohäsion:** Wenn das Topmanagement konsequent hinter dem Changeanliegen und dem Vorgehen steht, gewährleistet das eine konsistente Botschaft und einen kohärenten Ansatz in der gesamten Organisation. Diese Konsistenz hilft, gemischte Signale und Verwirrung zu vermeiden, und fördert eine einheitlichere und fokussiertere Bemühung um den Wandel. Gleichzeitig hat das auch Einfluss auf informelle Wege. Saboteure etwa müssen erkennen, dass gute Beziehungen zum Vorstand nicht helfen werden, weil dieser die Veränderung unbedingt will.
- **Entscheidungsbefugnis:** Topentscheider können eben genau dies: Topentscheidungen treffen. Sie besitzen die Autorität, entsprechend hochwirksam zu sein und damit den Wandel zu erleichtern oder zu behindern. Ihre Beteiligung stellt außerdem sicher, dass kritische Entscheidungen rechtzeitig, klar und unmissverständlich getroffen werden und mit den Changezielen übereinstimmen.

- **Widerstand überwinden:** Widerstand gegen Veränderungen ist eine häufige Herausforderung. Die Unterstützung des Topmanagements kann helfen, Widerstand zu überwinden, indem demonstriert wird, dass der Wandel unumgänglich und für den Erfolg der Organisation wesentlich ist.

9.6 Die Unterstützung der Führungsmannschaft gewinnen

Ähnlich wie bei der Gruppe der Mitarbeitenden ohne Führungsfunktion werden Sie vermutlich auch im Führungskräfteteam nicht nur Fans der Veränderung finden und auch solche, die möglicherweise niemals wirkliche Fans werden. Ist das Topmanagement aber im ersten Schritt erreicht, geht es nun an das Eingemachte innerhalb der darunter liegenden Führungskräfteebenen. Neben den Wirkmechanismen, die sich aus einer möglichst soliden Stakeholderanalyse ableiten lassen, möchte ich noch ein paar weitere mögliche Strategien nennen, die dafür hilfreich sind.

- **Manager frühzeitig einbinden:** Die frühe Einbindung von Managern in den Changeprozess hilft ihnen, die Gründe hinter dem Wandel und ihre Rolle darin zu verstehen. Frühe Einbindung fördert ein Gefühl des Besitzes und reduziert Widerstände. Außerdem bilden sich auch auf Managementebene gerne mal unschöne Gerüchte. Wenn ein Veränderungsanliegen heimlich behandelt wird, dauert es gefühlt im Schnitt zwei Tage und der Laden weiß Bescheid. Auf Einbindung zu verzichten, zum Beispiel weil man glaubt, die Veränderungsbereitschaft der eigenen Führungskräfte sei noch hoch genug, führt in aller Regel zum Aufbau eines Misstrauens, dem dann, wenn's wichtig wird, nur sehr schwer beizukommen ist.
- **Schulung und Unterstützung bereitstellen:** Stattdessen sollte man sich bewusst machen, dass auch Manager Schulungen benötigen, um die Fähigkeiten zu entwickeln, die erforderlich sind, um den Wandel zu leiten. Dazu gehören Kommunikationsfähigkeiten, Changemanagement-Techniken und emotionale Intelligenz. Die Bereitstellung fortlaufender Unterstützung hilft ihnen, ihre eigene Veränderungskurve zu navigieren. Ich habe lebhafte Diskussionen darüber geführt, ob Empathie und emotionale Intelligenz erlernbar sind. Ich persönlich stehe dem kritisch gegenüber, weshalb die Auswahl und Ernennung von Führungskräften so immens wichtig ist. Aber das ist ein anderes Thema.
- **Offene Kommunikation fördern:** Die Schaffung von Kanälen für offene Kommunikation ermöglicht es Führungskräften, ihre Bedenken zu äußern, Fragen zu stellen und Feedback zu erhalten. Diese Transparenz baut Vertrauen auf und hilft, Probleme zu adressieren, bevor sie eskalieren. Sie merken vielleicht: Es gilt also im Grunde dasselbe wie auf Mitarbeiterebene auch. Führungskräfte sind letztlich auch Mitarbeitende, gegebenenfalls sogar Betroffene, mit Sonderfunktion. Und weil sie ihren Teams helfen müssen, müssen sie den Wandel beziehungsweise dessen Grund und Planung als Erste durchleben und verarbeiten.
- **Anreize mit Changezielen ausrichten:** Die Ausrichtung der Anreize für Führungskräfte mit den Changezielen kann auch eine Möglichkeit sein, um die Unterstützung des

Managements zu fördern. Dazu können Leistungskennzahlen, Boni und Anerkennungsprogramme gehören, die mit erfolgreichen Changeimplementierungen verknüpft sind. Ich halte davon wenig. Aber das hat mit meiner persönlichen Einstellung zu individuellen Bonusvereinbarungen zu tun. Wenn man aber auf globalerer Ebene nachdenkt, könnte ein Schuh daraus werden. Der muss dann aber auch für die Mitarbeitenden gemacht werden.

- **Manager mit Ressourcen ausstatten:** Die Bereitstellung der notwendigen Ressourcen für Führungskräfte, also Zeit, Budget und Personal, macht es ihnen erst möglich, den Wandel effektiv umzusetzen. Angemessene Ressourcen zeigen das Engagement der Organisation für den Wandel. Und obwohl das irgendwie selbstverständlich klingt, ist es das nicht. In vielen Unternehmen haben Führungskräfte aufgrund ihrer operativen Einbindung nicht einmal für reguläre Führungsaufgaben die nötige Zeit und Expertise.
- **Emotionales Wohlbefinden überwachen und unterstützen:** In Anerkennung dessen, dass auch Manager die emotionale Belastung durch Veränderungen erleben, sollten Organisationen Unterstützungsprogramme wie Beratung, Peersupport-Gruppen und Stressmanagement-Workshops anbieten. Coaching und das Format der kollegialen Fallberatung sind ebenfalls wertvolle Instrumente, die angeboten werden sollten. Mithin am wichtigsten ist aber, dass die Führungskräfte der Führungskräfte ihre Leute unterstützen, regelmäßig ins Gespräch mit ihnen gehen und ein ernsthaftes Interesse für den emotionalen Zustand ihrer Kollegen zeigen. Das darf kein Tabu sein. Allein das kann, mit Blick auf manch eine Führungskultur, schon eine große Herausforderung, beinahe sogar ein eigenes Changeprojekt darstellen.

9.7 Schlussbetrachtung

Changemanagement ist ein komplexer und facettenreicher Prozess, der die aktive Unterstützung und Beteiligung von Managern, insbesondere dem Topmanagement, erfordert. Das Bewusstsein dafür, dass Manager sowohl Führungskräfte als auch Betroffene von Veränderungen sind, ist wesentlich. Ihre einzigartige Position ermöglicht es ihnen, den Erfolg von Changeinitiativen erheblich zu beeinflussen. Indem das Topmanagement ausgerichtet wird, Manager frühzeitig eingebunden werden, die notwendige Schulung und Ressourcen bereitgestellt werden und offene Kommunikation und emotionale Unterstützung gefördert werden, können Organisationen die Macht der Unterstützung durch das Management nutzen, um erfolgreiche Veränderungen zu erreichen. In der dynamischen Landschaft des modernen Geschäftslebens kann die Rolle der Manager als Navigatoren und Treiber des Wandels kaum überbewertet werden. Ihre Unterstützung ist nicht nur vorteilhaft, sondern wesentlich für den nachhaltigen Erfolg jeder Changeinitiative.

Gleichzeitig muss man sich klar darüber sein, dass ein derart sauberes Vorgehen in einem Changeprojekt einen hohen Aufwand verursacht. Viele Dinge und Ansätze sind skalierbar und müssen an die Bedeutung der Veränderung für die Organisation angepasst werden.

Schlussendlich möchte ich noch ergänzen: Viele in diesem Artikel getroffene Aussagen über Führung und Führungskräfte sind natürlich nicht neu. Die Rolle der Führungskraft wird seit so vielen Jahren diskutiert. Und seit ebenso langer Zeit ist das Wissen darum, wie man in Sachen „Leadership“ besser unterwegs sein könnte, transparent und mit viel Kopfnicken beseelt. Ändern tut sich hier indes leider nicht so viel, wie man sich wünschen würde. Und das kann mit dem Denken in Systemen zu tun haben. Systeme schützen sich selbst. Ein System wird getrieben, gestaltet und verändert von den Menschen in ihm. Ändern sich die Menschen nicht oder werden neue Menschen im System nach alten Methoden sozialisiert und „eingenordet“, bevorteilt das diejenigen, die alles so belassen möchten, wie es ist. Weil es bekannt, sicher und gemütlich ist. Aus meiner Sicht liegt genau hier eines der größten Probleme, das Organisationen klug angehen und lösen müssen.

Literatur

Bundesministerium des Innern und für Heimat. (2023, December 22). *Startseite*. Bundesministerium des Innern und für Heimat. https://www.orghandbuch.de/Webs/OHB/DE/startseite/startseite-node.html. Zugegriffen am 15.01.2025.

Mohr, N., Woehe, J. M., & Diebold, A. (1998). *Widerstand erfolgreich managen: Professionelle Kommunikation in Veränderungsprojekten: Wie aus Mitarbeitern engagierte Mitstreiter werden.* Campus.

Sowa, O. (2024). Vortrag zum Thema Transformation bei der Beutlhauser Gruppe am 11. Juli 2024 auf der Transformationskonferenz 2024 an der SRH Universität Heidelberg.

Martin Wilbers studierte Soziologie, Kommunikationswissenschaften und Betriebswirtschaftslehre an der Universität Bamberg. Beruflich startete er in einer Beratung für Existenzgründungen und absolvierte weitere Fortbildungen im Bereich Unternehmenskommunikation, Coaching, Markenführung und Führung. Nach einigen Jahren in der Beratungsbranche wechselte er als Mitglied der Geschäftsleitung in die Medienwirtschaft, wo er weiterhin für Kommunikation und Marketing zuständig war. Später gründete er ein eigenes Beratungshaus für Arbeitgeberattraktivität und übernahm parallel die Leitung einer Unternehmensberatung für Strategie- und Führungskräfteentwicklung. Danach wechselte er für zwei Jahre projektbasiert in die Geschäftsleitung des Berliner Unternehmens seiner Schwiegerfamilie und ist heute Mitglied der Geschäftsleitung und Operations Lead für die zentraleuropäischen Länder einer holländischen Unternehmensgruppe. Außerdem ist er als Führungskräftecoach tätig und begleitet unter anderem Führungskräfte in deutschen Bundesbehörden. Martin Wilbers ist 43 Jahre alt, verheiratet, hat zwei Kinder und lebt mit seiner Familie in Berlin. In seiner Freizeit engagiert er sich politisch als Vorsitzender des Landesfachausschusses für Wirtschaft, Finanzen und New Work der FDP Berlin und als Sprecher und Produzent von Audioprodukten.

10 Effektives Changemanagement als Treiber nachhaltiger Unternehmensführung und Klimaneutralität

Wie der Megatrend „Neoökologie" zukünftige Geschäftsmodelle beeinflusst

Philipp Metzger und Jürgen Junker

10.1 Vom Ökokapitalismus und „Klimawandel" als Geschäftsmodell

Das Thema Nachhaltigkeit ist in vieler Munde. Man könnte fast meinen, dass es sich hier um einen Containerbegriff handelt. Wer zum Thema Stellung nimmt, beeinflusst, wie es verstanden wird (Krauss & Philipp, 2024, S. V). Der Begriff wird entsprechend den Medien und der Politik vorangetrieben. Dabei gibt es auch Stimmen, dass eine Katastrophisierung ein Geschäftsmodell sein kann. Je nachdem, wie Wissenschaftler über das Thema Klimawandel berichten, hat dies auch einen Einfluss auf Unternehmen und deren Lenker (Bojanowski, 2024).

In diesem Artikel soll es nicht um Polemik oder um die Frage des menschgemachten Klimawandels gehen. Vielmehr will dieser Artikel zeigen, wie ein KMU mit dem Thema Nachhaltigkeit umgeht und sich dadurch auch neu erfinden kann. Denn die Anforderungen an Unternehmen in Bezug auf Nachhaltigkeit steigen immer mehr. Oft fehlt dazu noch der strategische Weitblick, wie die Nachhaltigkeit in die Unternehmensstrategie fest verankert werden kann (Preveden, 2024, S. 1). Je nach Branche und Unternehmen hat die Nachhaltigkeit eine unterschiedliche Gewichtung.

Die Mott Mobile Systeme GmbH & Co. KG, ansässig in Tauberbischofsheim, zählt zu den führenden Herstellern mobiler Bühnen- und Podestsysteme. Seit 1920 steht das

P. Metzger (✉)
Hardthausen, Deutschland

J. Junker
Mott Mobile Systeme GmbH & Co. KG, Tauberbischofsheim, Deutschland
E-Mail: junker.j@mott.de

C. Kastner et al. (Hrsg.), *Führung im Wandel*,
https://doi.org/10.1007/978-3-658-47645-8_10

Unternehmen für Qualität „made in Germany" und bietet innovative, langlebige Lösungen für Veranstaltungen, Bildungseinrichtungen und industrielle Anwendungen. Mit einem Fokus auf Sicherheit, Ergonomie und Individualisierung entwickelt Mott maßgeschneiderte Produkte, die weltweit hohe Standards in Funktionalität und Zuverlässigkeit setzen.

10.1.1 Was verstehen die Autoren unter Nachhaltigkeit?

Viele Unternehmen fragen sich derzeit noch, warum sie sich mit dem Thema Nachhaltigkeit überhaupt beschäftigen sollten (Preveden, 2024, S. 73).

Für Unternehmen wird das Thema Nachhaltigkeit eine andere Priorität bekommen, wenn es um die Kapitalvergabe mit Nachhaltigkeitsfokus geht (Preveden, 2024, S. 74). Dann kann es sein, dass weniger nachhaltige Unternehmen möglicherweise höhere Kosten für das Fremdkapital aufbringen müssen.

Bei der Firma Mott wird die Nachhaltigkeit wie folgt definiert:

Durch zielgerichtetes Handeln sowie Maßnahmen unterschiedlicher Dimension wird eine **enkeltaugliche Zukunft** geschaffen.

Wir alle wollen den nächsten Generationen eine lebenswerte Welt hinterlassen. Nachhaltigkeit hat daher verschiedene Gesichtspunkte, die berücksichtigt werden sollten.

Folgende Aspekte hat die Firma Mott dafür definiert:

- Nachhaltigkeit in Bezug auf Energie, Ressourcen und Ökologie,
- Wissensvermittlung,
- soziales Engagement,
- Innovation.

Nur durch das Zusammenspiel verschiedener Maßnahmen in diesen Punkten wird eine übergeordnete Nachhaltigkeit im Unternehmen erreicht.

10.1.2 Nachhaltigkeit

Im Vordergrund stehen zweifellos die Reduktion von Treibhausgasemissionen, die Verwendung nachwachsender Rohstoffe und die Einsparung von Energie (Abb. 10.1). In den letzten Monaten und Jahren hat sich in diesem Bereich vieles bei der Firma Mott getan. Hier einige Beispiele:

- die Installation eines Blockheizkraftwerks zur Produktion von Strom,
- die Umstellung der Hauptenergiequelle von Öl auf Gas in der Pulverbeschichtung,
- die Umstellung des Fuhrparks auf Hybrid- und E-Mobilität,
- die Umstellung der Beleuchtung in der Produktion auf LED.

Abb. 10.1 Mindmap Nachhaltigkeit bis heute. (Quelle: Autoren)

10.1.3 Wissensvermittlung

Projekte mit Schulen und Universitäten, Ausbildungen und informative Berichte auf Social Media oder in Pressemeldungen tragen zur Vermittlung von Wissen über Nachhaltigkeit bei. Als Gründungsmitglied des MINT-Vereins Tauberbischofsheim hat sich Mott besonders verpflichtet, der Wissensvermittlung nachzukommen und mit gutem Beispiel voranzugehen. Auch beim Wettbewerb „Kreative Köpfe“ (Kreative Köpfe, 2024) engagiert sich Mott aktiv als Fördermitglied und ermöglicht der nächsten Generation, erste Erfahrungen bei der Umsetzung von Ideen zu sammeln (Abb. 10.2).

10.1.4 Soziales Engagement

Der Aspekt des sozialen Engagements steuert die zwischenmenschliche Komponente bei. Um langfristige Maßnahmen nachhaltig treffen zu können, ist die Zusammenarbeit von Menschen verschiedenster Hintergründe aus unterschiedlichen Umfeldern nötig. Zusammenhalt und gegenseitige Unterstützung liegen hier im Fokus.

Bei Mott sind beispielsweise drei Mitarbeitende der Caritas angestellt, die wie gewohnt am Arbeitsalltag teilnehmen. Außerdem ist die Firma Mott ein Familienunternehmen und Sponsor lokaler Vereine und Veranstaltungen (Abb. 10.3).

Abb. 10.2 Mindmap Wissensvermittlung. (Quelle: Autoren)

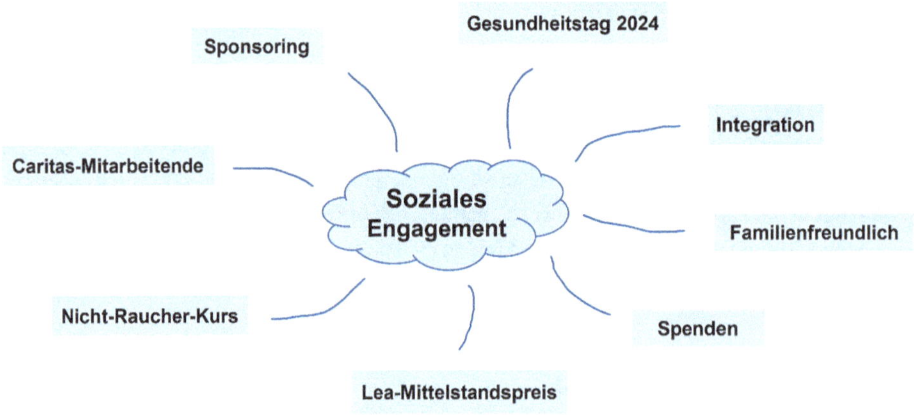

Abb. 10.3 Mindmap Soziales Engagement. (Quelle: Autoren)

10.1.5 Innovation

Durch Innovationen werden alte Muster überdacht und neu interpretiert, wodurch neue und nachhaltigere Produkte hinsichtlich der Materialien und aktuellen Anforderungen entstehen. Ein Beispiel dafür sind die Transportsysteme von Mott, für die teilweise die gleichen Materialquerschnitte verwendet werden wie bei den Zubehören für die Mott-Bühnen wie z. B. Treppen und Geländer. Dadurch entstehen eine Ressourceneffizienz und weniger Verschnitt in der Produktion (Abb. 10.4).

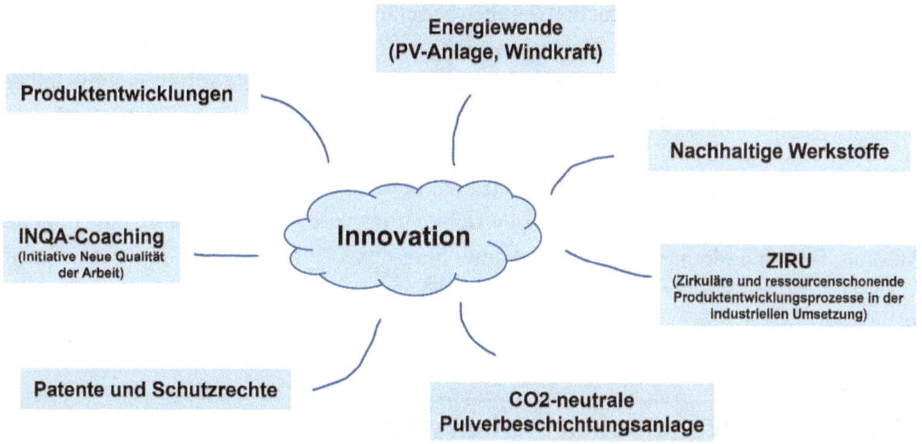

Abb. 10.4 Mindmap Innovation. (Quelle: Autoren)

10.1.6 Wie reagieren die Kunden auf das Thema Nachhaltigkeit?

Unternehmen befinden sich im Spagat zwischen Ertrag und Nachhaltigkeit. Ohne Ertrag kann nicht in nachhaltige Technologien investiert werden. Aus Sicht der Autoren wird sich das Thema Nachhaltigkeit allerdings von der Freiwilligkeit hin zum Hygienefaktor bewegen. Wer nachweislich nicht nachhaltig ist, wird in naher Zukunft bei Zulieferern kritische Fragen beantworten müssen.

Derzeit empfinden wir bei Kundengesprächen, dass das Thema Nachhaltigkeit von einigen Unternehmen noch als „nice to have" empfunden wird.

Die Firma Mott bietet Dienstleistungen im Bereich Pulverbeschichtung für Unternehmen an. Der Prozess der Pulverbeschichtung ist sehr energieaufwendig und benötigt viel Energie in Form von Gas und Strom, um beispielsweise die erforderlichen Temperaturen für den Einbrennprozess zu erreichen.

Deshalb wurde bei Mott nach einer optimierten Lösung für die Pulverbeschichtungsanlage gesucht. Diese wurde – entgegen dem Anraten der Pulverhersteller – von einer indirekten Ölbefeuerung auf eine direkte Gasbefeuerung umgestellt. Objektiv betrachtet hat dies den Vorteil, deutlich weniger Energie zu verbrauchen. Ein gasbetriebenes und wärmegeführtes Blockheizkraftwerk (BHKW) wurde während der Gaspreiskrise im Jahr 2022 zur Stromproduktion installiert. Die anfallende Abwärme dient zur Beheizung der Waschmaschine der Pulverbeschichtungsanlage, während der Strom für den Beschichtungsprozess verwendet wird.

In naher Zukunft ist außerdem geplant, eine neue und optimierte Anlage aufzubauen, die hocheffizient arbeitet und durch eine Vielzahl von Maßnahmen digitalisiert und klimaneutral wird.

Wenn z. B. in Akquisegesprächen darüber berichtet wird, dass die Firma Mott in absehbarer Zeit eine klimaneutrale Pulverbeschichtung haben wird, finden das die Kunden spannend und sind begeistert. Die Kunden finden die CO_2-Neutralität sehr positiv und erkennen das Alleinstellungsmerkmal an, aber laut Kunden darf die Dienstleistung oder das Produkt derzeit noch nicht mehr kosten. Hier hört man Aussagen wie: „Unsere Kunden fordern im Moment noch keine CO_2-Neutralität der Zulieferer."

Das ist möglicherweise – Stand 2024 – richtig, dies wird sich in Zukunft, aus Sicht der Autoren, jedoch ändern. Eine weitere Anmerkung eines Kunden ist beispielsweise: „Das ist super, hier sind Sie Vorreiter. Wir gehen davon aus, dass spätestens 2025 unsere Kunden dies fordern werden."

10.2 Ohne Nachhaltigkeit sterben viele Unternehmen aus

Zum jetzigen Zeitpunkt ist die Investition in und die Implementierung von Nachhaltigkeit in das Unternehmen wie ein Pokerspiel. Dazu kommt eine weitere Wette: eine Wette auf die Zukunft und die Regierung des eigenen Landes. Hier wird die Politik jedoch bewusst ausgeklammert, da dies den Rahmen des Artikels sprengen würde.

Es kann noch nicht sicher gesagt werden, wie der Klimawandel fortschreitet und inwiefern die bisherigen Maßnahmen ihn stoppen werden (O'Neill et al., 2020). Deshalb steht nicht zuletzt die persönliche Motivation, die Welt zu einem besseren Planeten zu machen, im eigentlichen Vordergrund und im Ermessen eines verantwortungsvoll agierenden Unternehmers mit Weitsicht.

10.2.1 Was sind die größten Hürden?

Bereits die Entwicklung einer Idee, die Implementierung neuer Maßnahmen oder der Beginn des Transformationsprozesses bringen Hürden auf verschiedenen Ebenen mit sich.

Zu Beginn des Transformationsprozesses sehen die Mitarbeitenden des Unternehmens die Relevanz der Investitionen noch nicht. Anstelle der hohen Investitionen in die Nachhaltigkeit hätten diese lieber eine zusätzliche Sonderzahlung oder andere geldwerte Vorteile. Das Führungsteam spielt hier eine entscheidende Rolle: Es muss über ausreichend hohe Motivation verfügen, die Nachhaltigkeit in die Unternehmensstrategie implementieren zu wollen. Auch Führungskräfte sehen anfänglich nicht immer die Notwendigkeit der hohen Investitionen in die Nachhaltigkeit, da daraus vorerst kein Ertrag erwächst.

Hinzu kommt, dass sich der Transformationsprozess zur Nachhaltigkeit als Wettbewerbsnachteil im Vergleich zu ausländischen Unternehmen auswirkt. Vorgaben zu Treibhausgasemissionen oder die Verwendung ressourcenschonender Materialien haben hier viel weniger Relevanz bei der Auswahl der Zuliefererunternehmen. Die Wachstumsländer haben es hier deutlich einfacher: Die hohen Subventionen zum Aufbau der Wirtschaft können sofort in die neuste Technik investiert werden. Zusätzlich wird vor allem Durchhaltevermögen benötigt, um langfristig an das Ziel eines nachhaltigeren Unternehmens zu kommen. Langsam breitet sich die Idee jedoch aus: Banken legen für die Kapitalbeschaffung Vorschriften zur Nachhaltigkeit vor und je nach Bewertung fließt dies in bessere oder schlechtere Konditionen für die Unternehmen ein.

Wichtig ist auch ein lösungsorientiertes Mindset als Entscheidungsgrundlage. Als Beispiel soll hier noch einmal das 2022 installierte BHKW dienen. Die lösungsorientierte Vorgehensweise war genau diese Installation, obwohl Energieberater aufgrund der hohen Gaspreise und der nicht darstellbaren Investition davon abgeraten haben. Das Gas muss auf der einen Seite zwar gekauft werden, aber Strom wird produziert und die anfallende Abwärme wird sowieso benötigt und kann gleich genutzt werden.

Das Mindset macht den Unterschied: Die Chance steht im Vordergrund!

10.2.2 Aufruf zum Handeln

Nachhaltigkeit ist ein entscheidender Zukunftswert – nicht nur für die Firma Mott. Dies bedeutet, dass mit verfügbaren Möglichkeiten verantwortungsvolle Entscheidungen getroffen werden müssen. Dadurch werden positive externe Effekte geschaffen, die anderen Unternehmen vor allem Inspiration bieten sollen. Altbekannte Wege, die man von vielen anderen Unternehmen kennt und üblich sind, müssen hinterfragt werden. Es geht darum, neue Wege aufzeigen und als KMU vorzeigbare Leuchtturmprojekte auf den Weg zu bringen.

10.3 Change oder Transformation?

Der Wandel eines Unternehmens in Richtung Nachhaltigkeit ist aus Sicht der Autoren ein Transformationsprozess. Dieser Prozess wird hoffentlich nie abgeschlossen sein werden, da neue Technologien und Innovationen wiederum Raum für mehr Nachhaltigkeit bieten. Innerhalb dieses Prozesses wird es unterschiedliche Changeprojekte geben, die einen definierten Anfang und ein definiertes Ende haben.

10.3.1 Wie nehmen die Mitarbeitenden das Thema Nachhaltigkeit auf?

Diese einfache Frage ist nicht leicht zu beantworten. Zunächst ist es essenziell, alle Mitarbeitenden aus sämtlichen Abteilungen mit an Bord zu holen. Dabei ist es egal, ob jemand im Büro, in der Schlosserei oder in der Pulverbeschichtung arbeitet. Das Thema Nachhaltigkeit ist für alle relevant. Es sichert das Unternehmen in der Zukunft. Für die Firma Mott ist die Nachhaltigkeit ein Schlüssel für den Übergang in eine neue Ära.

Eine zentrale Frage ist hier: *Wie gelingt es uns als Geschäftsführung, alle Mitarbeitenden am Thema zu beteiligen?*

In einer idealen Welt haben alle Mitarbeitenden die gleiche Begeisterung für das Thema. In der Realität sieht das jedoch anders aus. Es stellt sich also folgende Frage: *Was kann die Geschäftsführung tun, um die Mitarbeitenden entsprechend zu informieren, dass sie zumindest die Voraussetzung dafür haben, eine Begeisterung für das Thema zu entwickeln?* Hier sind wir also bei der Kernaufgabe der Geschäftsführung.

Die Zeit spielt gegen uns

Die Zeit spielt gegen uns. Wie ist das zu verstehen?

Unternehmenslenker oder Strategieausschüsse haben das Thema Nachhaltigkeit schon lange im Blick. Unabhängig davon, ob es um die Nachhaltigkeit oder ein anderes transformatives Projekt im Unternehmen geht: Die Geschäftsführung hat viel Zeit mit dem Thema verbracht, es durchdacht und mit Freunden oder Bekannten diskutiert. Für sie ist klar: Das Thema muss fliegen. Es wurde wahrscheinlich Wochen, Monate oder Jahre diskutiert. Siehe hierzu auch Abb. 10.5 Entwicklung der Idee. Klar ist auch, dass gewisse Themen nicht von Anfang an mit allen diskutiert werden können. Dadurch würden viele Projekte im Keim erstickt oder zerredet werden. Gute Ideen brauchen eben Zeit.

Aber genau dieser Wissensvorsprung kann auch zur Falle werden, wenn das Thema endlich an die Öffentlichkeit kommt und die Mitarbeitenden bei einer Mitarbeiterversammlung über das Thema Nachhaltigkeit informiert werden.

Bei jeder Form der Kommunikation hat die Geschäftsführung einen, aus Sicht der Mitarbeitenden, nahezu unendlichen Wissensvorsprung. Einen Vorsprung, den die Belegschaft nicht so einfach aufholen kann.

In Abschn. 10.4 wird eine Standard-Changekurve dargestellt (Metzger, 2024, S. 96). Was dies bedeuten kann, wird im folgenden Abschnitt erläutert.

Der Changeprozess

Untersuchungen haben gezeigt, dass ein Drittel der Changeprojekte scheitert und ein weiteres Drittel die angestrebten Ziele nicht erreicht. Bei jedem zehnten Projekt ist es sogar schlimmer als zuvor (Bittner-Fesseler et al., 2023, S. 82).

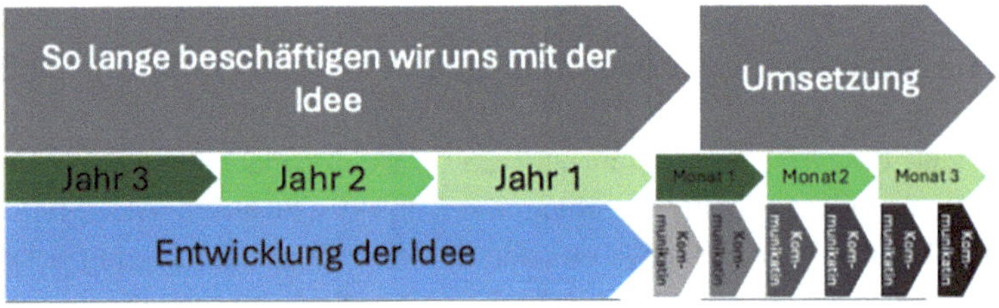

Abb. 10.5 Entwicklung der Idee. (Quelle: Autoren)

Gerade bei KMUs kann das Scheitern eines Veränderungsprojekts existenzielle Probleme verursachen. Ein wesentlicher Schlüsselfaktor für den Erfolg einer Veränderung ist die Kommunikation (Bittner-Fesseler et al., 2023, S. 87).

Voraussetzung für einen guten Changeprozess und für einen erfolgreichen Transformationsprozess ist eine gute Planung. Die dynamischen Entwicklungen am Markt sowie die vergangene Pandemie haben bei der Firma Mott zur Entscheidung geführt, eine Vorreiterposition einnehmen zu wollen. Dabei ist das Ziel, die Arbeitsplätze in der Region und am Standort Deutschland aufrechtzuerhalten und ein langfristig stabiles Unternehmen aufzubauen, das auch kommende Krisen weitestgehend unbeschadet übersteht.

Ideen sammeln und bewerten

Der Changeprozess bei der Firma Mott wurde mit der Sammlung von Inspirationen möglicher Handlungsrichtungen begonnen, wie z. B. durch die Teilnahme an externen Workshops, themenspezifischen Meetings und Fachgesprächen mit ausgewiesenen Spezialisten. Es wurde abgewogen, was als Changeprozess umgesetzt werden kann und was aufgrund seiner Komplexität sowie Neuartigkeit als Transformationsprozess auf den Weg gebracht werden kann. Die Teilnahme an internen und externen Meetings führt immer wieder zu neuen Ideen und neuer Motivation zur Umsetzung.

Mitarbeitende frühzeitig in den Prozess integrieren

Um die für Mott passenden Maßnahmen zu finden, wurden die Mitarbeitenden frühzeitig in den Prozess mit einbezogen. In Umfragen und teilweise in Einzelgesprächen wurde abgefragt, welche Schritte ihrer Meinung nach notwendig, dringend erforderlich und wichtig sind.

Fördergelder suchen und finden

Ein wichtiges zusätzliches strategisches Handlungsfeld im Unternehmen ist das Aufspüren verfügbarer Gelder und Förderungsmöglichkeiten. Es ist essenziell, die klassischen Finanzierungsmöglichkeiten mit Förderungen zu ergänzen. So kann der Kapitaldienst des Unternehmens gewährleistet werden, wenn Investitionen in die Nachhaltigkeit keine Renditeerhöhung bringen.

Gut geplant ist halb gewonnen

Planung ist das A und O. Wer ist für was zuständig? Bis wann wird etwas erledigt? Es gibt gute externe Fachkräfte und Vorreiter auf dem Gebiet der Nachhaltigkeit. Diese können zurate gezogen werden und sind für den Erfolg ausschlaggebend. Ein wichtiges Hilfsmittel kann dabei ein Kommunikationsplan sein. Wer muss wann welche Information haben, um voll hinter dem Projekt zu stehen?

Weiter kann es hilfreich sein die in Abschn. 10.4 dargestellte Changekurve auf das Unternehmen anzuwenden. Jeder befindet sich in einer unterschiedlichen Phase im zeitlichen Ablauf.

10.4 Phasen des Changeprozesses

Jede Kommunikation einer Veränderung ist anders. In Abb. 10.6 ist ein schematischer Changeprozess mit den unterschiedlichen Phasen abgebildet. Dabei gibt es drei wesentliche Phasen: Auftauen, Verändern und Stabilisieren.

10.4.1 Die Phasen des Change

Beim Auftauen geht es um Destabilisierung. Zuvor muss etwas kaputtgehen, bevor es neu und sinnvoller zusammengesetzt werden kann. Das kann natürlich auch schmerzhaft sein, weshalb in diesem Prozess vor allem Durchhaltevermögen verlangt wird.

In der Veränderungsphase werden Prozesse neu modelliert, geformt und in eine neue Ordnung gebracht, während bei der Stabilisierungsphase die neuen Prozesse konsequent umgesetzt werden. Die nachfolgenden Phasen sind als Orientierungshilfe zu verstehen, ein Unternehmen in den Prozess einzuordnen.

Im Folgenden finden Sie eine kurze Erläuterung zu den unterschiedlichen Phasen (Streich, 2016, S. 24–27):

- **Phase 0: Die Ruhe vor dem Sturm.**

Alles normal, kein Stress. Mit der Nachhaltigkeit scheint alles in bester Ordnung zu sein.

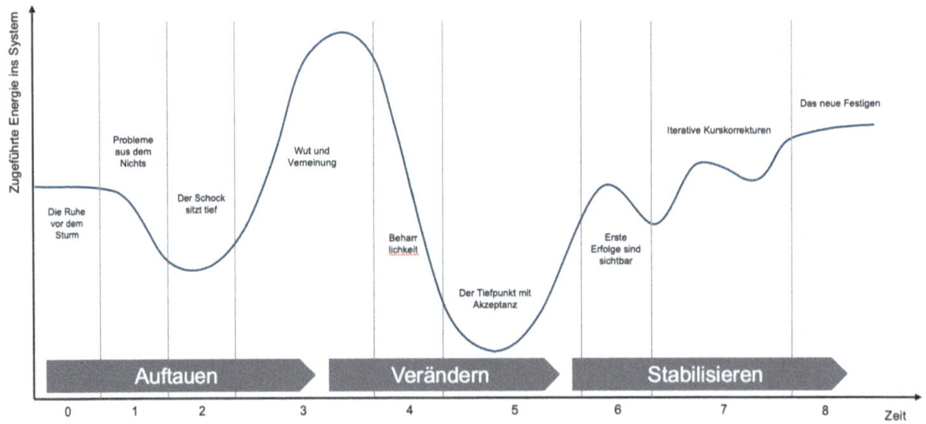

Abb. 10.6 Changeprozess, eigene schematische Darstellung in Anlehnung an: Grunwald, 2021, und Stolzenberg & Heberle, 2021, und Streich, 2016

- **Phase 1: Aus dem Nichts tauchen tiefgreifende Probleme auf.**

Niemand hat es geahnt, aber jetzt ist das Thema Nachhaltigkeit relevant. Kunden möchten eine Nachhaltigkeitsstrategie sehen und keiner weiß, was zu tun ist.

- **Phase 2: Der erste Tiefpunkt – Schock.**

Es wird sofort ein Meeting einberufen und unzählige Power-Point-Folien werden erstellt. Hauptsache, es wird schnell etwas gemacht.

- **Phase 3: Wut und Verneinung.**

Sie fragen sich, warum Sie und Ihr Topmanagement die Gewitterwolken am Himmel nicht gesehen haben. Für was zahlt man denn sein Topmanagement!?
Ihr Selbstbild und Fremdbild unterscheiden sich erheblich.

- **Phase 4: Vor der Einsicht – Beharrlichkeit.**

Jetzt ist den meisten klar, dass etwas verändert werden muss. Das Thema Nachhaltigkeit muss in die Strategie miteingearbeitet werden. Aber am liebsten wäre es Ihnen, wenn alles beim Alten bleiben würde.

- **Phase 5: Der Tiefpunkt mit Akzeptanz.**

Alte Konzepte werden beiseitegeschoben. Neue, nachhaltige Konzepte werden gemeinsam erstellt. Es keimt wieder Hoffnung auf.

- **Phase 6: Die ersten Erfolge – Ausprobieren.**

Es wird viel ausprobiert. Einiges funktioniert. Das wird weiterentwickelt.

- **Phase 7: Kurskorrektur unter Volldampf.**

Nur ein fahrendes Schiff lässt sich lenken. Es werden immer wieder Korrekturen vorgenommen. Die Richtung stimmt!

- **Phase 8: Das Neue etablieren.**

Sie haben es gemeinsam geschafft. Erfolge werden gefeiert. Strukturen und Prozesse werden immer besser.

10.4.2 Reden – Kommunizieren – Wiederholen

Auch hier soll wiederholt daran erinnert werden, dass sich die Mitarbeitenden eines Unternehmens in unterschiedlichen Phasen des Change befinden. Der Lenkungsausschuss hat sich schon sehr früh mit dem Thema beschäftigt. Diese Personen sind meist schon fortgeschritten in der Changekurve. Bei der ersten größeren Kommunikation in Richtung Organisation fallen einige der Beteiligten jedoch wieder ganz nach vorne in der Changekurve. Das bedeutet für die Unternehmensführung, dass diese von Neuem die Mitarbeitenden überzeugen darf.

Gerade im Change brauchen Mitarbeitende Sicherheit und Verlässlichkeit von der Unternehmensführung. Dies kann nur gelingen, wenn eine ausgeprägte Kommunikationskultur vorherrscht. Wiederholtes Aufgreifen von Themen und Argumentationen sind hier keine Seltenheit. Wie bereits oben erwähnt, hat sich die Unternehmensführung bereits über Monate oder Jahre mit dem Thema auseinandergesetzt. Die Mitarbeitenden jedoch nicht. Ihnen muss die Chance gegeben werden, das Thema zu verstehen, dann steht dem Erfolg nichts mehr im Weg.

10.4.3 Unterschiedliche Menschen – unterschiedliche Bedürfnisse

Der Querschnitt der Gesellschaft ist allgegenwärtig und setzt sich aus Mutmachern – Mitmachern – Miesmachern zusammen. Von essenzieller Bedeutung ist es, die Miesmacher zum Mitmacher und die Mitmacher zum Mutmacher zu bringen (Knoblauch & Kurz, 2013).

Bei der Ideenfindung hat sich die Firma Mott z. B. treiben lassen, sich keine Grenzen gesetzt und nach Inspiration in allen möglichen Situationen Ausschau gehalten. So ergaben sich auch spontane Momente, die aufgegriffen, in den Changeprozess eingebaut und kurzfristig umgesetzt wurden. Dabei stand proaktives Handeln klar im Vordergrund und ist der Schlüssel zum Erfolg.

Bei Mott wurde die Erfahrung gemacht: je länger ein Changeprozess vorbereitet wird, desto aufwendiger ist dessen Umsetzung. Um das ganze Unternehmen und alle Mitarbeitenden auf dem aktuellen Stand zu halten und über neue Maßnahmen zu informieren, werden diese in wiederkehrenden Quartals-Infoveranstaltungen immer wieder mitgenommen oder durch Rundschreiben informiert.

10.4.4 Mindset und Change

Ein weiterer wesentlicher Faktor ist der Umgang der Führungsriege mit dem Thema Nachhaltigkeit. Gerade Personen aus der ersten Führungsebene haben hier eine Schlüsselrolle. Hat die Führungsmannschaft das Thema Nachhaltigkeit als existenzielle Voraussetzung für den Fortbestand des Unternehmens verstanden? Hier soll nochmals an Abb. 10.6 erinnert werden. Die Unternehmensleitung darf hier nicht selbst als Maßstab genommen werden, was den Wissensstand und die Wissensverarbeitung anbelangt. Oft müssen gewisse Inhalte mehrfach gehört werden, bis der Inhalt bzw. die Dringlichkeit verstanden wird.

Erst wenn die Dringlichkeit für das Thema Nachhaltigkeit bei allen Führungskräften verstanden worden ist, kann an die Kommunikation aller Mitarbeitenden gedacht werden. Haben Mitarbeitende eher ein statisches Mindset? Ein statisches Mindset sieht eher das Problem, sieht Limitierungen und Begrenzungen. Oft ist es so, dass Menschen Neuem gegenüber eher kritisch sind. Ein dynamisches Mindset sieht eher die Chance und die Möglichkeiten in etwas Neuem (Metzger, 2024, S. 94).

Gerade das Thema Nachhaltigkeit wird bei Mott als der entscheidende Wettbewerbsvorteil für die Zukunft gesehen!

10.5 Zusammenfassung

Der Weg zu einem CO_2-neutralen Unternehmen ist ein Transformationsprozess. Durch die Reduktion von Treibhausgasemissionen und die effiziente Nutzung der Ressourcen wird gleichzeitig der Umwelt und den Ausgaben der Firma geholfen. Denn durch die effiziente Nutzung der Rohstoffe und einen geringeren Energieverbrauch können hohe Kosten gespart werden. Hinzu kommt ein Wettbewerbsvorteil für die Vorreiter. Andere Aspekte, wie die Wissensvermittlung, soziales Engagement und Innovationen dürfen hier auch nicht zu kurz kommen und tragen ebenso einen erheblichen Beitrag zur Nachhaltigkeit eines Unternehmens bei.

Der Prozess zur Implementierung von Nachhaltigkeit in das Unternehmen kann nur gelingen, wenn das gesamte Unternehmen die Notwendigkeit desselben erkennt. Einzelne Changeprojekte dirigieren einen erfolgreichen Transformationsprozess, der beim Thema Nachhaltigkeit hoffentlich niemals endet und immer weiterentwickelt werden kann.

Zum Erfolg braucht es also eine Prise Mut, reichlich Durchhaltevermögen und ganz viel Kreativität.

10.6 Machen kommt von Machen: Umsetzung

Nachhaltigkeit ist das neue Buzzword – alle reden darüber, aber niemand weiß so recht, wie man es richtig trägt. Statt einfach nur ein grünes Label aufzupappen, schauen wir uns jetzt an, wie man das Thema wirklich schick in die Unternehmensstrategie integriert, ohne dass es wie der hässliche Weihnachtspullover wirkt, den niemand tragen will. Hier sind vier praktische Schritte, die nicht nur gut aussehen, sondern auch Wirkung zeigen!

1. **Nachhaltigkeit in der Unternehmensstrategie verankern**

Unternehmen sollten strategisch planen, wie Nachhaltigkeit in ihre langfristige Geschäftsstrategie eingebettet wird. Dies umfasst Maßnahmen zur Reduktion von Treibhausgasemissionen, Ressourcenoptimierung und Energieeffizienz. Ein Beispiel ist die Umstellung auf alternative Energiequellen, wie wir es mit der Umstellung von Öl auf Gas sowie der Installation eines Blockheizkraftwerks vorgemacht haben.

2. **Wissensvermittlung und Bewusstsein schärfen**

Ein wichtiger Schritt besteht darin, das Wissen über Nachhaltigkeit intern und extern zu fördern. Unternehmen sollten sich aktiv an Bildungsprojekten und Kooperationen mit Schulen und Universitäten beteiligen, um Wissen weiterzugeben. Die Teilnahme an Wettbewerben und Initiativen, wie wir es tun, kann helfen, zukünftige Generationen zu inspirieren und sie zu nachhaltigem Handeln zu motivieren.

3. **Soziale Verantwortung übernehmen**

Unternehmen sollten auch in sozialen Projekten engagiert sein, um Nachhaltigkeit als breiteres Konzept zu fördern. Dies beinhaltet die Unterstützung benachteiligter Gruppen und die Förderung von Gemeinschaftsprojekten. Soziales Engagement trägt zur langfristigen, nachhaltigen Entwicklung des Unternehmens bei und stärkt den Zusammenhalt in der Belegschaft und der Gemeinschaft.

4. **Förderung von Innovation und Kreativität**

Innovationen sind notwendig, um bestehende Prozesse nachhaltiger zu gestalten. Unternehmen sollten kreative Lösungen fördern, die zur Ressourceneffizienz und Abfallreduzierung beitragen. Mott hat beispielsweise die Verwendung gleicher Materialquerschnitte für verschiedene Produkte optimiert, um weniger Verschnitt zu erzeugen. Dieser Ansatz zur kontinuierlichen Verbesserung hilft, nachhaltige Produkte zu entwickeln und gleichzeitig Wettbewerbsvorteile zu erzielen.

Literatur

Bittner-Fesseler, A., Krutzke, A., & Hermann, K. (2023). *Change Kommunikation als Managementaufgabe, Ein Leitfaden für Führungskräfte unter Transformationsdruck mit Case Study*. Springer Gabler.

Bojanowski, A. (2024, Juli 04). *Katastrophisierung als Geschäftsmodell*. www.cicero.de: https://www.cicero.de/innenpolitik/klimawandel-katastrophisierung-als-geschaftsmodell-bojanowski. Zugegriffen am 26.04.2025.

Grunwald, L. A. (2021). *Neuroleadership im Changemanagement, Erfolgsfaktoren zur Stressprävention und Mitarbeitermotivation*. Springer Fachmedien GmbH.

Knoblauch, J., & Kurz, J. (2013). *Die besten Mitarbeiter finden und halten: Die ABC-Strategie nutzen*. Campus.

Krauss, S., & Philipp, P. (2024). *Nachhaltigkeit ermöglichen, Vom Buzzword zur gelebten Praxis – Transformationsbeispiele aus verschiedenen Branchen*. Springer Gabler.

Kreative Köpfe. (2024). https://kreativekoepfe.info/. Zugegriffen am 28.04.2025.

Metzger, P. (2024). *Das dynamische Vertriebsmindset, Mit einer positiven inneren Haltung den Unternehmenserfolg sichern*. Springer Gabler.

O'Neill et al., (2020). *Achievements and needs for the climate change scenario framework, Nature Climate Change*.

Preveden, V. (2024). *Nachhaltigkeit als strategischer Wettbewerbsvorteil, Chancen durch systematisches Nachhaltigkeitsmanagement im Unternehmen nutzen*. Springer Gabler.

Stolzenberg, K., & Heberle, K. (2021). *Change Management; Veränderungsprozesse erfolgreich gestalten – Mitarbeiter mobilisieren. Vision, Kommunikation, Beteiligung, Qualifizierung*. Springer GmbH.

Streich, R. K. (2016). *Fit for Leadership, Führungserfolg durch Führungspersönlichkeit*. Springer Fachmedien.

Jürgen Junker ist Geschäftsführer der Firma Mott Mobile Systeme GmbH & Co. KG, einem mittelständischen Unternehmen mit Sitz in Tauberbischofsheim. Die Firma Mott ist Hersteller von Eventmobiliar und hat sich auf den Bau von Bühnen und Podesten sowie Klapptischen und Transportsystemen spezialisiert. In der hauseigenen Produktion werden außerdem Dienstleistungen im Bereich Rohrlaser und Pulverbeschichtung angeboten. Die Tochtermarke HSBB:mott hat sich auf den Vertrieb von Bankett- und Konferenzmobiliar spezialisiert. Eine weitere internationale Marke der Firma Mott ist das Black-Panther-System, ein Keyboard- und Studio-Rack-System für die Musikbranche, das weltweit viele Fans gewinnen konnte.

Mit langjähriger Erfahrung in der Branche bringt er umfassendes Fachwissen und ein breites Verständnis für die Veränderungen in einem dynamischen Umfeld mit. Durch seine Führung hat das Unternehmen kontinuierlich Wachstum verzeichnet und sich durch innovative Strategien und eine klare Vision seinen festen Platz im Markt gesichert und ausgebaut.

Sein Führungsstil ist geprägt von einer zukunftsorientierten Herangehensweise und seinem Engagement für nachhaltige Geschäftsprozesse, was das Unternehmen mehr und mehr zu einem Vorreiter in der Eventbranche macht. Mott wurde 2024 auch für den Umweltpreis nominiert und ist Mitglied im Klimabündnis Baden-Württemberg und der KLIMAWIN.

An dieser Stelle: DANKESCHÖN an meine liebe Tochter **Sarah** für die tatkräftige Unterstützung beim Schreiben des Artikels!

Philipp Metzger verbindet als Vertriebsexperte innovative Ansätze der Künstlichen Intelligenz (KI) mit der Förderung von Eigenverantwortung in Unternehmen. Sein Fokus liegt auf multidimensionalem Wachstum und der nachhaltigen Entwicklung von Vertriebsorganisationen. Im Zentrum seines Ansatzes steht das harmonische Zusammenspiel von Menschen, Systemen, Prozessen und Kennzahlen – der Schlüssel zu langfristigem Erfolg im Vertrieb.

Als Theologe, Wirtschaftsingenieur und Coach hinterfragt er bewährte, aber oft überholte Ansätze und bringt frischen Wind in die Vertriebswelt. Mit seinem Talent, Komplexität zu reduzieren und Klarheit für alle Beteiligten zu schaffen, hilft er Unternehmen, Struktur und Ordnung zu etablieren und so nachhaltige Erfolge zu erzielen.

Mit über 15 Jahren aktiver Vertriebserfahrung ist Philipp Metzger eine erfahrene Führungskraft. Er absolvierte sein MBA-Studium in Entrepreneurship in den USA und spricht fließend Englisch. Seine Managementerfahrung umfasst acht Jahre Führung im nationalen und internationalen Vertrieb sowie 14 Jahre praktische Tätigkeit im Direktvertrieb – unter anderem in den Bereichen Handel, Produktion und Baustellenlogistik.

11 Erfolgsfaktor Selbstführung: Führe dich selbst, sonst führt dich keiner

Niko Single

„But you cannot manage other people unless you manage yourself first (Drucker & Wartzman, 2010, S. 173)".

Wenn es nur eine Fähigkeit für den Erfolg als Führungskraft gäbe, dann wäre es die, sich selbst zu führen. Denn der Erfolg einer Organisation wird letztlich durch die Selbstführungskompetenz ihrer Führungskräfte begrenzt. Peter Drucker formulierte es treffend: *„The most crucial and vital resource you have as an executive and as a manager is yourself; your organization is not going to do better than you do yourself"* (Drucker & Wartzman, 2010, S. 173).

Die Konsequenzen fehlender Selbstführung sind zahlreich und weitreichend. Die Ergebnisse sind meist dieselben: enttäuschende Leistungen und ein Team, das mangels Vertrauens in die Kompetenz und Authentizität nicht hinter seiner Führungskraft steht. Doch Selbstführung ist nicht nur für die berufliche Leistung entscheidend. Sie bildet auch das Fundament für anhaltende Zufriedenheit im Leben. Ohne eine klare innere Führung besteht die Gefahr, sich Zielen hinzugeben, die – wenn überhaupt – nur ein kurzfristiges Gefühl der Erfüllung bieten. Im schlimmsten Fall könnte das Erreichen dieser Ziele eine Leere hinterlassen, die nach immer größeren und ehrgeizigeren Zielen verlangt.

Mit der durch Selbstführung erlangten inneren Klarheit gelingt es jedoch, das eigene Leben bewusst zu gestalten – im Einklang mit den eigenen Werten und tiefsten Bedürfnissen. Aber wie führt man sich überhaupt selbst und wo fängt man an? Einen möglichen Ausgangspunkt liefert der ehemalige Professor der Harvard Business School, Clayton

N. Single (✉)
Immenstaad, Deutschland
E-Mail: info@nikosingle.de

C. Kastner et al. (Hrsg.), *Führung im Wandel*,
https://doi.org/10.1007/978-3-658-47645-8_11

Christensen, in seinem Buch *How Will You Measure Your Life?*. In diesem Werk stellt Christensen (Christensen et al., 2019) drei Fragen vor, die er seinen Studierenden in seiner Abschlussvorlesung mit auf den Weg gibt [Übersetzung des Verfassers]:

1. Wie kann ich sicherstellen, dass ich in meiner Karriere glücklich bin?
2. Wie kann ich sicherstellen, dass meine Beziehungen zu meinem Ehepartner und meiner Familie eine dauerhafte Quelle des Glücks sind?
3. Wie kann ich sicherstellen, dass ich nicht im Gefängnis lande?

Allesamt Fragen, die es wert sind, beantwortet zu werden. Allerdings fehlten mir einige Aspekte, und das „nicht im Gefängnis landen" war mir zu voreingenommen. (Mehrere von Christensens ehemaligen Kommilitonen sind im Gefängnis gelandet – unter anderem, weil sie im Enron-Skandal verwickelt waren.)

Daher habe ich diese Fragen für meine Beratungs- und Coachingpraxis weiterentwickelt, um einen ganzheitlicheren Blick zu ermöglichen:

1. Wie werde ich erfolgreich und glücklich in meinem gesamten Leben sein?
2. Wie werden meine Beziehungen zu Partner/in, Kindern, der erweiterten Familie und engen Freunden eine dauerhafte Quelle des Glücks?
3. Wie kann ich sicherstellen, dass ich ein integres Leben gemäß meinen tiefsten Bedürfnissen, Werten und Prinzipien führe?
4. Wie stelle ich sicher, dass ich eine hohe und optimale körperliche und geistige Leistungsfähigkeit bis ins hohe Alter habe?

In meinen Coachings begleite ich Führungskräfte dabei, diese Fragen für sich zu beantworten, indem ich sie durch die fünf Säulen der Selbstführung führe:

1. **Innere Klarheit** – wer bin ich, was ist mir wirklich wichtig und was erfüllt mich nachhaltig?
2. **Fokus** – worauf muss ich meine Energie und Zeit konzentrieren?
3. **Zeitmanagement** – wie nutze ich meine begrenzte Zeit maximal wirkungsvoll?
4. **Energiemanagement** – wie steigere ich nachhaltig meine körperliche und geistige Energie und Gesundheit?
5. **Geistige Stärke** – wie agiere ich emotional intelligent und resilient in einem turbulenten Umfeld?

Im weiteren Verlauf dieses Kapitels erhalten Sie eine Einführung in die ersten zwei Säulen der Selbstführung: **innere Klarheit** und **Fokus**. Diese beiden Säulen sind entscheidend, um die bereits genannten Fragen erfolgreich zu beantworten und die Chance auf ein erfülltes und erfolgreiches Leben sowohl im Beruf als auch im privaten Bereich zu steigern.

11.1 Säule 1 – innere Klarheit

Selbstführung ist ohne innere Klarheit nicht möglich. Denn fehlt das Bewusstsein darüber, was einen wirklich antreibt, welche Werte man verfolgt, welche Prinzipien man vertritt und welche Ziele einem eine langfristige Erfüllung bringen, ist die Wahrscheinlichkeit groß, dass man von äußeren Einflüssen und Erwartungen gesteuert wird. Das gilt sowohl im beruflichen als auch im privaten Umfeld.

Führungskräfte, denen es an Klarheit über ihre eigenen Prinzipien, Überzeugungen, Stärken und Verhaltenspräferenzen mangelt, neigen dazu, das Führungsverhalten anderer zu kopieren. Oft fällt es ihnen auch schwer, klare und konsistente Entscheidungen zu treffen. Das Ergebnis: Sie wirken und führen nicht authentisch und verunsichern dadurch ihr Team, da sie keine klare Richtung vorgeben. Mit der Zeit verlieren sie dementsprechend den Rückhalt und das Vertrauen ihrer Mitarbeitenden.

Auch im privaten Leben führt das Fehlen von innerer Klarheit zu Problemen. Menschen, die kein genaues Verständnis von sich selbst haben und nicht wissen, was lang anhaltende Zufriedenheit bringt, setzen häufig ihre Energie in die Verfolgung der falschen Ziele. Diese Ziele können Statussymbole, Besitztümer, monetärer Reichtum oder Macht sein – Dinge, die vielleicht kurzfristig ein Gefühl von Erfolg und Anerkennung bringen, aber selten langfristige Erfüllung bieten.

Ich erlebe dies häufig bei meinen Coachees, besonders bei Führungskräften zwischen dem 45. und 55. Lebensjahr, die am Höhepunkt ihrer beruflichen Laufbahn stehen. Viele von ihnen sind nach dem Studium direkt auf den Karrierezug aufgesprungen und haben über Jahrzehnte hinweg hart daran gearbeitet, ihre Karriere immer weiter voranzubringen. Oft geschah dies auf Kosten ihres Familien- und Privatlebens sowie ihrer Gesundheit. Doch nun, an der Spitze ihrer beruflichen Laufbahn, stellen sie fest, dass jede neu erreichte Karrierestufe sie nicht glücklicher macht als die zuvor. Heute haben sie alles erreicht, worauf sie so lange hingearbeitet haben, aber anstatt Erfüllung zu spüren, fühlen sie eine innere Leere. Sie fragen sich: *War das wirklich alles?*

Das Problem liegt darin, dass sie – gefangen im Sog der Karriere – nie wirklich darüber nachgedacht haben, wie sie ihr Leben gestalten wollen. Nach außen hin sind sie zwar erfolgreich, aber innerlich fühlen sie sich unerfüllt und leer.

Natürlich stellt sich nun die Frage: *Wie erlangt man innere Klarheit?* In meinen Coachings nutze ich dafür gerne ein von mir angepasstes Modell der „neurologischen Ebenen der Veränderung“ nach Robert Dilts (2018), um die innere Klarheit zu erkunden. Dieses Modell bietet eine strukturierte Möglichkeit, die verschiedenen Ebenen des Denkens und Handelns zu erforschen, die unser Verhalten und unsere Entscheidungen beeinflussen. Besonders bedeutend sind dabei die Ebenen *Mission* (im ursprünglichen Modell als „Spiritualität“ bezeichnet), *Identität*, *Werte* und *Fähigkeiten*.

Mission Eine persönliche Mission ist eine übergeordnete Leitidee, die wie ein innerer Kompass hilft, dem Leben Sinn und Richtung zu geben. Sie beantwortet die Frage: *„Was* *möchte ich in meinem Leben bewirken?"* und ermöglicht es damit, Entscheidungen zu treffen, die mit dem eigenen Selbst und den tiefsten Wünschen und Bedürfnissen im Einklang stehen.

Oftmals erlebe ich, dass es Menschen schwerfällt, ihre persönliche Mission zu formulieren, weil sie glauben, eine Mission müsse altruistisch sein – wie etwa den Weltfrieden sichern oder den Welthunger bekämpfen. Das muss natürlich nicht der Fall sein. Eine Mission kann ebenso selbst gerichtet sein, wie beispielsweise das Streben nach persönlichem Wachstum, Selbstverwirklichung oder dem Wunsch, Wissen zu erlangen. Sie kann aber auch auf einen bestimmten Personenkreis gerichtet sein, wie etwa auf die eigene Familie oder auf die Verbesserung der Lebensqualität bestimmter Gruppen.

Identität Die Ebene der Identität beschäftigt sich mit der Frage: *„Wer bin ich, was möchte ich erreichen und was zeichnet mich aus?"* Ein tiefes Verständnis der eigenen Identität hilft Führungskräften zu verstehen, für welche Prinzipien sie stehen, welche Verhaltenspräferenzen sie aufweisen, welche Ziele sie wirklich glücklich machen und welche Rollen sie in ihrem Leben bewusst einnehmen wollen – sowohl beruflich als auch privat.

Werte Werte sind das Fundament unserer Entscheidungen und Handlungen. Außerdem sind sie die Qualitäten, die wir in unserem Leben mehren möchten. Sie beantworten die Frage: *„Was ist mir wirklich wichtig?"* Wenn Führungskräfte ihre Werte nicht klar kennen, besteht die Gefahr, dass sie Entscheidungen treffen, die nicht im Einklang mit ihrem inneren Kompass stehen. Das führt langfristig zu Unzufriedenheit und inneren Konflikten.

Fähigkeiten Das Bewusstsein über die eigenen Fähigkeiten und Stärken ist ein weiterer entscheidender Schritt zur Erlangung innerer Klarheit. Es hilft dabei, zu erkennen, worin man wirklich gut ist und wie man diese Stärken einsetzen kann. Denn, wie die positive Psychologie zeigt, sind Menschen, die ihre eigenen Stärken ausleben können, deutlich zufriedener, gesünder und resilienter.

Wer innere Klarheit erlangen will, kommt nicht darum herum, diese Ebenen für sich durchzuarbeiten. Es gibt zahlreiche Möglichkeiten und Übungen, die das Erkunden der verschiedenen Ebenen erleichtern und strukturieren können. In der Praxis ist das Erkunden dieser Ebenen jedoch kein linearer Prozess. Erkenntnisse, die auf einer Ebene gewonnen werden, liefern oft neue Einsichten, die andere Ebenen beeinflussen. So entsteht ein dynamischer Reflexionsprozess, der es ermöglicht, iterativ ein tieferes Verständnis von sich selbst zu entwickeln.

Eine besonders wirkungsvolle Übung, um erste Erkenntnisse über die innere Klarheit zu erlangen, ist die sogenannte Beerdigungsübung, die von Stephen Covey in seinem Buch *The 7 Habits of Highly Effective People* beschrieben wird (Covey, 2005).

11.2 Übung: Die Beerdigungsübung nach Stephen Covey

Stellen Sie sich vor, Sie hätten ein langes und erfülltes Leben gelebt und könnten nun Ihre eigene Beerdigung beobachten. Alle Menschen, die Ihnen wichtig sind und waren, haben sich versammelt, um sich von Ihnen zu verabschieden: Familienmitglieder, Freunde, besondere Bekanntschaften, ehemalige Kolleginnen und Kollegen. Vier der anwesenden Personen treten nacheinander nach vorn, um ihre Erinnerungen an Sie und Ihr Leben mit den anderen zu teilen.

- Welche vier Personen sind es?
- Wie würden Sie gerne von diesen Personen als Mensch beschrieben werden?
- Welche Ihrer Eigenschaften würden die Redner betonen?
- Welche Erinnerungen und Geschichten erzählen die Redner über Sie? (tatsächliche oder noch zu erlebende)
- Welche Erfolge schreiben Ihnen die Redner zu? (tatsächliche oder noch zu erreichende)
- Was sagen die Redner darüber, wie Sie die Menschen um Sie herum zu Lebzeiten berührt haben?

Diese Reflexion hilft Ihnen dabei, Ihre eigenen langfristigen Ziele, Werte und Prioritäten herauszufinden und die Richtung für Ihre Zukunft bewusst zu gestalten.

Innere Klarheit ist die Grundlage für ein erfülltes und authentisches Leben, sowohl im beruflichen als auch im privaten Kontext. Sie ermöglicht, bewusst Entscheidungen zu treffen, die im Einklang mit den eigenen Werten, Zielen und Überzeugungen stehen. Doch Klarheit allein reicht nicht aus, um erfolgreich und zufrieden zu sein. Um die eigene Mission und Ziele tatsächlich umzusetzen, bedarf es eines konsequenten Fokus. Denn nur wer in der Lage ist, seine Energie auf das Wesentliche zu konzentrieren, kann langfristig produktiv und erfolgreich sein. Im nächsten Abschnitt steht daher das Thema *Fokus* im Mittelpunkt.

11.3 Säule 2 – Fokus

Im Fokus liegt der Schlüssel, um die Themen, die in der Säule der inneren Klarheit herausgearbeitet wurden, in die Realität umzusetzen. Ein klares Verständnis dafür, wer wir sind, was uns antreibt, wie wir unser Leben gestalten wollen und welche Ziele uns langfristig erfüllen, nützt uns wenig, wenn wir uns nicht konsequent darauf fokussieren. Denn ohne Fokus laufen wir Gefahr, dass wir uns von den unzähligen äußeren Einflüssen, Verlockungen und Ablenkungen von unserem gewünschten Weg abbringen lassen.

Um der Ablenkung zu widerstehen, ist es wichtig zu verstehen, dass uns der Fokus auf drei Ebenen entgleiten kann:

1. **Strategische Ebene** – wir vergeuden Energie, Zeit und geistige Kapazität für Themen, die wir nicht beeinflussen können.
2. **Taktische Ebene** – wir arbeiten an den Aufgaben, die uns leichtfallen oder für die wir bereits eine Lösung haben, anstatt an den Themen, die die maximale Wirkung erzeugen.
3. **Operative Ebene** – wir arbeiten unfokussiert und ineffizient, indem wir kurzfristigen Ablenkungen wie E-Mails, Social Media oder Telefonanrufen verfallen.

In meiner Coachingpraxis arbeite ich mit Führungskräften daran, ihren Fokus auf jeder dieser drei Ebenen herzustellen und zu halten. Es geht darum, Strategien zu entwickeln, die ihnen helfen, ihre Zeit, ihre Energie und ihre geistige Kapazität auf das Wesentliche zu lenken und Ablenkungen zu minimieren.

Für dieses Kapitel werde ich Ihnen auf jeder dieser Ebenen eine bewährte Strategie oder einen wertvollen Impuls vorstellen, der Ihnen dabei hilft, Ihren Fokus aufzubauen und zu wahren.

11.4 Ablenkung auf der strategischen Ebene vermeiden

Einer der Hauptgründe, warum Menschen nicht dort sind, wo sie gerne wären, liegt darin, dass sie ihre begrenzten Ressourcen – ihre Zeit, ihre Energie und ihre geistige Kapazität – auf Themen verschwenden, die sie nicht beeinflussen können. Diese Ressourcen fehlen ihnen dann wiederum zum Erreichen ihrer Ziele. Um meine Coachees darin zu unterstützen, ihre Ressourcen auf das Wesentliche zu lenken, gebe ich ihnen gerne das Werkzeug des Circle of Control von Stephen Covey (Covey, 2005) an die Hand. Dieses Modell hilft dabei, den Fokus gezielt auf die Bereiche zu lenken, die man tatsächlich beeinflussen kann, und damit die eigenen Ressourcen effizient einzusetzen.

Stellen Sie sich 3 Kreise vor: einen kleinen Kreis, um diesen kleinen Kreis einen etwas größeren Kreis und um diesen zweiten Kreis einen ganz großen Kreis. Alles, was Sie in irgendeiner Form interessiert oder betrifft, lässt sich diesen drei Kreisen zuordnen:

Interessensbereich (*Circle of Concern*): Dies ist der größte Kreis und umfasst all die Dinge, die uns beschäftigen, interessieren oder Sorgen bereiten, auf die wir jedoch keinerlei Einfluss haben – sei es das Weltgeschehen, politische Entwicklungen oder das Verhalten anderer Menschen.

Bereich des indirekten Einflusses (*Circle of Indirect Influence*): In diesem mittleren Kreis befinden sich Themen, die wir nicht direkt steuern, aber zumindest in gewissem Maße beeinflussen können. Dazu gehören insbesondere Beziehungen sowie die eigenen Ziele und Ergebnisse. Wir können zwar durch unser Handeln Einfluss nehmen, jedoch hängt das tatsächliche Ergebnis von äußeren Faktoren ab.

Bereich des direkten Einflusses (*Circle of Control*): Der innerste und zugleich wichtigste Kreis. Hier befinden sich alle Dinge, auf die wir direkten Einfluss haben, wie unsere eigene Einstellung, Haltung, Gedanken, Entscheidungen, Handlungen und Verhaltensweisen.

Das Ziel sollte es sein, so viel wie möglich unserer begrenzten Ressourcen – Zeit, Energie und geistige Kapazität – im innersten Kreis, dem **Circle of Control**, zu verbringen. In diesem Bereich haben wir die vollständige Kontrolle und genau hier können wir den größten Einfluss ausüben.

Um mehr der eigenen Zeit im Circle of Control zu verbringen, hilft es, regelmäßig über den eigenen Zeiteinsatz zu reflektieren. Eine effektive Methode ist es, am Ende eines Tages oder einer Woche innezuhalten und sich zu fragen: *„In welchem der drei Kreise habe ich wie viel Zeit verbracht?“* und: *„Wie stelle ich zukünftig sicher, dass ich mehr Zeit im innersten Kreis – meinem Circle of Control verbringe?“*

11.5 Ablenkung auf der taktischen Ebene vermeiden

Auf der taktischen Ebene geht es darum, innerhalb der anstehenden Aufgaben und Projekte die richtigen Prioritäten zu setzen. Eines der wirkungsvollsten Werkzeuge hierzu ist das Konzept von *The ONE Thing*, das von Gary Keller in seinem gleichnamigen Buch beschreibt (Keller, 2014).

Die zentrale Frage, die dieses Konzept aufwirft, lautet: *„Was ist die eine Sache, die ich tun kann, sodass alles andere leichter oder überflüssig wird?“* (Keller, 2014, S. 106 [Übersetzung des Verfassers]). Anstatt sich in einer Vielzahl von Aufgaben zu verlieren, hilft dieser Ansatz dabei, die eine Aufgabe zu identifizieren, die den größten Hebel für den Fortschritt hat. Denn häufig neigen wir dazu, uns mit den Aufgaben zu beschäftigen, die uns leichtfallen, für die wir bereits eine Lösung haben oder die uns besonders dringlich erscheinen. Das sind aber selten diejenigen Aktivitäten, mit denen wir die größte Wirkung erzeugen können. Daher ist es unerlässlich, sich kontinuierlich zu fragen: Arbeite ich gerade an der wichtigsten Aufgabe oder „beschäftige“ ich mich lediglich mit anderen Aufgaben?

▶ **Praxisbeispiel** In meinen Coachings erlebe ich häufig, dass Führungskräfte ihre To-do-Listen mit einer Vielzahl kleiner Aufgaben füllen, die schnell erledigt sind und sich beim Abhaken gut anfühlen, die aber keinen nennenswerten Fortschritt bringen. Sie fühlen sich beschäftigt, doch am Ende des Tages bleibt das Gefühl, dass sie nicht wirklich vorangekommen sind. Mit dem Prinzip von *The ONE Thing* lernen sie, ihre Aufgaben anders zu priorisieren. Anstatt sich in unwichtigen Aufgaben zu verlieren, konzentrieren sie sich auf das eine Thema, das die bedeutendste Auswirkung hat, und führen es erfolgreich zu Ende.

Um dieses Prinzip in den Alltag zu integrieren, lohnt es sich, den Tag oder die Woche mit der Frage zu beginnen: *„Was ist die eine Sache, die ich heute tun kann, die den größten Einfluss auf meine Ziele hat?“* Sobald diese eine Sache identifiziert ist, sollte ihr Zeit im Kalender eingeräumt und alle anderen Aufgaben zurückgestellt werden, bis sie erledigt ist. Indem wir uns auf das Wesentliche konzentrieren, arbeiten wir effektiver und bewirken dadurch mehr in kürzerer Zeit.

11.6 Ablenkung auf der operativen Ebene vermeiden

Ablenkungen sind einer der Hauptgründe dafür, dass wir oft nicht das erreichen, was wir uns vornehmen. Sie verhindern, dass wir unsere Aufgaben effizient erledigen und unsere Ziele erreichen. Dabei existieren zwei Arten von Ablenkungen: äußere und innere. Über die äußeren Ablenkungen, wie zum Beispiel eingehende E-Mails, Textnachrichten, Anrufe oder unerwartete Besuche von Kollegen im Büro, wird häufig diskutiert, und den meisten Personen sind sie bekannt. Doch ein ebenso großes, oft unterschätztes Problem sind die inneren Ablenkungen. Auf das Konzept der inneren Ablenkungen bin ich das erste Mal in Nir Eyals Buch *Indistractable* (2020) gestoßen. Unter inneren Ablenkungen versteht Eyal den häufig präsenten inneren Drang, uns selbst von unangenehmen oder schwierigen Aufgaben abzulenken. Gerade wenn es darum geht, komplexe Themen zu durchdenken, verspüren wir diesen inneren Drang oft als Bedürfnis, unser E-Mail-Postfach, die Nachrichten, einen Social-Media-Feed oder die Aktienkurse zu checken.

Eyal beschreibt, dass dieses Bedürfnis dem Wunsch entspringt, sich von negativen Gefühlen wie Langeweile, Stress oder Unsicherheit zu befreien, was uns dazu verleitet, nach schnellen, leicht zugänglichen „Belohnungen" zu suchen. Das Problem dabei ist, dass diese kurzfristigen Ablenkungen „süchtig" machen und dazu führen, dass unsere Konzentrationsfähigkeit und Aufmerksamkeitsspanne immer kürzer werden. Mit jeder Unterbrechung – sei es das schnelle Checken von E-Mails oder das Scrollen durch Social Media – unterbrechen wir nicht nur den Arbeitsfluss, sondern berauben uns auch der Zeit, die wir eigentlich für das Erledigen unserer eigentlichen Aufgabe benötigen.

Die Auswirkung ist zweifach negativ auf unsere Produktivität: Einerseits verlieren wir wertvolle Zeit, da wir uns durch die Ablenkung nicht aktiv auf unsere Aufgabe konzentrieren können. Zum anderen benötigen wir nach jeder Unterbrechung Zeit, um uns wieder in das Thema hineinzudenken. Dieser Wechsel zwischen vermeintlichem Fokus und Ablenkung verhindert, dass wir uns tief in eine Sache eindenken, und führt dazu, dass wir uns am Ende des Tages erschöpft fühlen, ohne wirklich etwas Wesentliches erreicht zu haben.

▶ **Übung** Wenn Sie herausfinden wollen, wie oft Sie sich selbst ablenken, legen Sie sich beim nächsten Mal, wenn Sie konzentriert an einer Aufgabe arbeiten, ein Blatt Papier zur Seite. Auf dieses Blatt schreiben Sie jedes Mal, wenn Sie das Bedürfnis verspüren, etwas anderes als die eigentliche Aufgabe zu tun, welche „Ablenkung" Sie in diesem Moment verlockt.

Um den inneren Ablenkungen entgegenzuwirken, empfiehlt Nir Eyal eine Methode aus der Akzeptanz- und Commitment-Therapie (ACT). Dabei geht es darum, die negativen Gefühle, die den Drang zur Ablenkung auslösen, nicht zu unterdrücken oder zu ignorieren, sondern ihnen bewusst Raum zu geben. Statt dem sofortigen Bedürfnis nachzugeben, sich abzulenken, sollten wir uns einen Moment Zeit nehmen, um das Gefühl, das wir in diesem Moment verspüren, wahrzunehmen und es zu benennen – sei es Langeweile, Unsicherheit oder Überforderung (Harris, 2013).

Dabei ist es normal, diese unangenehmen Gefühle zu verspüren. Doch anstatt sich von ihnen leiten zu lassen, geht es darum, bewusst zu entscheiden, wie man reagieren will. Nachdem wir das Gefühl erkannt haben, liegt der Fokus darauf, zielführend zu handeln, also die Aufgabe anzugehen, die wirklich zählt, anstatt uns durch kurzfristige „Belohnungen" wie das Checken von E-Mails oder Social Media abzulenken. Auf diese Weise gewinnen wir die Kontrolle zurück und verhindern, dass uns die innere Ablenkung von unseren eigentlichen Zielen abhält.

Um das Thema Fokus abzuschließen, ist es wichtig zu verstehen, dass Konzentration auf das Wesentliche eine stetige Herausforderung ist, die auf allen Ebenen unserer täglichen Aufgaben stattfindet. Die Strategien und Impulse, die in diesem Kapitel vorgestellt wurden, sollen Ihnen helfen, bewusster mit Ihrer Zeit und Energie umzugehen und die Ablenkungen – sei es auf strategischer, taktischer oder operativer Ebene – zu minimieren.

Fokus ist der Schlüssel, um Ihre Mission, Ihre Werte und Ihre langfristigen Ziele konsequent in die Tat umzusetzen. Indem Sie lernen, Ihre Ressourcen auf das zu konzentrieren, was wirklich zählt, schaffen Sie die Grundlage für nachhaltigen Erfolg und Erfüllung – beruflich wie privat.

11.7 Fazit

Selbstführung ist nicht nur eine notwendige Fähigkeit für Führungskräfte, sondern der entscheidende Hebel für ein erfolgreiches und erfülltes Leben. Ohne innere Klarheit fehlt uns die Orientierung, und ohne Fokus lassen wir uns zu leicht von den unzähligen Ablenkungen des Alltags überwältigen. Dieser Mangel an Selbstführung führt häufig dazu, dass wir unsere Zeit und Energie in Aktivitäten investieren, die uns weder unseren Zielen näherbringen noch nachhaltige Zufriedenheit schaffen. Anstatt bewusste Entscheidungen zu treffen, reagieren wir lediglich auf äußere Einflüsse und arbeiten uns von Aufgabe zu Aufgabe, ohne jemals wirklich tief in das einzutauchen, was uns langfristig erfüllt.

Doch was passiert, wenn wir die Prinzipien der Selbstführung verinnerlichen und konsequent anwenden? Dann können wir unser Leben in die Richtung lenken, die uns tiefste Erfüllung bringt. Wer Klarheit über seine Werte, Stärken und Ziele hat und lernt, seinen Fokus auf das Wesentliche zu lenken, wird nicht nur seine beruflichen Ziele effektiver erreichen, sondern auch im Privatleben mehr Zufriedenheit finden. Anstatt von äußeren Umständen gesteuert zu werden, übernehmen wir selbst die Kontrolle über unsere Entscheidungen und unsere Zukunft und richten unsere Zeit und Energie auf die Dinge aus, die uns wirklich wichtig sind. Dieses Bewusstsein schafft nicht nur messbare Fortschritte, sondern auch ein tiefes Gefühl der Erfüllung und Ausgeglichenheit.

Selbstführung ist kein Thema, das man einmalig „abarbeitet" und damit erledigt hat. Vielmehr ist es ein iterativer Prozess, der das gesamte Leben dauert. Je mehr wir uns mit uns selbst beschäftigen, desto mehr lernen wir über unsere Werte, Ziele und inneren Antriebe. Die Reise zur Selbstführung ist eine lebenslange Entdeckungstour, auf der wir immer wieder neue Erkenntnisse gewinnen und unsere Entscheidungen anpassen können.

Wichtig ist, diesen Weg zu beginnen – und der erste Schritt kann bereits mit der im Kapitel vorgestellten Beerdigungsübung getan werden. Sie hilft dabei, Klarheit über die eigenen Prioritäten und langfristigen Ziele zu gewinnen.

Von meiner Seite wünsche ich Ihnen viel Freude bei der Umsetzung der Übungen, viel Erfolg und Erfüllung auf Ihrem Weg. Alles Gute für Ihre lebenslange Reise zur Selbstführung.

Literatur

Christensen, C., Allworth, J., & Dillon, K. (2019). *How will you measure your life?* Thorsons.

Covey, S. R. (2005). *Die 7 Wege zur Effektivität: Prinzipien für persönlichen und beruflichen Erfolg* (A. Roethe, N. Bertheau, & I. Proß-Gill, Trans.; 49. Aufl.). GABAL.

Dilts, R. B. (2018). *Changing belief systems with NLP*. Dilts Strategy Group.

Drucker, P. F., & Wartzman, R. (2010). *The Drucker lectures: Essential lessons on management, society and economy*. McGraw-Hill Professional.

Eyal, N. (2020). *Indistractable: How to control your attention and choose your life*. Bloomsbury Publishing PLC.

Harris, R. (2013). *Wer dem Glück hinterherrennt, läuft daran vorbei: Ein Umdenkbuch* (S. Schuhmacher & M. Schuhmacher, Trans.). Kösel.

Keller, G. (2014). *The one thing: The surprisingly simple truth behind extraordinary results: Achieve your goals with one of the world's bestselling success books*. John Murray.

Niko Single ist geschäftsführender Gesellschafter der Single Consulting GmbH. Als Coach für Selbstführung begleitet er Unternehmer, Geschäftsführer und Menschen im mittleren Management, wobei er ihnen hilft, das Spannungsverhältnis zwischen Beruf, Familie und Me-Time (Zeit für sich selbst) zu überwinden. Niko unterstützt seine Kunden durch individuelles Coaching, Trainings sowie im Rahmen von Führungskräfte-Entwicklungsprogrammen.

Seit 7 Jahren arbeitet Niko als selbstständiger Unternehmensberater und Führungskräfteentwickler. In den ersten 3 Jahren lag sein Schwerpunkt auf der Unterstützung von Organisationen bei Kulturveränderungen, insbesondere der Einführung der Leanphilosophie. Mit Beginn der Coronapandemie verlagerte sich sein Fokus auf die Sanierungsberatung, in der er Private-Equity-Unternehmen als Berater und interimistischer Produktionsleiter bei der Sanierung ihrer Tochtergesellschaften unterstützte.

Vor seiner Selbstständigkeit war Niko in unterschiedlichen Positionen als Unternehmensberater sowie in der Industrie als Produktionsleiter tätig. Er hat Wirtschaftsingenieurwesen studiert und bringt seine vielfältigen Erfahrungen als Berater, Coach und Führungskraft in seine Arbeit ein, um seine Kunden sowohl beruflich als auch persönlich voranzubringen.

Leading Change: Führungsstärke in Veränderungsprozessen

12

Jörg Janßen

Veränderungsprozesse sind in Organisationen allgegenwärtig. Ob durch technologische Innovationen, Marktveränderungen oder interne Restrukturierungen – Unternehmen müssen sich kontinuierlich anpassen, um wettbewerbsfähig zu bleiben. Wie gelingt es Führungskräften, inmitten von eigener Unsicherheit und Wandel Souveränität und Stabilität sowie Orientierung zu bieten? Wie kann eine Führungskraft nicht nur die organisatorischen Ziele erreichen, sondern auch die Leistungsbereitschaft und die Motivation ihrer Mitarbeitenden in Veränderungsprozessen aufrechterhalten?

Führungsstärke ist demnach entscheidend für die erfolgreiche Umsetzung von Veränderungen, da sie die Akzeptanz und Unterstützung der Mitarbeitenden sichert (Hiatt, 2006).

Der Wunsch nach Führungsstärke

Immer wenn wir Veränderungen erleben oder uns in kritischen Situationen befinden, sehnen wir uns nach einer gewissen Form von Stärke, die uns leitet, unterstützt und an der wir uns orientieren können. Diesen Wunsch erleben wir auch in modernen Organisationen immer wieder. In Veränderungsprozessen geraten Führungskräfte noch stärker in den Fokus, suchen wir doch bei den Verantwortlichen Halt, Sicherheit und Orientierung.

Insofern werden wir Führungsstärke als die Fähigkeit verstehen, andere zu motivieren und ihnen Halt und Orientierung zu geben, um sie erfolgreich durch Veränderungsprozesse zu leiten. Veränderungsprozesse sind eher die Regel, deshalb sind Führungskräfte gefordert, sich zunehmend mit den Anforderungen von sich permanent verändernden und lernenden Organisationen auseinanderzusetzen. Führung bedeutet vor diesem Hintergrund nicht mehr nur die Erreichung von Zielen und die Umsetzung von Strategien in messbaren

J. Janßen (✉)
Seevetal, Deutschland
E-Mail: joerg.janssen@janssen-team.de

C. Kastner et al. (Hrsg.), *Führung im Wandel*,
https://doi.org/10.1007/978-3-658-47645-8_12

Unternehmenserfolg. Es geht immer mehr darum, den Menschen und die Organisation als Interaktionsraum zu verstehen, um in Zeiten von Verunsicherung und Anpassung erfolgreich zu sein.

Welche Aspekte machen aus dieser Sicht nun die Führungsstärke in Veränderungsprozessen aus? Wir werden uns verschiedenen Perspektiven und Blickwinkeln zuwenden und sehen, wie diese Führungsstärke fördern:

- reflektierte Persönlichkeit und Selbststeuerung,
- klare Haltung und positives Mindset,
- Veränderungskultur und Sicherheit,
- attraktive Vision und Richtung,
- Aufbau von Veränderungskompetenz: Befähigen und Einbinden,
- Ablehnung und Widerstände: Begleiten und Coachen,
- aktive Veränderungskommunikation.

12.1 Starke Persönlichkeit – starke Führung

Persönlichkeit

Wenn wir von Stärke sprechen, geht es um Handlungskompetenz und Handlungsfähigkeit in unterschiedlichen Situationen, insbesondere in Veränderungsprozessen. Handlungskompetenz bedeutet in diesem Kontext auch, sich selbst zu kennen, also zu wissen, wer wir sind, wie wir wirken, wie unsere Charaktereigenschaften, Motive und Kompetenzen beschaffen sind und wie wir durch diese geprägt handeln und agieren.

Wir handeln immer im Rahmen dessen, was unsere Persönlichkeitseigenschaften zulassen. Wenn wir diese Prägungen und Charaktermerkmale verstanden haben, müssen wir die Folgen für unser aktives Handeln sowie die Grenzen und Möglichkeiten, die sich daraus für unser Führungsverhalten ableiten, einbeziehen. Schließlich geht es darum zu erkennen, wie wir mit unserer Persönlichkeit im Führungskontext und in Veränderungsprozessen erfolgreich und wirkungsvoll sein können. Mithilfe von Persönlichkeitsprofilen und entsprechenden Messverfahren sowie vergleichenden Erhebungen lässt sich ermitteln, welche Charaktereigenschaften, Motive und Kompetenzen eine Führungskraft braucht, um die Wahrscheinlichkeit zu erhöhen, als Führungskraft in Veränderungsprozessen erfolgreich zu sein (LINC GmbH, 2024). Es geht darum, dass wir uns dieser Eigenschaften bewusst sind, sie aktiv managen und wissen, welche Kompetenzen wir wie einsetzen können und wollen, um erfolgreich zu sein.

Die eigene, konstruierte Wahrheit

Neben den Charaktermerkmalen, Motiven und Kompetenzen spielt auch die individuelle Prägung durch Erfahrungen, Wissen und Sozialisation eine große Rolle. Jeder Mensch bringt neben seinen Persönlichkeitsmerkmalen einen Rucksack an Lebenserfahrungen und Emotionen mit, die seine Wahrnehmung der Welt prägen. Das eigene Wissen und die

Realität werden durch individuelle Erfahrungen und Interaktionen konstruiert (Janßen & Schädlbauer, 2017). Der Blick, den wir als Führungskräfte auf Veränderungen haben, ist keinesfalls allgemeingültig, es ist nur unsere eigene, konstruierte Wahrheit. In Veränderungsprozessen können wir deshalb nie von einer objektiven und neutralen Betrachtung der Veränderungssituation ausgehen.

Diese Konstruktion der eigenen Wahrheit gilt für alle im Team und für alle im Unternehmen. Wir haben es mit sehr individuellen Wahrnehmungen und Reaktionen auf Veränderung zu tun. Dies bedeutet, dass Veränderungsprozesse sehr individuellen Deutungen unterliegen, die sehr von den eigenen abweichen können. In Veränderungsprozessen müssen Führungskräfte daher in der Lage sein, diese individuellen Unterschiede zu erkennen und flexibel darauf zu reagieren. Neugierde, Offenheit und eine gewisse Wertfreiheit für diese anderen Perspektiven zu haben und zu erhalten, ist eine Grundvoraussetzung für wirkungsvolles Führen in diesem Kontext.

Reflektierte Persönlichkeit entscheidet über Führungsstärke

Eine reife und reflektierte Persönlichkeit ist entscheidend für eine starke Führung. Insbesondere in Veränderungsprozessen kann diese ihre Handlungskompetenzen gezielt einsetzen und wirkungsvoll führen. Eine reife Persönlichkeit zeichnet sich durch Selbstkenntnis, Selbstmanagement und emotionale Intelligenz aus. Reife und reflektierte Führungskräfte schaffen ein Umfeld des Vertrauens und der Offenheit, in dem Mitarbeitende sich entwickeln und Veränderungsprozesse aktiv mitgestalten können.

Reflektierte Führungskräfte sind in der Lage, ihre eigenen Prägungen, Motive und Charaktermerkmale zu analysieren und deren Einfluss auf ihr Handeln zu verstehen. Sie wissen, wie sie ihre Persönlichkeit aktiv managen und welche Eigenschaften sie einsetzen müssen, um erfolgreich zu sein. Selbstreflexion beinhaltet die regelmäßige Überprüfung der eigenen Stärken, Schwächen und Verhaltensweisen. Offenheit für Feedback bedeutet, konstruktives Feedback anzunehmen und daraus zu lernen. Flexibilität und Anpassungsfähigkeit sind notwendig, um auf neue Informationen und Feedback zu reagieren und das eigene Verhalten entsprechend anzupassen (Brown, 2018).

Daher ist persönliche Entwicklung ein kontinuierlicher Prozess, der durch Selbstreflexion, Feedback und Lernen gefördert wird. Führungskräfte, die diesen Weg gehen, sind besser gerüstet, um ihre Teams erfolgreich durch die Herausforderungen von Veränderungsprozessen zu führen. So lassen sich langfristig stabile und erfolgreiche Organisationen gestalten, die auch davon getragen werden, dass die Führungskraft die Stärke besitzt, sich anzupassen und voranzugehen.

Führung in Veränderung beginnt bei klarer Haltung und positivem Mindset

Die persönliche Haltung der Führungskraft spielt eine wichtige Rolle für den Erfolg von Veränderungsprozessen. Haltung meint in diesem Sinne, wie wir auf die Dinge schauen, welche Meinung wir dazu haben und ob wir diese beispielsweise positiv oder negativ einschätzen, sie als Chance oder Bedrohung sehen. Unsere eigene Haltung beeinflusst auch die Wahrnehmung und damit das Verhalten der Mitarbeitenden. Eine positive und reflektierte Haltung gegenüber der eigenen Funktion und Rolle im Kontext von Veränderung ist daher unerlässlich für den Erfolg. Eine klare reflektierte Haltung bedeutet, dass Führungskräfte kontinuierlich prüfen, wie ihre Entscheidungen und Handlungen die Organisation und die Mitarbeitenden beeinflussen. Die eigene Souveränität und eine starke Führungshaltung lassen sich an einer Reihe von Elementen, festmachen.

Verantwortung und Vorbildfunktion
Führungskräfte tragen eine große Verantwortung für das Wohl ihrer Mitarbeitenden und den Erfolg des Unternehmens. Deshalb ist es wichtig, dass sie sich ihrer Vorbildfunktion bewusst sind und durch ihr Verhalten Orientierung und Sicherheit bieten. Das Verhalten und die Haltung der Führungskraft zu den jeweiligen Veränderungen gilt also als Referenz für die eigene Haltung der Mitarbeitenden.

Integrität und Authentizität
Führungskräfte sollten authentisch und ehrlich auftreten sowie ihre Entscheidungen und Handlungen an klaren, erkennbaren Prinzipien ausrichten. Dies schafft Vertrauen und fördert eine positive Unternehmenskultur (Brown, 2018). Authentizität in der Führung bedeutet, dass Führungskräfte ihre Werte und Überzeugungen klar kommunizieren und konsequent danach handeln. Authentische Führungskräfte schaffen so eine Atmosphäre des Vertrauens und der Glaubwürdigkeit, die es den Mitarbeitenden erleichtert, sich auf Veränderungen einzulassen.

Selbstbewusstsein und Selbstvertrauen:
Ein starkes Selbstbewusstsein und Selbstvertrauen sind wichtige Eigenschaften für Führungskräfte, insbesondere in Veränderungsprozessen. Es ist wichtig, die eigene Überzeugung in Bezug auf die Veränderungsvorhaben und Entscheidungen zu repräsentieren und diese auch in unsicheren und herausfordernden Situationen mit Selbstsicherheit zu vertreten. Selbstbewusste Führungskräfte strahlen diese Sicherheit aus und geben ihren Mitarbeitenden damit Halt (Goleman, 2006).

Emotionale Intelligenz und Achtsamkeit
Die Fähigkeit, Emotionen zu erkennen und zu regulieren sowie empathisch auf andere zu reagieren, ermöglicht es Führungskräften, positive Beziehungen zu stärken und Konflikte effektiv zu managen. Der aktive Umgang mit den Emotionen der Betroffenen zeigt diesen, dass sie in ihrer Verunsicherung, die Veränderungen auslösen, wahr- und ernst genommen werden. Dies schafft ein Umfeld des Vertrauens und der Offenheit, das für erfolgreiche Veränderungsprozesse unerlässlich ist.

Die Wahrnehmung der Verunsicherung und das Erkennen von Emotionen hat viel damit zu tun, ob wir im Hier und Jetzt aufnahmefähig sind, also achtsam sind. Achtsamkeit fördert die Fähigkeit, die Perspektiven und Gefühle anderer zu verstehen. Dies stärkt die zwischenmenschlichen Beziehungen und verbessert die Kommunikation innerhalb des Teams (Kabat-Zinn, 1990).

Emotionale Intelligenz und eine achtsame Haltung können demnach sehr hilfreich für Change Leadership sein, wenn schwierige Entscheidungen zu treffen sind, die von intensivem negativem oder emotionalem Erleben begleitet sind und kreativ gelöst werden wollen (Stegmaier, 2023).

12.2 Wachstumsdenken in der Veränderung: Growth Mindset

Unser Mindset beeinflusst, wie wir Situationen angehen, mit welchen Menschen wir interagieren und welche Maßnahmen wir für richtig halten, insbesondere in Bezug auf Veränderungsprozesse. Carol Dweck (2007) prägte die Begriffe „Growth Mindset" (Wachstumsdenken) und „Fixed Mindset" (statisches Denken). Menschen mit einem Growth Mindset glauben, dass Fähigkeiten und Intelligenz durch Anstrengung und Lernen entwickelt werden können. Sie sehen Herausforderungen als Chancen zum Wachsen und betrachten Rückschläge als Lernmöglichkeiten. Im Gegensatz dazu glauben Menschen mit einem Fixed Mindset, dass ihre Fähigkeiten und Intelligenz festgelegt sind und nicht verändert werden können (Dweck, 2007) (Abb. 12.1).

Element	Growth Mindset	Fixed Mindset
Überzeugung von der Veränderbarkeit	Glaube daran, dass Fähigkeiten durch Anstrengung und Lernen entwickelt werden können.	Glaube, dass Fähigkeiten und Intelligenz festgelegt und unveränderlich sind.
Umgang mit Rückschlägen	Rückschläge werden als Lernmöglichkeiten betrachtet und zur Verbesserung genutzt.	Rückschläge werden als Bestätigung der eigenen Grenzen gesehen und vermieden.
Wertschätzung von Anstrengung	Erfolg wird durch kontinuierliche Anstrengung und harte Arbeit erreicht.	Anstrengung wird als unnötig angesehen, wenn Talent vorhanden ist.
Offener Umgang mit Feedback	Feedback wird geschätzt und als wertvolles Werkzeug zur Verbesserung genutzt.	Feedback wird oft ignoriert oder abgelehnt, um Kritik zu vermeiden.
Freude an Herausforderungen	Herausforderungen werden aktiv gesucht, um Fähigkeiten zu testen und zu erweitern.	Herausforderungen werden gemieden, um Fehler und Misserfolg zu vermeiden.
Vorbilder und Inspiration	Sucht nach Vorbildern und Mentoren, um von deren Erfahrungen und Erfolgen zu lernen.	Mangel an Interesse an Vorbildern, da Erfolg als angeboren und unveränderlich betrachtet wird.

Abb. 12.1 Growth vs. Fixed Mindset. (Quelle: Autor in Anlehnung an Dweck, 2007)

Die Arbeiten von Dweck haben zwei wichtige Erkenntnisse für Veränderungsprojekte gezeigt:

- Ein Growth Mindset ermutigt Mitarbeitende, neue Ideen auszuprobieren und Risiken einzugehen, was Innovation und Kreativität fördert.
- Führungskräfte und Mitarbeitende sind besser in der Lage, sich an Veränderungen anzupassen und neue Fähigkeiten zu entwickeln (Dweck, 2007).

12.3 Haltung und Mindset sind das Ergebnis von Entscheidungen

Haltung und Mindset sind unsere Grundeinstellungen, mit denen wir Menschen im Change begleiten. Diese sind jedoch nicht als Merkmale in uns verankert, sondern das Ergebnis von Erfahrungen und Erlebtem. Insofern sind sie veränderbar, und so erscheint es sinnvoll, diese eigenen Grundeinstellungen regelmäßig zu überprüfen und zu justieren, um wirkungsvoller in Veränderungsprozessen zu agieren. Es ist demnach unsere eigene Entscheidung, mit welcher Haltung wir die Situation annehmen und an die Aufgabe herangehen. Diese zu verändern, gelingt durch Ausprobieren und neue Erfahrungen oder den Aufbau von Wissen, insbesondere durch Coaching. Dabei ist es gut, stets im Blick zu haben, dass wir auch hier als Vorbilder vorangehen. Was wir nicht tun, können wir auch nicht von anderen erwarten.

Veränderungskultur und Sicherheit schaffen
Eine Kultur der Veränderungsfähigkeit soll es Organisationen ermöglichen, flexibel und anpassungsfähig zu bleiben, während sie gleichzeitig Stabilität und Orientierung für ihre Mitarbeitenden bietet. Die Anpassungsfähigkeit der Organisation gibt die Sicherheit, Veränderungen bestehen und bewältigen zu können, und schafft damit Zuversicht. Diese Kultur wird von drei förderlichen Aspekten wesentlich beeinflusst: Vertrauen, psychologischer Sicherheit und einer starken Feedbackkultur.

Vertrauen aufbauen
Vertrauen ist das Fundament jeder erfolgreichen Veränderung. Ohne Vertrauen in die Führungskräfte und die Organisation selbst werden Mitarbeitende eher Widerstand leisten, anstatt sich aktiv an den Veränderungsprozessen zu beteiligen. Der Aufbau von Vertrauen hilft Teams, mit Unsicherheit umzugehen und Veränderungen mit Zuversicht zu begegnen. Auf diese Art wachsen Teams zusammen und werden stabil in unsicheren Veränderungssituationen (Mattes & Herzog-Braune, 2023).

Vertrauen wird durch Transparenz, offene Kommunikation und das Einhalten von Versprechen gefördert. Ein wichtiger Faktor ist das direkte Verhalten der Führungskräfte selbst. Aus eigener Erfahrung wissen wir, dass Vertrauen stark davon abhängt, wie authentisch und konsistent eine Führungskraft handelt. Wenn Führungskräfte nicht nur das sagen, was sie tun werden, sondern dies auch konsequent umsetzen und in ihrem Handeln transparent und nachvollziehbar sind, wird das Vertrauen der Mitarbeitenden gestärkt.

Wenn Mitarbeitende das Gefühl haben, dass ihre Führungskräfte ehrlich und zuverlässig sind, sind sie eher bereit, sich auf Veränderungen einzulassen und sich in diesen Prozessen aktiv zu engagieren (Covey & Merill, 2006). Vertrauen fördert auch die Bereitschaft, Risiken einzugehen und neue Ideen zu entwickeln, was besonders in Zeiten des Wandels entscheidend ist.

Führungskräfte sollten durch transparente Kommunikation und konsequentes Handeln Vertrauen aufbauen. Dies bedeutet, dass sie ehrlich über die Herausforderungen und Chancen der Veränderung sprechen und ihre Versprechen einhalten. Vertrauen kann auch durch die Schaffung von Foren oder regelmäßigen Meetings gefördert werden, in denen Mitarbeitende ihre Bedenken äußern können und Antworten auf ihre Fragen erhalten (Covey & Merill, 2006).

Psychologische Sicherheit

Psychologische Sicherheit ist ein weiterer wichtiger Aspekt einer Kultur der Veränderung. Sie beschreibt das Gefühl der Mitarbeitenden, in ihrem Arbeitsumfeld ohne Angst vor negativen Konsequenzen ihre Meinungen äußern, Fehler machen und Risiken eingehen zu können. Amy Edmondson betont, dass psychologische Sicherheit unerlässlich ist, um Innovationen zu fördern und Lernprozesse zu ermöglichen (Edmondson, 2019). Für Führungskräfte bedeutet dies auch, Respekt und Wertschätzung gegenüber den Mitarbeitenden und deren Perspektiven zu zeigen. Wenn unterschiedliche Sichtweisen anerkannt und respektiert werden, fühlen sich Mitarbeitende ermutigt, ihre Ideen einzubringen und aktiv am Veränderungsprozess teilzunehmen. Respekt bedeutet auch, andere Verhaltensweisen und Lösungsansätze zu akzeptieren und sie ohne Vorurteile als wertvolle Beiträge zur Diskussion anzunehmen. Diese Sicherheit ermöglicht es den Mitarbeitenden, sich voll und ganz in Veränderungsprozesse einzubringen, ohne Angst vor Bestrafung, Kritik oder Zurückweisung zu haben.

Führungskräfte sollten aktiv daran arbeiten, ein Umfeld zu schaffen, in dem Mitarbeitende ohne Angst vor negativen Konsequenzen ihre Meinungen und Ideen teilen können. Dies kann durch die Förderung offener Diskussionen und die Unterstützung von Mitarbeitenden geschehen, die bereit sind, Risiken einzugehen und innovative Lösungen vorzuschlagen. Es ist auch wichtig, Fehler als Lernmöglichkeiten zu betrachten und eine Kultur des konstruktiven Umgangs mit Fehlern zu fördern (Edmondson, 2019).

Aufbau einer Feedbackkultur

Eine starke Feedbackkultur ist für Veränderungsprojekte entscheidend, um kontinuierliches Lernen und Verbesserung zu fördern. Regelmäßiges und konstruktives Feedback hilft den Mitarbeitenden, ihre Stärken zu erkennen und an ihren Schwächen zu arbeiten. Es schafft eine Umgebung, in der offener Austausch und Entwicklung nicht nur möglich, sondern gewünscht sind. Eine effektive Feedbackkultur trägt dazu bei, dass Mitarbeitende sich gehört und wertgeschätzt fühlen, was ihr Engagement und ihre Zufriedenheit steigert (Stone & Heen, 2015). Gleichzeitig hilft Feedback auch den Führungskräften, sich persönlich zu entwickeln und an den Bedürfnissen der Mitarbeitenden in der Veränderung zu orientieren.

Respekt und Wertschätzung sind auch hier von zentraler Bedeutung. Der Umgang mit Feedback hängt stark davon ab, mit welchem Menschenbild Führungskräfte in die jeweilige Situation gehen. Eine positive Rückmeldung erfordert nicht nur die Anerkennung von Leistungen, sondern auch die Bereitschaft, kritisches Feedback so zu vermitteln, dass es als Gelegenheit zur Weiterentwicklung gesehen wird. Zudem ermöglicht sie es der Organisation, flexibel auf Veränderungen zu reagieren und sich kontinuierlich zu verbessern. Führungskräfte spielen hier eine zentrale Rolle, indem sie Feedback aktiv einholen, ehrlich geben und es als Werkzeug zur Förderung des Wachstums nutzen.

Regelmäßige Treffen für offenes und positives Feedback zu etablieren und aktiv Feedback von ihren Mitarbeitenden einzuholen, hilft sehr, um die Arbeitsumgebung und die Prozesse kontinuierlich zu verbessern. Zudem sollten Führungskräfte ihre Teams dazu ermutigen, sich gegenseitig Feedback zu geben, um eine Kultur des offenen Austauschs und der kontinuierlichen Verbesserung zu fördern (Stone & Heen, 2015).

Der Wert von Vision und Richtung

Eine klare und inspirierende Vision ist ein wesentliches Element für den Erfolg von Veränderungsprozessen in Unternehmen. Sie dient als Kompass für die Entscheidungen und Handlungen, die im Laufe des Veränderungsprozesses getroffen werden müssen. Die Kraft einer Vision liegt darin, dass sie Hoffnung auf eine bessere Zukunft vermittelt und die Menschen motiviert, sich gemeinsam auf den Weg zu machen, um diesen Zustand zu erreichen. Die Motivation der Mitarbeitenden spielt dabei eine wichtige Rolle, da sie direkt beeinflusst, wie engagiert und proaktiv die Mitarbeitenden an der Umsetzung des Veränderungsvorhabens arbeiten. Eine starke, von der Vision getragene Motivation kann die Bereitschaft zur Veränderung fördern, Widerstände überwinden und das Bestreben nach Erfolg stärken.

Die Rolle der Vision im Veränderungsprozess

John P. Kotter, ein führender Experte im Bereich des Veränderungsmanagements, betont die entscheidende Rolle, die eine Vision in Veränderungsprozessen spielt. In seinem „8-Stufen-Modell“ für erfolgreichen Wandel beschreibt er, wie wichtig es ist, eine überzeugende Vision zu entwickeln und diese effektiv zu kommunizieren. Eine starke Vision dient als Leitstern, der alle Veränderungsinitiativen bündelt und ausrichtet. Sie bietet nicht nur Orientierung, sondern auch einen gemeinsamen Sinn und Zweck, der die Mitarbeitenden inspiriert und vereint (Kotter, 2011).

Kotter argumentiert, dass eine klare Vision entscheidend ist, um die notwendigen Kräfte für die Umsetzung von Veränderungen zu mobilisieren. Ohne eine klare Vision besteht die Gefahr, dass die Veränderungsinitiativen fragmentiert und inkonsistent wirken, was zu Verwirrung und Widerstand führen kann. Die Vision sollte deshalb präzise und leicht verständlich sein, damit sie in allen Ebenen der Organisation resoniert und eine kohärente Ausrichtung ermöglicht.

Positive Zukunftshoffnung schaffen

Eine gut formulierte Vision bietet den Mitarbeitenden einen klaren und attraktiven Ausblick auf die Zukunft, den es anzustreben gilt. Diese Zukunftsvision sollte nicht nur ein Ziel darstellen, sondern auch eine lebendige Vorstellung davon vermitteln, wie die Zukunft aussehen könnte, wenn die Veränderungsprozesse erfolgreich umgesetzt werden. Eine solche Vision ist mehr als eine bloße Zielbeschreibung; sie ist ein motivierendes Bild, das die Mitarbeitenden dazu ermutigt, die notwendigen Anstrengungen und Herausforderungen auf sich zu nehmen, um diesen Zustand zu erreichen.

Damit eine Vision wirksam ist, muss sie sowohl logisch nachvollziehbar als auch emotional ansprechend sein. Sie sollte die Bedürfnisse und Wünsche der Mitarbeitenden ansprechen und ihnen aufzeigen, wie die Veränderungen ihre Arbeitswelt verbessern werden. Eine gute Vision enthält idealerweise auch Lösungen und Konzepte, die dazu beitragen, aktuelle Herausforderungen zu überwinden und die Organisation in eine stärkere Position zu bringen. Eine klare Vision ist entscheidend, um den Mitarbeitenden eine Richtung zu geben und ihnen ein konkretes Ziel vor Augen zu führen. Diese Vision muss realistisch sein und auch die möglichen Herausforderungen und Schwierigkeiten auf dem Weg dorthin berücksichtigen. Ihre Attraktivität liegt darin, dass sie nicht nur ein Ziel beschreibt, sondern auch einen besseren Zustand verspricht, der persönliches und gemeinschaftliches Wachstum fördert. Für Führungskräfte ist es in Veränderungsprozessen besonders wichtig, diese Visionen und Ziele klar zu kommunizieren und den Weg dorthin nachvollziehbar zu gestalten. Es ist entscheidend, die Vision in Form einer Geschichte zu vermitteln, die eine positive Zukunftshoffnung aufzeigt und die Menschen motiviert, sich für dieses Ziel einzusetzen.

In Veränderungsprozessen herrscht oft Unsicherheit. Eine starke Führungskraft bietet Orientierung und Stabilität, indem sie eine klare Vision und Richtung vorgibt und hilft, die Aufgaben und Aktivitäten vieler Mitarbeitender daran auszurichten (Kotter, 2011).

Veränderungskompetenz macht stark: Befähigen und Beteiligen

Wenn Mitarbeitende mit Veränderung fremdeln oder sogar Widerstand leisten, dann können wir davon ausgehen, dass der Veränderungsprozess als Bedrohung oder zumindest Unsicherheit wahrgenommen wird. Die Betroffenen zu Beteiligten zu machen und ihnen Kompetenzen zum Umgang mit Veränderungsprozessen zu vermitteln, kann zur Steigerung der Akzeptanz beitragen und hat in der Praxis sehr gute Erfolge vorzuweisen. Durch die Beteiligung und die Mitgestaltungsmöglichkeiten wird das Wissen und die Erfahrung der Mitarbeitenden genutzt und in den Veränderungsprozess eingebracht. Dies erhöht die Wahrscheinlichkeit des Erfolgs der Veränderung, da das organisatorische Wissen genutzt wird. Gleichzeitig erhöht das Wissen über Veränderungen das Verständnis über die emotionalen und sozialen Prozesse unter den Mitarbeitenden und sorgt so für die Einordnung der eigenen Wahrnehmungen sowie die der Kollegen und Kolleginnen.

Beteiligung: Förderung von Verständnis und Identifikation
Mitgestaltung fördert das Verständnis und die Identifikation der Mitarbeitenden mit den Veränderungsvorhaben. Wenn Mitarbeitende aktiv in den Veränderungsprozess einbezogen werden, fühlen sie sich wertgeschätzt und ernst genommen. Sie werden Teil der Veränderung, können Einfluss nehmen und gestalten. Dies führt zu einer höheren Akzeptanz und einem stärkeren Engagement für die Veränderung (Kotter, 2011). Das Einbeziehen der Mitarbeitenden ermöglicht es auch, deren Wissen und Erfahrungen zu nutzen, was die Qualität und Relevanz der Veränderungsmaßnahmen erhöht (Edmondson, 2019).

Co-Creation als bewährte Methode der Beteiligung
Co-Creation ist ein Ansatz, bei dem Führungskräfte und Mitarbeitende gemeinsam Lösungen und Innovationen entwickeln. Dieser Ansatz geht über die einfache Beteiligung hinaus und zielt darauf ab, eine echte Zusammenarbeit und gemeinsame Verantwortung zu fördern. Co-Creation zeichnet sich durch einige zentrale Merkmale aus: Führungskräfte und Mitarbeitende arbeiten zusammen, um neue Ideen zu entwickeln oder Konzepte umzusetzen. Dieser Prozess der gemeinsamen Entwicklung von Lösungen nutzt die kollektive Intelligenz aller Beteiligten, indem das Wissen und die Erfahrungen aller einbezogen werden, um die besten Lösungen zu finden (Prahalad & Ramaswamy, 2004). Ein weiterer wichtiger Aspekt der Co-Creation ist der Fokus auf Innovation. Durch gemeinsame Entwicklungsprozesse wird Kreativität gefördert und innovative Lösungen entstehen. Wenn Mitarbeitende aktiv an der Entwicklung von Lösungen beteiligt sind, fühlen sie sich stärker einbezogen und akzeptieren Veränderungen leichter. Darüber hinaus stärkt Co-Creation die Bindung zwischen Führungskräften sowie Mitarbeitenden und fördert eine Kultur der Zusammenarbeit und des Vertrauens (Prahalad & Ramaswamy, 2004).

Co-Creation bietet einen wertvollen Rahmen für die Beteiligung von Mitarbeitenden an Veränderungsprozessen und trägt wesentlich zur erfolgreichen Umsetzung von Innovationen und Veränderungen bei.

Weitere Beispiele für Formen der Mitarbeitendenbeteiligung:

- **Arbeitsgruppen und Projektteams**
- **Ausschüsse und Gremien:**

Einrichtung von Ausschüssen, die regelmäßig zusammentreten, um den Fortschritt des Veränderungsprozesses zu überwachen und Empfehlungen auszusprechen. Diese Gremien wie z. B. Sounding Boards oder Beiräte fördern die Transparenz und das Engagement der Mitarbeitenden.

Befähigung: Veränderungskompetenz entspannt
Veränderungskompetenz ist ein zentraler Bestandteil erfolgreicher Führung und Veränderungsprozesse. Sie umfasst die kontinuierliche Entwicklung der Führungskräfte und

Mitarbeitenden, um den sich ständig ändernden Anforderungen gerecht zu werden. Führungskräfte müssen sicherstellen, dass sie selbst und ihre Teams über die notwendigen Fähigkeiten und Kenntnisse verfügen, um Veränderungen erfolgreich zu verstehen, zu durchschreiten und umzusetzen. Es ist wichtig, dass Mitarbeitende die verschiedenen Phasen und emotionalen Reaktionen in Veränderungsprozessen verstehen. Dazu gehört auch das Wissen über Methoden zur Bewältigung und zum Management von Veränderungen (Hiatt, 2006).

Neben diesem eher grundsätzlichen Wissen gibt es eine Reihe von Modellen, die sich insbesondere zu den Themen Verstehen und Einordnen von Verhalten im Rahmen von Veränderungsprozessen sehr gut bewährt haben. Hier ein paar Beispiele, um Veränderungsprozesse erkennbarer und lösbarer zu machen. Sie dienen der Einordnung von Change und schaffen Verständnis für den Prozess und das Vorgehen:

- Lewins Changemanagement-Modell (Lewin, 1947),
- Kübler-Ross' Changekurve (Kübler-Ross, 1997),
- Kotters 8-Step-Changemodell (Kotter, 2011),
- House of Change (Janssen, 2012),
- ADKAR-Modell (Hiatt, 2006),
- SCARF-Modell (Rock, 2008).

Befähigung bedeutet auch, Fehler zuzulassen und eine hohe Fehlertoleranz zu entwickeln. Lernprozesse und das Ausprobieren neuer Ansätze sind unvermeidlich mit Fehlern verbunden. Führungskräfte müssen ein Umfeld schaffen, in dem Mitarbeitende sich sicher fühlen, Fehler zu machen und daraus zu lernen (Edmondson, 2019).

Betroffene befähigen und an der Veränderung beteiligen
Die Befähigung und Beteiligung der Mitarbeitenden macht Veränderungsprozesse erkennbarer und transparenter. Damit verlieren sie ihre Bedrohlichkeit, die auf Unsicherheit und Angst basiert. Dinge, die wir verstehen, machen uns keine Angst, im Gegenteil, wir glauben, dass wir sie beherrschen können. Für Veränderungsprozesse bedeutet dies, die emotionalen Reaktionen „normal und bekannt" erscheinen zu lassen und gleichzeitig Methoden und Wege zu Bewältigung aufzuzeigen. So gelingt Veränderung durch Steigerung der Veränderungskompetenz.

Angst und Unsicherheit: Begleiten und Coachen mindert Widerstände
Besonders zu Beginn von Veränderungsvorhaben, wenn deren Auswirkungen noch nicht vollständig für jeden erkennbar sind, entstehen oft Angst und Unsicherheit. In diesen Phasen beginnt Beteiligung oft erst langsam und die Menschen sind zunächst mit ihren Sorgen und Nöten in ihren Teams oder für sich gesehen allein. Oft ist es hilfreich, wenn diese Menschen oder Teams mit ihren Sorgen, Ängsten und Nöten gesehen und ernst genommen fühlen.

In Changeprozessen die Sorgen und Nöte der Menschen zu erkennen, ist wichtig und unerlässlich, um zu verstehen, was die Einzelnen brauchen, um die Veränderung mitzugehen. Empathie ermöglicht es Führungskräften, die Gefühle und Bedürfnisse ihrer Mitarbeitenden zu verstehen und darauf einzugehen. Dies fördert ein positives Arbeitsklima und stärkt die Bindung zwischen Führungskraft und Mitarbeitenden (Northhouse, 2018). Methoden aus dem Coaching können helfen, als Führungskraft unterstützend für die Mitarbeitenden und Betroffenen zu sein und ihnen dabei zu helfen, die Herausforderungen der Veränderungen anzunehmen. Auch wenn Führungskräfte nicht als formale Coaches agieren, können sie durch die Anwendung von Coachingtechniken wie aktives Zuhören, Fragetechniken und konstruktives Feedback eine unterstützende und entwicklungsfördernde Rolle einnehmen (Whitmore, 2009).

In Veränderungsprozessen ist es essenziell, dass Mitarbeitende flexibel auf neue Herausforderungen reagieren können. Coaching fördert diese Anpassungsfähigkeit, indem es die Problemlösungsfähigkeiten und das Selbstvertrauen der Mitarbeitenden stärkt. Durch regelmäßige Coachingsitzungen lernen die Mitarbeitenden, wie sie effektiv auf Veränderungen reagieren und neue Situationen meistern können. Dies führt zu einer höheren Resilienz und einer besseren Vorbereitung auf zukünftige Veränderungen (Kets de Vries, 2010).

Mitarbeitende, die durch Coaching unterstützt werden, fühlen sich stärker wertgeschätzt und sind motivierter, ihr Bestes zu geben sowie aktiv am Veränderungsprozess teilzunehmen. Coaching schafft eine unterstützende Umgebung, in der Mitarbeitende ermutigt werden, ihre Ziele zu verfolgen und ihre Herausforderungen zu überwinden. Diese erhöhte Motivation und das gesteigerte Engagement tragen maßgeblich zum Erfolg von Veränderungsprozessen bei, da engagierte Mitarbeitende eher bereit sind, sich aktiv einzubringen und die Veränderungen positiv mitzugestalten (Goleman, 2006).

Zu den bekannten Coachingmethoden, die sich insbesondere auch für Führungskräfte eignen, zählen:

- aktives Zuhören, Nachfragen, Paraphrasieren, Spiegeln,
- strukturierte Feedbackgespräche,
- systemische Fragetechniken und Coaching.

Ein einfaches und bewährtes Coachingmodell ist das GROW-Modell: Es ist eine strukturierte Coachingmethode, die entwickelt wurde, um den Coachingprozess zu vereinfachen und zu optimieren. GROW steht für Goal (Ziel), Reality (Realität), Options (Optionen) und Will (Wille). Jede Phase dieses Modells hilft dem Coach, den Coachee durch einen strukturierten Prozess zu führen, um klare und erreichbare Ziele zu setzen und diese erfolgreich zu erreichen (Tab. 12.1).

Dieser lösungsorientierte Coachingansatz konzentriert sich darauf, vorhandene Ressourcen optimal zu nutzen, anstatt sich auf Probleme zu fixieren. Er fördert eine positive und konstruktive Denkweise bei den Mitarbeitenden. Indem der Fokus auf die Entwicklung von neuen Lösungen gelegt wird, werden die Mitarbeitenden ermutigt, ihre eigenen Stärken und Fähigkeiten zu identifizieren und zu nutzen, um Herausforderungen zu be-

Tab. 12.1 In Anlehnung an Whitmore, 2009

Goal (Ziel)	Festlegung konkreter Ziele, die der Mitarbeitende erreichen möchte
Reality (Realität)	Analyse der aktuellen Situation und der Herausforderungen, die überwunden werden müssen
Options (Optionen)	Entwicklung verschiedener Handlungsoptionen und Strategien zur Zielerreichung
Will (Wille)	Festlegung konkreter Schritte und Maßnahmen, die der Mitarbeitende umsetzen wird

wältigen. Die Stärkenorientierung ist ein zentraler Bestandteil dieses Coachingansatzes. Durch die Identifikation und Nutzung der individuellen Stärken des Mitarbeitenden können nachhaltige und effektive Lösungen gefunden werden, die nicht nur kurzfristige Probleme lösen, sondern auch langfristig die Leistungsfähigkeit und Zufriedenheit der Mitarbeitenden steigern (De Jong & Berg, 2012).

Unsicherheit und Angst mindern durch Begleiten und Coachen

Begleiten und Coachen spielen eine zentrale Rolle in Veränderungsprozessen, indem sie den Mitarbeitenden helfen, ihre inneren Widerstände abzubauen.

Coaching als Führungskraft hat aber auch ihre Grenzen. Es ist wichtig zu beachten, dass eine Führungskraft nicht formal als unabhängiger Coach agieren kann, sondern eher eine beratende Rolle einnimmt. Diese beratende Rolle hilft, Orientierung zu bieten und Unsicherheiten zu mindern (Heifetz et al., 2009).

Dennoch können Führungskräfte Coachingmethoden anwenden, um ihre Mitarbeitenden zu unterstützen. Techniken wie aktives Zuhören, gezielte Fragetechniken und konstruktives Feedback sind hierbei besonders wirksam (Whitmore, 2009; De Jong & Berg, 2012).

Kommunikation ist wichtig in der Veränderung

Effektive Kommunikation ist entscheidend, um die Vision und die Ziele der Veränderung klar zu vermitteln. Führungskräfte müssen in der Lage sein, komplexe Informationen verständlich zu erklären und aktiv zuzuhören (Goleman, 2006). Kontinuierliche und regelmäßige Kommunikation ist in diesem Sinne erfolgreich, wenn es gelingt, klar und möglichst offen über Veränderungsvorhaben zu sprechen sowie Gerüchten und Missverständnissen vorzubeugen, denn das schafft Vertrauen und fördert Veränderungsbereitschaft.

Ehrlichkeit und Transparenz

Führungskräfte sollten unmissverständlich über bevorstehende Veränderungen sprechen und keine Fakten verbergen, selbst wenn diese unpopulär sind. Offenheit schafft Vertrauen und fördert die Akzeptanz der Veränderung. Es ist wichtig, klar und deutlich zu machen, was sich verändern wird. Versprechen sollten eingehalten werden, und wenn bestimmte Informationen nicht geteilt werden dürfen, sollte auch dies transparent kommuniziert werden (Edmondson, 2019).

Offener Dialog und Förderung der Zusammenarbeit

Führungskräfte sollten stets zu einem offenen Dialog einladen und Fragen sowie Bedenken der Mitarbeitenden ernst nehmen. Es ist wichtig, keine Fragen oder Auseinandersetzungen mit Ängsten, Befürchtungen oder Sorgen zu unterbinden. Diese ernst zu nehmen und darauf einzugehen, zeigt Verständnis und Respekt gegenüber den Mitarbeitenden. Offene Dialoge fördern Innovation und Kreativität, verbessern die Problemlösung und stärken die Zusammenarbeit innerhalb des Teams (Stone & Heen, 2015). Wenn Mitarbeitende wissen, dass sie ihre Gedanken und Bedenken äußern können, ohne negative Konsequenzen befürchten zu müssen, fühlen sie sich sicherer und sind eher bereit, sich aktiv an Veränderungsprozessen zu beteiligen. Dies schafft eine Kultur des Vertrauens und der Zusammenarbeit, die für den Erfolg von Veränderungsprozessen unerlässlich ist (Edmondson, 2019).

Kontinuierliche Kommunikation: Vermeidung von Interpretationsspielraum

Regelmäßige Kommunikation verhindert, dass ein Raum für Gerüchte und Spekulationen entsteht. In einer solchen Kommunikationsleere entstehen Interpretationen und Vermutungen, die sich nur schwer korrigieren lassen. Daher ist es wichtig, die Kommunikationshoheit zu behalten und die Themen zu setzen, über die gesprochen wird. Führungskräfte sollten darauf achten, Informationen direkt und ohne Umschweife zu vermitteln. Eine klare Kommunikation erhöht zudem die Effizienz, da sie die Ziele und Erwartungen deutlich macht und damit die Umsetzung erleichtert. Es ist unerlässlich, regelmäßig und stetig zu kommunizieren, selbst wenn es keine neuen Informationen gibt oder man das Gefühl hat, dass es aktuell nichts Neues zu berichten gibt. Gerade in solchen Momenten ist es wichtig, in die aktive Rolle zu gehen und weiterhin zu kommunizieren. Ein Kommunikationsvakuum kann in Veränderungsprozessen fatale Folgen haben, da es Raum für Gerüchte, Spekulationen und Missverständnisse bietet, die nur schwer wieder einzufangen sind (Kotter, 2011).

12.4 Fazit: Führungsstärke hat viel mit Handlungskompetenz zu tun

Führungsstärke in Veränderungsprozessen basiert auf mehreren zentralen Aspekten, die im Laufe dieses Kapitels erarbeitet wurden. Diese Elemente sind entscheidend, um als Führungskraft mit Führungsstärke erfolgreich in Veränderungsprozessen zu agieren.

Persönlichkeit und Selbstführung

Führungsstärke erfordert eine tiefgehende Selbstkenntnis und die Fähigkeit zur Selbstführung. Jede Führungskraft sollte die individuellen Charaktereigenschaften kennen und deren Wirksamkeit auf das eigene Führungsverhalten regelmäßig prüfen.

Haltung und Mindset

Die Haltung und das Mindset, mit denen Führungskräfte der Veränderung begegnen, sind der Ausgangspunkt für das eigene Führungsverhalten und damit dessen Wirksamkeit. Stehen Sie hinter der Veränderung, lassen Sie keine Zweifel aufkommen, aber bleiben Sie dabei authentisch.

Veränderungskultur und Sicherheit

Veränderung braucht Raum, um Neues zu lernen, es zunächst auszuprobieren und zu versuchen, neue Erfahrungen zu sammeln. Vertrauen Sie diesem Prozess und konstruktives Feedback schafft Sicherheit.

Klare und inspirierende Vision und Richtung

Ein klares Bild, eine gute Erzählung von dem erwarteten zukünftigen, positiven Zustand der Organisation hilft sehr dabei, die Motivation und die Energie in der Veränderung hochzuhalten. Schaffen Sie eine positive Zukunftshoffnung.

Veränderungskompetenz: Befähigung und Beteiligung der Mitarbeitenden

Zu verstehen, warum wir uns mit Veränderung zu schwertun, warum Widerstände entstehen und Verlustängste aufkommen, ist der erste Schritt, Veränderungsprozesse erfolgreich zu gestalten. Der zweite ist, den Mitarbeitenden zu ermöglichen, Veränderungsprozesse aktiv mitzugestalten.

Begleiten und Coachen

Führungskräfte sollten empathisch mit den Sorgen der Mitarbeitenden umgehen, diese ernst nehmen und bei der Bewältigung aktiv unterstützen.

Aktive Veränderungskommunikation

Eine regelmäßige, klare und ehrliche Kommunikation verhindert das Entstehen von Gerüchten und Missverständnissen und schafft Vertrauen. Führungskräfte sollten offen über bevorstehende Veränderungen sprechen, einen offenen Dialog fördern.

Literatur

Brown, B. (2018). *Dare to lead: Brave work, tough conversations, whole hearts.* Random House.

Covey, S., & Merill, R. (2006). *The speed of trust.* Simon und Schuster.

De Jong, P., & Berg, I. (2012). *Interviewing for solutions.* Cengage Learning.

Dweck, C. (2007). *Mindset: The new psychology of success.* Random House Publishing Group.

Edmondson, A. (2019). *The fearless organization – Creating psychological safety in the workplace for learning, innovation, and growth.* Wiley.

Goleman, D. (2006). *Emotional intelligence.* Bantam Books.

Heifetz, R., Grashow, A., & Linksky, M. (2009). *The practice of adaptive leadership.* Harvard Business Press.

Hiatt, J. (2006). *ADKAR: A model for change in business, government and our community*. Prosci Learning Center Publications.
Janßen, A., & Schädlbauer, C. (2017). *Systemisches Management-Coaching*. managerSeminare Verlags GmbH.
Janssen, C. F. (2012). *The 4 rooms of change. A&L Partners.*
Kabat-Zinn, J. (1990). *Full catastrophe living: Using the wisdom of your body and mind to face stress, pain, and illness*. Delacorte Press.
Kets de Vries, M. (2010). *The coaching kaleidoscope – Insights from the inside*. Palgrave Macmillan UK.
Kotter, J. P. (2011). *Leading change*. Vahlen.
Kübler-Ross, E. (1997). *On death and dying*. Scribner.
Lewin, K. (1947). Frontiers in group dynamics. *Human Relations, 1*(2), 5–41.
LINC GmbH. (2024, July 25). *LINC – Personality for professionals*. https://linc.de. Zugegriffen am 25.07.2024.
Mattes, R., & Herzog-Braune, D. (2023). *Was Führung heute wirklich braucht*. Haufe-Lexware GmbH & Co. KG.
Northhouse, P. (2018). *Leadership: Theory and practice*. SAGE Publications.
Prahalad, C., & Ramaswamy, V. (2004). *The future of competition: Co-creating unique value with customers*. Harvard Business Review Press.
Rock, D. (2008). SCARF: A brain-based model for collaborating with and influencing others. *NeuroLeadership Journal, 1*, 78–87.
Stegmaier, R. (2023). *Führen in Veränderungsprozessen*. Hofgrefe Verlag GmbH & Co. KG.
Stone, D., & Heen, S. (2015). *Thanks for the feedback: The science and art of receiving feedback well*. Portfolio Penguin.
Whitmore, J. (2009). *Coaching for performance – GROWing human potential and purpose: The principles and practice of coaching and leadership*. Nicholas Brealey.

Jörg Janßen ist ein erfahrener Berater und Coach mit über 30 Jahren Berufserfahrung, davon mehr als 25 Jahre in leitenden Funktionen. Als Senior Management Consultant und Geschäftsführer bringt er umfassendes Know-how in den Bereichen Führung, Vertrieb und Organisationsentwicklung mit. In seinen vielfältigen beruflichen Stationen, unter anderem als Director Business Development und Senior Vice President Sales & Business Development, hat er komplexe Integrations- und Transformationsprojekte in internationalen Organisationen erfolgreich geleitet.

Neben seiner Tätigkeit als Unternehmensberater hat Jörg Janßen sich auf die persönliche und berufliche Weiterentwicklung von Führungskräften spezialisiert. Als zertifizierter systemischer Managementcoach und LINC Personality Senior Coach unterstützt er seine Klienten dabei, authentische und souveräne Führungspersönlichkeiten zu werden, die in der modernen Arbeitswelt bestehen. Seine Coachingphilosophie basiert auf Authentizität, Wertschätzung und Integrität, und seine praxisorientierten Ansätze haben ihn zu einem geschätzten Partner für zahlreiche Unternehmen und Führungskräfte gemacht.

13 Evolutionäre Führung und Brand Purpose: Die Transformation von Organisationen durch Kultur und Corporate-Influencer-Programme

Sissis Kamarianakis

13.1 Einleitung

In vielen Organisationen erleben wir einen eklatanten Widerspruch: Während sich die Menschen in einem rasanten Tempo weiterentwickeln und neue Fähigkeiten, Werte und Ansprüche mitbringen, verharren Unternehmen in starren Strukturen und veralteten Führungsmodellen. Dieses Dilemma – „Oben wird gedacht, unten wird gemacht" – führt dazu, dass Führungskräfte Strategien entwerfen, die an den Bedürfnissen ihrer Teams vorbeigehen. Mitarbeiter fühlen sich oft unverstanden und nicht eingebunden, was zu einer Entfremdung und einem Mangel an Engagement führen kann.

Moderne Führung setzt jedoch genau hier an. Sie erkennt die Notwendigkeit eines evolutionären Ansatzes, bei dem sich Organisationen kontinuierlich weiterentwickeln und an die dynamischen Anforderungen ihrer Mitarbeiter und ihrer Umwelt anpassen. Durch die Förderung einer Kultur der Selbstorganisation und Ganzheitlichkeit können Führungskräfte die Fähigkeiten und das Potenzial ihrer Teams voll ausschöpfen. Dabei geht es nicht um den Verzicht auf Führung, sondern um die Neugestaltung der Führungsrolle: weg von Kontrolle und starren Hierarchien, hin zu Begleitung, Vertrauen und der Schaffung eines Rahmens, in dem Teams eigenverantwortlich agieren können.

Ein zentrales Element dieser Transformation ist der **Brand Purpose**, der tiefer gehende Sinn und Zweck einer Organisation, der über die reine Produkt- oder Dienstleistungsorientierung hinausgeht. Menschen streben nicht nur nach Wachstum und Autonomie, sondern auch nach Sinnhaftigkeit in ihrer Arbeit. Der Brand Purpose kann diese Sinnhaftigkeit bieten, indem er eine gemeinsame Ausrichtung schafft und die Arbeit in einen

S. Kamarianakis (✉)
Herten, Deutschland
E-Mail: sissis@kamarianakis.de

C. Kastner et al. (Hrsg.), *Führung im Wandel*,
https://doi.org/10.1007/978-3-658-47645-8_13

größeren Kontext stellt. Er fungiert als verbindender Leitstern, der nicht nur die strategischen Ziele beeinflusst, sondern auch die Kultur und das tägliche Handeln innerhalb der Organisation.

Wenn Organisationen den Brand Purpose nachhaltig in ihre Kultur integrieren, entsteht ein „Wir"-Gefühl, das die Akzeptanz und das Engagement aller strategischen Schritte fördert. Dies ist besonders relevant, wenn es darum geht, **Corporate-Influencer-Programme** aufzubauen. Mitarbeiter, die sich mit dem Brand Purpose identifizieren, werden zu echten Botschaftern der Marke. Sie teilen ihre persönlichen Erfahrungen und ihre Verbindung zum Purpose sowohl intern als auch extern, was nicht nur das Employer Branding stärkt, sondern auch eine glaubwürdige Markenpräsenz schafft.

Die folgende Auseinandersetzung zeigt, wie evolutionäre Organisationsentwicklung, moderne Führungskultur und ein klar definierter Brand Purpose die Brücke zwischen der Entwicklung der Menschen und den Strukturen der Organisationen schlagen können. In einer Case Study wird aufgezeigt, wie ein Team durch die Anwendung der Theorie rund um Organisationsstufen einen starken Brand Purpose entwickelt hat, der zur Grundlage für eine erfolgreiche Corporate-Influencer-Strategie wurde.

13.2 Hintergründe zur evolutionären Organisationsentwicklung und modernen Führung

Evolutionäre Organisationsentwicklung ist weit mehr als eine Veränderungsstrategie. Sie ist ein ganzheitlicher Ansatz, der darauf abzielt, Organisationen als lebendige Systeme zu begreifen, die sich in einem ständigen Entwicklungsprozess befinden. Im Kern geht es darum, Strukturen, Prozesse und vor allem die Führung so zu gestalten, dass sie sich an die sich wandelnden Bedürfnisse der Menschen und des Umfelds anpassen. Anstatt in starren Vorgaben zu verharren, setzt die evolutionäre Organisationsentwicklung auf Flexibilität, Authentizität und die aktive Mitgestaltung aller Beteiligten.

Während traditionelle Organisationen oft durch klare Hierarchien und starre Regeln geprägt sind, betrachtet der evolutionäre Ansatz die Organisation als einen Organismus, der sich kontinuierlich weiterentwickelt. Die Führungskräfte agieren dabei nicht als „Kapitäne am Steuer", sondern vielmehr als „Gärtner", die einen Raum schaffen, in dem Menschen und Teams eigenständig wachsen und sich entfalten können. Diese Sichtweise unterscheidet sich grundlegend von traditionellen Führungsmodellen, bei denen die Richtung und Ziele oft zentral festgelegt und kontrolliert werden.

Selbstorganisation und Ganzheitlichkeit als Schlüsselprinzipien

Ein zentrales Prinzip der evolutionären Organisationsentwicklung ist die Selbstorganisation. Anstatt detaillierte Anweisungen von oben zu erhalten, werden Teams ermächtigt, selbst Verantwortung zu übernehmen und Entscheidungen zu treffen. Diese

Herangehensweise ermöglicht es, schneller und flexibler auf Veränderungen zu reagieren, und fördert eine Kultur, in der Kreativität und Innovation gedeihen können. Der Weg zur Selbstorganisation erfordert Vertrauen und einen klaren Rahmen, in dem sich die Teams frei bewegen können, ohne dabei ins Chaos abzudriften.

Ganzheitlichkeit spielt dabei eine entscheidende Rolle. Menschen sind mehr als nur ihre Arbeitsrollen – sie bringen ihre Werte, Emotionen und ihre gesamte Persönlichkeit in den Arbeitsprozess ein. Eine Organisation, die diese Ganzheitlichkeit anerkennt, schafft eine Kultur, in der sich die Mitarbeiter authentisch einbringen können. Brené Brown (vgl. Brown 2009) betont die Bedeutung von Authentizität und Offenheit in der Führung. Wenn Führungskräfte eine Umgebung schaffen, in der Verletzlichkeit und Emotionen nicht als Schwäche, sondern als Quelle der Stärke gesehen werden, entstehen eine tiefere Verbindung und ein höheres Maß an Engagement.

Evolutionärer Zweck statt starrer Ziele

Im Gegensatz zu fixen Zielen, die oft von der Führungsebene vorgegeben werden, basiert der evolutionäre Ansatz auf einem dynamischen und sich ständig entwickelnden Zweck. Dieser evolutionäre Zweck fungiert nicht als starres Ziel, sondern als Orientierungspunkt, der sich im Laufe der Zeit weiterentwickelt. Er ist ein Ausdruck der kollektiven Ambitionen und Werte der Organisation und ihrer Mitglieder. Simon Sinek (vgl. Sinek 2014) spricht in diesem Zusammenhang vom „why" – dem tieferen Sinn und Zweck, der über die bloße Gewinnmaximierung hinausgeht und Menschen inspiriert.

Dieser evolutionäre Zweck wirkt als verbindendes Element, das Teams und Organisationen zusammenhält und ihnen eine klare Ausrichtung gibt. Anders als bei klassischen Zielsetzungen, die spezifisch und messbar sein müssen, geht es beim evolutionären Zweck um die ständige Entfaltung und Anpassung. Es ist ein gemeinsamer Weg, auf dem sich Organisation und Menschen gemeinsam weiterentwickeln und wachsen.

Emotionen als Treiber der Veränderung

Die evolutionäre Organisationsentwicklung und moderne Führung erkennen die Kraft der Emotionen an. Sie wissen, dass Veränderung nicht durch Anweisungen oder strategische Pläne allein erreicht werden kann. Emotionen sind der Motor, der Menschen in Bewegung setzt. Wenn Mitarbeiter das Gefühl haben, gehört und verstanden zu werden, und wenn sie sich mit dem evolutionären Zweck identifizieren, entsteht eine tiefe emotionale Bindung. Diese Bindung erzeugt Leidenschaft, Begeisterung und eine Bereitschaft, sich aktiv einzubringen.

Durch die aktive Einbindung der Teams und das Zulassen von Emotionen entstehen neue neuronale Verknüpfungen, die den Veränderungsprozess weiter stärken (vgl. Rock 2009). In einer Kultur, in der Menschen ihre Gedanken, Gefühle und Wünsche einbringen können, wird die Organisation zu einem lebendigen Raum der Interaktion, in dem Innovation und Wandel zum natürlichen Bestandteil werden.

13.3 Die 5 Organisationsstufen nach Laloux: Eine kritische Betrachtung der Führungsentwicklung

Frederic Laloux beschreibt in seinem Werk *Reinventing Organizations* die evolutionäre Entwicklung von Organisationen anhand von fünf Stufen. Jede dieser Stufen ist durch spezifische Merkmale, Denkweisen und Führungsstile gekennzeichnet, die die Art und Weise prägen, wie Organisationen sich strukturieren und agieren. Dabei zeigt sich, wie Führung sich von autoritären, hierarchischen Modellen zu einer kollektiven, evolutionären Rolle entwickeln kann. Es ist wichtig zu verstehen, dass diese Stufen nicht linear oder exklusiv sind; Organisationen können Elemente mehrerer Stufen in sich tragen. Dennoch geben sie uns ein wertvolles Modell, um die Reise der Organisationsentwicklung zu verstehen und kritisch zu hinterfragen. Die folgenden Abschnitte sind seinem Werk entnommen (vgl. Laloux 2017).

Rote Organisationen (impulsiv)
Diese Stufe ist gekennzeichnet durch eine klare Hierarchie, Machtstrukturen und den Einsatz von Angst und Autorität als Führungsinstrumenten. Entscheidungen werden zentral getroffen und durchgesetzt, oft ohne Rücksicht auf die Bedürfnisse der Mitarbeitenden. Führung in dieser Stufe ist autoritär und kurzfristig orientiert. Die Führungskraft agiert wie ein Häuptling, der das Geschehen dominiert und Kontrolle ausübt. Während dieser Ansatz in hochdynamischen, unsicheren Umgebungen kurzfristig effektiv sein kann, führt er zu einer Kultur der Angst und des Misstrauens, was langfristige Entwicklung und Innovation hemmt. In modernen Organisationen ist dieser Führungsstil kaum noch tragbar, da er die menschlichen Potenziale unterdrückt und sich nicht an die heutigen Bedürfnisse nach Mitbestimmung und Sinnhaftigkeit anpasst.

Bernsteinfarbene Organisationen (konformistisch)
Diese Stufe etabliert formale Strukturen, Regeln und klare Rollenverteilungen. Hierarchien sind festgelegt, und die Stabilität der Organisation steht im Vordergrund. Der Fokus liegt auf Ordnung, Disziplin und der Erfüllung der vorgegebenen Regeln. Führungskräfte agieren als Verwalter und Aufseher. Sie sind dafür verantwortlich, dass die Regeln befolgt und die Prozesse eingehalten werden. Dies schafft ein Gefühl von Sicherheit und Vorhersehbarkeit, fördert jedoch Konformität und unterdrückt individuelle Initiative. Während diese Struktur in stabilen Umgebungen funktioniert, versagt sie in komplexen, sich schnell verändernden Kontexten. Sie kann zu einem starren System führen, in dem Kreativität und Anpassungsfähigkeit erstickt werden.

Orangefarbene Organisationen (leistungsorientiert)
Die orangefarbene Stufe repräsentiert das moderne, wettbewerbsorientierte Unternehmen. Hier stehen Leistung, Effizienz und Erfolg im Mittelpunkt. Die Organisation wird wie eine Maschine betrachtet, und der Fokus liegt auf Strategie, Innovation und Zielerreichung. Führungskräfte agieren als Manager und Optimierer. Sie setzen auf Zielvorgaben, Anreize und Leistungsbeurteilungen, um Ergebnisse zu maximieren. Entscheidungen werden

datengetrieben getroffen, und es herrscht ein Glaube an die Messbarkeit und Steuerbarkeit aller Prozesse. Obwohl dieser Ansatz zu bedeutenden Erfolgen und Fortschritten geführt hat, fördert er oft eine Kultur des ständigen Wettkampfs und der Überarbeitung. Menschen werden als „Ressourcen" betrachtet, und ihre tieferen Bedürfnisse nach Sinn und Zugehörigkeit bleiben unberücksichtigt.

Grüne Organisationen (plurale)
Auf der grünen Stufe rücken die Gemeinschaft, Werte und das Wohlergehen der Mitarbeitenden in den Fokus. Organisationen streben nach einem harmonischen Miteinander, partizipativer Entscheidungsfindung und einer Kultur der Offenheit und Inklusion. Führung wird als dienende Führung („servant leadership") verstanden. Führungskräfte agieren als Unterstützer, Moderatoren und Mentoren. Sie fördern die Zusammenarbeit, schätzen die Meinungen der Mitarbeitenden und versuchen, Machtunterschiede zu minimieren. Die grüne Organisation stellt einen bedeutenden Schritt in Richtung einer menschlicheren Arbeitskultur dar. Allerdings kann sie in ihrer Suche nach Konsens und Harmonie zu einem Zustand der Entscheidungsunfähigkeit und Ineffizienz führen. Es besteht die Gefahr, dass der Wunsch nach Inklusion und Mitbestimmung dazu führt, dass dringend notwendige Veränderungen zu langsam umgesetzt werden.

Türkise Organisationen (evolutionär)
Türkise Organisationen repräsentieren die fortschrittlichste Stufe. Sie basieren auf den Prinzipien der Selbstorganisation, Ganzheitlichkeit und einem evolutionären Zweck. Die Organisation wird als lebendiger Organismus betrachtet, der sich ständig anpasst und weiterentwickelt. Führung in der türkisfarbenen Organisation ist keine Rolle, die Einzelne innehaben. Sie ist vielmehr eine kollektiv geteilte Verantwortung. Führungskräfte agieren als Prozessbegleiter und Kulturträger. Sie schaffen den Raum für Selbstorganisation und unterstützen die Mitarbeitenden dabei, ihr volles Potenzial zu entfalten. Entscheidungen werden dezentral getroffen, basierend auf dem kollektiven Wissen und der Intuition des Teams. Obwohl die türkise Organisation als Idealbild gilt, ist ihre Umsetzung eine enorme Herausforderung. Sie erfordert einen tiefgreifenden Kulturwandel, Mut zur Selbstreflexion und die Bereitschaft, traditionelle Machtstrukturen aufzugeben. Viele Organisationen scheitern daran, diese Stufe vollständig zu erreichen, da sie die Unsicherheiten und die fehlende Kontrolle, die mit dieser Form der Führung einhergehen, fürchten.

Führung im Wandel: Die Integration des Brand Purpose
Die fünf Organisationsstufen zeigen, wie sich Führung von autoritären, kontrollierenden Strukturen hin zu einer gemeinschaftlichen, evolutionären Rolle entwickelt hat. Im Mittelpunkt dieses Wandels steht der Brand Purpose als verbindendes Element, das die Transformation einer Organisation maßgeblich beeinflusst. Der Brand Purpose bietet nicht nur Orientierung, sondern stellt auch den tieferen Sinn und Zweck einer Organisation in den Vordergrund. Er ist der Schlüssel, um die Lücke zwischen den individuellen Bedürfnissen der Menschen und den oft starren Strukturen von Organisationen zu schließen.

In traditionellen Organisationen wird Führung oft als ein Mittel zur Kontrolle und Steuerung verstanden. In diesem Kontext wird der Brand Purpose häufig als ein strategisches Instrument betrachtet, das lediglich auf die Außenwirkung abzielt. Doch in modernen, evolutionären Organisationen fungiert der Brand Purpose als lebendiger Kompass, der die innere Kultur, die Entscheidungsfindung und das tägliche Handeln beeinflusst. Führungskräfte, die diesen Wandel verstehen, erkennen, dass ihre Rolle darin besteht, den Brand Purpose in die gesamte Organisation zu integrieren – nicht als bloße Marketingaussage, sondern als authentisches Leitbild, das in jedem Aspekt der Unternehmenskultur verankert ist.

Führungskräfte im Wandel agieren daher nicht mehr als autoritäre Entscheider, sondern als Gestalter und Begleiter. Sie unterstützen ihre Teams dabei, den Brand Purpose zu verstehen, zu interpretieren und in konkrete Handlungen umzusetzen. Dies bedeutet, dass sie einen Raum für Selbstorganisation, Partizipation und kontinuierliche Entwicklung schaffen. Ein klarer Brand Purpose kann dabei als Katalysator wirken, der die Teams motiviert und inspiriert. Er bietet ihnen eine gemeinsame Ausrichtung und ein tieferes Verständnis dafür, wie ihre Arbeit zu einem größeren Ganzen beiträgt.

Corporate-Influencer-Programme sind dabei ein hervorragendes Beispiel dafür, wie der Brand Purpose durch die Mitarbeiter nach außen getragen werden kann. Wenn Mitarbeiter den Brand Purpose nicht nur verstehen, sondern ihn auch leben, werden sie zu glaubwürdigen und authentischen Botschaftern der Marke. Führungskräfte spielen hier eine entscheidende Rolle, indem sie ihren Teams die Freiheit geben, ihre Verbindung zum Brand Purpose zu kommunizieren und eigene Initiativen zu entwickeln. Dabei geht es nicht um Kontrolle, sondern um die Ermächtigung der Mitarbeiter, ihre eigene Stimme und Perspektive einzubringen.

Die Integration des **Brand Purpose** in die Führungskultur einer Organisation ist ein fortlaufender Prozess, der Mut, Offenheit und kontinuierliche Reflexion erfordert. Der Brand Purpose dient als Brücke zwischen der persönlichen Entwicklung der Menschen und den Strukturen der Organisation. Er ermöglicht es, eine Kultur des gemeinsamen Wachsens und der kollektiven Ausrichtung zu etablieren.

Führungskräfte, die diesen Wandel annehmen, schaffen nicht nur ein inspirierendes Arbeitsumfeld, sondern ermöglichen es ihren Organisationen, sich in einer dynamischen Welt kontinuierlich weiterzuentwickeln. Sie fördern eine Kultur, in der der Brand Purpose als lebendiger Ausdruck der Organisation und ihrer Menschen wirkt – ein Ausdruck, der sowohl nach innen als auch nach außen strahlt und langfristigen Erfolg ermöglicht.

13.4 Case Study: Die Reise eines Ingenieurdienstleisters durch die 5 Stufen der Organisationsentwicklung

In dieser Fallstudie begleiteten wir das Team eines Ingenieurdienstleisters auf seiner Reise durch die 5 Organisationsstufen nach Frederic Laloux. Der Prozess begann mit einer eingehenden Selbstreflexion, bei der das Team die Organisation, das Team selbst und die Individuen auf den unterschiedlichen Stufen einordnete. Der Fokus lag darauf, die Diskrepanz zwischen der aktuellen Position der Organisation und den Bedürfnissen und Ansichten der Teammitglieder zu erkennen und zu verstehen.

Einordnung: Organisation, Team und Individuum

In einem ersten Schritt wurde das Team durch einen strukturierten Workshop geführt, in dem die Teilnehmer aufgefordert wurden, sich selbst, ihr Team und die Organisation auf den 5 Stufen einzuordnen:

- **Organisation:** Die Mehrheit der Teammitglieder ordnete die Organisation zwischen **Stufe 2 (bernsteinfarben – konformistisch)** und **Stufe 3 (orange – leistungsorientiert)** ein. Dies zeigte sich durch klare Hierarchien, feste Regeln und einen Fokus auf Effizienz und Zielerreichung. Die Organisation verfügte über definierte Prozesse und eine kontrollierende Führungsebene. Innovation und Kreativität wurden zwar gefördert, jedoch nur im Rahmen klarer Strukturen und unter der Prämisse der Zielerreichung.
- **Team:** Im Gegensatz dazu ordnete sich das Team selbst überwiegend auf **Stufe 4 (grün – pluralistisch)** ein. Die Teammitglieder beschrieben ihre Zusammenarbeit als wertschätzend und partizipativ, mit einem starken Fokus auf Teamarbeit, Offenheit und gegenseitige Unterstützung. Entscheidungen wurden im Team gemeinsam getroffen, und es herrschte ein hoher Grad an Eigenverantwortung und Engagement. Das Team fühlte sich stark verbunden und teilte ähnliche Werte, die auf Gemeinschaft, Transparenz und Mitbestimmung abzielten.
- **Individuen:** Die individuelle Einordnung der Teammitglieder zeigte, dass die meisten auf **Stufe 4 (grün)** agierten, wobei einige bereits Ansätze von **Stufe 5 (türkis – evolutionär)** in ihrem Denken und Handeln aufwiesen. Die Individuen strebten nach Ganzheitlichkeit, Authentizität und dem Einbringen ihrer gesamten Persönlichkeit in die Arbeit. Sie suchten nach Sinnhaftigkeit und waren bereit, Verantwortung für die Entwicklung und Ausrichtung des Teams zu übernehmen.

Diskrepanz zwischen Organisation und Team/Individuum

Die Ergebnisse der Einordnung machten eine deutliche Diskrepanz sichtbar: Während die Organisation auf den Stufen 2 und 3 agierte und von formalen Strukturen und Kontrolle geprägt war, strebten das Team und die Individuen nach mehr Partizipation, Selbstorganisation und Ganzheitlichkeit. Diese Diskrepanz führte zu Spannungen, die sich in verschiedenen Bereichen zeigten:

Die unterschiedlichen Stufen schufen ein Spannungsfeld zwischen den Erwartungen der Organisation und den Bedürfnissen des Teams. Die Teammitglieder fühlten sich häufig in ihrer Kreativität und Eigeninitiative eingeschränkt. Obwohl sie nach Mitgestaltung und Selbstverwirklichung strebten, wurden sie von den bestehenden Hierarchien und Prozessen zurückgehalten. Dies führte zu Frustration und einem Gefühl der Entfremdung, da ihre Ideen und Ansätze nicht immer auf Resonanz stießen. Zudem bestand die Gefahr, dass die

Diskrepanz langfristig zu einem Verlust an Motivation und Engagement führen würde, was letztlich die Teamleistung und die Innovationskraft des Unternehmens beeinträchtigen könnte.

Trotz der Herausforderungen bot die Diskrepanz auch Chancen. Die starke Bindung und das hohe Engagement im Team bildeten eine solide Grundlage für einen Wandel. Die Bereitschaft des Teams, Verantwortung zu übernehmen und sich aktiv einzubringen, konnte als Start für eine schrittweise Transformation der Organisation genutzt werden. Darüber hinaus ermöglichte die Einordnung einen offenen Dialog über die aktuellen Strukturen und die Notwendigkeit einer Anpassung an die sich verändernden Bedürfnisse der Mitarbeiter und des Marktes.

Umgang mit der Diskrepanz

Die Erkenntnis der Diskrepanz war der erste Schritt, um einen Veränderungsprozess einzuleiten. Der Ansatz zur Integration beinhaltete mehrere Ebenen:

Ein entscheidender Schritt war die Initiierung eines offenen Dialogs zwischen der Führungsebene und dem Team. In moderierten Gesprächsrunden wurde das Bewusstsein für die unterschiedlichen Sichtweisen geschärft. Die Führungskräfte wurden ermutigt, sich mit den Werten und Bedürfnissen der Teammitglieder auseinanderzusetzen und die Vorteile eines evolutionsorientierten Ansatzes zu erkennen.

Da die Organisation auf den Stufen 2 und 3 agierte, war es unrealistisch, einen sofortigen Sprung zu einer vollständig selbstorganisierten Struktur zu erwarten. Stattdessen wurde ein schrittweiser Ansatz gewählt. Die Idee war, dass Prozesse und Entscheidungswege schrittweise angepasst werden sollen, um mehr Raum für Partizipation und Eigenverantwortung zu schaffen. Ein Beispiel wäre die Einführung von selbstorganisierten Projektteams, die eigenständig an der Umsetzung des Brand Purpose arbeiteten und damit eine direkte Verbindung zwischen ihren täglichen Aufgaben und der übergeordneten Vision herstellten.

Die Führungskräfte sollten in einem weiteren Schritt in ihrer Rolle als Begleiter und Facilitators weitergebildet werden. Sie sollten lernen, wie sie eine Kultur der Selbstorganisation fördern und als Unterstützer agieren konnten anstatt als kontrollierende Entscheider. Durch Coaching und gezielte Reflexionsrunden sollten sie auf die Herausforderungen und Chancen vorbereitet werden, die sich aus der veränderten Führungsrolle ergeben.

Ergebnisse und Erkenntnisse

Durch den ersten Ansatz konnten erste Schritte gestaltet werden, die Kluft zwischen der Organisationsstufe und den Stufen des Teams und der Individuen teilweise zu überbrücken:

Durch die Förderung von Partizipation und Eigenverantwortung wurde das Gefühl der Entfremdung im Team reduziert. Die Teammitglieder fühlten sich mehr in Entscheidungen eingebunden und erlebten, dass ihre Ideen und Ansätze auf offene Ohren stießen. Dies führte zu einem stärkeren Zusammenhalt und einer höheren Motivation, sich aktiv in die Weiterentwicklung der Organisation einzubringen.

Die schrittweise Anpassung der Strukturen ermöglichte es der Organisation, sich langsam in Richtung einer grünen Organisationskultur zu bewegen. Auch wenn die Organisation noch nicht vollständig auf Stufe 4 angekommen ist, konnten erste Schritte unternommen werden, um die Strukturen zu öffnen und mehr Raum für Innovation und Selbstorganisation zu schaffen.

Die Einführung selbstorganisierter Projektteams, die am Brand Purpose arbeiteten, führte dazu, dass dieser nicht mehr als abstraktes Konzept, sondern als lebendiger Bestandteil der täglichen Arbeit wahrgenommen wurde. Die Mitarbeiter entwickelten eine tiefere Verbindung zum Purpose und waren motiviert, diesen auch nach außen zu kommunizieren, etwa im Rahmen von Corporate-Influencer-Programmen.

Fazit: Chancen und Grenzen der Transformation

Die Fallstudie zeigt, dass die Diskrepanz zwischen der Organisationsstufe und der Stufe des Teams/Individuums sowohl Gefahren als auch Chancen birgt. Während sie zu Spannungen und Frustration führen kann, bietet sie auch die Möglichkeit, einen Veränderungsprozess zu initiieren, der sowohl die Organisation als auch die Menschen weiterentwickelt. Entscheidend ist dabei, die Unterschiede offen anzusprechen, die Bereitschaft zum Wandel zu fördern und einen schrittweisen, realistischen Ansatz zu wählen, der alle Beteiligten mitnimmt.

Die Transformation erfordert Geduld, Offenheit und eine Führung, die bereit ist, ihre Rolle neu zu definieren. Wenn dies gelingt, kann die Organisation eine Kultur schaffen, die nicht nur das Potenzial ihrer Mitarbeiter voll ausschöpft, sondern auch in einer sich ständig verändernden Welt nachhaltig erfolgreich ist. Der Brand Purpose wird dadurch nicht nur als strategisches Instrument, sondern als lebendiger Ausdruck der Organisation und ihrer Menschen wahrgenommen.

13.5 Brand Purpose als Initialzündung für ein nachhaltiges Corporate-Influencer-Programm

Die Ergebnisse der Selbstreflexion und der Reise durch die 5 Organisationsstufen dienten als Initialzündung für die Entwicklung des Brand Purpose und die Etablierung eines nachhaltigen Corporate-Influencer-Programms. Indem die Organisation, das Team und die Individuen ihre Positionen und Diskrepanzen offenlegten, entstand ein klareres Bild davon, wohin sich die Organisation entwickeln musste und welche Rolle der Brand Purpose in diesem Transformationsprozess spielen sollte.

Entwicklung des Brand Purpose

Durch die zuvor durchgeführten Workshops und den offenen Dialog erkannte die Organisation, dass der Brand Purpose nicht nur als strategisches Ziel oder Marketingtool fungieren sollte, sondern als tiefer gehender Sinn, der die tägliche Arbeit und die Kultur prägt. Folgende Schritte wurden unternommen, um den Brand Purpose zu entwickeln und zu etablieren:

- **Gemeinsame Werte identifizieren**
  Die Erkenntnisse aus der Einordnung der Organisation und des Teams wurden genutzt, um die gemeinsamen Werte zu identifizieren, die sowohl das Team als auch die Organisation anstreben. Diese Werte bildeten die Grundlage für den Brand Purpose und halfen dabei, eine gemeinsame Ausrichtung zu finden. Der Fokus lag auf Aspekten wie Nachhaltigkeit, Innovation und Gemeinschaft, die das Team bereits auf Stufe 4 verankert hatte.
- **Purposeworkshops**
  Mithilfe moderierter Purposeworkshops wurden die Teammitglieder aktiv in die Entwicklung des Brand Purpose einbezogen. Sie hatten die Gelegenheit, ihre Visionen und Ideen einzubringen und gemeinsam einen Purpose zu formulieren, der sowohl die unternehmerischen Ziele als auch die individuellen Bestrebungen widerspiegelt. Die Organisation verpflichtete sich dazu, diesen Purpose als zentralen Leitstern zu nutzen und ihn in allen strategischen und operativen Entscheidungen zu berücksichtigen.
- **Kommunikation des Brand Purpose**
  Der entwickelte Brand Purpose wurde nicht einfach in Form einer Ankündigung eingeführt, sondern in einem mehrstufigen Kommunikationsprozess. Die Führungskräfte kommunizierten den Purpose durch persönliche Geschichten und Beispiele, die zeigten, wie er in den Alltag integriert werden sollte. Zudem wurden offene Foren und Diskussionsrunden eingerichtet, in denen alle Mitarbeitenden ihre Ansichten und Fragen äußern konnten.

Aufbau eines nachhaltigen Corporate-Influencer-Programms
Mit dem klar definierten Brand Purpose als Basis wurde nun ein Corporate-Influencer-Programm ins Leben gerufen, das darauf abzielte, den Purpose sowohl intern zu stärken als auch extern zu kommunizieren. Das Programm konzentrierte sich auf folgende Schlüsselaspekte:

- **Identifikation und Befähigung von Influencern**
  Die Organisation identifizierte Mitarbeitende, die sich bereits stark mit dem Brand Purpose identifizierten und bereit waren, als authentische Botschafter der Marke zu agieren. Diese „Corporate Influencer" wurden durch spezielle Trainings und Workshops befähigt, ihre Geschichten und ihre Verbindung zum Brand Purpose in die Welt zu tragen. Es ging nicht darum, ihnen fertige Botschaften vorzugeben, sondern ihnen Werkzeuge und Plattformen zur Verfügung zu stellen, um ihre eigenen, authentischen Stimmen zu finden.
- **Content Creation und Storytelling**
  Ein zentrales Element des Corporate-Influencer-Programms war die Entwicklung von Inhalten, die den Brand Purpose lebendig machen. Die Influencer wurden ermutigt, ihre persönlichen Erfahrungen, Projekte und Erfolge zu teilen, die im Einklang mit dem Brand Purpose standen. Dies beinhaltete Formate wie Blogbeiträge, LinkedIn-Artikel, Videos und Podcasts, in denen sie ihre Geschichten erzählten und aufzeigten, wie der

Purpose ihre tägliche Arbeit beeinflusste. Der Fokus lag darauf, echte Einblicke zu geben und nicht auf standardisierte Marketingbotschaften.

- **Plattformen und Reichweite**
  Die Plattformen wurden sorgfältig ausgewählt, um den größtmöglichen Einfluss zu erzielen. LinkedIn erwies sich als besonders effektive Plattform, da es sich um ein beruflich orientiertes Netzwerk handelt, das sich ideal für die Positionierung des Unternehmens als Purpose getriebener Arbeitgeber eignet. Die Corporate Influencer wurden angeleitet, regelmäßig auf LinkedIn zu posten und sich an relevanten Diskussionen zu beteiligen. Sie teilten nicht nur Inhalte über ihre eigenen Profile, sondern arbeiteten auch an Unternehmensinitiativen wie Webinaren, Onlineveranstaltungen und Diskussionsrunden, um eine breite und nachhaltige Wirkung zu erzielen.

Brand Purpose und Social Media: Die Verbindung zu LinkedIn
Die Umsetzung des Corporate-Influencer-Programms auf LinkedIn zielte darauf ab, den Brand Purpose authentisch und nachhaltig zu kommunizieren:

- **Echtes Engagement statt reiner Reichweite**
  Der Brand Purpose wurde nicht als Marketingstrategie, sondern als authentische Stimme der Organisation positioniert. Die Corporate Influencer setzten sich aktiv mit ihren Netzwerken auseinander, indem sie Beiträge verfassten, die Einblicke in ihren Arbeitsalltag und die Bedeutung des Brand Purpose gaben. Diese Beiträge führten zu einer intensiven Interaktion mit Kollegen, Kunden und Interessierten, die über die traditionellen Reichweitenzahlen hinausging und ein echtes Engagement schuf.
- **Vernetzung und Aufbau von Gemeinschaften**
  Die Influencer wurden dazu ermutigt, sich mit Gleichgesinnten zu vernetzen und Gemeinschaften rund um den Brand Purpose zu schaffen. Sie nahmen an relevanten Branchenveranstaltungen und Diskussionsgruppen auf LinkedIn teil und initiierten eigene Gruppen, in denen sie Themen diskutierten, die im Zusammenhang mit dem Brand Purpose standen. Dies trug dazu bei, das Unternehmen als Thought Leader in seinem Bereich zu positionieren und den Purpose über die eigenen Grenzen hinaus sichtbar zu machen.
- **Konsistenz und langfristige Ausrichtung**
  Um den Brand Purpose auf LinkedIn nachhaltig zu verankern, war es wichtig, konsistent und langfristig zu agieren. Die Influencer entwickelten einen Contentplan, der auf den Brand Purpose abgestimmt war und regelmäßig aktualisiert wurde. Dabei achteten sie darauf, den Purpose in verschiedenen Kontexten zu beleuchten – von technischen Innovationen bis hin zu sozialen Initiativen – um ein umfassendes Bild zu vermitteln.

Ergebnisse und Learnings: Wie der Brand Purpose das Programm stärkte
Die Verbindung von Brand Purpose und Corporate-Influencer-Programm führte zu bemerkenswerten Ergebnissen:

- **Stärkung der Arbeitgebermarke**
  Durch die authentische Kommunikation des Brand Purpose auf LinkedIn konnte die Organisation ihr Image als Purpose getriebener Arbeitgeber stärken. Die Geschichten der Corporate Influencer vermittelten ein authentisches Bild der Unternehmenskultur und zogen Talente an, die sich mit dem Purpose identifizierten.
- **Verbesserte interne Bindung**
  Intern führte das Programm zu einer stärkeren Identifikation der Mitarbeitenden mit dem Brand Purpose. Die Möglichkeit, aktiv als Botschafter aufzutreten, stärkte das Gefühl der Zugehörigkeit und schuf ein Gemeinschaftsgefühl, das über die Teamgrenzen hinausging.
- **Erweiterung des Netzwerks und der Einflussreichweite**
  Durch die aktive Präsenz der Corporate Influencer auf LinkedIn wurde das Netzwerk der Organisation deutlich erweitert. Die Beiträge erhielten eine hohe Resonanz und führten zu einer breiten Interaktion mit verschiedenen Stakeholdern, darunter Kunden, Partner und Branchenexperten.

Fazit: Brand Purpose als Herzstück des Corporate Influencer Programms
Der Brand Purpose diente in diesem Fall als Initialzündung für ein erfolgreiches Corporate-Influencer-Programm. Er bot eine klare Ausrichtung und ein tiefes Verständnis dafür, warum und wofür die Organisation steht. Durch die authentische Einbindung der Mitarbeiter und die konsequente Umsetzung auf Social Media, insbesondere LinkedIn, wurde der Brand Purpose zu einem lebendigen Bestandteil der Unternehmenskultur und der externen Kommunikation. Dies zeigt, dass ein klar definierter und gelebter Brand Purpose nicht nur als strategisches Leitbild, sondern als Motor für eine nachhaltige und wirkungsvolle Präsenz im digitalen Raum dienen kann.

13.6 Kritische Reflexion, Zusammenfassung und Ausblick

Kritische Reflexion
Die Implementierung des Brand Purpose und die Entwicklung eines Corporate-Influencer-Programms zeigen, wie Organisationen durch evolutionäre Ansätze in Führung und Kultur zu einem nachhaltigeren und authentischeren Ausdruck ihrer Identität gelangen können. Dennoch gibt es einige Herausforderungen und Grenzen, die in diesem Kontext nicht übersehen werden sollten:

- **Authentizität vs. Kontrolle**: Ein zentraler Aspekt bei der Implementierung des Brand Purpose ist die Wahrung der Authentizität. Während Corporate-Influencer-Programme darauf abzielen, authentische Stimmen aus der Organisation zu fördern, besteht die Gefahr, dass diese Initiativen zu stark kontrolliert und gesteuert werden. Wenn Mitarbeiter das Gefühl haben, lediglich als Sprachrohr für vorgefertigte Botschaften zu dienen, geht die Glaubwürdigkeit verloren. Es ist entscheidend, den Mitarbeitenden die

Freiheit zu geben, ihre eigenen Geschichten und Perspektiven einzubringen, um den Brand Purpose auf eine Weise zu repräsentieren, die für sie persönlich relevant und wahrhaftig ist.

- **Langfristige Nachhaltigkeit:** Die Etablierung eines Brand Purpose und eines dazugehörigen Corporate-Influencer-Programms ist kein einmaliges Projekt, sondern ein kontinuierlicher Prozess. Es erfordert ständige Reflexion, Anpassung und Engagement vonseiten der Führung und der Mitarbeiter. Ohne eine langfristige Verpflichtung und die Bereitschaft zur Weiterentwicklung kann der Purpose schnell an Bedeutung verlieren und zu einem bloßen Slogan verkommen. Führungskräfte müssen deshalb regelmäßig den Raum für Dialog und Weiterentwicklung schaffen, damit der Purpose lebendig bleibt und sich an veränderte Bedingungen und neue Erkenntnisse anpasst.
- **Balance zwischen Individualität und Unternehmenskultur:** Während Corporate-Influencer-Programme individuelle Stimmen hervorheben, besteht die Gefahr, dass die Einheit der Unternehmenskultur geschwächt wird. Es ist wichtig, die individuelle Ausdrucksfreiheit der Mitarbeiter zu fördern, während gleichzeitig die gemeinsamen Werte und Ziele der Organisation gestärkt werden. Hier liegt die Herausforderung darin, die Balance zu finden: Die Geschichten und Beiträge der Influencer sollten die Vielfalt innerhalb der Organisation widerspiegeln und gleichzeitig den gemeinsamen Brand Purpose und die Kultur der Organisation unterstützen.

Zusammenfassung

Die Entwicklung eines klaren Brand Purpose und dessen Integration in die Organisationskultur stellt einen entscheidenden Schritt dar, um die Brücke zwischen den Bedürfnissen der Mitarbeiter und den Strukturen der Organisation zu schlagen. In der modernen Arbeitswelt suchen Menschen nach Sinn und Orientierung, und der Brand Purpose kann dieser Suche gerecht werden, indem er als Leitstern für das tägliche Handeln und die strategische Ausrichtung dient.

Der Artikel zeigt, wie evolutionäre Organisationsentwicklung und moderne Führung dazu beitragen können, eine Kultur der Selbstorganisation, Partizipation und Ganzheitlichkeit zu schaffen. Die Fallstudie des Ingenieurdienstleisters veranschaulicht diesen Prozess praxisnah: Durch die Identifikation und Überwindung von Diskrepanzen zwischen der Organisationsstruktur und den Bedürfnissen des Teams wurde der Brand Purpose als lebendiger Bestandteil der Unternehmenskultur etabliert. Dies diente als Basis für die erfolgreiche Einführung eines Corporate-Influencer-Programms, das die authentische Kommunikation des Purpose sowohl intern als auch extern förderte.

Obwohl die Integration des Brand Purpose viele Chancen bietet, erfordert sie Mut, Offenheit und kontinuierliche Reflexion. Authentizität, langfristige Ausrichtung und eine ausgewogene Balance zwischen Individualität und gemeinsamer Kultur sind Schlüsselfaktoren, um den Brand Purpose nicht nur als strategisches Instrument, sondern als lebendigen Ausdruck der Organisation und ihrer Menschen zu verankern. Wenn es gelingt, diese Aspekte zu berücksichtigen, kann der Brand Purpose zu einem Motor für nachhaltigen Erfolg und eine inspirierende Präsenz im digitalen Raum werden.

Ausblick

Die fortschreitende Entwicklung von Organisationen und die sich ständig verändernden Bedürfnisse der Mitarbeiter machen deutlich, dass die Themen Brand Purpose und Corporate-Influencer-Programme in Zukunft weiter an Bedeutung gewinnen werden. Der Trend bewegt sich weg von reinen Gewinnmaximierungsstrategien hin zu einem bewussteren und nachhaltigen Unternehmensansatz. Unternehmen, die es schaffen, einen authentischen Brand Purpose zu etablieren und diesen in ihre tägliche Praxis zu integrieren, werden sich als attraktive Arbeitgeber und starke Marken positionieren.

Zukünftig werden Organisationen vermehrt darauf achten müssen, wie sie digitale Plattformen wie LinkedIn und andere soziale Medien nutzen, um ihren Purpose authentisch und wirkungsvoll zu kommunizieren. Die Rolle der Corporate Influencer wird dabei noch stärker in den Mittelpunkt rücken. Dabei wird es nicht nur darum gehen, individuelle Stimmen zu stärken, sondern auch darum, Netzwerke und Gemeinschaften rund um den Brand Purpose zu bilden, die über die Grenzen der eigenen Organisation hinauswirken.

Mit Blick auf die kommende Arbeitswelt, die durch zunehmende Flexibilisierung, Remotearbeit und die digitale Vernetzung geprägt ist, wird der Brand Purpose zu einem entscheidenden Faktor, der Zusammenhalt, Identifikation und Engagement fördert. Organisationen, die diese Dynamik erkennen und proaktiv gestalten, werden in der Lage sein, eine resiliente und zukunftsfähige Unternehmenskultur zu schaffen.

Die Herausforderung liegt darin, diese Entwicklung als fortlaufenden Prozess zu begreifen und bereit zu sein, kontinuierlich zu lernen und sich anzupassen. Nur so kann der Brand Purpose nicht nur als Marketinginstrument, sondern als wirklicher Treiber für Transformation, Innovation und nachhaltigen Erfolg dienen.

Literatur

Brown, B. (2009). *Dare to lead: Brave work. Tough conversations. Whole hearts*. Random House.

Laloux, F. (2017). *Reinventing Organizations visuell: Ein illustrierter Leitfaden sinnstiftender Formen der Zusammenarbeit*. Vahlen.

Rock, D. (2009). *Your brain at work*. Harper Business.

Sinek, S. (2014). *Frag immer erst: warum: Wie Top-Firmen und Führungskräfte zum Erfolg inspirieren*. Redline.

Dr. Sissis Kamarianakis verfügt als Bau- und Wirtschaftsingenieur über eine hohe Expertise rund um Führung, Marketing und Brand Purpose. Schon in seiner Zeit als Bauingenieur erkannte er, dass Bauprojekte erst dann so richtig erfolgreich sind, wenn die Menschen dahinter auch „menschlich" emotional agieren. Auf diesem Wege fokussierte er sich immer mehr auf den Menschen als echten Mittelpunkt der eigenen Arbeit. Der Weg von einer starken menschenorientierten Haltung hin zu einer sichtbaren Person in der Öffentlichkeit.

In seiner Emotional Brand Academy begleitet er nun Menschen, die in die Sichtbarkeit wollen. Sei es auf Bühnen, in Meetings oder auf Social Media. Und gerade wenn mehrere Menschen in Unternehmen gemeinsam arbeiten, kommt der Aspekt Teamkultur und Führung zum Vorschein, die die Sichtbarkeit um weitere Facetten erweitert. Dr. Sissis Kamarianakis hat Hunderte Personen und große Unternehmen bereits in die Sichtbarkeit begleitet.

Traditional Leadership versus New Leadership

14

Kirsten Schelte und Werner Krings

14.1 Eine sich verändernde Geschäftswelt

In einer sich ständig verändernden und dynamischen Welt stellt sich die Frage: Wie bleiben Unternehmen erfolgreich und was sind die Aufgaben und Herausforderungen für Leader? Die Anforderungen an Führungskräfte haben sich in den letzten Jahren stark gewandelt. Klassische Führungsstile, die sich auf Kontrolle, Hierarchien und Autorität basierten, scheinen zunehmend an ihre Grenzen zu stoßen (Kotter, 1990). Stattdessen sehen wir, wie neue Führungsansätze entstehen, die auf Agilität, Empathie und Innovation setzen – Wandel, der nicht nur Kompetenzen erweitert, sondern die Essenz einer *New-Leader*-Persönlichkeit hervorbringt (Heifetz & Linsky, 2002; Uhl-Bien et al., 2007). Welche Methoden wenden Menschen an, um erfolgreiche Leader zu sein, und welche Herausforderungen haben Führungskräfte heute?

Der wirtschaftliche Erfolg von Unternehmen hängt stark von deren Management ab (Senge, 2006). Wir kennen Beispiele, wie Unternehmen durch entsprechende Führung gewachsen sind, aber auch, wie bestehende Unternehmen oder Marken rückläufige Umsätze erwirtschaften. Immer wieder erfahren wir, dass neue Nischenunternehmen deren Marktanteile übernehmen. Welchen Einfluss haben Führungseigenschaften auf den Unternehmenserfolg? In diesem Kapitel diskutieren die Autoren Führungseigenschaften anhand von Beispielen und warum sich in der heutigen Gesellschaft Führung stark verändert bzw.

K. Schelte (✉)
Bielefeld, Deutschland

W. Krings
Strategic Marketing, Framingham State University, Framingham, USA
E-Mail: wkrings@framingham.edu

C. Kastner et al. (Hrsg.), *Führung im Wandel*,
https://doi.org/10.1007/978-3-658-47645-8_14

verändern muss, damit Unternehmen wirtschaftlich erfolgreich sind und bleiben. Worauf müssen sich Unternehmen und deren Führungskräfte konzentrieren? Was ist heute anders als in den vergangenen Jahren, um Erfolg zu haben? Mit Best Practices verdeutlichen wir in diesem Kapitel die Herausforderungen und Skills von Führung, die zum wirtschaftlichen Erfolg beiträgt. Wir erfahren, wohin sich Führung verändern sollte, um als Unternehmen im Markt erfolgreich zu bleiben.

14.2 Klassisch versus Modern

Klassisches Leadership
Die traditionelle Führung, auch als klassisches Leadership bekannt, war lange Zeit geprägt von klaren Hierarchien, formellen Strukturen und einem starken Fokus auf Kontrolle und Autorität (Weber, 2009). Der Leader hatte eine zentrale Rolle als Entscheider und delegierte Aufgaben an seine Mitarbeiter. In diesem Modell wurden oft Anweisungen von oben nach unten weitergegeben, während Eigeninitiative und Mitbestimmung der Mitarbeiter nur eine geringe Rolle spielten. Der Erfolg eines Leaders wurde an erster Linie an harten Kennzahlen wie Umsatz, Produktivität und Effizienz gemessen (Kotter, 1990). Ein solcher Ansatz funktionierte gut in einer stabilen, vorhersagbaren Umgebung, in der Beständigkeit und Disziplin entscheidend waren.

New Leadership
Im Gegensatz zum traditionellen Stil hat sich in den letzten Jahren das Konzept des New Leadership entwickelt (Heifetz & Linsky, 2002; Goleman, 1995). Dieser moderne Ansatz steht für flexible, adaptive und menschenorientierte Führung. Anstatt Kontrolle auszuüben, wird der Fokus auf Vertrauen, Zusammenarbeit und das Einbeziehen von Mitarbeitern in den Entscheidungsprozess gelegt (Hill et al., 2014). In einer globalisierten und digitalisierten Welt, in der Veränderungen schneller denn je stattfinden, wird von Führungskräften Agilität und die Fähigkeit erwartet, sich kontinuierlich weiterzuentwickeln und auf neue Herausforderungen zu reagieren (Uhl-Bien et al., 2007).

New Leadership hebt sich durch einige wesentliche Merkmale ab: In flachen Hierarchien arbeiten Führungskräfte auf Augenhöhe mit ihren Teams, Entscheidungen werden oft gemeinsam getroffen. Mitarbeiter werden ermutigt, eigene Ideen einzubringen und Verantwortung zu übernehmen. Dies fördert nicht nur deren Motivation, sondern auch Innovation. Erfolgreiche Leader zeichnen sich durch ein hohes Maß an Empathie, Kommunikationsfähigkeit und Verständnis für die Bedürfnisse ihrer Mitarbeiter aus (Northouse, 2021).

In einer Welt von ständigem technologischem Wandel und von Unsicherheiten müssen Leader in der Lage sein, flexibel auf unvorhersehbare Veränderungen reagieren zu können (Heifetz et al., 2009). In der heutigen Geschäftswelt ist der dynamische Ansatz erforderlich. New Leadership versteht sich als Antwort auf diese neuen Anforderungen.

„Der moderne Leader ist nicht in erster Linie ein Manager, sondern hauptsächlich ein Gestalter von Beziehungen, ein Visionär, der seine Teams inspiriert und befähigt, sich an einer gemeinsamen Vision auszurichten".

Wir beobachten, dass häufig erfolgreiche und fachlich sehr gute Mitarbeiter befördert werden, indem ihnen eine Führungsrolle im Unternehmen angeboten wird. Dafür gibt es viele Gründe wie Anerkennung, Motivation, sehr gute Mitarbeiter im Unternehmen halten – um nur einige zu nennen. Aber: Ist ein fachlich guter Manager auch ein guter und erfolgreicher Leader mit den notwendigen Skills? Der Manager ist für die Aufgaben von Planung und Kontrolle nach vordefinierten Prozessen und Standards, für die Verwaltung und Kontrolle von Ressourcen, Risiken und Ergebnissen verantwortlich. Er wird bewertet anhand der Gewährleistung von Qualität und Effizienz durch Messung und Bewertung und durch die Definition und Kommunikation seiner Rolle, der ihm übertragenen Verantwortlichkeiten und Erwartungen (Kotter, 2012).

Traditionelle Leader konzentrieren sich auf die Lieferung von Ergebnissen, Compliance zu gewährleisten und Fehler zu vermeiden. Sie sind auf Autorität, Fachwissen und formelle Strukturen angewiesen, um ihre Teams zu koordinieren und zu leiten. Der Fokus richtet sich auf die definierten Ziele, zugewiesenen Aufgaben und um das Monitoring der Performance. Traditionelles Leadership setzt oft auf klare Top-down-Kommunikation und formelle Prozesse, um Konsistenz und Abstimmung mit organisatorischen Zielen zu gewährleisten (Northouse, 2021). Das funktioniert im Einsatz gut in Bereichen, in denen Vorhersehbarkeit und Kontrolle entscheidend sind – z. B. in Produktionsumgebungen (Cameron & Quinn, 2011).

Das neue agile Leadership basiert auf einer Reihe von Prinzipien, die das Verhalten und die Denkweise von Führungskräften und ihren Teams leiten, wie z. B. das Einbeziehen von Unsicherheiten und von Komplexität als Möglichkeit für Lernen und Innovation (Laloux, 2014). Die Befähigung von Teams, sich selbst zu organisieren und den Kunden mit CX („Customer Experience") einen Mehrwert zu liefern. Die Förderung von Feedback und experimentellen Wegen zur Förderung einer Kultur der permanenten Verbesserung, die Ausrichtung der Vision und Strategie an die sich ändernden Bedürfnisse und Erwartungen der Kunden und des Marktes (Heifetz et al., 2009).

New Leader haben keine Angst, den Status quo infrage zu stellen, mit neuen Ideen zu experimentieren und aus Misserfolgen zu lernen. Sie priorisieren Zusammenarbeit, Kommunikation und Transparenz gegenüber Hierarchie, Anordnungen und Kontrolle. Die Herausforderungen im New Leadership bestehen darin, den jeweiligen Führungsstil bzw. den Führungsstilmix im Hinblick auf eine sich kontinuierlich verändernde Umgebung mit neuen Anforderungen einzusetzen (Heifetz et al., 2009).

Es ist notwendig, Feedback und Lernen zu kultivieren und gleichzeitig die Vision und Strategie auszurichten sowie die Kultur und Denkweise zu verändern. Ein nicht leichtes Vorhaben für Leader und deren Teams, da die Gewohnheiten, Überzeugungen und Verhaltensweisen sich ändern müssen, was schwierig sein kann (Kotter, 2012). Wir Menschen sind „Gewohnheitstiere". Um sicherzustellen, dass sowohl die Teams als auch die Leader über diese Fähigkeiten verfügen, ist es wichtig, ein vertrauensvolles und respektvolles Umfeld zu schaffen, das Experimente und auch Misserfolge zulässt. Von entscheidender Bedeutung ist dabei die Diversität in den Teams, d. h. verschiedene Interessengruppen mit ihren unterschiedlichen Interessen und Perspektiven einzubeziehen und als Leader in die Erfolgsrichtung zu beeinflussen. Peter M. Senge (MIT), der den Erfolg von Unternehmen darin sieht, dass der einzige Wettbewerbsvorteil darin besteht, eine schnelle lernende Organisation zu sein als andere Unternehmen („the learning organization"), schreibt in seinem Buch *Personal Mastery* über die Schlüsselkompetenz für erfolgreiche Führung und Zusammenarbeit (Senge, 2006). Es ist die Fähigkeit und Haltung, das eigene Tun und die Interaktion mit anderen mit der notwendigen Ehrlichkeit und Tiefe zu reflektieren und in selbstbewusster Konsequenz zu handeln. Diese Selbstreflexion ist die Eingangsbedingung für erfolgreiches Changemanagement an sich selbst und im Team/Unternehmen und hat in erster Linie mit Selbstmotivation zu tun. Organisationen lernen nur, wenn die einzelnen Menschen etwas lernen.

Ohne individuelles Lernen gibt es keine lernende Organisation (Senge, 2006). Menschen mit „Personal Mastery" sind engagierter, zeigen mehr Eigeninitiative, übernehmen Verantwortung für ihr Handeln und lernen schneller. Sie wissen, wo sie hinwollen, und es ergibt Sinn für sie, da zu sein, wo sie sind. Es geht darum, aus einer reaktiven Haltung die Rolle des aktiven Gestaltens zu übernehmen und seine Ziele zu verfolgen.

Die Selbstentwicklung ist als lebenslanger Prozess zu verstehen. Leader, die dies erkennen, werden erfolgreich führen können und zum Erfolg des Unternehmens beitragen (Senge, 2006). Tasha Eurich, PhD (Organisationspsychologin und Bestsellerautorin), betont in ihrer Forschung, dass das Selbstbewusstsein und das Erkennen der eigenen Persönlichkeit durch aktive innere Denkvorgänge entscheidend für erfolgreiche Führung sind (Eurich, 2017). Leader, die sich selbst gut kennen und erkennen, treffen klarere Entscheidungen, kommunizieren effektiver und bauen starke Beziehungen auf. Effektivere und authentische Leader führen zufriedenere Mitarbeiter und damit profitablere Unternehmen.

Wir lesen auch immer wieder über das Buzzword „Growth Mindset". Ein Leader mit diesem Mindset erzeugt eine Kultur des Wachstums, indem er Mitarbeitenden Möglichkeiten schafft, eigenverantwortlich zu handeln (Dweck, 2006). Diese Leader stehen neuen Technologien weit offener gegenüber und inspirieren Mitarbeitende, diese zu nutzen – auch wenn sie nicht sofort zielführend sind. Experimentieren und zeitnah handeln und umsetzen sind Schlüsselfaktoren für die lernende Organisation.

Die digitale Transformation ist für den Unternehmenserfolg und die Position im Markt entscheidend. Leader mit den notwendigen Soft Skills stehen neuen Technologien offener gegenüber und inspirieren ihre Mitarbeitenden, diese einzusetzen – selbst, wenn sie nicht sofort zielführend sind (Northouse, 2021). Experimente und schnelles Handeln und Umsetzen sind essenziell. Künstliche Intelligenz (AI) führt zu einem rasanten Wandel der Arbeitswelt, und dieser Wandel vollzieht sich oft in wenigen Monaten (Beane, 2023). Unternehmen müssen daher ihre Mitarbeitenden befähigen, den Umgang mit diesen Technologien zu meistern, um ihre Wettbewerbsfähigkeit zu erhalten. OpenAI, Google Anthropic und ähnliche AI-Tools bieten für viele Remotearbeiter eine enorme Zeitersparnis. Diese Automatisierungen ermöglichen es Mitarbeitenden, Routineaufgaben schneller zu erledigen. Das bedeutet jedoch auch, dass jeder AI-Nutzer dringend erlernen muss, wie er die automatisierten Organisationsfähigkeiten dieser „Artificial Agents“ effektiv managt. Unternehmen müssen deshalb verstärkt in Mitarbeiterschulungen investieren, um sicherzustellen, dass Mitarbeitende die notwendigen Fähigkeiten entwickeln, diese neuen Technologien nicht nur zu nutzen, sondern auch die Aufsicht über diese AI-Systeme zu übernehmen, da viele der früher selbst erledigten Aufgaben jetzt von diesen Systemen übernommen werden. Der Artificial Agent arbeitet schneller und effizienter.

Unternehmen, die ihre Mitarbeitenden nicht auf diese neuen Herausforderungen vorbereiten und sie nicht im Umgang mit AI schulen, werden nicht nur die optimierte Produktivität, die AI bieten kann, verpassen, sondern auch das Engagement ihrer Mitarbeitenden gefährden. Obwohl Mitarbeitende noch immer der Schlüssel zur Wettbewerbsfähigkeit bleiben, kann die fehlende Vorbereitung zu Entfremdung führen. Dafür ist ein Leadership erforderlich, das insbesondere Sensibilität, Empathie und konstante, vertrauensvolle Kommunikation mit den Mitarbeitenden sicherstellt. Führungskräfte müssen ihre Mitarbeitenden mitnehmen, sie informieren und schulen, um diesen Wandel erfolgreich zu bewältigen (Beane, 2023).

Unternehmen, die kein wirksames Changemanagement in Bezug auf die Einführung von AI umsetzen, riskieren, ihre Wettbewerbsfähigkeit zu verlieren. Matt Beane (UCLA + MIT) betont in seiner Forschung, dass die Bereitschaft, lebenslang sowohl fachlich als auch persönlich zu lernen und zu reflektieren, eine Grundvoraussetzung für erfolgreiche Führung im Zeitalter der AI ist. Nur Führungskräfte, die diese Offenheit fördern, können langfristig erfolgreich sein und zur Entwicklung ihrer Organisation beitragen.

14.3 Schüsselqualitäten erfolgreicher New Leader

Soft Skills sind die entscheidenden Faktoren für den agilen Führungsstil, mit dem wir die neue Generation für uns und das Unternehmen gewinnen werden. Nur mit Soft Skills werden wir den Workspace mit Diversität erfolgreich führen können. Es gibt in der Literatur mehrere Ansätze, welche Soft Skills für das erfolgreiche Führen im AI-Zeitalter von Bedeutung sind (Senge, 2006; Goleman, 1995) (Abb. 14.1).

- **Positivität ist zu erlernen**, „das Glas halb voll und nicht halb leer“ zu sehen, ist eine innere Überzeugung. Als Leader müssen wir ein positives Mindset trainieren, denn wir wollen inspirieren (Goleman, 2013).
- **Potenziale im Team erkennen**, was durch Empathie und Sensibilität erreichbar ist. Empathie ist eine zentrale Führungsqualität, die es ermöglicht, die Stärken der Mitarbeitenden zu erkennen und gezielt zu fördern (Goleman, 1998).
- **Mentoring ist in der Führung sehr wichtig**, um Menschen auf dem Weg zum Ziel mitzunehmen. Die Mitarbeitenden begleiten, sie hin zu Topleistungen leiten und fördern. Mentoring stärkt das Engagement und die Entwicklung der Mitarbeitenden (Kram, 1988).

Abb. 14.1 Schlüsselqualitäten erfolgreicher New Leader. (Quelle: Autoren)

- **Kreativität und Innovation fördern** bedeutet, diese auch zuzulassen, selbst wenn der Erfolg nicht sofort sichtbar ist. Mitarbeitende ermutigen, Experimente einzugehen, auch mit der Möglichkeit von Fehlern. Psychologische Sicherheit ist ein entscheidender Faktor für Kreativität im Team (Edmondson, 1999).
- **Strategisches Denken wird definitiv von uns Leadern erwartet** und ist verbunden mit klar zu vermittelnden Zielen. Ziele müssen konkret sein, damit die Erwartungen klar kommuniziert und erfüllt werden können (Kaplan & Norton, 2004; Maxwell, 1998).
- **Empathie und emotionale Intelligenz** – Beziehungen pflegen, Vertrauen aufbauen, sich aktiv mit Teammitgliedern engagieren, Gemeinsamkeiten identifizieren und ein unterstützendes Umfeld schaffen, um gemeinsam auf neue Herausforderungen vorbereitet zu sein (Goleman, 1995).
- **Das Vorgehen zur Konfliktlösung ist zu erlernen**, damit alle Beteiligten zufrieden sind. Verschiedene Methoden zur Konfliktbewältigung, wie das Modell der kooperativen Konfliktlösung, sollten jedem Leader zur Verfügung stehen (Thomas & Kilmann, 2008). Nur mit einer positiven Einstellung können bestehende Probleme effektiv gelöst werden (Fisher et al., 2011).
- **Agilität und Anpassungsfähigkeit sind gefordert** für schnelle Veränderungen aufgrund von Technologien und AI. Anpassungsfähigkeit fördert eine agile Teamkultur und ermöglicht es, auf sich ständig ändernde Anforderungen zu reagieren (Rigby et al., 2016).
- **Mitarbeitermotivation und -inspiration** durch Vorbildfunktion erreichen. Motivation betrifft kurzfristige Situationen, während Inspiration langfristig ausgerichtet ist und auf nachhaltiges Engagement abzielt. Es ist wichtig, Mitarbeitende durch klare, nachvollziehbare Visionen zu inspirieren und Vertrauen zu fördern (Kouzes & Posner, 2023).

- **Kritisches Denken** ist eine Schlüsselkompetenz für Leader, da es hilft, Probleme zu lösen und fundierte Urteile zu fällen. Informationen und Meinungen sollten hinterfragt und analysiert werden. Leader sollten ihre Teams ermutigen, diesen Skill zu entwickeln, da er zu den gefragtesten „Future Work Skills" zählt (Brookfield, 2011).
- **Entscheidungsfindung gepaart mit Entschlossenheit** – Leader sollten das Problem erkennen und klar formulieren, wie es im Hinblick auf das Ziel gelöst werden kann. Das Einbeziehen des Teams erweitert die Sichtweise und fördert Vertrauen sowie Engagement (Hammond et al., 1999).
- **Zuverlässigkeit und das Umsetzen des gesagten Wortes** – eine offene Kommunikationskultur und das Einhalten von Versprechen sind entscheidend, um das Vertrauen des Teams zu gewinnen. Verlässlichkeit stärkt die Teamdynamik und das Engagement (Covey, 2006).

Professor Linda Hill von der Harvard University hebt weitere wesentliche Fähigkeiten hervor, die für erfolgreiches Leadership unerlässlich sind. Für sie ist Führung grundsätzlich ein Prozess der persönlichen Entwicklung. Niemand kann uns vollständig lehren, wie man führt; vielmehr müssen wir selbst erkennen, wen wir führen. Die besten Lektionen lernen wir durch unsere Erfahrungen, indem wir uns den Widrigkeiten stellen und bereit sind, die Komfortzone zu verlassen. Das Verlassen der Komfortzone, in der wir uns sicher fühlen, ist ein mächtiger Lehrer für gute und erfolgreiche Führung (Hill, 2003). Linda Hill betont auch, dass Eigenschaften wie Authentizität, Neugier, Analytik, Kreativität und Anpassungsfähigkeit entscheidend sind, um den neuen Herausforderungen erfolgreich begegnen zu können. Insbesondere Kreativität und der Austausch unterschiedlicher Gedanken und Ideen innerhalb eines Teams schaffen eine besondere Kraft für innovative Ansätze (Hill et al., 2014).

Mehr denn je ist es wichtig, in die Komplexität von Datensammlungen einzutauchen, unterstützt durch künstliche Intelligenz (AI), und innovative Wege zu gehen, um dem Wettbewerb stets einen Schritt voraus zu sein. Dies erfordert eine Kombination aus analytischen Prozessen und der Zusammenarbeit mit den Digital Natives im Unternehmen. Indem wir Mitarbeitenden die Verantwortung übertragen, sie ermutigen, neue Wege zu gehen, und ihnen als Mentor zur Seite stehen, fördern wir Offenheit und den Mut, Innovationen voranzutreiben.

14.4 Fallbeispiele zum New Leadership

Fall 1: Ein Team, das in kürzester Zeit das erfolgreichste im Unternehmen wurde
Postunternehmen haben sich nach neuen Geschäftszweigen hin orientiert, da der Markt der physischen Post zunehmend abnahm und auch weiter abnimmt. Am Beispiel eines europäischen Postunternehmens, das neben diversen Akquisitionen ein Unternehmen in der Datenverarbeitung und im Outsourcing übernommen hat, stellen die Autoren dar, wie die Führung vorgegangen ist. Mit der Auslagerung eines Standorts für Datenverarbeitung

aus einem bereits bestehenden Bereich wurden Key Player mit technischem Know-how aus einem bereits existierenden Bereich übernommen. Die neue Führung des aufzubauenden Standorts hat mit den wenigen spezialisierten Mitarbeitern und mit Unterstützung der Unternehmens-IT in wenigen Wochen den laufenden Betrieb aufgebaut.

Diese Spezialisten hatten freie Hand bekommen, ab Stunde NULL aktiv am Aufbau beteiligt zu sein, d. h., ihnen wurde das Vertrauen der Leitung vermittelt. *Regelmäßige Besprechungen mit Führung und Key Playern zu Status und Next Steps wurden abgehalten.* Dies förderte eine Atmosphäre der psychologischen Sicherheit, die es den Mitarbeitenden ermöglichte, Verantwortung zu übernehmen und innovativ zu handeln (Edmondson, 1999). Neueinstellungen im operativen Bereich wurden nach Kriterien wie Eigenständigkeit, Lernfähigkeit, Teamfähigkeit und Verantwortungsbewusstsein vorgenommen. Eine offene Kultur in Bezug auf Aufstiegsmöglichkeiten, Gehaltsstufen, Bereichsziele, Teamziele, persönliche Ziele und Misserfolg (Fehlerkultur) wurden systematisch aufgebaut.

Teamleiter wuchsen aus den eigenen Reihen heran, Entwicklungsmöglichkeiten wurden intern geschaffen. Sie erhielten regelmäßige Trainings über Führungseigenschaften/-stile und Teamarbeit. Mitarbeiter erhielten Klarheit darüber, was von ihnen erwartet wird, kannten ihre persönliche Aufgabe im Team und welche Ziele das Team und sie selbst haben. Jeder konnte im rollierenden Verfahren in anderen Teams arbeiten und prüfen, ob die Tätigkeit mehr Interesse für sie bedeutete.

Dadurch erhielten sie Transparenz über den Gesamtprozess und die Bedeutung ihrer Tätigkeit für den nächsten bzw. vorherigen Schritt. Die Kommunikation untereinander – es handelte sich um 70 feste Mitarbeiter – war dahin gehend ausgelegt, dass auch Fehler im vorangehenden Prozess so schnell wie möglich beim Kollegen angesprochen wurden, um diese kurzfristig abzuschaffen. Die Mitarbeiter hatten ein genaues Verständnis von Kundenzentrierung, Timelimits und fehlerfreien Datenlieferungen. Dieses Verständnis und die Zusammenarbeit förderten ein hohes Maß an emotionaler Intelligenz, besonders in der Kommunikation und im Umgang mit Fehlern (Goleman, 1995).

Kunden- und Mitarbeiterzufriedenheit standen im betrieblichen Mittelpunkt. Mitarbeiter im Kundenservice mussten technisches Verständnis der Datenverarbeitung besitzen bzw. durch Schulungen erlernen. Es war jedem bewusst, was im Rahmen der betrieblichen Aufgabe erwartet wurde, um kunden- und zukunftsorientiert bestehen zu können.

90 % der Mitarbeiter haben den Prozess der Weiterentwicklung im technischen Umfeld mitgemacht. Operative Mitarbeiter haben eigenständig Mehrarbeit und/oder Wochenendarbeiten angeboten, sobald sie sahen, dass das Volumen nicht ohne Mehrarbeit machbar war. Sie bevorzugten dies anstelle von Neueinstellungen, die auch mit Mentoring anfänglich zu einer höheren Fehlerquelle hätten führen können, aufgrund noch fehlender Kenntnisse und einer Einarbeitungszeit.

Diese Teamgedanken, das kundenzentrierte Denken und die offene Kommunikation waren die Basis des erzielten Erfolgs. Auch die stetigen Prozessoptimierungen, die hauptsächlich von Mitarbeitern in den Teams eigenständig angesprochen bzw. vorgeschlagen wurden, führten zu dem herausragenden gemeinsamen Erfolg des Bereichs. Mit der bestehenden Anzahl Mitarbeiter konnte nach einigen Monaten eine höhere Anzahl an Aufträgen bearbeitet werden, ohne zusätzliche Belastungen für den Einzelnen. Dies geschah durch kontinuierliche, innovative, technologische Verbesserungen und reduzierte/optimierte Routineaufgaben. Die Fluktuation operativer Mitarbeiter lag weit unter der branchenüblichen.

Letztendlich zeigt uns dieses Praxisbeispiel, dass diese Kultur nur durch die kontinuierliche, glaubhafte und offene Kommunikation und die tägliche Ansprache sowie die Nähe zum Mitarbeiter möglich war. Sich um den Einzelnen kümmern, da sein für Belange, den Arbeitsaufwand anerkennen und wertschätzen, ob mit oder ohne angefallene Fehler. Vertrauen und Wertschätzung sind Schlüsselkomponenten erfolgreicher Führung (Covey, 2006). Gemeinsam einen sicheren Arbeitsplatz schaffen, mittels Technologie und Prozessoptimierung und sich mit dem Bereich und der Kultur identifizieren. Die Ermutigung zu lebenslangem Lernen und den Fokus auf Teamgedanken und Inspirationen setzen sowie das gemeinsame Arbeiten, um Arbeitsplätze zu sichern.

Fall 2: Vom Diktator zum Mentor Der Zukauf und die Eingliederung eines Unternehmens mit bislang diktatorischem Führungsstil in eine neue Unternehmenskultur – ein Vorgehen mit anfänglichen Hindernissen:

Ein weltweit agierendes klassisches Handelsunternehmen für Hardware, mit strategischer Ausrichtung auf intelligente digitale Lösungen (SaaS) und der Ausrichtung auf neue zukunftsweisende Geschäftszweige, erwarb für den Bereich digitale Services und Businessoutsourcing einen Produktionsstandort, neben diversen anderen strategischen Akquisitionen von Softwareunternehmen. Im Handelsunternehmen existiert mit einer seit Kurzem neuen Führung im C-Level-Management ein respektvoller und wertschätzender Umgang. Vertrauen wird aufgebaut, offene Kommunikation und Trainings sind erwünscht, insbesondere in Hinblick auf die anstehenden Herausforderungen zu neuen technologischen Veränderungen für jeden Workspace (Kouzes & Posner, 2023).

Eine umfangreiche Aufgabe, die alle Mitarbeiter betrifft, auch Bereichs- und Teamleiter, die seit vielen Jahren im Handelsunternehmen beschäftigt sind. Dies bedeutet für jeden, raus aus der Komfortzone und sich auf Neues einlassen und hinzulernen. Kein einfaches Unterfangen, über die eigenen Soft Skills nachzudenken und als Leader die Führung von Mitarbeitern zu überdenken, insbesondere wenn sich mit neu erworbenen und entwickelten strategischen Produktlösungen die Ergebnisse bereits positiv entwickeln. Die besonders schwierige Aufgabe besteht immer dann, wenn bei Unternehmenszukauf eine Kultur existierte, die völlig anders als die eigene Unternehmenskultur ist. Hierbei werden von den Führungskräften entsprechende Soft Skills benötigt, und besonders der Aufbau von Vertrauen ist gefordert (Kotter, 2012).

Das Handelsunternehmen hat den übernommenen Mitarbeitern bereits nach Übernahme ihr großes Vertrauen geschenkt und ihnen vermittelt, dass ihre Erfahrungen für das Mutterunternehmen wichtig sind und sie selbstständig die Aufgaben erledigen können und werden. Gut gemeint, jedoch für die Mitarbeiter, die jahrelang unter einer eher diktatorischen Führung gearbeitet hatten, ein sehr schwieriges Unterfangen. Entscheidungen, Anfragen und Bedarfe wurden bislang und somit auch nach der Übernahme nicht von den Mitarbeitern getroffen, nicht gestellt. Die Ergebnisentwicklung des operativen Standorts lief anfänglich sehr langsam.

Der neue CEO verschaffte sich selbst einen Einblick in den Bereich und den neuen Standort und sprach auch mit Mitarbeitern und Führungskräften. Daraus resultierte eine klare Entscheidung, ein Projekt aufzusetzen, um zeitnah positive Veränderungen bei den Mitarbeitern und in den Ergebnissen zu erzielen. Alle Führungskräfte im Bereich wurden in das Projekt eingebunden, das sich ausschließlich um den neuen Standort und dessen betriebliche und personelle Veränderung kümmerte. Damit mussten neben den bestehenden Führungsaufgaben neue Aufgaben mit Changemanagement und verstärktem Vertrauensaufbau durch kontinuierliche Kommunikation sowie Mitarbeiterschulung und Mentoring übernommen werden. Eine hohe Belastung für die Bereichsführung (Beane, 2023).

Da die Bereichszahlen stetig anstiegen, war es auch schwer erkennbar, warum Zusatzaufwand für intensive Mitarbeiterführung notwendig sei. Nachdem anfänglich die Mitarbeiter sich selbst überlassen wurden, erkannte man, dass nur mit einer kontinuierlichen Offenheit, Sensibilität und dem Aufbau von Vertrauen eine Eingliederung der Mitarbeiter in die eigene Unternehmenskultur und eine Effizienzsteigerung durch den Einsatz von Technologien, die Transparenz verschaffen, möglich ist.

Nach zähem Anfang wurden nach dieser Erkenntnis und dem stetigen Austausch die neuen Mitarbeiter von Mentoren begleitet. Sie erhielten Schulungen, nicht nur fachliche, um die Kultur im Unternehmen kennenzulernen. Ein Prozess von Information und Feedbackkultur wurde gestartet. Führungskräfte waren im steten Austausch mit den Mitarbeitern. Die Mitarbeiter erhielten die Wertschätzung der Führung. Ein Lerneffekt nicht nur für Mitarbeiter, sondern auch für die langfristig beschäftigten Bereichsleiter. Diese mussten ihre bisherigen Fähigkeiten und Skills überdenken und sich neu ausrichten.

Unternehmensergebnisse zeitnah optimieren ist nicht allein eine Frage der Produkte oder Lösungen, sondern die Antwort lautet: neue Führung und neue Wege gehen. Experimentieren mit neuen Technologien, Lernen, sich austauschen, Vertrauen aufbauen und auf Augenhöhe kommunizieren. Der C-Level wurde dabei einbezogen. Neue Kulturen, neue Technologien, AI – all das sind neue Herausforderungen für alle. Es geht darum, den Mitarbeitern die Angst vor technologischem Fortschritt zu nehmen und ihnen zu verdeutlichen, wie sie mit neuen Technologien umgehen und wie diese sie unterstützen werden. Dabei geht es nicht allein um den einen Führungsstil, sondern um den Fokus auf die strategischen Ziele gepaart mit der Sensibilität gegenüber Mitarbeitern.

John C. Maxwell (1998) schreibt in seinem Buch *The Irrefutable Laws of Leadership* über die Auswirkung von Leadership auf die Effektivität und den Erfolg – ohne und mit Leadership. Er spricht darüber, dass je weiter wir nach oben klettern wollen, desto mehr Leadership benötigt wird, um erfolgreich zu sein. Leadership ist der Deckel auf dem personellen und organisatorischen Erfolg.

Mit den Abb. 14.2 und 14.3 will Maxwell verdeutlichen, wie Unternehmen die Effektivität durch erfolgreiches Leadership steigern. Selbst erfolgreiche Unternehmen können ihren

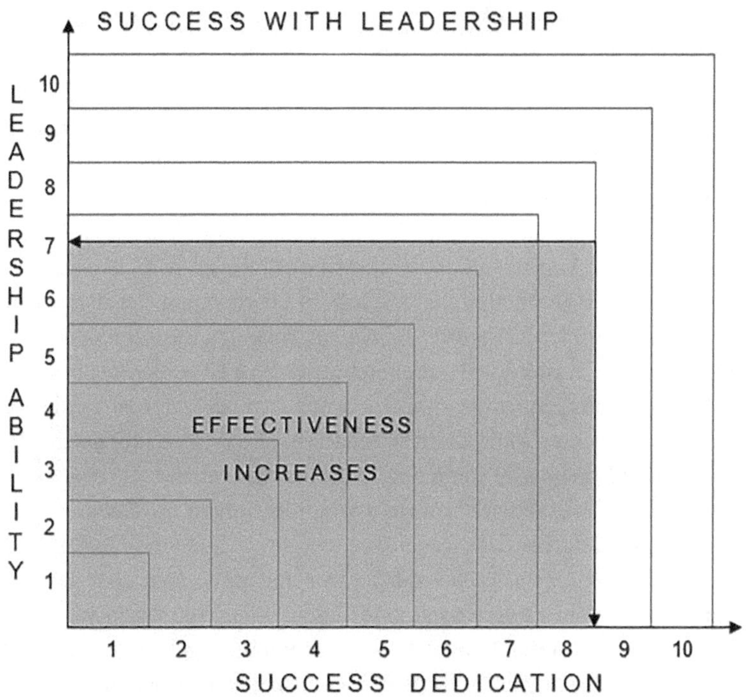

Abb. 14.2 Erfolg ohne Leadership. (Quelle: Autoren nach Maxwell)

Abb. 14.3 Erfolg mit Leadership. (Quelle: Autoren nach Maxwell)

wirtschaftlichen Erfolg weiter erhöhen, indem sie die Führung verändern. Er empfiehlt, sogar neue Leader einzustellen, um die gewünschte Effektivitätssteigerung zu erreichen.

Fall 3: Der Weg zum erfolgreichen Leader Eine erfolgreiche Führungskraft im Außendienst einer US-Restaurantkette erklärt, wie sie es zum erfolgreichen Leader geschafft hat. Die Führung folgt ihrem Vorsatz: „Bring allen Mitarbeitern bei, was du weißt. Halte nichts zurück, denn das wird ihnen helfen, deinen Job zu übernehmen."Ist damit gemeint, den nächsten Leader auszubilden? **Warum?** Ja, weil es bedeutet, dass der aktuelle Leader befördert wird, da jemand dessen Job übernehmen wird. Wissen weiterzugeben, heißt, Arbeit abzugeben. Es heißt nicht, entlassen zu werden, sondern befördert zu werden. Für diesen Leader ist es wichtig, gemeinsame Ziele zu schaffen – Menschen an Entscheidungen teilhaben zu lassen. Das Ergebnis ist somit eine Entscheidung, an der alle beteiligt sein sollen und mitmachen sollen. **Mitarbeiter mitnehmen**, von Anfang an. Außerdem will sie zugänglich bleiben – eine Politik der offenen Tür.

Die Mitarbeiter sollen wissen, dass der Leader zugänglich ist, aber sie müssen auch wissen, dass sie die hohen Erwartungen zu erfüllen haben, die ihnen vermittelt werden. Auch ist ihr wichtig, **Verletzlichkeit zu zeigen** – niemals vorgeben, dass Leader alle Antworten parat haben. Zu Beginn ihrer Karriere hat sie so getan, als wüsste sie alles. Schließlich hat sie sich entschieden, dass es in Ordnung ist, verletzlich zu sein. Denn wenn Leader vorgeben, alles zu wissen, lernen sie nichts hinzu, oder sie sind einfach JA-Sager. Und wenn wir als Leader etwas überbringen wollen, frage die Mitarbeiter: **Verstehen Sie es alle?** Wenn nicht, lassen Sie uns darüber reden. Ein Mentor sein, in Kontakt mit jüngeren Mitarbeitern sein, ist von großer Bedeutung im Unternehmen. **Lass die Mitarbeiter nicht allein, sei ein Mentor und nimm sie mit** (Kram, 1988).

Bei ihren Reisen in die Restaurants sucht sie sich diejenigen aus, von denen sie die Meinung hat, dass sie es draufhaben. Sie gibt ihnen ihre Handynummer und sagt ihnen: Wenn Sie das Gefühl haben, dass es zu viel wird oder Sie es nicht schaffen, rufen Sie mich an oder schicken Sie mir eine E-Mail. Einige der Dinge, die sie durchmachen, hat sie durchgemacht und dachte sich: Das ist einfach – so habe ich es gemacht. Aber einige Dinge sind neu, weil wir uns als Unternehmen weiterentwickeln. Als sie 1997 anfing, gab es noch nicht einmal einen Computer im Büro.

Als Mentor erhält sie Vorschläge zur Optimierung. Der CEO der Restaurantkette ist sehr offen gegenüber neuen Vorschlägen, die auch in den Filialen getestet werden. Dafür erhält der Mitarbeiter Anerkennung und somit Wertschätzung, da wir als Leader im Unternehmen seine Meinung als wichtig ansehen. Offene Kommunikation, Experimentieren und neuen Technologien offen gegenüberstehen – das ist nach diesem erfolgreichen Leader ausschlaggebend für den Erfolg. Sie empfiehlt, den eigenen Führungsstil zu entwickeln und auf die Bedarfe des Teams zu achten. Hören Sie sich Tipps anderer Führungskräfte an und nehmen Sie auch einige Tipps an. Gute Führung kann nur durch Weiterbildung und Offenheit Neuem gegenüber entstehen. Sie ist nicht in Stein gemeißelt und bleibt auch nicht, wie sie war (Hill et al., 2014).

Für Unternehmen und deren Führungskräfte ist es eine große Herausforderung, den richtigen Mix aus harten Fakten und Soft Skills anzuwenden. Bislang fokussierte sich Führung hauptsächlich auf Zahlen. Heute hat Führung die umfangreiche Aufgabe, sich selbst immer wieder neu aufzustellen, zu reflektieren und einen sehr hohen Anteil ihrer Zeit auf Soft Skills zu verteilen, um die Mitarbeiter in das neue Zeitalter der GenAI und Predictive AI mitzunehmen. Ihnen ihre möglichen Ängste zu nehmen, sie zu schulen, wie sie die Tools effizient nutzen, um ihre Arbeit zu beschleunigen und den Vorsprung gegenüber dem Wettbewerb zu halten. Definitiv keine leichte Aufgabe für New Leader (Heifetz et al., 2009).

14.5 Entwicklungsvorschläge für Leader

In diesem Kapitel sind Entwicklungsvorschläge nachfolgend zusammengefasst:

- **Unternehmen** brauchen Leader, die Mitarbeiter zu Leadern entwickeln und fördern – zu selbstständigem Arbeiten und dazu, Neues auszuprobieren, keine Mitläufer. Der New Leader muss ein verändertes Mindset haben. Dieses Mindset gilt es zu schulen und Leader mit dem Willen für lebenslanges Lernen und Fokus auf Soft Skills in Unternehmen einzustellen (Kouzes & Posner, 2023).
- **Keine Mitläufer** bedeutet auch, dass es in den jeweiligen Teams und im Leadership Diversität geben muss. Ein McKinsey-Report aus einer Untersuchung von über 1000 Unternehmen in 15 Ländern hat ergeben, dass „diversity wins" und zu höherer Profitabilität führt, insbesondere bei ethnischer Diversität (Yeo, 2023).
- Leader müssen sich stetig auf ihre **Selbsterkenntnis** fokussieren und ihre Soft Skills – Bewusstsein/„awareness", Mitgefühl/„compassion", Weisheit/„wisdom" – schulen und optimieren. Insbesondere, da Technologien wie AI eine immer größere Rolle auch im Management spielen und Leader somit fordern werden. Soft Skills sind einzigartige menschliche Fähigkeiten, die nicht durch AI ersetzt werden können. Regelmäßige Führungskräfteschulungen und Seminare sowie Trainings und Schulungen für Mitarbeiter im Hinblick auf die neuen Herausforderungen sind in Organisationen durchzuführen (Heifetz et al., 2009).
- **Ranjat Gulati**, Professor an der Harvard Business University, schreibt über Vertrauen als das wichtigste Gut in Organisationen. Er beschreibt Vertrauen, das auf Charakter basiert, und Vertrauen, das auf der Kompetenz des Leaders beruht. „Character-based trust": „Ich vertraue dir, dass du das tun wirst, was du sagst." „Competency-based trust": „Ich vertraue deinen Fähigkeiten, die Aufgaben zu erfüllen." Wenn New Leader das Vertrauen anderer gewinnen können, werden sie zu wertvollen Ressourcen in der Organisation, die es ihnen ermöglichen, einen größeren Einfluss auf andere zu haben und die Organisation in die geplante Richtung zu lenken. Vertrauen wird durch Empathie, Verletzlichkeit, Transparenz und Offenheit in den Interaktionen erreicht (Gulati, 2022).

- **Strategien zur Einführung von AI** in Organisationen sind zu erlernen, da sich viele Tätigkeiten von Mitarbeitern durch AI schnell verändern werden. Auch im Management wird AI die Entscheidungen beschleunigen. Deshalb ist es für New Leader wichtig, den Weg des ständigen Lernens und der Selbsterkenntnis als dauerhaften Prozess zu verfolgen (Beane, 2023).
- Es ist nicht die Motivation, die Leader zu hervorragenden Leadern macht, sondern die **Inspiration**, die zu Leistungen, Veränderungen und Experimenten führt. Dies erreichen wir durch Visionen und Ziele, die wir mit positiver Einstellung und Vorbildfunktion vermitteln (Sinek, 2009).
- Wir als Leader müssen unser **Mindset und unsere Fähigkeiten** so gestalten, dass wir die Transformation der Workspaces zusammen mit den Mitarbeitern umsetzen können. Es geht nicht nur darum, den Job zu erledigen, sondern um viel mehr. New Leader müssen die Mitarbeiter darin stärken, den besten Job zu machen, und sie unterstützen, anstatt ihnen die Transformation einfach „überzustülpen". **Personalverantwortung** ist kein einfacher Job, denn Leader sollten ihre Mitarbeiter und deren Bedürfnisse kennen. Wir müssen uns um ihre mentale und physische Gesundheit kümmern, ebenso wie um ihre Emotionen, Sorgen und finanzielles Wohlbefinden (Kram, 1988).
- Leader müssen sich mit neuen Technologien auseinandersetzen. Mitarbeiter sind in der Nutzung von **AI** zu schulen, und der Vorteil dieser Anwendungen ist zu vermitteln. Vorteile und Grenzen sind vorab darzustellen (z. B. durch Bayesian Networks, Markov Decision Processes). Eine klare, offene und regelmäßige Kommunikation dazu ist erforderlich. Die Einführung von AI ist von Leadern zu begleiten (Senge, 2006).

Lebenslanges Lernen und Selbstreflexion, gepaart mit dem Einholen von Feedback anderer über das eigene Verhalten sind Schlüssel für die eigene Entwicklung. Dabei sollten wir auch immer offen für Coachings bleiben und nicht der Meinung sein, dass wir alles wissen und keine Veränderungen und Anpassungen benötigen (Abb. 14.4).

Letztendlich ist zu verstehen, dass New Leadership keine Rolle ist, die Personen übernehmen, die in ihrer bisherigen Aufgabe hoch erfolgreiche Ergebnisse und Leistungen erbracht haben. Es ist eine ganzheitliche, umfangreiche und herausfordernde Aufgabe für Menschen, die positiven Einfluss nehmen und inspirieren können. Moderne Leader stehen

Abb. 14.4 Schlüsselfaktoren zur persönlichen und beruflichen Entwicklung. (Quelle: Autoren)

im schnell sich verändernden Zeitalter von AI großen Herausforderungen gegenüber und müssen in ihren Organisationen Menschen mitnehmen. Das gelingt nur, wenn sie sich selbst kennen, lernfähig sind und Mitarbeitenden auf Augenhöhe mit Respekt und Offenheit begegnen. Das Vertrauen in einen Leader steht dabei an oberster Stelle (Goleman, 1998).

Moderne Leader dürfen keine Angst vor Veränderungen haben oder ihre bestehende Rolle als gegeben ansehen und vorgehen, wie sie es in der Vergangenheit getan haben. **„Das war schon immer so"** oder **„Es hat doch immer funktioniert"** – diese Gedanken führen nicht zu einer erfolgreichen Entwicklung im Zeitalter von AI. Offenheit für Neues, lebenslanges Lernen und andere zu inspirieren, ist der Schlüssel zum Erfolg für Unternehmen.

Die Entscheidungsfindung in Unternehmen wird sich mit **GenAI und Predictive AI** revolutionieren. Sam Altman, CEO von OpenAI, erklärt, dass wir kurz vor dem Eintritt in das größte goldene Zeitalter menschlicher Möglichkeiten stehen. Dennoch sollten wir die Fähigkeiten der neuen Technologien nicht überschätzen. Während AI erhebliche Vorteile für strategische Entscheidungen bietet, sollten wir auch deren Grenzen erkennen, die insbesondere in den menschlichen Eigenschaften liegen, die nicht ersetzbar sind. AI-Projekte sind nicht nur IT-Projekte. Die Verantwortung zur Einführung und den oft damit verbundenen drastischen organisatorischen Veränderungen liegt beim C-Level eines Unternehmens. Nur mit strategischer Ausrichtung und C-Level-Engagement kann der Übergang in das neue Zeitalter erfolgreich gestaltet werden.

Laut McKinsey-Studien sind bislang 80 % der AI-Projekte erfolglos geblieben. Unternehmen, die in den Bereichen Technologie, Medien und Telekommunikation tätig sind und AI nicht einsetzen, werden in den kommenden Monaten obsolet und ineffektiv sein.

Literatur

Beane, M. (2023). *Research on AI and organizational change*. UCLA & MIT.

Brookfield, S. D. (2011). *Teaching for critical thinking: Tools and techniques to help students question their assumptions*. Wiley.

Cameron, K. S., & Quinn, R. E. (2011). *Diagnosing and changing organizational culture: Based on the competing values framework*. Jossey-Bass.

Covey, S. R. (2006). *The speed of trust: The one thing that changes everything*. Simon & Schuster.

Dweck, C. S. (2006). *„The new psychology of Success"*.

Edmondson, A. (1999). Psychological safety and learning behavior in work teams. *Administrative Science Quarterly, 44*(2), 350–383.

Eurich, T. (2017). *„The surprising Truth about how others see us, how we see ourselves and why the answer matters more than we think"*.

Fisher, R., Ury, W., & Patton, B. (2011). *Getting to yes: Negotiating agreement without giving in*. Penguin.

Goleman, D. (1995). *Emotional intelligence: Why it can matter more than IQ*. Bantam Books.

Goleman, D. (1998). *Working with emotional intelligence*. Bloomsbury.

Goleman, D. (2013). *Focus: The hidden driver of excellence*. Harper Collins.

Gulati, R. (2022). *Deep purpose: The heart and soul of high-performance companies*. Penguin UK.

Hammond, J. S., Keeney, R. L., & Raiffa, H. (1999). Smart choices: A practical guide to making better decisions. *Medical Decision Making, 19*(3), 364–365.

Heifetz, R. A., & Linsky, M. (2002). *Leadership on the line: Staying alive through the dangers of leading*. Harvard Business Review Press. https://hbswk.hbs.edu/archive/leadership-on-the-line-staying-alive-through-the-dangers-of-leading
Heifetz, R. A., Grashow, A., & Linsky, M. (2009). *The practice of adaptive leadership: Tools and tactics for changing your organization and the world*. Harvard Business Press.
Hill, L. A. (2003). *Becoming a manager: How new managers master the challenges of leadership*. Harvard Business Press.
Hill, L. A., Brandeau, G., Truelove, E., & Lineback, K. (2014). *Collective genius: The art and practice of leading innovation*. Harvard Business School. https://www.hbs.edu/faculty/Pages/item.aspx?num=47530
Kaplan, R. S., & Norton, D. P. (2004). *Strategy maps: Converting intangible assets into tangible outcomes*. Harvard Business School.
Kotter, J. P. (1990). *A force for change: How leadership differs from management*. Free Press.
Kotter, J. P. (2012). *Leadership and leading change*. Harvard Business Press.
Kouzes, J. M., & Posner, B. Z. (2023). *The leadership challenge: How to make extraordinary things happen in organizations*. Wiley.
Kram, K. E. (1988). *Mentoring at work: Developmental relationships in organizational life*. University Press of America.
Laloux, F. (2014). *Reinventing organizations: A guide to creating organizations inspired by the next stage of human consciousness* (Bd. 58). Nelson Parker.
Maxwell, J. C. (1998). *The 21 irrefutable laws of leadership: Follow them and people will follow you*. Thomas Nelson Publishers.
Northouse, P. G. (2021). *Leadership: Theory and practice*. Sage Publications.
Rigby, D. K., Sutherland, J., & Takeuchi, H. (2016). *Embracing agile*. Harvard Business Review.
Senge, P. M. (2006). *The fifth discipline: The art & practice of the learning organization*. Doubleday (A Division of Random House).
Sinek, S. (2009). *Start with why: How great leaders inspire everyone to take action*. Penguin.
Thomas, K. W., & Kilmann, R. H. (2008). Thomas-Kilmann conflict mode. *TKI Profile and Interpretive Report, 1*(11).
Uhl-Bien, M., Marion, R., & McKelvey, B. (2007). Complexity leadership theory: Shifting leadership from the industrial age to the knowledge era. *The Leadership Quarterly, 18*(4), 298–318.
Weber, M. (2009). *The theory of social and economic organization*. Simon and Schuster.
Yeo, C. C. (2023). *Leaders people love: The agile leader's guide to creating great workplaces and happy employees*. Penguin.

Kirsten Schelte – visionäre Strategin für Business Development und die She Economy

Kirsten Schelte lebt und arbeitet zwischen Deutschland und den USA und ist eine gefragte Beraterin für mittelständische Unternehmen (KMUs), die sich auf die „She Economy" fokussieren. Sie unterstützt Unternehmen in den Bereichen Finance, Branding, AGI, Social Media, New Leadership und CX. Gemeinsam mit ihrer Tochter, einer erfolgreichen US-Beauty-Entrepreneurin, entwickelt sie transformative Strategien für die Zukunft.

Mit über 20 Jahren internationaler Erfahrung in führenden Unternehmen der Modebranche, im Direktmarketing und IT-Sektor kombiniert sie Praxisnähe mit fundiertem Trendwissen. Ihre Expertise umfasst den Aufbau neuer Standorte, datengetriebene Entscheidungsfindung und die Umsetzung kundenorientierter Strategien. Unter ihrer Leitung avancierte eine datenbasierte Geschäftseinheit zu einem der profitabelsten Unternehmensbereiche. Nach einem Designstudium und einer Position in der High-Fashion-Position in Florenz absolvierte sie ein betriebswirtschaftliches Studium mit Schwerpunkt Informatik, wodurch sie ihre Kreativität mit analytischen Fähigkeiten kombinierte.

Kirsten Schelte pionierte innovative Onlinevertriebswege und führte eine neue strategische Geschäftseinheit in einer internationalen Unternehmensgruppe ein. Für ihre Leistungen wurde sie als eine der besten „Women in Sales/Europe" ausgezeichnet. Heute ist sie als Board Advisor und Sales Strategist tätig und bringt ihre Expertise in Business Development und strategische Leadership ein. Sie ist eine passionierte Anhängerin von Architektur, Kunst und Golfsport.

Prof. Dr. Werner Krings – Experte für Innovation, Strategie und internationales Marketing

Prof. Dr. Werner Krings ist ein weltweit anerkannter Experte für internationales Marketing, digitale Transformation und strategische Geschäftsentwicklung. Er lehrt als Professor an der School of Business der Woxsen University in Hyderabad, Indien, und ist Gastdozent an der Framingham State University in Boston, USA.

Mit über 30 Jahren Führungsverantwortung in Zusammenarbeit mit DAX-100- und Fortune-500-Unternehmen hat er sich als strategischer Vordenker und Umsetzer in globalen Märkten etabliert.

Seine Forschungsschwerpunkte liegen in der Optimierung von B2B-Marketing und -Vertriebsstrategien, dem Einsatz von Künstlicher Intelligenz (KI) und digitalen Medien, dem Aufbau von Sozialkapital sowie innovativen Ansätzen im Unternehmertum. Prof. Dr. Krings hat zahlreiche wissenschaftliche Artikel und Buchkapitel in führenden Fachpublikationen wie *Industrial Marketing Management* sowie in Büchern wie *The Future of Business Schools* und *The Global Impact of Social Innovation* veröffentlicht.

Seine akademische Laufbahn umfasst ein Diplom in Wirtschaftswissenschaften von der Universität Passau, einen MSc in Financial Planning von der Bentley University, USA, sowie ein Doktorat (summa cum laude) in Marketing und Reputation von der Henley Business School, Großbritannien. Der Abschluss seines Global-MBA-Programms an der Warwick Business School wird 2025 erwartet.

Wenn's außen stürmt, braucht's innen Halt: Self-Leadership als Kernkompetenz in dynamischen Zeiten

15

Andreja Wirz

15.1 Einleitung

Stellen Sie sich vor, Sie stehen mit Ihrem Team auf einem Segelboot mitten auf dem offenen Meer. Die Wetterlage ändert sich ständig. Manche Tage sind friedlich und ruhig, die Wogen sind glatt. Dann gibt es Phasen, da bläst der Wind rau und die Wellen sind hoch. Schlägt das Wetter um und verwandelt sich das friedliche Meer plötzlich in ein stürmisches Gewässer, kann im Team Unsicherheit und Angst aufkommen. Was zeichnet Ihrer Meinung nach in diesem Moment eine starke Führungspersönlichkeit aus?

Viele denken jetzt an eine Person, die in dieser stürmischen Phase den Fokus behält, mutig Entscheidungen trifft und das Team sicher durch die rauen Gewässer navigiert. Diese Führungspersönlichkeit strahlt Entschlossenheit und Zuversicht aus, ist präsent und nimmt die Herausforderung mit einer Mischung aus Gelassenheit und Tatkraft an. Genau solche Führungspersönlichkeiten sind nicht nur auf hoher See, sondern auch in Zeiten schnellen und stetigen Wandels unserer Unternehmens- und Arbeitswelt gefragt.

Doch die Realität vieler Führungskräfte sieht oft anders aus. In der Coachingpraxis höre ich immer wieder von Ängsten, Unsicherheit und Selbstzweifel. Führungskräfte fühlen sich permanent unter Druck, fragen sich, ob sie ihrer Rolle gewachsen sind, und erleben eine steigende Anspannung – sowohl beruflich als auch privat –, die die Angst vor dem Scheitern widerspiegelt. Die Folgen davon sind vielschichtig: ein Gefühl der Überforderung, Entscheidungsblockaden, Stress, gesundheitliche Probleme, Burn-out sowie ein orientierungsloses Team und Leistungseinbußen auf individueller Ebene, Teamebene und ggf. sogar unternehmerischer Ebene.

A. Wirz (✉)
Pfungen, Schweiz
E-Mail: andreja@selfleadership.training

C. Kastner et al. (Hrsg.), *Führung im Wandel*,
https://doi.org/10.1007/978-3-658-47645-8_15

Vielleicht fragen Sie sich jetzt: Was unterscheidet jene Führungskräfte, die in dynamischen Zeiten trotz der hohen Anforderungen und Unsicherheiten ruhig und fokussiert bleiben, von denjenigen, die ins Straucheln geraten? Es ist ihr Self-Leadership (dt: Selbstführung). Self-Leadership hilft ihnen, diesen inneren Halt zu finden, der in Zeiten der stetigen Veränderung so wichtig ist, um selbstbewusst, gelassen und zielorientiert zu agieren und ein Team oder Unternehmen effektiv zu führen.

Doch was genau ist Self-Leadership und wie können Sie diese Kompetenz gezielt stärken? Im Folgenden werden wir uns eingehend mit dieser Frage beschäftigen und dabei auch noch mal auf das Beispiel des Segelbootes auf hoher See zurückkommen. Ich lade Sie ein, die Reflexionsfragen im Verlauf des Kapitels zu nutzen, um Ihr eigenes Self-Leadership zu reflektieren und bewusst weiterzuentwickeln.

Reflexionsfragen

- Was würden Sie selbst als Führungskraft bei aufkommendem Sturm auf hoher See tun, um ihr Team sicher zum Ziel zu bringen?
- Was sind Ihre größten Herausforderungen als Führungskraft? Wie gehen Sie mit diesen Herausforderungen um?
- Wie können Sie die Strategien, die Sie auf hoher See anwenden würden, auf die Herausforderungen in Ihrem Berufsalltag übertragen?

15.2 Inhalte und Bedeutsamkeit von Self-Leadership

Definition und Verständnis

Self-Leadership fand in den 1980er-Jahren Einzug in die Managementliteratur. Der Begriff wurde maßgeblich von Charles Manz geprägt, der ihn als selbstbeeinflussenden Prozess, durch den Personen sich selbst so steuern und motivieren, dass sie leistungsfähig sind, beschrieb (z. B. Manz, 1983). Heute verstehen wir Self-Leadership als die Beeinflussung der eigenen Gedanken, Emotionen und des eigenen Verhaltens, um seine Ziele zu erreichen (z. B. Furtner, 2017). Dabei stehen die Steigerung der persönlichen Leistung und die effektive Zielerreichung im Vordergrund.

Mittlerweile hat Self-Leadership die Aufmerksamkeit der Positiven Psychologie geweckt (z. B. Du Plessis, 2019), dessen Perspektive im Führungskontext besonders interessant ist. Die Positive Psychologie erweitert den ursprünglichen Fokus des Self-Leaderships und schließt neben der Zielerreichung auch Wohlbefinden und Erfüllung mit ein. Wir können Self-Leadership deshalb als Fähigkeit zur Selbstbeeinflussung, die nicht nur Leistung und Erfolg, sondern auch ein glückliches und erfülltes Leben ermöglicht, betrachten (Furtner & Rauthmann, 2010).

Das Verständnis von Self-Leadership entwickelt sich also stetig weiter. Allerdings ist bereits deutlich, dass Self-Leadership zwei grundlegende Elemente umfasst: Selbstreflexion und Selbstregulation.

Selbstreflexion ist die intensive Auseinandersetzung mit der eigenen Person. Gegenstand der Selbstreflexion sind beispielsweise die persönlichen Werte und Bedürfnisse, Ziele und Visionen, die Frage nach Sinnstiftung sowie die eigenen Stärken, Talente und das eigene Potenzial. Diese Klarheit ist wie ein innerer Kompass, der hilft, reflektierte und zielorientierte Entscheidungen zu treffen, die motivierend sind und die die jeweilige Person selbstbewusst vertreten kann. Ebenfalls zentral ist die Reflexion über die eigenen Gedanken, Emotionen und Verhaltensweisen (Furtner, 2016).

Selbstregulation ist die Fähigkeit, seine eigenen Gedanken, Emotionen und sein Verhalten so zu beeinflussen, um handlungsfähig zu bleiben und Ziele zu erreichen. Sie ist vor allem in Situationen wichtig, in denen es darauf ankommt, fokussiert und souverän zu agieren. Wenn uns Unsicherheit und Selbstzweifel überwältigen, dient die Selbstregulation dazu, das Selbstvertrauen zurückzugewinnen und die Umsetzungskraft zu stärken. Kognitive, emotionale und verhaltensorientierte Techniken zur Selbstregulation helfen, unerwünschte Verhaltensmuster zu überwinden und neue, zielführende Verhaltensweisen zu etablieren.

Wechselspiel von Selbstreflexion und Selbstregulation

Während die Selbstreflexion Klarheit über sich selbst und seine Werte und Ziele schafft, hilft die Selbstregulation dabei, diese Erkenntnisse im Alltag gezielt zu nutzen. Erst die Kombination beider Prozesse ermöglicht es, das eigene Self-Leadership zu stärken, sich als Führungspersönlichkeit weiterzuentwickeln und auch in dynamischen Zeiten bewusst, souverän und zielorientiert zu agieren. Beide Prozesse sind eng miteinander verknüpft und unterstützen sich gegenseitig. Self-Leadership ist somit ein kontinuierlicher Prozess, der auf dem Wechselspiel von Selbstreflexion und Selbstregulation beruht (Abb. 15.1).

Effekte und Relevanz von Self-Leadership

Eine Untersuchung von McKinsey & Company (Dondi et al., 2021), in der mehr als 18.000 Personen aus der ganzen Welt befragt wurden, betont, dass Self-Leadership eine entscheidende Kernkompetenz in der modernen, dynamischen Arbeitswelt ist. Tatsächlich profitieren Personen mit ausgeprägtem Self-Leadership in verschiedener Hinsicht und insbesondere für Führungskräfte ist die Wirkung von Self-Leadership zentral. Studien zei-

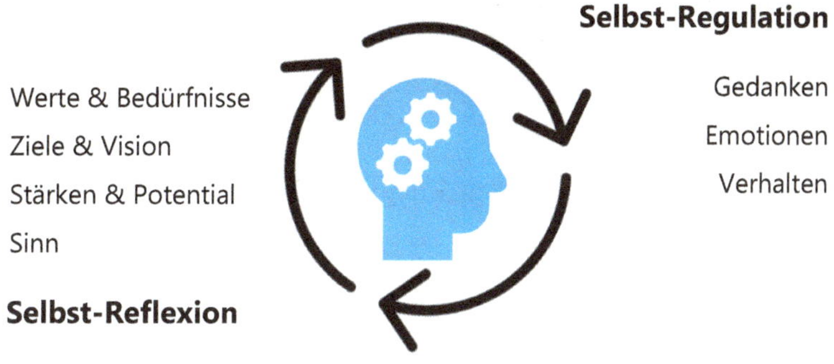

Abb. 15.1 Self-Leadership als kontinuierlicher Prozess. (Quelle: Autorin)

gen, dass Self-Leadership sowohl auf individueller als auch auf Teamebene und organisationaler Ebene positive Effekte hat (vgl. Furtner, 2018). Inwiefern diese in dynamischen Zeiten wichtig sind, sehen wir uns nachfolgend an.

1. **Selbstwirksamkeit und Motivation**

Wer sein Self-Leadership stärkt, stärkt insbesondere seine Selbstwirksamkeit und Motivation (Neck & Houghton, 2006). Selbstwirksamkeit bedeutet, davon überzeugt zu sein, Aufgaben und Herausforderungen erfolgreich bewältigen zu können (Bandura, 1997). Wer sich als selbstwirksam erlebt, ist motivierter und hat ein stärkeres Durchhaltevermögen.

Auf hoher See ist diese Überzeugung insofern entscheidend, als sie bestimmt, ob Sie sich hilflos dem Sturm ergeben und das Risiko eingehen, unterzugehen, oder ob Sie alles unternehmen, um das Boot heil zum Ziel zu bringen – und dies wahrscheinlich auch schaffen.

2. **Leistung und Führungseffektivität**

Self-Leadership hilft dabei, Aufgaben effizient und zielgerichtet anzugehen. Das spiegelt sich in einer verbesserten Leistung wider (Houghton & Neck, 2002). Bei Führungskräften erkennen wir diese Leistungssteigerung unter anderem in der verbesserten Führungseffektivität: Führungskräfte mit starkem Self-Leadership sind eher in der Lage, *klare Entscheidungen* zu treffen und ihre Mitarbeitenden zu *motivieren* (Neck & Houghton, 2006). Zudem steigert Self-Leadership die *Empathiefähigkeit* und trägt zu gegenseitigem *Vertrauen* bei (D'Intino et al., 2007). Eine Führungskraft, die einen klaren inneren Kompass hat und sich selbst treu bleibt, handelt authentisch. Diese Authentizität stärkt ihre Glaubwürdigkeit und stärkt das Vertrauen der Mitarbeitenden in die Führungskraft.

Diese Effekte von Self-Leadership sind gerade in dynamischen Zeiten, wenn Mitarbeitende Sicherheit suchen, wichtig. Ein Team auf einem Segelboot wird es unter schwierigen Bedingungen kaum aushalten, wenn die Führungskraft sich endlose Bedenkzeit einräumt, bevor sie einen Kurs vorgibt. Hadert die Führungskraft mit ihrer eigenen Entscheidung, wird sich die Unsicherheit auf das Team übertragen. Sieht das Team sich Gefahren (z. B. schnellen Marktentwicklungen, Arbeitsplatzunsicherheit) ausgesetzt und fehlt gleichzeitig das Vertrauen in die Führungskraft, wird das Team sich außerdem mit großer Wahrscheinlichkeit gegen die Entscheidungen der Führungskraft stemmen. Self-Leadership gibt der Führungskraft den inneren Halt und die Orientierung, die in anspruchsvollen Situationen zwischen Fortschritt und Stagnation entscheiden könnten.

3. **Zufriedenheit und Wohlbefinden**

Self-Leadership schafft Klarheit über die eigenen Werte und Ziele und ermöglicht es, sein Privat- und Berufsleben danach auszurichten. Da sich das Leben dadurch ausgeglichener und erfüllter anfühlt, sind die Lebenszufriedenheit und das psychische Wohlbefinden höher (Houghton et al., 2003). Eine Führungskraft, der es gut geht, ist in der Regel auch resilienter. Das heißt, sie bleibt in herausfordernden Situationen standhaft, kann sich schneller an neue Bedingungen anpassen und besser mit Rückschlägen umgehen.

Womöglich denken Sie sich, im Segelboot im wütenden Gewässer seien die persönliche Zufriedenheit und das psychische Wohlbefinden irrelevant. Allerdings könnten sie die entscheidenden Faktoren für das Vorankommen des Teams sein. Wenn es der Führungskraft gut geht, kann sie die nötige Kraft aufbringen, um sich gegen starken Wind und das Schaukeln des Bootes zu lehnen. Auch wird sie trotz des Drucks eher optimistisch bleiben und einen kühlen Kopf bewahren. Diese innere Ruhe und Gelassenheit übertragen sich auf das gesamte Team, sodass es das Segelboot gemeinsam durch den Sturm navigieren kann.

Reflexionsfragen

- Wie sieht Ihre Selbstreflexion aus? Wie viel Zeit räumen Sie im (Arbeits-)Alltag der Selbstreflexion ein?
- Welche Strategien und Techniken helfen Ihnen, um in herausfordernden Situationen einen klaren Fokus zu behalten?
- Was würde sich ändern, wenn Sie Tools und Strategien hätten, die Ihnen innere Sicherheit geben, Ihre mentale Stärke verbessern sowie ihre Gelassenheit steigern?

15.3 Wie Sie Self-Leadership entwickeln und stärken

Die systematische Übersichtsarbeit von Tenschert, Furtner und Peters (2024) verdeutlicht, dass Self-Leadership eine trainierbare Kompetenz ist. Doch genauso wie beim Muskelaufbau genügt es nicht, sich einmal intensiv damit auseinanderzusetzen. Ein einziger Tag im Fitnessstudio ist wenig effektiv, um Muskeln aufzubauen. Erst regelmäßiges Training in kürzeren, gezielten Einheiten wird die Muskeln tatsächlich wachsen lassen. Und auch beim Navigieren eines Schiffes durch stürmisches Gewässer gilt: Ein einziges Manöver reicht nicht aus, um das Schiff sicher ans Ziel zu bringen. Es sind ständig Kurskorrekturen nötig, um adäquat auf Veränderungen zu reagieren und das Schiff auf Kurs zu halten. Dasselbe gilt für Self-Leadership: Um das Self-Leadership zu stärken, ist eine regelmäßige Anwendung der Tools und Strategien notwendig. Nur so werden sie im Alltagsbewusstsein verankert, sodass Sie sie jederzeit hervorholen können, wenn es darauf ankommt.

15.3.1 Sieben Wege zu effektivem Self-Leadership

In diesem Abschnitt lernen Sie sieben Wege kennen, die das Self-Leadership stärken, indem sie innere Orientierung geben und mental widerstandsfähiger machen. Zu Beginn ist es sinnvoll, jeden dieser Schritte bewusst und systematisch durchzugehen. Mit der Zeit werden diese Wege fließend ineinander übergehen, parallel verlaufen und sich zu einem iterativen Prozess entwickeln. Und dann werden Sie feststellen, dass Sie in dynamischen und herausfordernden Zeiten klare Orientierung und inneren Halt finden, sodass Sie Ihr Team und Unternehmen effektiv führen können.

Für jeden der sieben vorgestellten Wege finden Sie konkrete Herangehensweisen für einen Einstieg in die Thematik. Allerdings gibt es noch viele weitere Möglichkeiten, um das Self-Leadership tiefgründig zu stärken.

1. **Werte definieren**

Werte sind wie Wegweiser im Leben – sie geben uns Orientierung und Halt in Entscheidungssituationen. Wer nach seinen Werten lebt, ist sich selbst treu und empfindet das Leben als gut. In der Führung bringt eine klare Wertorientierung Konsistenz und Verlässlichkeit, stärkt die Glaubwürdigkeit und fördert somit das Vertrauen in die Führungskraft. Überlegen Sie also, wofür Sie stehen wollen. Hinterfragen Sie dabei Werte, die Ihnen Ihre Eltern oder andere nahe Bezugspersonen mitgegeben haben. Explorieren und definieren Sie Ihre Werte ohne eine vorgegebene Liste von Werten. So können ganz individuelle Werte wie z. B. Verspieltheit oder „Einsteins Neugier" entstehen. Haben Sie Ihre 5 bis 7 Topwerte definiert, können Sie diese zur Entscheidungsfindung und zur Ausgestaltung eines *wert*vollen Arbeitsalltags heranziehen.

2. **Vision entwickeln und Ziele festlegen**

Nichts weckt eine solche Schaffenskraft in uns wie ein kraftvolles, anziehendes Ziel. Überlegen Sie sich also, wie Ihr Team oder Unternehmen in fassbarer Zukunft idealerweise aussehen wird. Setzen Sie sich Ziele, die mit Ihren Werten und den Unternehmenswerten im Einklang sind, und machen Sie sich auch Gedanken zu anderen Lebensbereichen (z. B. Gesundheit, Partnerschaft). Brechen Sie Ihre Vision in Meilensteine und diese wiederum in kleinere, realisierbare Zwischenziele auf, z. B. in 3-Monats-, Monats-, Wochen- und Tagesziele.

3. **Sinn schaffen**

In der Hektik des Alltags rückt die Frage nach dem Sinn oft in den Hintergrund. Wir sind zu sehr damit beschäftigt, die To-dos abzuarbeiten und den nächsten Brandherd zu löschen. Dabei ist das Sinnerleben ein entscheidender Faktor für unsere Motivation und Ausdauer. Eine motivierende Vision und wertbasierte Ziele erhöhen bereits das Sinnerleben. Zusätzlich können Sie sich bewusst machen, welche Bedeutung Sie Ihrem Job zuschreiben: Was sind sinngebende Aspekte Ihres Jobs? Welche Aufgaben in Ihrem Job geben Ihnen das Gefühl, etwas Bedeutendes beizutragen? In welchen Momenten bei der Arbeit fühlen Sie sich wertvoll und warum? Inwiefern ermöglicht Ihnen Ihr Job, Ihre beruflichen oder persönlichen Ziele zu verwirklichen?

4. **Stärken nutzen**

Die Nutzung der eigenen Stärken ermöglicht bessere Leistung und hilft dabei, Herausforderungen zu bewältigen. Auch macht Arbeit mehr Spaß und setzt neue Kräfte frei, wenn man seine Stärken einsetzen kann. Legen Sie also Ihre Bescheidenheit zur Seite und machen Sie sich Ihre Stärken bewusst: Was können Sie wirklich gut – und machen Sie auch gerne? Überlegen Sie sich, wie Sie aktuelle Herausforderungen angehen würden, wenn Sie dabei Ihre Stärken ausleben würden. Oft finden sich dadurch neue, kreative Wege und „simple" Lösungen für anfangs unüberwindbare Hindernisse.

5. **Innere Hindernisse identifizieren**

„Das darf man nicht" und „Was werden wohl die anderen denken?". Das sind typische Gedanken, die uns daran hindern, unseren inneren Kompass zu nutzen und authentisch (gemäß unseren Werten, Visionen und Stärken) zu handeln. Beobachten Sie daher Ihre Gedanken in Situationen, in denen Sie sich orientierungslos, überfordert oder passiv fühlen. Welche Gedanken über sich selbst (z. B. „Ich bin nicht gut genug") oder implizite Regeln über das Leben (z. B. „Ohne Fleiß, kein Preis"), die Sie verinnerlicht haben, sind in diesem Moment aktiv? Welche körperlichen Reaktionen beobachten Sie dabei? Zieht sich der Magen zusammen oder fühlen Sie Wut in Ihren Händen?

6. **Strategien zur Regulation von Gedanken und Emotionen entwickeln**

Sind Ihnen Ihre hinderlichen Gedanken und dadurch ausgelöste Emotionen und Empfindungen bewusst, können Sie sie aktiv verändern. Hinterfragen Sie Ihre Gedanken: Sind sie wirklich wahr? Welche Beweise sprechen dagegen? Ersetzen Sie hinderliche Gedanken durch konstruktive Sätze. Schreiben Sie die hinderlichen Gedanken einem inneren Kritiker zu, fällt es Ihnen leichter, sich von ihnen zu distanzieren. Gestalten Sie das Verhältnis zu Ihrem inneren Kritiker neu und entziehen Sie ihm die Entscheidungskompetenz.

Zur Emotionsregulation können Sie langfristige und kurzfristige Strategien nutzen. Langfristig können Sie Ihre Positivität fördern, z. B. indem Sie sich in Dankbarkeit üben oder Schwierigkeiten in Chancen übersetzen. Kurzfristig, in akuten Situationen, können Sie unerwünschte emotionale Reaktionen stoppen, indem Sie beispielsweise 1.) zu sich selbst „Stopp" sagen, 2.) drei tiefe Atemzüge nehmen und 3.) sich die Frage „Was ist jetzt wirklich wichtig?" stellen. So schaffen Sie Abstand, lassen Gelassenheit zurückkehren und können bewusst agieren, anstatt zu reagieren. Als besonders effektiv hat sich auch die Erfolgsvisualisierung erwiesen. Stellen Sie sich vor Ihrem inneren Auge möglichst lebhaft vor, wie Sie ein Ziel erreichen, und nehmen Sie wahr, was die Zielerreichung in Ihnen auslöst. Mit dieser Strategie steigern Sie Ihre Motivation und die Zuversicht, Ihr Ziel zu erreichen.

7. **Umsetzen und Erfolge feiern**

Veränderung geschieht nicht nur durch Erkenntnis, sondern vor allem durch Handeln. Nur wer seine Pläne und Ziele aktiv verfolgt und Vorhaben umsetzt, kann wirklich Fortschritte machen – sowohl persönlich als auch unternehmerisch. Schaffen Sie daher Verbindlichkeit für sich selbst, z. B. indem Sie Kolleg*innen und Mitarbeitende in Ihre Pläne und Vorhaben einweihen. Bitten Sie sie darum, in nützlicher Zeit noch mal nachzufragen, wie es um die Zielerreichung steht. Und holen Sie sich Unterstützung – intern oder extern –, wenn sie allein nicht weiterkommen.

Wenn Sie ein Ziel erreicht haben, dann feiern Sie den Erfolg, um Ihren Einsatz und Ihre Ausdauer anzuerkennen, z. B. mit einem Spaziergang, einem Tanz zu Ihrer Lieblingsmusik oder indem Sie mit dem Team anstoßen. Das stärkt nicht nur Ihr Selbstvertrauen, sondern steigert auch die Motivation für das nächste Vorhaben und inspiriert Ihr Umfeld.

15.3.2 Unterstützende Elemente zur Entwicklung von Self-Leadership

Achtsamkeit als Katalysator für Self-Leadership

Achtsamkeit spielt eine zentrale Rolle bei der Entwicklung von Self-Leadership – sie wirkt wie ein Katalysator, der diesen Prozess unterstützt. Indem wir unsere Gedanken, Emotionen und unser Verhalten bewusst wahrnehmen, können wir automatisierte Reaktionen, wie wir sie in Stresssituationen kennen, stoppen und überlegt handeln. Achtsamkeit hilft uns, präsent zu sein und bewusst auf Herausforderungen, wie wir sie in einer schnelllebigen Welt begegnen, zu reagieren. Um eine achtsame Haltung zu entwickeln, können Sie beispielsweise geführte Achtsamkeitsmeditationen hören, von denen es im Internet zuhauf gibt. Auch die Nutzung einer Achtsamkeits-App ist empfehlenswert, da sie Sie in regelmäßigen Abständen daran erinnert, eine Achtsamkeitsübung durchzuführen. Am einfachsten ist allerdings, wenn sie Momente der Achtsamkeit bewusst in Alltagshandlungen integrieren. Beispielsweise können Sie achtsam am morgendlichen Kaffee riechen oder beim Spazieren achtsam dem Vogelgezwitscher lauschen.

Externe Impulsgeber*innen

Selbstreflexion ist nicht gleich Selbstreflexion. Mit den sieben Wegen zur Stärkung des Self-Leaderships sind Sie bereits mit vielen Inputs für die Selbstreflexion ausgestattet. Allerdings besteht bei der Selbstreflexion die Gefahr, dass manche entscheidenden Aspekte untergehen, weil sie nicht in Ihrem Blickfeld sind. Das können ungenutzte Potenziale wie unentdeckte Werte, Visionen oder persönliche Stärken, aber auch eigene blinde Flecken, also unbewusste Verhaltensmuster oder Glaubenssätze, sein. Der Austausch mit einer anderen Person kann hier helfen und neue Perspektiven einbringen. Eine solche Person kann ein*e Sparringspartner*in aus dem beruflichen Umfeld oder eine private Vertrauensperson sein. Manche Führungskräfte schätzen auch die Zusammenarbeit mit einem Coach. Ein begleiteter Coachingprozess sichert die Regelmäßigkeit der Selbstreflexion und gezielte Fragen des Coaches ermöglichen eine umfassende Betrachtung von Herausforderungen und Entwicklung von Lösungswegen.

15.4 Umsetzungsbeispiel der Geschäftsführerin eines Industriebetriebs

Ausgangssituation
Sandra, 35 Jahre alt, ist Geschäftsführerin eines Industriebetriebs, der mit ständig sich verändernden Marktbedingungen konfrontiert ist. In den letzten Monaten verschärften sich die Herausforderungen: Ein Konkurrenzunternehmen hat ein innovatives Produkt auf den Markt gebracht, das so gut ankommt, dass es sich schnell zum Marktführer entwickelt hat. Dies führte zu Umsatzeinbußen im eigenen Unternehmen. Gleichzeitig beobachtet Sandra vermehrt Zeichen der Überlastung bei den Mitarbeitenden.

Im Prozess der **Selbstreflexion** erkennt Sandra, dass das vorgegebene Tempo des Marktes Unsicherheit und Druck in ihr auslöst. Sie fühlt sich gezwungen, schnelle Ergebnisse zu erzielen, und ist daher auf kurzfristige Ziele fixiert. Die langfristige Vision für das Unternehmen vernachlässigt sie, wodurch die Innovationskraft des Unternehmens leidet. Da die Umsatzzahlen rückläufig sind, steigen außerdem ihre Zweifel an der eigenen Führungskompetenz, was wiederum ihre Unsicherheit in Entscheidungssituationen verstärkt. Sandra versucht, ihre vermeintliche Schwäche durch stärkeren Einsatz wettzumachen, weshalb sie sich zunehmend müde und erschöpft fühlt. Auch erkennt sie, dass sie sich wegen ihrer Selbstzweifel in Gesprächen mit potenziellen Kunden unsicher fühlt und ihre Überzeugungskraft darunter leidet.

Wendepunkt
Sandra erkundet als Erstes ihre persönlichen **Werte** und definiert Kreativität, Inklusion und Mut als drei ihrer wichtigsten Werte. Auf Basis ihrer Werte entwickelt sie eine **Vision** sowohl für das Unternehmen als auch für sich selbst. In Bezug auf die nächsten Monate und Jahre stellt sie sich Fragen wie: Wie werden sich unsere Produkte verändern, wenn wir mehr Kreativität zulassen? Wie wird es aussehen, wenn wir Inklusion leben? Was wäre das Mutigste, das wir in den nächsten 12 Monaten tun könnten?

Ihre Werte und Zukunftsvorstellungen nutzt sie von nun an als Wegweiser bei Entscheidungen. Sie beschließt beispielsweise, Kreativität und Innovation zu fördern, indem sie die Mitarbeitenden ermutigt, neue Strategien und Prozesse im Alltag auszuprobieren. Zudem stellt sie den Mitarbeitenden Zeit zur Verfügung, in der sie sich vom Tagesgeschäft zurückziehen und sich ausschließlich mit innovativen Ideen beschäftigen, bestehende Produkte verbessern und neue entwickeln können. So absurd sie das zuvor gefunden hätte, so überzeugt ist sie von diesen Anpassungen, da sie auf ihre Werte und Zukunftsvision abgestützt sind. Ihre Überzeugung und Motivation schwappen auch auf die Mitarbeitenden über.

Sandra reflektiert außerdem, welche Aufgaben ihr am meisten Freude bereiten, wo ihre **Stärken** liegen und wie sie diese zielorientiert einsetzen kann. Mit ihrer starken Kommunikationsfähigkeit und ihrem Talent fürs Netzwerken sieht sie sich als „Sammlerin von Meinungen und Ideen“. Das entspricht ihrem Wert der Inklusion und gibt ihr das Gefühl, einen sinnvollen Beitrag zu leisten. Mit diesem klaren Selbstbild will sie die Mitarbeitenden in Zukunft stärker in Entscheidungen einbinden. Auch wenn die Verantwortung für Entscheidungen letztlich bei ihr liegt, reduzieren sich dadurch ihre Unsicherheit und Anspannung.

Sandra wird durch die Selbstreflexion auch bewusst, dass sie als Führungskraft eine Vorbildfunktion für die Mitarbeitenden hat. Deshalb überlegt sie sich nicht nur Maßnahmen, um die Überlastung der Mitarbeitenden zu reduzieren, sondern auch, wie sie selbst ein gesundes Arbeitsverhalten vorleben kann. Unter anderem plant sie regelmäßige Kurzpausen in ihre Agenda ein, in denen sie einmal um den Block spaziert oder einfach mal die Augen schließt. Dass diese Pausen ihre Kreativität anregen und sie jeweils mit neuen Ideen zurück an den Schreibtisch kehrt, ist zusätzlich zur Erholung ein schöner Nebeneffekt.

Mit der neuen Klarheit und den Veränderungen im Alltag begegnet Sandra den aktuellen Herausforderungen entschlossen und zuversichtlich, das Unternehmen wieder auf Kurs zu bringen und die Umsatzzahlen zu steigern. Ihre Gedanken und Emotionen haben sich durch die Selbstreflexion bereits so gewandelt, dass sie in schwierigen Situationen fokussierter und selbstbewusster agiert und der Zukunft optimistisch entgegensieht. Dennoch ertappt sie sich in manchen Situationen dabei, wie sie in alte Verhaltensmuster fällt. Das passiert vor allem unter Stress oder wenn sie Gespräche mit potenziellen Kunden führt, die oft älter und erfahrener sind als sie.

Daher setzt sie sich mit der Frage auseinander, welche inneren **Hindernisse** in diesem Moment stärker sind als ihre Motivation: Mit ihren 35 Jahren fühlt sie sich wenig erfahren als Geschäftsführerin und hört in Stresssituationen den inneren Kritiker energisch „Das kannst du doch nicht tun!“ rufen. Dieser innere Kritiker bemängelt ihre Kompetenz, stellt ihre Entscheidung infrage und schüttelt missbilligend den Kopf.

Durch Methoden zur **Selbstregulation** lernt Sandra, ihre Gedanken und Emotionen in solchen Situationen zu beruhigen und klarer zu denken. Sandra macht sich mit den Signalen ihrer Stressreaktion vertraut und entwickelt Strategien, um diese zu unterbrechen. Sie wählt eine deutliche Handbewegung, die dem inneren Kritiker „Stopp“ signalisiert und ihn zum Schweigen bringt. Bei dieser Gelegenheit sagt sie zu sich selbst: „Ich kann das. Und wenn ein Fehler passiert, dann lerne ich daraus.“ Das hilft ihr, wieder Vertrauen in sich selbst zu gewinnen und eine strategische Perspektive einzunehmen. Auch schafft sie dadurch Raum für Reflexion und stellt sich Fragen wie: „Was ist jetzt wichtig? Was will ich jetzt wirklich tun?“ Statt sich von Unsicherheit und Anspannung überwältigen zu lassen, kann Sandra so klare und zielorientierte Prioritäten setzen.

Im Hinblick auf Kundengespräche ist Sandra wichtig, von Beginn an souverän aufzutreten. Dafür erarbeitet sie eine persönliche Strategie, die sie jeweils im Vorfeld der Gespräche anwenden will. Sie stellt sie sich als Erstes den inneren Kritiker, der auf ihrer Schulter sitzt, vor ihrem mentalen Auge vor und kickt ihn mit einem Fingerschnips weit von sich weg. Danach ruft sie sich konstruktive Gedanken, den sie sich für Kundengespräche überlegt hat, in Erinnerung: „Ich habe zwar weniger Erfahrung als der Interessent, doch das macht nichts. Ich bin ein kreatives Kommunikationstalent.“ Dadurch fühlt sich Sandra selbstbewusster und kann ihr Unternehmen und Angebot überzeugender vertreten und neue Kunden gewinnen.

Manchmal stellt Sandra trotzdem abends müde fest, dass sie im Autopilotmodus durch den Tag raste und entgegen ihren Ziel- und Wertvorstellungen handelte. Anstatt bewusst auf ihr

Team einzugehen und Raum für kreative Lösungen zu schaffen, agierte sie hektisch und konzentrierte sich nur auf das Abarbeiten der To-do-Liste. Daher setzt sie sich zum Ziel, in ihrem Alltag eine regelmäßige **Achtsamkeitspraxis** zu etablieren. Sie will künftig die Zugfahrt ins Büro dafür nutzen, um die Geräusche in der Umgebung achtsam wahrzunehmen und Details in der vorbeiziehenden Landschaft zu beobachten. Zudem plant sie, jeweils montags, mittwochs und freitags während der Mittagspause eine kurze Achtsamkeitsmeditation durchzuführen. Das soll ihre Wahrnehmung schärfen und ihr helfen, in hektischen Momenten ineffektive Reaktionen zu erkennen und den Fokus auf das Wesentliche zurückzulenken. Dadurch kann sie wieder klar und zielgerichtet agieren, ihre Führungsrolle besser wahrnehmen und ein Arbeitsumfeld schaffen, das sowohl produktiv als auch erfüllend ist.

15.5 Zusammenfassung

Technologische Innovationen, globale wirtschaftliche Schwankungen und sich rasch verändernde Marktbedingungen sind heutzutage Normalität. In diesem Strudel von neuen Möglichkeiten, Unsicherheit und steigenden Erwartungen verlieren Führungskräfte schnell die Orientierung und empfinden enormen Druck, was zu Stress und Überforderung führt. Daher sind sie gefordert, sich sowohl strategisch als auch mental und emotional auf die Herausforderungen der heutigen Zeit einzustellen.

Um ein Team oder Unternehmen effektiv zu führen, ist erst einmal effektive Führung der eigenen Person – Self-Leadership – notwendig. Self-Leadership stärkt Ihre Klarheit, verbessert Ihre Entscheidungsfähigkeit und steigert Ihre Effizienz. Darüber hinaus schützt Self-Leadership die Gesundheit und verbessert den Umgang mit dem wahrgenommenen Druck in einer verantwortungsvollen Führungsrolle. Mit Self-Leadership entwickeln Sie sich zu einer Führungskraft, die selbstbewusst, gelassen und zielorientiert agiert.

Sie haben verschiedene Wege kennengelernt, um Ihr Self-Leadership, eine trainierbare Kompetenz, zu entwickeln. Dabei ist das kontinuierliche Wechselspiel von Selbstreflexion und -regulation zentral. Der Prozess umfasst die Definition eigener Werte und Ziele, die Reflexion eigener Stärken und des Sinnerlebens, die Identifikation innerer Hindernisse und die Entwicklung von Strategien zur Regulation von Gedanken, Emotionen und Verhaltens in Akutsituationen. Eine achtsame Haltung hilft Ihnen, Self-Leadership im Alltag bewusst zu leben. Sie unterstützt Sie dabei, die Tools und Strategien, die Sie erlernt haben, gezielt und situationsangepasst im beruflichen Alltag einzusetzen.

Auch wenn dieses Kapitel sich vorrangig an Führungskräfte richtet, ist Self-Leadership eine Fähigkeit, die für alle Mitarbeitenden relevant ist, um berufliche Herausforderungen effektiv zu bewältigen. Sehen Sie sich daher als Vorbild und leben Sie den Mitarbeitenden Self-Leadership vor. Teilen Sie Ihre Erfahrungen mit Self-Leadership-Strategien und schaffen Sie Angebote wie Workshops oder individuelles Coaching, um die Mitarbeitenden bei der Entwicklung ihres Self-Leaderships zu unterstützen.

Mit Self-Leadership werden Sie und Ihre Mitarbeitenden in dynamischen Zeiten den Kurs angemessen anpassen und halten – und als Crew, das Boot trotz stürmischer See sicher zum Ziel bringen.

Checkliste

Diese Checkliste beinhaltet die Themen und Ansätze zur Stärkung Ihres Self-Leaderships, die in diesem Kapitel vorgestellt wurden. Nutzen Sie die Checkliste, um Ihre aktuelle Situation zu reflektieren und herauszufinden, wo Sie noch Entwicklungspotenzial haben.

Gehen Sie die Punkte durch und schätze Sie ehrlich ein, was auf Sie zutrifft. Wählen Sie Prioritäten aus Ihren Entwicklungsbereichen und überlegen Sie sich Maßnahmen für die nächsten 1–2 Wochen, um diese Entwicklungsbereiche zu stärken. Ziehen Sie die Checkliste für einen regelmäßigen Check-up, z. B. wöchentlich oder monatlich, heran und überprüfen Sie Ihren Fortschritt.

Mit der Zeit werden Sie diese Themen verinnerlichen und Ihr Self-Leadership stärken. Diese innere Orientierung wird es Ihnen erleichtern, in dynamischen Zeiten die nötige Klarheit zu finden sowie selbstbewusst und souverän zu agieren.

- ☐ Ich habe meine 5 bis 7 wichtigsten Werte klar definiert.
- ☐ Ich nutze meine Werte als Leitplanken in der Führung, z. B. für Entscheidungen, in der Kommunikation und der Gestaltung des Arbeitsalltags.
- ☐ Ich habe eine klare Vision für mein Team/Unternehmen und mich selbst.
- ☐ Ich habe erreichbare Ziele definiert, die meinen Werten, meiner Vision und meinen Stärken entsprechen.
- ☐ Ich finde regelmäßig Sinn in meinen täglichen Aufgaben.
- ☐ Ich erkenne das größere Ganze, zu dem ich als Führungskraft beitrage, und identifiziere mich bewusst damit.
- ☐ Ich bin mir meiner Stärken bewusst.
- ☐ Ich setze meine persönlichen Stärken gezielt ein, um Herausforderungen zu bewältigen.
- ☐ Ich kenne die inneren Hindernisse, die mich bei der Erreichung meiner Ziele bremsen.
- ☐ Ich nutze Strategien, um meinen inneren Kritiker zu beruhigen und mit Selbstzweifeln umzugehen.
- ☐ Ich erkenne meine Stresssignale und reagiere bewusst darauf, anstatt automatisiert zu handeln.
- ☐ Ich setze meine Pläne aktiv um und verfolge sie konsequent.
- ☐ Ich feiere meine Erfolge und anerkenne den Fortschritt meines Teams.
- ☐ Ich nehme mir täglich Zeit, um achtsam zu sein, sei es durch Meditation oder achtsame Momente im Alltag (z. B. Atmen, Geräusche wahrnehmen), um den Kopf freizubekommen und fokussiert zu bleiben.
- ☐ Ich habe eine*n Sparringspartner*i n oder eine Vertrauensperson, die mir hilft, Herausforderungen zu reflektieren.
- ☐ Ich tausche mich regelmäßig mit Kolleg*innen oder Mentor*innen aus, um meine Selbstreflexion anzuregen.

Literatur

Bandura, A. (1997). *Self-efficacy: The exercise of control.* W.H. Freeman.

D'Intino, R. S., Goldsby, M. G., Houghton, J. D., & Neck, C. P. (2007). Self-leadership: A process for entrepreneurial success. *Journal of Leadership & Organizational Studies, 13*(4), 105–120. https://doi.org/10.1177/10717919070130040101

Dondi, M., Klier, J., Panier, F., & Schubert, J. (2021). *Defining the skills citizens will need in the future world of work.* McKinsey & Company. https://www.mckinsey.com/featured-insights/future-of-work/defining-the-skills-citizens-will-need-in-the-future-world-of-work. Zugegriffen am 25.08.2024.

Du Plessis, M. (2019). Positive self-leadership: A framework for professional leadership development. In C. Proctor (Hrsg.), *Theoretical approaches to multi-cultural positive psychological interventions* (S. 445–461). Springer. https://doi.org/10.1007/978-3-030-20583-6_21

Furtner, M. R. (2016). Selbstführung: Ein Überblick über grundlegende Theorien und neuere Forschungsergebnisse. In M. Furtner, J. F. Rauthmann, & S. M. Sachse (Hrsg.), *Handbuch Selbstführung: Perspektiven und Anwendungen* (S. 3–18). Springer. https://doi.org/10.1007/978-3-662-49402-3_1

Furtner, M. R. (2017). *Self-leadership: Basics*. Springer. https://doi.org/10.1007/978-3-662-53243-5

Furtner, M. R. (2018). *Self-Leadership: Praxis und Anwendung*. Springer. https://doi.org/10.1007/978-3-662-54890-0

Furtner, M. R., & Rauthmann, J. F. (2010). Relations between self-leadership and happiness: An empirical study. *Swiss Journal of Psychology, 69*(3), 157–161. https://doi.org/10.1024/1421-0185/a000020

Houghton, J. D., & Neck, C. P. (2002). The revised self-leadership questionnaire: Testing a hierarchical factor structure for self-leadership. *Journal of Managerial Psychology, 17*(8), 672–691. https://doi.org/10.1108/02683940210450484

Houghton, J. D., Bonham, T. W., Neck, C. P., & Singh, K. (2003). The relationship between self-leadership and personality: A comparison of hierarchical factor structures. *Journal of Managerial Psychology, 18*(7), 595–620. https://doi.org/10.1108/02683940310502490

Manz, C. C. (1983). *The art of self-leadership: Strategies for personal effectiveness in your life and work.* Prentice-Hall, Inc.

Neck, C. P., & Houghton, J. D. (2006). Two decades of self-leadership theory and research. *Journal of Managerial Psychology, 21*(4), 270–295. https://doi.org/10.1108/02683940610663097

Tenschert, J., Furtner, M., & Peters, M. (2024). The effects of self-leadership and mindfulness training on leadership development: A systematic review. In *Management Review Quarterly*. Advance online publication. https://doi.org/10.1007/s11301-024-00448-7

Dr. Andreja Wirz ist Arbeits- und Organisationspsychologin und zertifizierter Leadership Coach. Sie arbeitet mit Geschäftsführer*innen und Führungskräften im gesamten DACH-Raum mit einem Fokus auf Self-Leadership und Selbstvertrauen. Mit ihrer Expertise und erfrischenden Art hilft sie, Strategien und Lösungen zu entwickeln, um in anspruchsvollen Situationen selbstbewusst, gelassen und souverän zu agieren. Dabei kombiniert sie psychologische Forschung, Managementansätze und neurowissenschaftliche Erkenntnisse, um nachhaltige, tiefgehende Veränderungen zu bewirken.

Neben ihrer Tätigkeit als Coach ist Andreja Wirz seit über 10 Jahren als Lehrbeauftragte an der Universität Zürich tätig. Auch leitet sie Workshops und hält Impulsvorträge zu den Themen Self-Leadership und Resilienz in Unternehmen. Dabei legt sie besonderen Wert auf wissenschaftlich fundierte und praxistaugliche Methoden, die sie didaktisch gekonnt vermittelt.

Als Mutter dreier Kinder, Hundebesitzerin und Selbstständige kennt Dr. Andreja Wirz einen dynamischen Alltag und meistert täglich den Spagat zwischen beruflichen und privaten Herausforderungen – ideale Voraussetzungen, um das eigene Self-Leadership stetig weiterzuentwickeln. Kraft und Ruhe findet sie in der Natur, beim Genuss einer guten Tasse Kaffee, dunkler Schokolade und Rockmusik.

Gesunde Führung mit SCOAP

16

Argang Ghadiri, Andreas Habermacher und Theo Peters

16.1 Einleitung

„You are the average of the five people you spend the most time with“ ist wohl eins der berühmtesten Zitate von Jim Rohn, der als Motivationstrainer und Autor viele Menschen mit Weisheiten aus seinem bewegten Leben inspiriert hat. Und auch für die Führung haben seine Worte eine große Bedeutung: Denn schließlich verbringen viele Menschen einen erheblichen Teil ihres Lebens auf bzw. mit der Arbeit, welche nun einmal von Führungskräften direkt beeinflusst und gestaltet wird. Führungskräfte prägen somit nicht nur die beruflichen Leistungen, sondern auch das Arbeitsumfeld der Beschäftigten, ihre zwischenmenschlichen Beziehungen und letztlich ihr psychisches Wohlbefinden. Zahlreiche Studien belegen, dass sich unter anderem Führungsverhalten, Arbeitsmerkmale von Führung und Führungskonzepte auf die Gesundheit von Beschäftigten auswirken (Gregersen et al., 2011, 2014, 2016, 2018).

In den letzten 15 Jahren haben sich für die gesunde Führung neue Ansätze wie die „Gesundheits- und Entwicklungsförderliche Führungsverhaltens-Analyse (GEFA)“ nach Vincent (2012) herausgebildet, welche den Zusammenhang zwischen Führung, Arbeits-

A. Ghadiri (✉)
Dormagen, Deutschland
E-Mail: argang.ghadiri@apollon-hochschule.de

A. Habermacher
Leading Brains, Luzern, Schweiz
E-Mail: andy@leading-brains.com

T. Peters
Hochschule Bonn-Rhein-Sieg, Sankt Augustin, Deutschland
E-Mail: theo.peters@h-brs.de

C. Kastner et al. (Hrsg.), *Führung im Wandel*,
https://doi.org/10.1007/978-3-658-47645-8_16

bedingungen und Wohlbefinden untersucht. Dafür misst die GEFA den Einfluss der Führungskraft auf die Anforderungen, Stressoren und Ressourcen der Beschäftigten. Einen weiteren Ansatz stellt das „health-oriented leadership“ (HOL) dar, wonach Führungskräfte sowohl ihre eigene Gesundheit („self care“) als auch die ihrer Beschäftigten („staff care“) zu verantworten haben (Franke et al., 2014). Untersuchungen haben gezeigt, dass Führungskräfte, die gesundheitsbewusst handeln, das Stressempfinden und die psychosomatischen Beschwerden ihrer Mitarbeitenden deutlich reduzieren können (Franke & Felfe, 2011).

Neben diesen Ansätzen werden in der Literatur zur gesunden Führung zunehmend die Bedürfnisse von Beschäftigten und deren Erfüllung thematisiert (Häfner et al., 2019; Eilles-Matthiessen & Scherer, 2011) oder z. B. das Bedürfnis nach Bindung im Besonderen bei der bindungsorientierten Führung (Badura et al., 2023, 2024).

Eine ganzheitliche Betrachtung der psychologischen Bedürfnisse stellen Peters und Ghadiri (2011) mit Neuroleadership in den Mittelpunkt der Führungsarbeit. Basierend auf der Konsistenztheorie nach Grawe (2004) übertragen sie die neurowissenschaftlich fundierten Grundbedürfnisse des Menschen mit SCOAP auf die Führung. Diese lauten im Einzelnen „self-esteem“ (Selbstwert), „control“ (Kontrolle), „orientation“ (Orientierung), „attachment“ (Bindung) und „pleasure“ (Freude) und können mit dem SCOAP-Profile in ihren jeweiligen Ausprägungen gemessen werden (Ghadiri, 2017).

16.2 Grundbedürfnisse nach SCOAP

Das Rahmenwerk von SCOAP bilden die fünf Grundbedürfnisse, die wiederum in weitere Subdimensionen unterteilt werden (Abb. 16.1).

Den Ausgangspunkt bildet die Konsistenztheorie aus der Neuropsychotherapie, die besagt, dass die psychologischen Grundbedürfnisse erfüllt werden müssen, um Wohlbefinden und eine gesunde Entwicklung zu ermöglichen. Werden diese Bedürfnisse langfristig nicht erfüllt oder verletzt, führt dies zu einer Beeinträchtigung des Wohlbefindens und kann die psychische Gesundheit schädigen (Grawe, 2004). Grawe konzentriert sich dabei auf psychologische, nicht auf physiologische Bedürfnisse und unterscheidet diese von anderen Motiven wie Macht oder Leistung. Diese seien nicht grundlegend, da viele Menschen auch ohne Macht und Leistung gut leben können (Grawe, 2004). Nachfolgend werden die einzelnen Grundbedürfnisse für ein einheitliches Verständnis näher beschrieben (Peters & Ghadiri, 2013).

1. **„Self-esteem“** (Selbstwert) setzt ein Selbstbild voraus, das typisch für menschliche Bedürfnisse ist, da es reflexives Denken erfordert, um sich als Individuum wahrzunehmen. Dieses Selbstbild entsteht durch Interaktionen und Kommunikation mit anderen. In der Führung spiegelt sich dieses Grundbedürfnis wider, indem es beeinflusst, wie Menschen sich im Umgang mit Kolleginnen, Kollegen und der Führungskraft fühlen und wie sie Wertschätzung, Anerkennung und Respekt erfahren. Leistung kann dabei ebenfalls eine

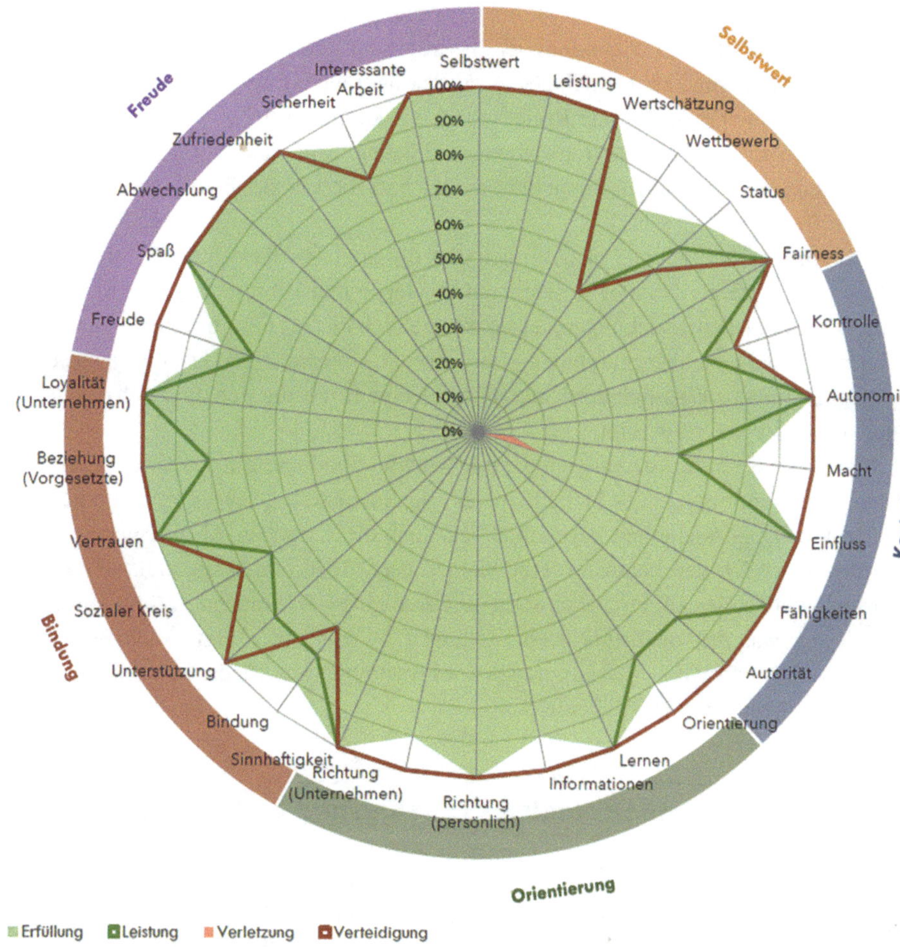

Abb. 16.1 Grundbedürfnisse und motivationale Strategien im SCOAP-Profile. (Quelle: Autoren)

Rolle spielen, da der Antrieb, Erfolge zu erzielen – oft im Wettbewerb mit anderen –, den Status und die Selbstwahrnehmung im Vergleich zu anderen beeinflusst.

2. **„Control“** (Kontrolle) beschreibt das persönliche Empfinden darüber, wie viel Einfluss jemand auf die Gestaltung der eigenen Arbeitsumgebung hat. Dazu gehört die Autonomie, eigenständige Entscheidungen über die Arbeit und Aufgaben zu treffen sowie die entsprechende Verantwortung zu übernehmen. Dies umfasst nicht nur Macht und Autorität, sondern auch die Möglichkeit, sich fremder Kontrolle zu entziehen, um eine angenehme Arbeitsumgebung zu schaffen. Eine zentrale Rolle spielen dabei die notwendigen Fähigkeiten und Ressourcen, die idealerweise zur Verfügung stehen, um die Aufgaben erfolgreich zu bewältigen.
3. **„Orientation“** (Orientierung) bedeutet, ein klares Verständnis von der Arbeitsumgebung zu haben und zu wissen, wohin sich das Unternehmen entwickelt und wie

die eigene Rolle darin integriert ist. Es ist wichtig, zu erkennen, wie die eigene Arbeit zur Erreichung der Unternehmensziele beiträgt und welchen zukünftigen Stellenwert man im Unternehmen hat. Auch der Überblick über die eigene Arbeit und die Arbeitsumgebung spielt eine zentrale Rolle, wobei das kontinuierliche Lernen eine wichtige Komponente darstellt. Eine transparente und offene Kommunikation seitens der Führung ist dabei unerlässlich, da sie das Streben nach beruflicher Erfüllung und Sinnhaftigkeit fördert.[1]

4. **„Attachment“** (Bindung) bezieht sich auf die sozialen Beziehungen, die man am Arbeitsplatz pflegt, darunter Kolleginnen, Kollegen und Vorgesetzte. Wichtig ist dabei die Qualität dieser Beziehungen, da sie maßgeblich die Arbeitsatmosphäre beeinflusst. Vertrauen in die Kollegschaft bietet eine wertvolle Unterstützung, und ebenso spielt die wahrgenommene Loyalität des Unternehmens eine Rolle, die sich oft durch das Verhalten der Führungskräfte zeigt.
5. **„Pleasure“** (Freude) bezieht sich darauf, wie viel Spaß und Zufriedenheit jemand bei der Arbeit empfindet. Dies betrifft sowohl die Arbeit selbst, etwa ob Ängste bestehen oder Arbeitsplatzsicherheit gegeben ist, als auch die Aufgaben, ob sie interessant, abwechslungsreich und herausfordernd sind. Dieses Bedürfnis hängt stark von anderen Grundbedürfnissen ab: Freude entsteht oft durch gute Beziehungen zu Kolleginnen und Kollegen, was das Bedürfnis nach Bindung („attachment“) zeigt. Auch Belohnung, Dankbarkeit und Wertschätzung tragen zur Freude bei, was wiederum mit dem Selbstwert („self-esteem“) verbunden ist.

16.3 Motivationale Strategien – Leistung und Verteidigung

Die einzelnen Bedürfnisse nach SCOAP sind zwar bei jedem Individuum vorhanden, werden aber unterschiedlich verfolgt. Dies ist abhängig von individuellen Erfahrungen und deren einhergehenden neuronalen Verankerung, die im Sozialisationsprozess erfolgt. So geben motivationale Schemata Aufschluss darüber, welche Instrumente und Verhaltensweisen von den Beschäftigten bewusst oder unbewusst entwickelt wurden, um ihre Grundbedürfnisse zu erfüllen oder vor Verletzung zu schützen. Diese lassen sich in Leistungs- und Verteidigungsstrategien zusammenfassen. Bei der Leistungsstrategie zeigt sich, dass sich Individuen positiven Zuständen zuwenden wollen und dafür die Energie aufbringen, um ihre Bedürfnisse zu erfüllen, wohingegen bei der Verteidigungsstrategie die Verletzung der Bedürfnisse abgewendet werden soll. Bei der Leistungsstrategie handelt es sich somit

[1] Obwohl Grawe (2004) und Epstein (1990) Orientierung und Kontrolle als ein Grundbedürfnis zusammenfassen, werden bei SCOAP Kontrolle und Orientierung als separate Bedürfnisse betrachtet: Kontrolle betrifft das Handeln in der Welt, Orientierung das Sammeln von Informationen. Obwohl beide zusammenhängen – man muss etwas wissen, um handeln zu können – ist die Unterscheidung wichtig, da man auch etwas wissen kann, ohne zu handeln. Orientierung bezieht sich auf das Verstehen der Welt, was uns hilft, (aktiv) Kontrolle über sie zu erlangen.

um eine auf Leistung und Erfolg ausgerichtete Handlungsstrategie, die zeigt, welche Grundbedürfnisse stärker als andere verfolgt werden. Die Verteidigungsstrategie zeigt, wie viel Anstrengung aufgebracht wird, um die Verletzung bestimmter Grundbedürfnisse abzuwehren. Es wird deutlich, dass bei beiden Strategien unterschiedliche motivationale Schemata dazu führen, wie die Erfüllung und Verteidigung der Grundbedürfnisse angegangen werden. Dies führt bei den Beschäftigten dazu, wie anstrengend die Leistung zur Erfüllung und die Verteidigung der Grundbedürfnisse subjektiv wahrgenommen werden. Ferner können bei den beiden Strategien motivationale Konflikte entstehen, wenn z. B. sich die Leistung und Verteidigung von Grundbedürfnissen gegenseitig bedingen. Nach außen spiegelt sich das in den individuellen Verhaltens- und Handlungsweisen wider, die es für Führungskräfte zu erkennen gilt. Dabei lassen sich die sechs nachfolgend genannten Typen erkennen (Ghadiri et al., 2025).

1. Der **High-Achiever** ist geprägt durch einen starken Fokus auf „Leistung“ und „Verteidigung“. Diese Personen streben intensiv danach, ihre Ziele zu erreichen, während sie gleichzeitig darauf bedacht sind, ihre Bedürfnisse zu schützen. Sie investieren viel Energie, um Erfolge zu erzielen und Rückschläge zu vermeiden, was sie leistungsstark, aber auch risikoscheu machen kann. Diese Vorsicht kann ihr Potenzial allerdings begrenzen, insbesondere wenn sie Bedrohungen übermäßig stark wahrnehmen. In extremen Fällen führt dies zu einem „neurotischen Überfliegerverhalten“, bei dem Ziele unter hohem Druck verfolgt werden. Führungskräfte können High-Achiever unterstützen, indem sie klare Strukturen für Sicherheit schaffen, gleichzeitig aber auch Mut zu Risiko und Innovation fördern. Regelmäßiges Feedback und Erfolgserlebnisse helfen, die Motivation aufrechtzuerhalten, ohne zusätzlichen Stress zu erzeugen. Sichere Gelegenheiten, um Risiken einzugehen, reduzieren die Angst vor Fehlern.
2. Der **Go-Getter** zeichnet sich durch hohe Leistungsorientierung und geringe Verteidigung aus. Dieser Typ ist zielstrebig, geht Risiken ein und verfolgt seine Ziele oft mit einer „Alles oder Nichts“-Einstellung. Go-Getters neigen dazu, Risiken auszublenden und sich voll auf die Erreichung ihrer Ziele zu konzentrieren. Man findet sie häufig in dynamischen Umfeldern, wo schnelle Entscheidungen und Risikobereitschaft gefragt sind. Führungskräfte sollten Go-Getters durch herausfordernde Aufgaben motivieren, gleichzeitig aber auf Mechanismen zur Risikobewältigung achten. Positive Verstärkung und regelmäßige Erfolgserlebnisse sind entscheidend, um ihre Motivation hochzuhalten. Projekte, die schnelle Ergebnisse und unmittelbares Feedback liefern, sind ideal, da Go-Getters durch schnelle Rückmeldungen und Herausforderungen angespornt werden.
3. Der **Blocker** macht sich dadurch bemerkbar, dass er höhere Werte in „Verteidigung“ als in „Leistung“ aufweist. Diese Personen konzentrieren sich stark darauf, ihre Grundbedürfnisse vor Verletzungen zu schützen, und haben oft weniger Energie oder Motivation, aktiv ihre Ziele zu verfolgen. Ihre Sorge führt häufig zu einem defensiven Verhalten. Um den Blocker dabei zu unterstützen, mögliche Ängste abzubauen, sollten Führungskräfte ein Umfeld schaffen, das Sicherheit, Vertrauen und Stabilität bietet.

Dadurch kann die defensive Haltung aufgebrochen werden, wodurch sich Blocker mehr auf das Erreichen anderer Ziele einsetzen können. Unterstützende Maßnahmen und klare Strukturen sind wichtig, um ihnen ein Gefühl von Sicherheit zu geben und sie zu ermutigen, neue Ziele anzugehen. Veränderungen sollten behutsam und schrittweise eingeführt werden, um Überforderung zu vermeiden.

4. **Indifferente** Typen zeichnen sich durch niedrige Werte sowohl in „Leistung" als auch in „Verteidigung" aus. Sie wirken oft gleichgültig und zeigen wenig emotionale Bindung zu ihren Grundbedürfnissen, was sich in geringem Engagement und fehlender Motivation äußert. Sie verfolgen weder aktiv ihre Ziele, noch schützen sie ihre Bedürfnisse. Führungskräfte sollten darauf abzielen, die emotionale Verbindung dieser Personen zur Arbeit zu stärken. Klare, sinnvolle Zielsetzungen und eine stärkere soziale Einbindung können dabei helfen, ihr Engagement zu steigern. Regelmäßiges Feedback und gezielte Anerkennung sind ebenfalls hilfreich, um ihre Motivation zu fördern. Besonders wichtig ist es, Aufgaben zu finden, die für sie persönlich relevant sind, um wieder eine stärkere Verbindung zur Arbeit herzustellen.
5. Typen mit einem Muster der **erlernten Hilflosigkeit** weisen niedrige Werte in „Verteidigung" und moderate bis geringe Werte in „Leistung" auf. Diese Menschen, oft betroffen von Burn-out oder psychischen Problemen, haben ihre Verteidigungsstrategien aufgegeben, da sie das Gefühl haben, auf Bedrohungen nicht mehr reagieren zu können. Anzeichen von Resignation und das Gefühl, ihre Grundbedürfnisse nicht mehr schützen oder erfüllen zu können, prägen ihr Verhalten. Führungskräfte sollten besonders auf die psychische Gesundheit dieser Mitarbeitenden achten und gezielte Unterstützung bieten, wie z. B. durch kleine Erfolge und schrittweise Verbesserungen. Diese Maßnahmen können helfen, das Gefühl der Hilflosigkeit zu überwinden und neue Motivation zu finden. Ein stabiles, unterstützendes Arbeitsumfeld ist entscheidend, um den Betroffenen den Weg zurück in eine aktivere Rolle zu ebnen.
6. Es gibt zudem Personen, deren Werte in den verschiedenen Dimensionen stark schwanken – einige sind sehr hoch, andere sehr niedrig. Diese **speziellen („quirky") Persönlichkeiten** lassen sich schwer einordnen und ihr Verhalten variiert oft je nach Situation. Führungskräfte sollten bei solchen Mitarbeitenden einen individuellen Ansatz verfolgen und gezielt ihre Stärken nutzen. Flexibilität und regelmäßiges Feedback sind entscheidend, um ihre besonderen Bedürfnisse zu berücksichtigen. Sie benötigen Aufgaben, die ihren speziellen Fähigkeiten entsprechen, sowie ein Umfeld, das den nötigen Freiraum bietet.

Letztlich hängt alles von der Gestaltung der Arbeitsumwelt und den dabei gemachten positiven wie auch negativen Erfahrungen ab. **Kongruenz** entsteht, wenn die motivationalen Strategien und die damit verbundenen Ziele, die an die jeweiligen Bedürfnisse gekoppelt sind, in der Arbeitsumgebung erfüllt werden können. Dadurch kann Kongruenz auch als Bindeglied zwischen den SCOAP-Bedürfnissen und dem Arbeitsumfeld verstanden werden. **Konsistenz** wiederum beschreibt, wenn alle SCOAP-Bedürfnisse im Einklang stehen und keine Inkongruenzen vorhanden sind – also wenn die psychologischen und neuronalen Prozesse harmonieren und das Umfeld so gestaltet ist, dass es keine Störungen in der Bedürfnisbefriedigung gibt. Sämtliche Erfahrungen wirken sich auf die motivationalen Strategien aus und je nachdem, ob Bedürfnisse erfüllt oder verletzt werden, variiert ihre Priorität. Durch den Einsatz kognitiver Ressourcen wie Planung und Willenskraft kann die Chance, Ziele zu erreichen und Bedürfnisse zu erfüllen, gesteigert werden. Dies bedeutet, dass Motivation gewissermaßen „trainiert" werden kann, um die Zielerreichung zu fördern, wobei Führungskräfte eine unterstützende Rolle einnehmen können. Erfahrungen formen somit unser Verhalten und unsere Motivation (Ghadiri et al., 2012).

16.4 SCOAP-Profile in der Umsetzung

Mit dem SCOAP-Profile können die fünf Grundbedürfnisse und die motivationalen Strategien gemessen werden, die in die Abschnitte Erfüllung und Verletzung sowie Leistung und Verteidigung aufgeteilt sind. Dazu dienen die entsprechenden Items auf einer Skala von 0 („trifft überhaupt nicht zu" bzw. „absolut unwichtig") bis 10 („trifft völlig zu" bzw. „absolut wichtig"), die in der Langversion 130 und in der Kurzversion 40 Items umfassen.[2] Das SCOAP-Profile zeigt somit auf, ob es Beschäftigten möglich ist, bestimmte Bedürfnisse zu erfüllen oder vor Verletzung zu schützen. Die motivationalen Strategien zeigen ferner, welche besonderen Verhaltensweisen der Beschäftigten existieren. Dadurch haben Führungskräfte konkrete Möglichkeiten, auf organisatorischer und personeller Ebene entsprechende Maßnahmen umzusetzen, die Defizite im Arbeitsumfeld ausgleichen. In Tab. 16.1 sind exemplarische Maßnahmen aufgeführt.

Um ein Arbeitsumfeld zu schaffen, das die Grundbedürfnisse der Mitarbeitenden erfüllt, sollten Unternehmen klare Rahmenbedingungen festlegen, die in konkreten Leitlinien verankert sind. Diese Leitlinien sollten darauf abzielen, die Bedürfnisse der Mitarbeitenden aktiv zu fördern. Dazu gehören:

- die Entwicklung einer Unternehmenskultur, die diese Grundbedürfnisse in den Arbeitsalltag integriert,
- eine Kultur des gegenseitigen Respekts, die individuelle Bedürfnisse berücksichtigt und wertschätzt.

Führungskräfte müssen besonders in Zeiten von Veränderungen die Auswirkungen ihrer Entscheidungen auf die Bedürfnisse der Mitarbeitenden im Auge behalten. Veränderungen können Unsicherheiten hervorrufen und die Grundbedürfnisse verletzen. Um

[2] Auf der Website www.scoap-profile.com können Sie kostenlos Ihr persönliches SCOAP-Profile erstellen.

Tab. 16.1 Maßnahmen auf Organisations- und Führungsebene. (Quelle: Ghadiri, 2017)

	Organisationsebene	Führungsebene	Häufige Fehler (Beispiele)
„Self-esteem" (Selbstwert)	Anreizsysteme Auszeichnungen Mitsprache	Individuelle Anerkennung Wertschätzung Positives Feedback	Subjektive Kritik Andere Meinungen ignorieren Nicht bedanken
„Control" (Kontrolle)	Hierarchische Strukturen Unternehmensleitlinien Partizipation	Freiheiten einräumen Verantwortung delegieren Leiten statt überwachen	Autoritär sein Keine Verantwortung abgeben Nicht zuhören
„Orientation" (Orientierung)	Interne Kommunikation Informationssysteme Transparenz	Informationsaustausch Persönliche Kommunikation Ehrlichkeit	Informationen vorenthalten Mitarbeiter nicht einbeziehen Unstrukturierte Kommunikation
„Attachment" (Bindung)	Unternehmenskultur Teamarbeit Unternehmenskantine	Authentizität Freundlichkeit Vertrauenswürdigkeit	Keine Ehrlichkeit Kein Respekt Vernachlässigung sozialer Aspekte
„Pleasure" (Freude)	Besondere Anlässe feiern Belohnungen Sicherheit	Anlässe feiern Traditionen Lob	Führung durch Angst Kritik Kein Lob aussprechen

dem entgegenzuwirken, sollten Maßnahmen ergriffen werden, die das Wohlbefinden der Mitarbeitenden schützen, beispielsweise durch:

- klare Kommunikation und Transparenz in Veränderungsprozessen,
- die Schaffung eines sicheren und stabilen Umfelds, um Unsicherheiten abzubauen.

Darüber hinaus ist es wichtig, dass Führungskräfte auf individueller Ebene die Grundbedürfnisse ihrer Mitarbeitenden aktiv berücksichtigen. Dazu gehört:

- die gezielte Förderung von Anerkennung und Autonomie, indem Freiheiten und Bestätigung geboten werden, um Mitarbeitende motiviert und wertgeschätzt zu halten,
- ein offener Austausch über individuelle Bedürfnisse, um diese besser verstehen und darauf eingehen zu können.

Führungskräfte sollten stets darauf achten, ihre eigenen Bedürfnisse nicht auf Kosten der Mitarbeitenden durchzusetzen. Eine Balance zwischen den Bedürfnissen der Führungskraft und der Mitarbeitenden ist entscheidend für ein gesundes Arbeitsklima.

16.5 Fazit

Einen wichtigen Aspekt für die gesunde Führung stellen die psychologischen Grundbedürfnisse des Menschen dar. Neben der Vielzahl verschiedener Bedürfnismodelle sind die Grundbedürfnisse nach SCOAP mit „self-esteem", „control", „orientation", „attachment" und „pleasure" in neuronalen Strukturen verankert – zwar individuell ausgeprägt, aber die Dimensionen sind immer gleich (Habermacher et al., 2020). Sie dienen somit als Orientierung für Führungskräfte, um ihre Führungsarbeit auszurichten. Mit dem SCOAP-Profile lassen sich diese fünf Bedürfnisse sowie die Leistungs- und Verteidigungsstrategien messen, was hilft, Verhaltensweisen, Motivation und Antriebe von Personen in der Arbeitswelt besser zu verstehen. Denn letztlich ist es für die mentale Gesundheit der Beschäftigten essenziell, dass Führungskräfte eine Arbeitsumwelt schaffen, in der die Grundbedürfnisse erfüllt werden können.

Literatur

Badura, B., Wacker, A. J., Hoffmann, L. K., & Radtke, J. S. (2023). Bindungsorientierte Führung – Homeoffice und seine Folgen für Arbeit und Gesundheit. In B. Badura, A. Ducki, J. Baumgardt, M. Meyer, & H. Schröder (Hrsg.), *Fehlzeiten-Report 2023*. Springer. https://doi.org/10.1007/978-3-662-67514-4_15

Badura, B., Ducki, A., Baumgardt, J., Meyer, M., & Schröder, H. (2024). *Fehlzeiten-Report 2024. Bindung und Gesundheit – Fachkräfte gewinnen und halten*. Springer. https://doi.org/10.1007/978-3-662-69620-0

Eilles-Matthiessen, C., & Scherer, S. (2011). Bindung, Leistung, Kontrolle und Selbstwertschutz: Die Motive des Mitarbeiters als Perspektive sozial kompetenten Führungsverhaltens. In B. Badura, A. Ducki, H. Schröder, J. Klose, & K. Macco (Hrsg.), *Fehlzeiten-Report 2011 – Schwerpunkt Führung und Gesundheit* (S. 15–25). Springer. https://doi.org/10.1007/978-3-642-21655-8

Epstein, S. (1990). Cognitive-experiential self-theory. In L. Pervin (Hrsg.), *Handbook of personality. Theory and research* (S. 165–192). Guilford.

Franke, F., & Felfe, J. (2011). Diagnose gesundheitsförderlicher Führung – Das Instrument Health-oriented leadership. In B. Badura, A. Ducki, H. Schröder, J. Klose, & K. Macco (Hrsg.), *Fehlzeiten-Report 2011 – Schwerpunkt Führung und Gesundheit* (S. 3–13). Springer. https://doi.org/10.1007/978-3-642-21655-8

Franke, F., Felfe, J., & Pundt, A. (2014). The impact of health-oriented leadership on follower health: Development and test of a new instrument measuring health-promoting leadership. *German Journal of Research in Human Resource Management, 28*(1–2), 139–161. https://doi.org/10.1177/239700221402800108

Ghadiri, A. (2017). Grundbedürfnisse messen. Eine empirische Studie im organisationalen Kontext. *Zeitschrift für Führung und Organisation, 86*, 18–23.

Ghadiri, A., Habermacher, A., & Peters, T. (2012). *Neuroleadership – A journey through the brain for business leaders*. Springer. https://doi.org/10.1007/978-3-642-30165-0

Ghadiri, A., Habermacher, A., & Peters, T. (2025). *Gesunde Führung mit Neuroleadership. Mit SCOAP psychologische Grundbedürfnisse messen und die mentale Gesundheit fördern*. Springer.

Grawe, K. (2004). *Neuropsychotherapie*. Hogrefe.

Gregersen, S., Kuhnert, S., Zimber, A., & Nienhaus, A. (2011). Führungsverhalten und Gesundheit – Zum Stand der Forschung. *Gesundheitswesen, 73*(1), 3–12. https://doi.org/10.1055/s-0029-1246180

Gregersen, S., Vincent-Höper, S., & Nienhaus, A. (2014). Health-relevant leadership behaviour: A comparison of leadership constructs. *Zeitschrift für Personalforschung, 28*(1–2), 117–138. https://doi.org/10.1177/239700221402800107

Gregersen, S., Vincent-Höper, S., & Nienhaus, A. (2016). Job-related resources, leader-member exchange and well-being – A longitudinal study. *Work and Stress, 30*(4), 356–373. https://doi.org/10.1080/02678373.2016.1249440

Gregersen, S., Vincent-Höper, S., Schambortski, H., & Nienhaus, A. (2018). Führung und Gesundheit der Beschäftigten. In P. Kriwy & M. Jungbauer-Gans (Hrsg.), *Handbuch Gesundheitssoziologie. Springer Reference Sozialwissenschaften* (S. 1–21). Springer VS. https://doi.org/10.1007/978-3-658-06477-8_19-1

Habermacher, A., Ghadiri, A., & Peters, T. (2020). Describing the elephant: A foundational model of human needs, motivation, behaviour, and wellbeing. https://doi.org/10.31234/osf.io/dkbqa

Häfner, A., Pinneker, L., & Hartmann-Pinneker, J. (2019). *Gesunde Führung. Gesundeit, Motivation, und Leistung fördern.* Springer.

Peters, T., & Ghadiri, A. (2011). *Neuroleadership – Grundlagen, Konzepte, Beispiele. Erkenntnisse der Neurowissenschaften für die Mitarbeiterführung.* Springer Gabler. https://doi.org/10.1007/978-3-8349-6875-3

Peters, T., & Ghadiri, A. (2013). *Neuroleadership – Grundlagen, Konzepte, Beispiele. Erkenntnisse der Neurowissenschaften für die Mitarbeiterführung* (2. Aufl.). Springer Gabler. https://doi.org/10.1007/978-3-8349-6875-3

Vincent, S. (2012). Analyseinstrument für gesundheits- und entwicklungsförderliches Führungsverhalten: eine Validierungsstudie. *Zeitschrift für Arbeitswissenschaft, 66*(1), 41–60. https://doi.org/10.1007/BF03373859

Prof. Dr. Argang Ghadiri ist Professor für Betriebliches Gesundheitsmanagement an der APOLLON Hochschule der Gesundheitswirtschaft und zuständig für die Module „Betriebliches Gesundheitsmanagement", „Psychische Gesundheit bei Erwerbstätigkeiten" und „Gesunde Führung in Unternehmen".

Er studierte Betriebswirtschaftslehre in Sankt Augustin, St. Gallen, Duisburg und Helsinki. Seit 2010 ist er in der Forschung im Bereich des Betrieblichen Gesundheitsmanagements tätig und in der Lehre an verschiedenen Hochschulen aktiv. In seiner Promotion zum Dr. rer. oec. setzte er sich mit Gesundheit aus psychologischer, neurowissenschaftlicher und ökonomischer Sicht auseinander. Seine Arbeiten wurden mehrfach ausgezeichnet sowie durch nationale und internationale Stipendien gefördert.

Als Auditor im Rahmen des Corporate Health Awards auditiert er seit 2015 Gesundheitsmanagementsysteme von Unternehmen und Hochschulen in Deutschland. Weitere praktische Erfahrungen in der Gesundheitsbranche sammelte er unter anderem als Leiter der Abteilung Business Development bei der brainLight GmbH.

Andreas Habermacher fokussiert sich mit seinem Unternehmen „leading brains“ auf die Anwendung neurowissenschaftlicher Erkenntnisse in der Führung und Organisation und arbeitet hauptsächlich mit multinationalen Unternehmen zusammen. Ferner unterrichtet er an verschiedenen Hochschulen und akademischen Einrichtungen, darunter an der Hochschule Bonn-Rhein-Sieg, und tritt weltweit als Speaker auf Konferenzen und Veranstaltungen auf.

Er begann seine berufliche Laufbahn im Bereich Linguistik und im Fremdsprachtraining, bevor er „leading brains“ mit Spezialisierung auf Kommunikationstraining und Soft Skills für Führungskräfte gründete. Nach seiner Zertifizierung zum Mastercoach in 2008 studierte er bei Dr. Srinivasan Pillay und der NeuroBusiness Group Angewandte Neurowissenschaften für das Coaching. Derzeit forscht er zu neuropsychologischen Grundlagen und emotionalen Bedürfnissen am Arbeitsplatz und wie diese die Gesundheit und Produktivität auf Individual- und Organisationsebene beeinflussen.

Prof. Dr. Theo Peters lehrt an der Hochschule Bonn-Rhein-Sieg unter anderem Betriebliches Gesundheitsmanagement, Personal- und Organisationsentwicklung sowie Neuroleadership. Seine aktuellen Forschungstätigkeiten erstrecken sich auf Neuroleadership, gesunde Führung und das Betriebliche Gesundheitsmanagement. Als Heilpraktiker und Coach für Persönlichkeitsentwicklung und die Entwicklung von Führungskompetenz arbeitet er in eigener Praxis in Köln. Er forscht im Bereich „nachhaltiges Coaching“ mit dem Schwerpunkt, die Kognition, die Emotion und das Verhalten des Klienten miteinander in Einklang zu bringen.

Theo Peters studierte Betriebswirtschaftslehre in Aachen und im Anschluss Volkswirtschaftslehre an der Universität zu Köln, wo er auch seine Promotion ablegte. Außerdem ist Theo Peters Mitglied im Expertenbeirat zur Begutachtung betrieblicher Gesundheitssysteme in Deutschland (Corporate Health Award).

Teamgeist durch Emotionen: Die transformative Kraft von Feedback 17

Dörte Deniz

17.1 Einleitung

In einer Welt, die von ständigem Wandel und Herausforderungen geprägt ist, kann Feedback zu einem wertvollen Schlüssel für inneres Wachstum und Teamgeist werden. Die Digitalisierung, neue Technologien und die damit verbundene Automatisierung verändern nicht nur unsere Arbeitsprozesse, sondern besonders die Art und Weise, wie wir miteinander interagieren. In dieser komplexen und oft unsicheren Zeit kann es entscheidend sein, wie wir uns selbst und andere in der persönlichen Entwicklung unterstützen.

Gerade in der sogenannten VUCA-Welt, einer Welt voller Veränderungen, suchen Menschen zunehmend nach Orientierung und einem klaren Sinn in ihrer Arbeit. Die Anfangsbuchstaben des Akronyms VUCA stehen für Volatilität („volatility"), Ungewissheit („uncertainty"), Komplexität („complexity") und Mehrdeutigkeit („ambiguity") und beschreiben die Dynamiken der Veränderungen in unserer heutigen Welt. In einigen Unternehmen hat sich gezeigt, dass Feedback zu einer Brücke zwischen Unsicherheit und Vertrauen wird, einer Möglichkeit, inmitten von Veränderungen Halt zu finden und gleichzeitig sich zu entwickeln.

Wertschätzendes Feedback – ein Geschenk für Wachstum

Mitarbeitende sehnen sich nicht nur nach monetärer Anerkennung ihrer Leistungen, sondern auch nach einer tiefen Wertschätzung ihrer Person. Zahlreiche Studien zeigen, dass der Mangel an echtem, wertschätzendem Feedback oft der Grund sein kann, warum Menschen Unternehmen verlassen. Was jedoch oft übersehen wird, ist, dass Feedback weit mehr sein kann als ein Instrument zur Leistungsbewertung.

D. Deniz (✉)
Essen, Deutschland

C. Kastner et al. (Hrsg.), *Führung im Wandel*,
https://doi.org/10.1007/978-3-658-47645-8_17

Laut einer Studie von Gallup aus dem Jahr 2020 gaben 75 % der befragten Mitarbeitenden an, dass mangelndes Feedback oder fehlende Anerkennung ein entscheidender Grund für ihre Kündigung waren (Gallup, 2020). Diese Studie unterstreicht, wie wichtig es ist, regelmäßige und konstruktive Rückmeldungen zu geben. Diese Methode ist mehr als nur ein strategisches Werkzeug, um Mitarbeitende zu fördern, zu binden und auf die Herausforderungen der Zukunft vorzubereiten.

Ich habe in verschiedenen Unternehmen beobachtet, dass dieses Konzept dazu einlädt, Feedback als etwas Wertvolles zu betrachten, das Orientierung und Klarheit schenken kann. Es kann den Unternehmen nicht nur dabei helfen, Stärken zu erkennen, sondern auch gemeinsam Potenziale zu entdecken, Unsicherheiten zu überwinden und Mut für neue Schritte zu finden. Wie ein Geschenk, das mit Bedacht gegeben wird, kann Feedback die Chance bieten, sich weiterzuentwickeln. Und die Empfangenden entscheiden, wie sie es nutzen möchten.

Die Kraft des Feedbacks in Zeiten des Wandels

In den folgenden Abschnitten wirst du als Führungskraft erfahren, wie ein durchdachtes Feedbacksystem nicht nur Einzelpersonen, sondern ganze Teams transformieren kann. Konkrete wissenschaftliche Erkenntnisse und Praxisbeispiele zeigen auf, warum emotionales Feedback ein mächtiges Instrument zur Stärkung von Vertrauen und Zusammenarbeit sein kann.

Durch Feedback, das auf Vertrauen und Respekt basiert, kann Raum für tiefgreifende Reflexion und innere Klarheit entstehen, um damit die Grundlage für nachhaltige Veränderung zu schaffen. Indem du dir und anderen ehrliche, wohlwollende Rückkopplungen gibst, kannst du nicht nur den persönlichen Wachstumsprozess unterstützen, sondern auch das gegenseitige Vertrauen und den Teamgeist in deinem Umfeld stärken.

Im Herzen der Transformation kann der Wandel von einer traditionellen, hierarchischen Führung hin zu einer Kultur der Selbstbestimmung und Eigenverantwortung liegen. Teams und Individuen können die Freiheit gewinnen, ihre eigene Rolle aktiv zu gestalten und somit nicht nur das eigene Wachstum, sondern auch die Entwicklung des gesamten Unternehmens zu prägen.

Dieser Übergang kann den Raum eröffnen, in dem Vertrauen, Verantwortung und authentische Zusammenarbeit wachsen. Gleichzeitig verdeutlichen die wissenschaftlichen Grundlagen dieser Methode, warum sie so kraftvoll und tiefgreifend wirken kann. Indem die Theorie mit Praxiserfahrungen verknüpft wird, zeige ich einen klaren Weg auf, der zu mehr emotionaler Bindung, Motivation und langfristigem Erfolg führen kann. Dieser Ansatz kann die Teams nicht nur inspirieren, sondern auch auf eine Reise der persönlichen und beruflichen Entfaltung mitnehmen.

Anmerkung

Dieses Buchkapitel beschreibt Lebenssituationen und Erfahrungen, die auf meiner täglichen Berufspraxis basieren. Die persönlichen Erfahrungen können dir dabei helfen, diese Veränderungen zu verstehen und für deine eigene Entwicklung zu nutzen. Meine Tätigkeit schließt wissenschaftliche Grundlagen wie zum Beispiel die positive Psychologie ein, jedoch ist das Ergebnis vom Einzelfall abhängig.

Die „Feedback als Geschenk"-Methode ist kein Allheilmittel und sollte nicht als solche verstanden werden. Ihr Erfolg hängt von einer gezielten, strategischen Anwendung ab, die auf die Bedürfnisse der jeweiligen Organisation und ihrer Mitarbeitenden abgestimmt ist. Nur wenn die Methode in einem ausgewogenen Rahmen und mit Bedacht eingesetzt wird, kann sie positive Effekte wie stärkere Mitarbeiterbindung, höhere Motivation und eine wertschätzende Unternehmenskultur bewirken. Übermäßige oder unreflektierte Anwendung kann im Einzelfall auch zu unerwünschten Ergebnissen wie Oberflächlichkeit oder einem Verlust der Leistungsorientierung führen. Die Methode sollte immer Teil einer ganzheitlichen Strategie sein, die sowohl Wertschätzung als auch zielorientiertes Wachstum beinhaltet.

17.2 Wertschätzendes Feedback: Der Schlüssel zur emotionalen Bindung und Entwicklung

In vielen Unternehmen habe ich wahrgenommen, dass Feedback oft als notwendige Pflicht angesehen wird oder als eine Aufgabe, die manchmal mit Unbehagen verbunden ist. Und Feedback kann so viel mehr sein. Es kann zum Motor für positive Veränderungen werden, der nicht nur das individuelle Wachstum stärkt, sondern auch die emotionale Verbindung innerhalb eines Teams vertieft. Wenn Menschen spüren, dass ihre Arbeit wirklich gesehen und wertgeschätzt wird, können sie sich stärker mit dem Unternehmen identifizieren und sind bereit, über sich hinauszuwachsen. Es schafft Raum für emotionale Sicherheit, in dem Menschen ihre Potenziale erkennen und sich weiterentwickeln können. Durch diesen moderierten Prozess kann Vertrauen wachsen und Teams können auf eine Weise zusammenarbeiten, die von Wertschätzung und gegenseitiger Unterstützung geprägt ist.

Ein Beispiel aus der Praxis

In einem mittelständischen Unternehmen wurde unter anderem die Methode „Feedback als Geschenk" im Rahmen einer Initiative zur Fehlerkultur eingeführt, nachdem festgestellt wurde, dass die Angst vor Fehlern die Lernfreude und Innovationsbereitschaft stark einschränkte. Die bisherigen Prozesse waren geprägt von einer Fehlervermeidungsstrategie, die das Team davon abhielt, neue Wege auszuprobieren und offen für frische Ideen zu sein. Bereits nach der ersten Anwendung dieser neuen Feedbackkultur zeigte sich eine spürbare Veränderung. Die Mitarbeitenden waren nicht nur motivierter, sondern auch mutiger, neue Methoden und Ideen zu testen. Ein Mitarbeiter teilte mir mit: „Ich hätte nie gedacht, dass ich so viel Anerkennung von meinen Kollegen bekomme." Diese Rückmeldungen haben mir gezeigt, was ich wirklich gut mache und woran ich noch arbeiten kann. Diese Worte haben mich tief berührt und haben mir neue Inspirationen für meine persönliche und berufliche Entwicklung gegeben. Dieses Beispiel verdeutlicht, wie kraftvoll Feedback sein kann, wenn es mit Wertschätzung und Offenheit gelebt wird. ◀

Feedback als Schlüssel zur Resilienz

Resilienz, also die Fähigkeit, sich von Rückschlägen zu erholen und sich an neue Situationen anzupassen, kann für Mitarbeitende entscheidend sein, um in einer sich ständig verändernden Welt zu bestehen. Wertschätzende und konstruktive Rückmeldungen können dabei helfen, diese Resilienz zu entwickeln, indem sie das Selbstbewusstsein stärken und eine positive Sicht auf die eigenen Fähigkeiten fördern. Unternehmen, die Feedback gezielt einsetzen, können nicht nur eine positive Lernkultur schaffen, sondern auch die Anpassungsfähigkeit und das Selbstvertrauen ihrer Mitarbeitenden fördern. In Zeiten des Wandels können diese Fähigkeiten den entscheidenden Unterschied ausmachen und Mitarbeitende dazu befähigen, Herausforderungen mit Klarheit und innerer Stärke zu begegnen.

Die Magie des wertschätzenden Feedbacks: Stärken erkennen und fördern

Wertschätzendes und respektvolles Feedback kann besonders kraftvoll sein, weil es den Menschen in den Mittelpunkt stellt und die Einzigartigkeit jedes Einzelnen würdigt. Es geht nicht darum, Schwächen hervorzuheben, sondern die Stärken zu erkennen und zu fördern, während gleichzeitig konkrete Lernfelder aufgezeigt werden. Durch diese Herangehensweise kann eine Atmosphäre des Vertrauens und Respekts entstehen, in der sich Mitarbeitende sicher fühlen, ihre Gedanken offen zu teilen.

Dieses Gefühl der Sicherheit kann den entscheidenden Unterschied ausmachen, wenn es darum geht, mutig Neues auszuprobieren und die Komfortzone zu verlassen. Nur in einem Umfeld, das psychologische Sicherheit bietet, können Mitarbeitende ihre Meinungen und Ideen authentisch äußern und von der Resonanz profitieren. Psychologische Sicherheit in diesem Kontext bedeutet, frei von der Angst vor negativen Konsequenzen oder Zurückweisung zu sein. So kann zielgerichtetes und wertschätzendes Feedback dazu beitragen, Wachstumspotenziale zu erkennen und in die Tat umzusetzen.

17.3 Eine Methode zur Förderung von Mitarbeiterbindung und Entwicklung

Die Methode „Feedback als Geschenk" kann darauf abzielen, nicht nur die intrinsische Motivation und Leistungserbringung zu steigern, sondern vor allem die emotionale Bindung der Mitarbeitenden an das Unternehmen und das Team zu stärken.

Die Struktur der Methode

Der Prozess beginnt damit, dass der Feedbacknehmende 4 bis 5 Kollegen auswählt, die ihm Feedback geben dürfen. Hierbei kann es hilfreich sein, sowohl direkte Teammitglieder als auch andere Stakeholder einzuladen, darunter auch Personen, die eine differenziertere Perspektive einnehmen. Ein Moderator oder Coach sollte idealerweise das Gespräch begleiten, um sicherzustellen, dass das Feedback respektvoll, direkt und konstruktiv gegeben wird.

Die Feedbackgebenden antworten auf drei zentrale Fragen:

1. Was macht der Feedbacknehmende richtig gut und einzigartig?
2. Was war dein persönliches Highlight im letzten Jahr oder in der letzten Zeit mit dem Feedbacknehmenden?
3. Welche Entwicklungsfelder und Potenziale siehst du für den Feedbacknehmenden?

Der Ablauf ist so gestaltet, dass die Feedbackgebenden zuerst ihre Gedanken schriftlich festhalten und anschließend ihr Feedback direkt an den Feedbacknehmenden richten. Rückfragen zum Verständnis sind erlaubt, jedoch sollte sich der Feedbacknehmende nicht rechtfertigen. Der strukturierte Ablauf stellt somit sicher, dass das Feedback als Geschenk verstanden wird, das zur Weiterentwicklung und Stärkung dient.

Diese Methode wird idealerweise zweimal im Jahr für je 60 min durchgeführt, um kontinuierlich Feedback einzuholen und Fortschritte zu begleiten. Ein wichtiger Aspekt ist die Vertraulichkeit. Das Feedback bleibt im Kreis der Beteiligten, es sei denn, der Feedbacknehmende wünscht ausdrücklich, dass Inhalte weitergegeben werden.

Die Rolle des Coaches oder Moderators

Der Coach oder der Moderator spielen eine zentrale Rolle im Feedbackprozess. Zu Beginn werden die Prinzipien der gewaltfreien Kommunikation erläutert und sichergestellt, damit alle Beteiligten respektvoll auf Augenhöhe kommunizieren. Die gewaltfreie Kommunikation ermöglicht, Beobachtungen, Gefühle, Bedürfnisse und Bitten klar und empathisch zu äußern, ohne zu bewerten oder zu verurteilen. Die Feedbackgebenden sprechen in Ich-Botschaften, um ihre eigenen Eindrücke und Erfahrungen authentisch zu vermitteln. Diese Form der Kommunikation sorgt dafür, dass Feedback ehrlich und wertschätzend gegeben wird, wodurch eine tiefere Verbindung und gegenseitiges Verständnis entstehen können.

Der Prozess des Feedbackgebens

Oft habe ich beobachtet, dass der Feedbackprozess eine tiefgreifende persönliche Transformation beim Feedbacknehmenden bewirken kann. Indem Mitarbeitende sowohl auf ihre Stärken hingewiesen als auch konstruktiv auf Entwicklungsfelder aufmerksam gemacht werden, können sie im nächsten Schritt gezielt an sich arbeiten. Durch diesen Prozessablauf kann gezieltes Feedback zu einem kraftvollen Instrument für persönliche und berufliche Weiterentwicklung werden, das nicht nur das individuelle Wachstum, sondern auch das Miteinander im Team stärkt.

Voraussetzung zur Umsetzung

Growth Mindset

Um Feedback als wirksames Entwicklungsinstrument zu nutzen, spielt ein „Growth Mindset“ eine entscheidende Rolle. Die Psychologin Dr. Carol Dweck, bekannt für ihre Forschung zum „Growth Mindset“, zeigt, dass Menschen, die daran glauben, durch Anstrengung und Lernen wachsen zu können, viel offener für Rückkopplungen sind (Dweck, 2006). Wenn Feedback zielführend und respektvoll formuliert wird, kann es Mitarbeitende ermutigen, ihre Fähigkeiten weiter auszubauen, weil sie verstehen, dass sie die Kontrolle über ihre eigene Entwicklung haben.

Ein Growth Mindset kann gefördert werden, indem Herausforderungen als Lernmöglichkeiten angesehen und nicht als Hindernisse interpretiert werden. Regelmäßiges, konstruktives Feedback kann gezielt dazu beitragen, Stärken weiter auszubauen, aus Fehlern zu lernen und Fähigkeiten gezielt zu entwickeln. Ein organisationales Umfeld, das Neugier und kontinuierliches Lernen belohnt, anstatt nur kurzfristige Ergebnisse zu fordern, kann diese Entwicklung vorantreiben.

Das Johari-Fenster

Das Johari-Fenster, ein Kommunikationsmodell, das von den Psychologen Joseph Luft und Harry Ingham entwickelt wurde, kann eine weitere wertvolle Perspektive bieten, um den tiefen Wert von Feedback zu verstehen (Hack, 2016a, b). Das Modell verdeutlicht, dass es in jeder Beziehung zwischen Menschen Bereiche gibt, die dem Einzelnen unbewusst sind, wie etwa die „blinden Flecken". Diese „blinden Flecken" können Aspekte darstellen, die anderen bekannt sind, dem Einzelnen jedoch verborgen bleiben. Feedback kann dabei helfen, diese blinden Flecken sichtbar zu machen, wodurch die Selbstwahrnehmung und die persönliche Entwicklung gefördert werden.

Die Fähigkeit, blinde Flecken zu erkennen und sich auf Veränderungen einzulassen, kann eine starke Lernkultur unterstützen. Das Johari-Fenster zeigt, dass Mitarbeitende durch kontinuierliches Feedback die Möglichkeit erhalten, zu reflektieren und ihre Veränderungsfähigkeit zu stärken. In Kombination mit einem Growth Mindset kann dieser Prozess die Grundlage für nachhaltige persönliche und berufliche Entwicklung schaffen (Abb. 17.1).

Psychologische Grundlagen

Die „Feedback als Geschenk"-Methode beruht auf wissenschaftlichen Erkenntnissen der positiven und humanistischen Psychologie, die betonen, dass Menschen ihr volles Potenzial am besten entfalten können, wenn sie sich sicher, geschätzt und unterstützt fühlen. Die positive Psychologie, geprägt von Psychologen wie Martin Seligman und Mihaly Csikszentmihalyi, richtet ihren Fokus auf die Stärken von Menschen, anstatt auf ihre Schwächen (Seligman & Csikszentmihalyi, 2000). Regelmäßige, potenzialorientierte Resonanz kann dabei helfen, das Selbstwertgefühl zu stärken und die intrinsische Motivation der Mitarbeitenden zu fördern. Eine Gallup-Studie zeigte, dass Mitarbeitende, die regelmäßig konstruktives Feedback erhalten, bis zu 14 % produktiver sind als jene, die kaum oder gar kein Feedback bekommen. Dies verdeutlicht, dass wertschätzende Rückmeldungen nicht nur die emotionale Bindung stärken, sondern auch die Leistung im Unternehmen positiv beeinflussen können.

Neurobiologische Grundlagen

Einzelne neurowissenschaftliche Studien belegen, dass positives Feedback das Belohnungssystem im Gehirn aktiviert und den Neurotransmitter Dopamin freisetzt, der für Gefühle von Glück und Zufriedenheit verantwortlich ist (Schultz, 1998). Diese biochemische Reaktion erklärt, warum wertschätzendes, zielgerichtetes Feedback eine so tiefgreifende emotionale Wirkung haben kann. Es kann nicht nur die Motivation steigern, sondern auch das Gefühl der Zugehörigkeit und Anerkennung im Team stärken.

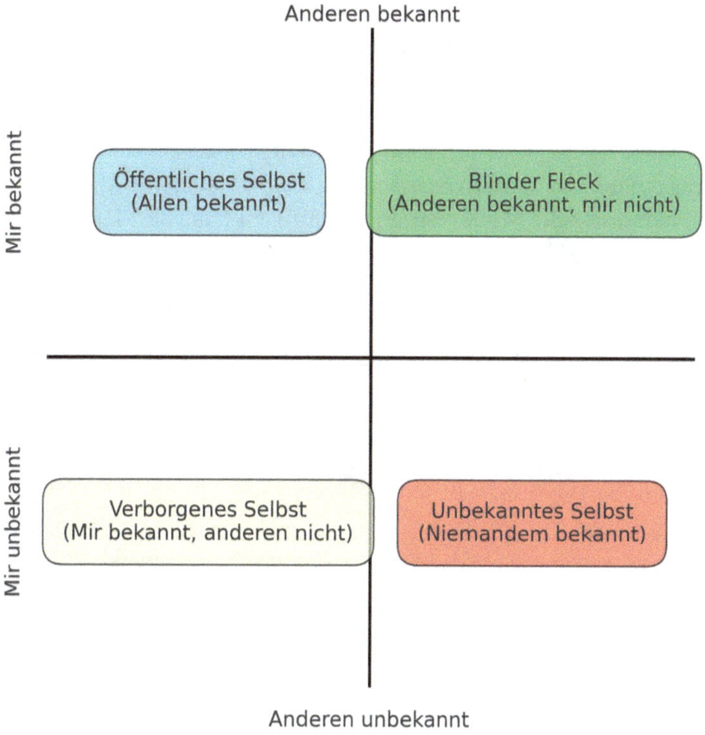

Abb. 17.1 Das Johari-Fenster. (Quelle: Autorin)

Ein Beispiel aus der Praxis

In einer Digitalagentur wurde diese Methode regelmäßig angewendet. Die Rückmeldungen waren bemerkenswert. Mehrere Mitarbeitende berichteten mir, dass sie während der Feedbackrunden tief berührt waren. Eine Mitarbeiterin sagte: „Ich habe so etwas noch nie erlebt. Es war, als würde mir zum ersten Mal jemand wirklich sagen, wie wichtig ich für das Team bin. Das hat mich tief berührt und mir gezeigt, dass ich hier wirklich einen Unterschied machen kann.“ Dieses Unternehmen führte monatlich eine Mitarbeiter-Happiness-Index-Umfrage durch, um solche Themen sichtbar zu machen und sie kontinuierlich zu verbessern. Diese positive Rückmeldung verdeutlicht, wie Feedback nicht nur die individuelle Leistung steigern kann, sondern auch das Teamgefühl und die Zufriedenheit nachhaltig fördert. ◀

Einsatzmöglichkeiten im Überblick

In der Praxis habe ich konkret folgende Einsatzmöglichkeiten beobachtet:

1. **Personal- und Teamentwicklung:** Regelmäßige Feedbackrunden können individuelle Stärken und Entwicklungsfelder aufzeigen und eine offene Kommunikationskultur fördern.

2. **Mitarbeiterbindung und Motivation:** Wertschätzende Einschätzungen können das Gefühl der Anerkennung stärken, die emotionale Bindung festigen und somit Motivation und Loyalität gegenüber dem Unternehmen erhöhen.
3. **Führungskräfteentwicklung**: Führungskräfte können durch reflektierte Rückmeldungen ihre eigene Wirkung besser verstehen und lernen, effektiveres Feedback zu geben, was ihren Führungsstil verbessert und das Vertrauen der Mitarbeitenden stärkt.
4. **Projektarbeit und agile Methoden:** In agilen Teams kann die Methode zur kontinuierlichen Reflexion und Verbesserung der Zusammenarbeit beitragen, indem sie nach längeren Projektphasen zur Anwendung kommt.
5. **Onboarding:** Frühzeitiges Feedback kann die Integration neuer Mitarbeitender unterstützen und von Beginn an eine Kultur der offenen Kommunikation und Wertschätzung etablieren.
6. **Leistungs- und Entwicklungsgespräche:** Kontinuierliches Feedback kann einmalige Jahresgespräche ersetzen und die fortlaufende Entwicklung der Mitarbeitenden unterstützen.
7. **Konfliktlösung:** Moderierte Rückkopplungen können helfen, Missverständnisse zu klären, Spannungen abzubauen und die Kommunikation im Team zu verbessern.
8. **Förderung von Intrapreneurship:** Indem Feedback die Innovationskraft und Eigeninitiative fördert, können Mitarbeitende motiviert werden, neue Ideen einzubringen und Verantwortung zu übernehmen.
9. **Offboarding:** Feedbackrunden im Offboardingprozess können wertvolle Erkenntnisse zur Verbesserung der Unternehmenskultur liefern und ermöglichen einen wertschätzenden Abschied, der positive Beziehungen fördert und das zukünftige Employer Branding stärkt.

Beispiel aus der Praxis

An meinem letzten Arbeitstag organisierte mein Team eine Feedback-Abschiedsrunde, die zu einer tief berührenden Erfahrung wurde. Jede Kollegin und jeder Kollege teilten persönliche Erinnerungen und sprachen darüber, wie unsere Zusammenarbeit sie positiv beeinflusst hatte. Die Resonanzen gingen weit über berufliche Leistungen hinaus und betonten die tiefen zwischenmenschlichen Verbindungen, die wir im Laufe der Zeit aufgebaut hatten. Dieser Abschied zeigte mir persönlich, dass Beziehungen, die am Arbeitsplatz geknüpft werden, weit über diesen hinaus Bestand haben können. Es war ein Moment, der mich mitten ins Herz traf und den ich noch heute in liebevoller Erinnerung halte. ◀

17.4 Zusammenfassung

Die „Feedback als Geschenk"-Methode hat in meiner Praxiserfahrung oftmals gezeigt, dass sie ein effektives Werkzeug in der Personal- und Teamentwicklung sein kann. Sie kann Mitarbeitende dabei unterstützen, ihre Stärken zu erkennen und gezielt an ihren Lernpotenzialen zu arbeiten.

Gleichzeitig kann diese Methode eine Kultur der Wertschätzung und des gegenseitigen Respekts fördern, was zu einer stärkeren emotionalen Bindung im Team und einer höheren Motivation im Unternehmen führen kann (Bono & Ilies, 2006).

Lessons Learned Die „Feedback als Geschenk"-Methode hat sich in meiner Praxis als wertvolles Instrument zur Förderung der Mitarbeiterbindung, -entwicklung und des Teamgeistes erwiesen. Die folgenden „Lessons Learned" fassen meine wichtigsten Erkenntnisse dieser Methode zusammen.

Wertschätzung schafft Vertrauen und emotionale Bindung Regelmäßiges, konstruktives Feedback kann Mitarbeitenden das Gefühl geben, gesehen und gewürdigt zu werden, was eine tiefere emotionale Bindung und Vertrauen schafft. Diese Wertschätzung kann die Loyalität der Mitarbeitenden stärken.

Erkenntnis: Wertschätzung ist ein essenzieller Bestandteil der Mitarbeiterbindung und -motivation. Sie kann eine Feedbackkultur fördern, die sowohl wertschätzend als auch zielorientiert ist.

Feedback als Motor für persönliche und berufliche Entwicklung Durch die Methode können Mitarbeitende ihre Stärken und Potenziale klarer erkennen und gezielt daran arbeiten. Der Fokus auf Potenziale statt Schwächen kann die persönliche und berufliche Entwicklung fördern.

Erkenntnis: Feedback ist nicht nur eine Bewertung der aktuellen Leistung, sondern kann als Werkzeug für Wachstum und Weiterentwicklung dienen.

Psychologische Sicherheit und ein Growth Mindset als Grundlage Die Methode zeigt, dass psychologische Sicherheit und ein Growth Mindset entscheidend für den Erfolg von Rückkopplungen sind. Mitarbeitende sollten sich sicher fühlen, um Feedback anzunehmen und umzusetzen.

Erkenntnis: Führungskräfte können eine offene, unterstützende Atmosphäre schaffen, die psychologische Sicherheit und eine wachstumsorientierte Haltung fördert.

Regelmäßiges Feedback steigert die Motivation und Leistung Regelmäßige Rückmeldungen können die Motivation und Leistung von Mitarbeitenden nachhaltig steigern. Einmal jährliches Feedback reicht oft nicht aus, um langfristige Wirkung zu erzielen.

Erkenntnis: Feedback sollte kontinuierlich und nicht als einmaliges Ereignis betrachtet werden, um kontinuierliches Lernen und Engagement zu fördern.

Konstruktives Feedback stärkt den Teamgeist Konstruktive Einschätzungen können den Teamgeist stärken, indem sie zu einer Kultur des gegenseitigen Vertrauens und Verständnisses beitragen.

Erkenntnis: Teams, die regelmäßig wertschätzendes Feedback austauschen, können eine vertrauensvolle und kooperative Arbeitsatmosphäre schaffen.

Blinde Flecken erkennen und Potenziale entfalten Das Johari-Fenster zeigt, dass Feedback dabei helfen kann, blinde Flecken zu erkennen, die sonst verborgen bleiben. Dies kann Mitarbeitenden dabei helfen, sich ihrer unentdeckten Stärken bewusst zu werden.

Erkenntnis: Regelmäßiges Feedback kann unbewusste Stärken und Entwicklungsmöglichkeiten aufdecken und gezielte persönliche Weiterentwicklung fördern.

Emotionale Wirkung des Feedbacks Die emotionale Wirkung von ehrlicher Resonanz kann tiefgreifend sein und zu einer stärkeren Bindung zum Unternehmen und Team führen.

Erkenntnis: Feedback kann nicht nur rational, sondern auch emotional berühren, was die Loyalität und das Engagement der Mitarbeitenden stärkt.

Resilienz durch Feedback stärken Regelmäßiges Feedback kann die Resilienz von Mitarbeitenden stärken, indem es ihnen eine realistische und positive Sicht auf ihre Fähigkeiten vermittelt.

Erkenntnis: Feedback kann die Anpassungsfähigkeit und das Vertrauen der Mitarbeitenden in ihre eigenen Fähigkeiten stärken, auch in herausfordernden Zeiten.

Positive Auswirkungen auf die Unternehmenskultur Die „Feedback als Geschenk"-Methode kann weitreichende Auswirkungen auf die Unternehmenskultur haben, indem sie eine Kultur der Offenheit, Wertschätzung und Zusammenarbeit fördert.

Erkenntnis: Diese Methode kann ein wesentlicher Baustein für den Aufbau einer positiven und förderlichen Unternehmenskultur sein, die zu höherer Zufriedenheit und besserer Zusammenarbeit führt.

▶ **Wichtiger Hinweis: Einige Fallstricke aus der Praxis** Trotz der vielen positiven Effekte und Vorteile dieser Methode gibt es auch einige Fallstricke, die es zu beachten gilt. Eine ideologische Überbetonung von sogenannten Soft Values gilt es bei der Umsetzung zu verhindern. Soft Values sind immaterielle Werte wie Teamgeist, Empathie und Unternehmenskultur, die schwer zu messen sind, aber eine zentrale Rolle für das Arbeitsklima und die zwischenmenschlichen Beziehungen in Organisationen spielen.

1. **Fehlendes konstruktives Feedback**

Zu viel Wertschätzung kann dazu führen, dass zielorientierte Kritik zu kurz kommt. Ein ausgewogenes Verhältnis von Lob und konstruktiver Kritik ist essenziell, um das Wachstum der Mitarbeitenden nicht zu behindern.

2. **Leistungsabfall**

Eine Überbetonung von weichen Werten wie Wertschätzung kann dazu führen, dass der Fokus auf Leistung und Produktivität verloren geht. Es ist wichtig, dass Feedback sowohl die emotionale Bindung als auch die Leistung fördert.

3. **Oberflächliche Kultur**

Übertriebene und unaufrichtige Wertschätzung kann Misstrauen und Zynismus im Team fördern. Authentizität und Ehrlichkeit sind entscheidend, um Vertrauen und eine nachhaltige Feedbackkultur zu schaffen.

Danksagung Mein besonderer Dank geht an Eva Lonsdorf, meine ehemalige, geschätzte Agile-Coach-Kollegin. Danke, dass ich mit dir unzählige Feedbackgespräche initiieren, moderieren und umsetzen durfte. Es war mir eine große Freude, an deiner Seite zu arbeiten. Ebenso möchte ich die Geschäftsführung der move:elevator GmbH, insbesondere Hans Piechatzek, hervorheben, die vorbildlich Freiräume für eine wertschätzende Zusammenarbeit geschaffen und gefördert haben.

Literatur

Bono, J. E., & Ilies, R. (2006). Charisma, positive emotions, and mood contagion. *The Leadership Quarterly, 17*(4), 317–334.

Dweck, C. S. (2006). *Mindset: The new psychology of success*. Random House.

Gallup. (2020). *State of the American workplace report: Employee engagement insights for U.S. business leaders*. Gallup, Inc.

Hack, K. (2016b). *Das Johari-Fenster*. Down to Earth.

Hack, K. (2016a). *Gewaltfreie Kommunikation einander von Herzen verstehen*. Down to Earth.

Schultz, W. (1998). Predictive reward signal of dopamine neurons. *Journal of Neurophysiology, 80*(1), 1–27.

Seligman, M. E. P., & Csikszentmihalyi, M. (2000). Positive psychology: An introduction. *American Psychologist, 55*(1), 5–14.

Dörte Deniz – ein Name, der einen tieferen Sinn trägt. „Dörte" stammt von „Doro Theos" und bedeutet so viel wie „Geschenk Gottes", diesen tieferen Sinn und diese Gabe macht sie in ihrer Arbeit als Coachin für Persönlichkeits- und Potenzialentfaltung spürbar. Mit ihrem systemischen Ansatz, der Empathie und Wertschätzung als zentrale Säulen betrachtet, unterstützt Dörte Führungskräfte und Teams dabei, ihre Potenziale zu erkennen, zu entfalten und neue Höhen zu erreichen. Ihr Weg führt durch unterschiedlichste Branchen, von der Bau- über die Pharma- bis hin zur Digitalbranche, wo sie ihre Expertise in den Bereichen Selbstorganisation und Selbstwirksamkeit einbringt. Als COO der Emotional Brand Academy begleitet sie Solopreneure, Führungskräfte und Teams auf dem Weg zu Wachstum und Erfolg. Mit einem unerschütterlichen Glauben an die einzigartigen Stärken jedes Einzelnen schafft sie eine Atmosphäre, die sowohl inspiriert als auch zum Handeln motiviert. Ihre Leidenschaft für die menschliche Entwicklung spiegelt sich einerseits in ihrem Namen und in ihrer Mission wider: „Meine Mission ist es, Funken zu entzünden und Herzen zu öffnen – ich begleite Menschen dabei, ihre inneren Schätze zu entdecken und sie zum Vorschein zu bringen. Wie ein kostbares Geschenk, das darauf wartet, ausgepackt zu werden.“ Mit Begeisterung und Leidenschaft ebnet Dörte den Weg dorthin, damit jeder Mensch mit seinen einzigartigen Gaben und Talenten sinnstiftend wirken und die Welt bereichern kann.

18 Kommunikation – Vertrauen auf allen Ebenen?! Alles theoretischer Pustekuchen ohne praktische Anwendung!

Bianca Schiffgens

„Authentizität ist, neben guter Kommunikation, der Schlüssel für ein erfolgreiches Privat- und Berufsleben! Wer sich gut ausdrückt, wird verstanden. Wer gut zuhört, kann viel bewegen!“

18.1 Einleitung

Diese beiden Sätze eröffnen die meisten meiner Vorträge und Workshops und ich kann dir versichern: Sie sind mehr als nur einfache Worte. Watzlawick hat treffend formuliert: Man kann nicht nicht kommunizieren (1967). Doch was bedeutet das konkret? Gute Kommunikation ist mehr als das, was ich sage – es ist die Art und Weise, wie ich es sage und wie ich meine Botschaften an dich übermitteln kann. Und an dieser Stelle sei direkt gesagt: Als Führungskraft solltest du keine Angst vor zu viel Kommunikation haben!

Immer wieder stellen Führungspersönlichkeiten mir die Frage: „Bianca, wie halte ich meine Kommunikation authentisch und gleichzeitig zielgruppengerecht?“ Ich verstehe diese Unsicherheiten nur zu gut. Auf der einen Seite wird Anpassung erwartet, während wir gleichzeitig dazu gedrängt werden, unser wahres Selbst zu zeigen. Wo bleibt da das Gleichgewicht?

Ich arbeite nun schon viele Jahre eng mit Führungskräften in unterschiedlichen Funktionen zusammen – sei es im Coaching, als Trainerin oder im Sparringsprozess. Die Perspektiven sind vielfältig und bringen eine enorme Bandbreite an Erfahrungen

B. Schiffgens (✉)
Much, Deutschland
E-Mail: schiffgens@deinbizz.de

C. Kastner et al. (Hrsg.), *Führung im Wandel*,
https://doi.org/10.1007/978-3-658-47645-8_18

mit sich. Auf den nachfolgenden Seiten beleuchte ich das komplexe Thema Kommunikation. Digital oder analog ist sie genau das, was dir hilft, in Zukunft mit deinem Unternehmen und deinem Team erfolgreich zu sein.

18.2 Die Kommunikationskultur in der Führung

Sobald Kunden die Kommunikation über die Unternehmensziele anpassen und transparent gestalten, steigern die Teams die Zielerreichung. Beeindruckend, oder? Nicht nur Statistiken belegen das – auch in meinen Coachings teilen viele Kunden das Bedürfnis nach Klarheit und Transparenz. Um das zu verstehen, ist es hilfreich, sich die Welt durch die Brille von Robert Dilts' logischen Ebenen (Dilts, 2019) anzuschauen. Stell dir vor, Vertrauen ist wie ein großes Netzwerk, das in verschiedene Schichten eingeteilt ist, und jede hat ihre eigene Bedeutung (Abb. 18.1).

- Wir fangen unten in der **„Umgebung"** an. Der Raum, in dem die Interaktionen stattfinden, spielt eine entscheidende Rolle. Hier förderst du direkte Kommunikation und Zusammenhalt. Diese Ebene ist der Ausgangspunkt für alles, was folgt, und wird oft unterschätzt!
- Darauf aufbauend kommt die **„Verhaltensweise"**. Wie gehen Menschen in der Organisation miteinander um? Verhalten, das Ehrlichkeit und Zuverlässigkeit ausstrahlt, zieht andere mit sich. Positives Verhalten kann ansteckend sein! „Wort halten" ist also ein Grundsatz guter Kommunikation.
- Eine Ebene darüber stoßen wir auf die **„Fähigkeiten"**. Dies betrifft das Wissen und die Qualifikationen, die Mitarbeitende in die Arbeit einbringen. Wenn Mitarbeitenden die Werkzeuge an die Hand gegeben werden, die sie benötigen, um erfolgreich zu sein,

Abb. 18.1 Vertrauen auf allen Ebenen als Grundpfeiler der Zusammenarbeit. (Quelle: Autorin)

blühen sie auf und vertrauen sowohl in ihre eigene Leistung als auch in die Unterstützung ihrer Kollegen.

- Die nächste Ebene sind die **„Überzeugungen und Werte“**. Das gemeinsame Werteverständnis des Teams und der gesamten Organisation ist von wesentlicher Bedeutung. Wenn du und dein Team Werte wie Integrität und Zusammenhalt teilen, wird das Vertrauen viel natürlicher wachsen. Überzeugungen, die das Handeln leiten, sind die Wurzeln, auf denen Vertrauen gedeiht.
- Eine Ebene höher befindet sich die **„Identität“**. Für mich persönlich einer der wesentlichen Faktoren: Wie definierst du deinen Platz im Team? Wie machst du ihn sichtbar? Nach innen und außen! Wenn Mitarbeitende sich ihrer Rolle und ihres Beitrags bewusst sind, stärkt das ihr Vertrauen in sich selbst und in andere. Es gibt wenig Größeres und Stärkeres als das Zugehörigkeitsgefühl, das ein sicheres Umfeld schafft.
- Und schließlich erreichen wir die Ebene der **„Ziele“**. Gemeinsame Visionen, die vor Augen gehalten werden, bringen alle Teammitglieder zusammen und fördern ein Gefühl der Loyalität. Jeder weiß, wofür er arbeitet – und der Glaube an den gemeinsamen Weg wird dadurch gestärkt. Vertrauen in die gemeinsame Mission ist der Schlüssel zu außergewöhnlichen Ergebnissen, sofern die entsprechende Transparenz gegeben ist.

Auf all diesen Ebenen beginnt es mit einer klaren Kommunikation, die nicht nur von oben nach unten fließt, sondern alle Facetten des Unternehmens umfasst. Durch diese Schichten von Vertrauen ist es möglich, einen Raum zu schaffen, in dem sich jeder Einzelne wohlfühlt, in dem sich äußern erlaubt und Wachstum vorprogrammiert ist.

18.3 Vertrauen – ein theoretisches Konstrukt?

„Wenn ich es nicht klar formuliere, kann ich auch nicht erwarten, dass mein Team meinen Plan versteht“, so die Aussage eines Kunden aus der Telekommunikationsbranche, den ich schon viele Jahre begleite. Wie wahr! Eine Grundfrage bleibt entscheidend: „Auf wen kann ich zählen?“ Wenn du diese Frage für dich beantwortest, bist du bereits auf dem richtigen Weg, denn Vertrauen innerhalb deines Teams ist von entscheidender Bedeutung. Doch lass uns ehrlich sein: Oft bleibt das Konzept Vertrauen nur ein theoretisches Konstrukt. Es fehlt an verbindlicher Kommunikation. Mitarbeitende fühlen sich unsicher und Entscheidungen werden oft hinter verschlossenen Türen getroffen, was direkt zu Frustration führt. Hast du das schon einmal erlebt? Aus meiner Arbeit weiß ich, dass das für viele Führungskräfte eine ständige Herausforderung darstellt.

Schauen wir uns aber auch die andere Seite an. In der Rolle als Führungskraft gibt es Situationen, in denen du durch dein Amt nicht immer offen und ehrlich kommunizieren kannst. Manchmal müssen Informationen aus verschiedenen Gründen zurückgehalten werden – sei es aufgrund von Vertraulichkeit, strategischen Überlegungen oder um das Team nicht unnötig zu verunsichern. In diesen Momenten kann es als enorm herausfordernd empfunden werden, Vertrauen aufzubauen, ohne die volle Wahrheit preisgeben zu können.

Das Wohl und Weh der transparenten Kommunikation

In solchen Fällen ist es essenziell, ehrlich zu kommunizieren, dass es Einschränkungen gibt, was du teilen kannst. Erkläre den Mitarbeitenden, dass du an ihrer Seite stehst und dass deine Entscheidungen das Wohl des Unternehmens und des Teams im Blick haben. Diese Transparenz bezüglich der eigenen Kommunikationssituation fördert das Verständnis und kann dazu beitragen, Vertrauen aufzubauen, auch wenn nicht alles gesagt werden kann.

Ein wichtiger Aspekt ist, den Mitarbeitenden auch zu demonstrieren, dass du in anderen Bereichen für sie da bist und ihre Bedenken und Fragen ernst nimmst. Zeige, dass du ihr Feedback wertschätzt und bereit bist, sowohl angenehme als auch herausfordernde Gespräche zu führen. Wenn Mitarbeitende sehen, dass ihre Führungskraft trotz der Herausforderungen authentisch bleibt und sich für eine offene Kommunikation einsetzt, ist das der erste Schritt zur Vertrauenskultur.

Keine Klarheit? – Dann mach ich es eben selbst!

Wie bereits erwähnt, ist ein häufiges Thema unter Führungskräften der Wunsch nach mehr Transparenz in der Kommunikation. Mitarbeitende wollen wissen, was hinter den Kulissen passiert. Sie benötigen Informationen, die klare Anhaltspunkte liefern, damit sie wissen, wo sie stehen und wie die nächsten Schritte sind. Aber gerade da liegt die Krux: Viele Führungskräfte glauben, sie müssten alles selbst stemmen. Wenn du den Eindruck hast, dass dein Team nicht die Kompetenzen hat, die Aufgaben zu bewältigen, warum nicht einfach Vertrauen schenken? Und da sind wir wieder: Vertrauen ist ein zentraler Baustein einer erfolgreichen Kommunikationskultur. Wenn das „Als-Führungskraft-Übernehmen" zur Gewohnheit wird, entsteht eine lähmende Dynamik, die den Fortschritt behindert.

In vielen Führungskräfteseminaren ist der Tenor: „Ich habe das Gefühl, dass ich alles selbst machen muss, sonst funktioniert es nicht richtig." Dieser Gedanke ist weitverbreitet, und ich sehe es immer wieder: Man fördert Low Performer und setzt sich selbst unglaublich unter Druck. Vorsicht also bei Führungskräften, die sich nicht trauen, Dinge zu delegieren. Sie erdrücken damit das Potenzial ihrer Mitarbeitenden. Es ist eine meiner Grundüberzeugungen, dass Vertrauen und Delegieren Hand in Hand gehen. Natürlich ist das ein Prozess. Die junge Führungskraft sollte vertrauensvoll an diesen wichtigen Teil ihrer Aufgabe herangeführt werden. Am Ende ist es nicht nur ein Zeichen von Stärke, sondern auch einer, dass eine Führungskraft verstanden hat, worum es in ihrem Job eigentlich geht!

Der Wert des Delegierens

Ein Beispiel: Während meiner Zeit als Produktionsassistentin in einer Fernsehproduktionsfirma arbeitete ich in einem Team, das in ein neues TV-Projekt gestartet war. Der Produktionsleiter war durch den Druck des Senders so besorgt über mögliche Fehler, dass er alle Entscheidungen selbst traf und das Team kaum einbezog. Die Folge? Frustration, ein Gefühl der Unzulänglichkeit und letztlich eine hohe Fluktuation. Er wurde ausgetauscht. Es musste alles schnell funktionieren, und so wurde er durch jemanden ersetzt, der neben Erfahrung auch viel Empathie mitbrachte. Viele Gespräche wurden geführt, obwohl die Uhr laut tickte. Was jedoch den Unterschied ausmachte, war, dass alle den positiven Wandel erleben und spüren konnten. Es gab einen Ruck im Team. Jeder fühlte sich gestärkt, arbeitete effizienter und die Ergebnisse verbesserten sich deutlich.

Ein guter Führungsstil erfordert den Willen, Verantwortung zu teilen. Indem du deinem Team Vertrauen schenkst, ermöglichst du den Mitarbeitenden, kreativ und entschlossen zu handeln. Diese Art des Delegierens stärkt nicht nur das Vertrauen, sondern fördert auch die Eigenverantwortung und das Engagement, was schließlich die Teamdynamik insgesamt verbessert.

Die Notwendigkeit einer positiven Fehlerkultur

Wenn wir also bereit sind, Aufgaben abzugeben, sollten wir uns bewusst sein, dass Fehler passieren. Viele werden jetzt vermutlich sagen: „In unserer Organisation können wir uns Fehler nicht leisten!" Ich behaupte jedoch, dass eine positive Fehlerkultur unerlässlich ist. Wenn Fehler als Lernchancen genutzt werden, stärkt das die Teamdynamik und das Vertrauen untereinander. Gerade wenn ich mit Vertriebsteams arbeite, ist die offene Kommunikation über Fehler genau das, was es braucht, um gemeinsam zu lernen. Zum Beispiel sind sogenannte Fuck-up Nights in Teams wertvolle Lerngelegenheiten – Fehler werden geteilt, um Wiederholungen zu vermeiden. Ängste und Befürchtungen können offen besprochen werden. Gut moderiert ist das die Art von Kommunikation, die es an dieser Stelle braucht!

Doch in vielen Unternehmen bleibt diese Kultur oft ein unerfüllter Wunschtraum. Zu oft herrscht eine Angstkultur, in der Fehler lieber vertuscht werden, anstatt sie als Chancen zu sehen. Stell dir vor, du arbeitest in einem Unternehmen, in dem jeder Angst hat, offen zu kommunizieren. Ein schwieriges Projekt steht an, und alle tun so, als wäre alles in bester Ordnung – ein Albtraum!

Ein Kunde aus dem Automotivebereich hat es auf den Punkt gebracht: „Wenn ich meine Mitarbeiter nicht ermutige, Risiken einzugehen, stagnieren wir. Unsere Innovationskraft leidet." Diese Einsicht ist entscheidend. Es sollte ein wichtiger Punkt auf der Liste der Unternehmenswerte sein, eine Umgebung zu schaffen, in der Fehler nicht geahndet, sondern als notwendiger Teil des Lernens akzeptiert werden.

Begleite deine Mitarbeitenden von Beginn an. So fassen sogar schon Werkstudenten oder Azubis den Mut, über misslungene Projekte zu berichten: „Ich habe wegen des Fehlers nächtelang nicht geschlafen. Als ich mich getraut habe, damit zu jemandem zu sprechen, wurde mir klar, dass ich nicht allein bin. Wir machen alle Fehler, und am Ende haben wir daraus etwas Gutes entwickelt", erzählt mir ein Auszubildender eines großen Baustoffhandels. Der Umgang mit dem entgegengebrachten Vertrauen ist etwas Besonderes. Behandle es so. Dieser Mensch wird immer wieder zu dir kommen, denn du hast seine Offenheit wertgeschätzt! Das Vertrauen in dich als Führungspersönlichkeit ist jetzt unermesslich!

Verständnis und Respekt als Basis – Fehler als Kreativitätspush
Diese Art von offenen Gesprächen zu kreieren, ist von unschätzbarem Wert. Wenn Fehler besprochen werden, wird nicht nur das Lernen gefördert, sondern es entsteht auch eine gemeinsame Basis des Verständnisses und Respekts. Indem Führungskräfte und Teams diese Fehler offen besprechen, schaffen sie ein Umfeld, in dem Kreativität florieren kann. Ein Fehler ist nicht das Ende, sondern der Neuanfang für Reflexion, Verbesserung und Innovation. In Workshops rege ich immer an, über Misslungenes zu sprechen. Nach anfänglichen Schuldzuweisungen stellt sich schnell die Frage: „Was haben wir gelernt?"

Während die Antworten hin und her fliegen, ändert sich die Atmosphäre spürbar. Diese positive Kommunikation lädt die Menschen ein, aktiv zu werden. Am Ende des Tages hält man nicht nur einen Entwicklungsplan für das nächste Projekt in der Hand, sondern auch eine neue Herangehensweise zur offenen Kommunikation innerhalb des Teams. Diese Methode eignet sich übrigens auch hervorragend in der Kommunikation nach außen. Die Angst, mit Fehlern in die Öffentlichkeit zu treten, ist leider noch vielerorts vorherrschend. Umso mehr erreichen die, die z. B. auch auf Social Media ihre Fehler sowie ihre Learnings teilen oder auch nach Rat fragen und mit dem Netzwerk in den Austausch gehen. Viel schneller, als wochen- oder monatelang im eigenen Brei zu wühlen, gelangen sie durch diese sehr offene Kommunikation ans Ziel. Meinungen, Empfehlungen, Best Practice – von anderen darf man lernen, auch als Führungskraft oder Unternehmensinhaber. Natürlich – wohlbedacht darf dieses Vorgehen immer sein, aber effizient ist es allemal!

18.4 Klare Kommunikation zur Zielverwirklichung

Führungskräfte müssen in der Lage sein, klare, verbindliche Ziele zu setzen. Ein befreundeter CEO aus dem Sportbereich äußerte einmal: „Nur wenn wir die Ziele unserer Organisationsentwicklung klar definieren, können wir auch Verantwortung abgeben." Bei ihm kommt die Umsetzung eines effektiven Zielsetzungssystems, dem OKR-Zyklus (Objectives and Key Results) (Doerr, 2018), ins Spiel. Der OKR-Zyklus hilft nicht nur bei der Festlegung von Zielen, sondern sorgt auch dafür, dass Prioritäten klar gesetzt werden. Wenn alle Teammitglieder wissen, worauf es ankommt, fühlen sie sich gestärkt im Umgang mit Verantwortlichkeiten. „Durch OKRs haben wir gelernt, wie wichtig es ist, uns an einem klaren Plan zu orientieren. So können wir uns auf das Wesentliche konzentrieren", erläutert er weiter.

„So steigere ich in meinen Teams nicht nur die Motivation, sondern auch die Qualität der Arbeit. Jeder weiß genau, dass er eine wichtige Rolle spielt. Die Ziele sind klar und es fühlt sich großartig an, daran zu arbeiten." Die regelmäßige Überprüfung der Fortschritte im Rahmen der OKRs fördert das Verantwortungsbewusstsein innerhalb der Gruppe. Dies führt zu einem hohen Maß an Transparenz und einem gemeinsamen Verständnis, wohin die Reise geht. So entsteht ein starkes Gemeinschaftsgefühl, das für das Wachstum deines Teams unerlässlich ist.

Auch hier gibt es die Möglichkeit, durch Kommunikation nach außen eben diese Ziele für andere zugänglich zu machen. Warum nicht? Was spricht dagegen? Dass es „die anderen" dann wissen? So what?

Authentische CEO-Kommunikation: Vertrauen durch Transparenz
Genau dieser Punkt leitet wunderbar in dieses wichtige Thema ein, denn in der heutigen, schnelllebigen Geschäftswelt kommt der Kommunikation von Führungskräften, insbesondere auf Social Media, eine entscheidende Rolle zu. Die Präsenz eines CEOs auf Plattformen wie LinkedIn kann nicht nur die Unternehmensmarke stärken, sondern auch das Vertrauen innerhalb des Unternehmens und zu externen Stakeholdern fördern. Authentizität ist hierbei der Schlüssel.

Ziele und Visionen teilen, Brancheninsight, Tipps und Erfolge sowie die Werte des Unternehmens, die in das persönliche Wertekonzept der Führungskraft passen. Aber auch eben Dinge, die nicht so gut gelaufen sind, die wirtschaftlich nicht von Erfolg gekrönt waren. Sie passieren überall, in allen Branchen und wenn wir über Authentizität sprechen, gehören Fehlschläge auf jeden Fall zu jedem von uns, oder?! Das erkennen übrigens auch die Mitarbeitenden, wenn Informationen nur in den obersten Ebenen oder in alle Hierarchieebenen geteilt werden und sie so in die Interaktion gehen können.

Ebenso wichtig ist, dass Führungskräfte nicht nur Inhalte posten, sondern auch bereit sind, diese Inhalte in Gesprächen mit Mitarbeitenden, Geschäftspartnern oder Freunden und Nachbarn zu reflektieren. Nichts ist schlimmer, als den eigenen Beitrag nicht zu kennen und in Erklärungsnot zu geraten! Die Symmetrie zwischen der Onlinepräsenz und der Offlinekommunikation ist entscheidend. Angestellte wollen wissen, dass ihr CEO hinter den veröffentlichten Worten steht. Das Gefühl für Authentizität wird untergraben, wenn die Kommunikation nicht übereinstimmt – es entsteht eine Kluft, die Misstrauen und Unsicherheit schürt.

Das Schweigen der CEOs
Und klar – ich kenne die Angst vor dem LinkedIn-Auftritt bei CEOs. Aber ich sehe immer wieder: Die größte Gefahr liegt im Schweigen. Viele haben Bedenken, eine aktive Rolle auf LinkedIn zu übernehmen. Wenn wir Corporate-Influencer-Programme in Unternehmen installieren, geht es im Vorgespräch oft darum. Aber ich weiß aus Erfahrung. Kein solides und nachhaltiges Corporate-Influencer-Programm ohne die Geschäftsführung!

Aber klar, als LinkedIn-Experte und Coach zugleich verstehe ich nur zu gut: Die Angst, Fehler zu machen, kontroverse Themen anzusprechen oder nicht genug interessanten Content zu liefern, kann lähmend wirken. Doch die Wahrheit ist: Nichts ist schlimmer, als nicht zu kommunizieren.

Denn Schweigen kann als Unsicherheit oder Desinteresse interpretiert werden und bietet anderen die Chance, die Narrative über die Führungskraft und das Unternehmen zu bestimmen. Ein LinkedIn-Auftritt ermöglicht, zu gestalten und proaktiv über Themen zu sprechen. Durch regelmäßige Beiträge und Interaktion mit dem Netzwerk kann Vertrauen aufgebaut werden, die eigene Expertise wird unter Beweis gestellt und Transparenz wird geschaffen. Ein kleiner Fehler oder eine unvollkommene Botschaft ist weit weniger schädlich als völlige Abwesenheit. Eine vollkommene Abwesenheit auf LinkedIn kann als Schwäche ausgelegt werden – sowohl intern, von deinen Mitarbeitern, die Führung und Inspiration suchen, als auch extern, von Kunden und Partnern, die Vertrauen und Verlässlichkeit erwarten. Es ist wichtig, sich bewusst zu machen, dass niemand Perfektion erwartet. Die Menschen schätzen Echtheit und die Bereitschaft, auch mal Fehler einzugestehen und daraus zu lernen.

Die Herausforderung in der digitalen Kommunikation

Ein CEO, der seine Social-Media-Posts selbst verfasst oder sich aktiv mit ihnen auseinandersetzt, vermittelt eine Botschaft der Offenheit, auch wenn nicht jede Information geteilt werden kann. Diese Transparenz hilft, ein Klima des Vertrauens zu schaffen, das Mitarbeitende dazu ermutigt, sich zu äußern und Fragen zu stellen. Wenn Mitarbeitende sehen, dass ihre Führungskraft echt und zugänglich ist, sind sie eher bereit, Vertrauen aufzubauen und offener für Gespräche zu sein. Menschen fühlen sich eher zu denjenigen hingezogen, die authentisch sind und zeigen, dass sie menschlich sind – sowohl in der digitalen als auch in der realen Welt.

Die Kommunikation über soziale Medien schafft eine Plattform, um Veränderungen und neue Initiativen transparent zu kommunizieren. Dies fördert nicht nur das Vertrauen auf allen Ebenen, sondern macht Führungskräfte nahbarer. In der heutigen Zeit ist es wichtiger denn je, dass eine ehrliche und offene Kommunikation zwischen dem Topmanagement und dem Rest des Unternehmens besteht. Das Registrieren und Wertschätzen der Beiträge der eigenen Mitarbeiter, beispielsweise auf LinkedIn, ist ein besonderer Schritt. Nahbarkeit, Vertrauen, Kommunikation auf Augenhöhe – all das wird von Mitarbeitenden gesehen, gefühlt und anerkannt.

Transparenz nach oben und nach unten ist nicht nur wünschenswert, sondern wird auch von den Mitarbeitenden erwartet. Wenn sich CEOs aktiv an Diskussionen und Beratungen beteiligen, die über einfache Unternehmensaussagen hinausgehen, stärken sie den Teamgeist und fördern den Austausch. Wenn Mitarbeitende auf LinkedIn mit ihrem CEO in Kontakt treten, fühlen sie sich eingebunden. Solche Impulse machen die Führungspersönlichkeiten zugänglicher und fördern eine dialogische Kommunikation, bei der Ideen fließen und Innovation gefördert wird. Diese Art der transparenten Kommunikation sollte nicht auf Social Media beschränkt sein. Sie muss sich auch auf die internen Strukturen des Unternehmens erstrecken. Es ist unerlässlich, dass Führungskräfte nicht nur nach unten, sondern auch nach oben kommunizieren, um gegenseitiges Vertrauen auszubauen.

18.5 Die Säulen der Vertrauenskultur

Transparente Entscheidungen, klare Zielvorgaben und den Austausch von Feedback empfinde ich als die Säulen einer vertrauensvollen Kommunikation. Mitarbeitende sind ganz klar eher bereit, Veränderungen zu akzeptieren und sich aktiv zu beteiligen, wenn sie von der Führungskraft ins Boot geholt werden und die Gründe hinter Entscheidungen verstehen können. Diese Beziehung zwischen Kommunikation, Vertrauen und Transparenz ist also grundlegend. Sie beeinflusst nicht nur die Unternehmenskultur, sondern auch die Interaktion der Mitarbeitenden untereinander. Je mehr Vertrauen geschaffen wird, desto offener und kreativer können Teams agieren.

Die authentische CEO-Kommunikation wird somit zu einem mächtigen Instrument, das nicht nur das innerbetriebliche Klima verbessert, sondern auch nach außen ein starkes, konsistentes Bild des Unternehmens zeichnet. Wichtig ist, dass wir diese Grundsätze mit den Prinzipien der Zusammenarbeit und der interaktiven Kommunikation in Einklang bringen. Ohne Zweifel wird die Beziehung zwischen Führungskraft und Team stärker, wenn alle Beteiligten zur Schaffung einer fairen und authentischen Kommunikationskultur beitragen.

Zuhören als Kommunikationswaffe

Kommunikation ist vor allem eines: Zuhören! Und damit meine ich nicht das beiläufige Zuhören zwischen Tür und Angel oder das bloße Warten darauf, dass das Gegenüber seinen Satz endlich beendet, damit man selbst wieder das Wort ergreifen kann. Nein, wahres Zuhören ist eine Kunst, die viel Fingerspitzengefühl und Aufmerksamkeit erfordert. Es ist das Zuhören mit einem geschulten Ohr, das nachfragt und genau weiß, wann es wichtiger ist, zu schweigen, als zu sprechen. Das Vertrauen, das aus guten, geduldigen und empathischen Mitarbeitergesprächen entsteht, ist unbezahlbar. In diesen besonderen Momenten, in denen du deinem Gegenüber deine ungeteilte Aufmerksamkeit schenkst und wirklich zuhörst, offenbart sich oft mehr als nur das Gesagte. Menschen spüren, wenn sie ernsthaft wahrgenommen und in ihren Sorgen und Bedürfnissen ernst genommen werden.

Solche Momente schaffen Vertrauen und stärken die Beziehung – sowohl auf beruflicher als auch auf persönlicher Ebene. Ich appelliere ganz dringend, diesen essenziellen Teil der Kommunikation frühzeitig zu üben und zu verinnerlichen. Denn Zuhören bedeutet mehr, als still zu sein, während der andere spricht. Es bedeutet, aktiv zuzuhören, nachzufragen und sich wirklich für das Gegenüber zu interessieren. Und es bedeutet auch, die Stille zu akzeptieren, wenn sie nötig ist, um Raum zum Nachdenken und emotionalen Ausdruck zu geben.

In den verschiedenen Bereichen meiner täglichen Aufgaben ist aktives Zuhören ein wesentlicher Bestandteil. Ich nutze Techniken wie Paraphrasieren oder Zusammenfassen, um sicherzustellen, dass ich das Gesagte wirklich verstanden habe. Offene Fragen, um das Gespräch zu vertiefen und Missverständnisse zu vermeiden, sind überdies wichtig. Sich Zeit zu nehmen und dem Gegenüber Raum zum Ausreden zu lassen, ist essenziell. Nichts geht über nonverbale Signale, die mehr über den emotionalen Zustand des Gegenübers verraten als die gesprochenen Worte. Manchmal ist Schweigen das kraftvollste Zeichen von Respekt und Aufmerksamkeit. Lass dem anderen Raum, um seine Gedanken zu ordnen und zu teilen.

Umgang mit unterschiedlichen Kommunikationsstilen

Wie oft habe ich erlebt, dass lautstarke Persönlichkeiten eher befördert wurden als solche, die in den letzten Jahren immer wieder Überdurchschnittliches geleistet haben? Enttäuschung steht vielen ins Gesicht geschrieben und der Zweifel an sich selbst wächst. Einmal in den Brunnen gefallen, sind Teamdynamiken vorprogrammiert, und die Führungskraft kämpft plötzlich mit ganz anderen Herausforderungen als den Unternehmenszielen: Meinungen und Ideen werden zurückgehalten. Die Kommunikation untereinander kommt fast gänzlich zum Erliegen. Vertrauen? Fehlanzeige! Ein Tipp für Teams mit unterschiedlichen Kommunikationsstilen: Nutzt Visualisierungstechniken! So kannst du sicherstellen, dass jeder gehört wird. Ich möchte auch in meinen Trainings, dass sich alle sicher fühlen und offen sprechen können. Es ist immer wieder wichtig, eine Umgebung zu schaffen, in der unterschiedliche Kommunikationsstile geschätzt und genutzt werden. Dabei kann sich so viel Wertvolles erschließen!

Selbstwert und Handlungsdrang

Die Sehnsucht nach Anerkennung führt häufig dazu, dass Mitarbeitende sich überfordern. Wenn man nicht wertgeschätzt wird, kann man sich schlecht behaupten. An dieser Stelle beißt die Katze sich in den Schwanz. Es zeigt vor allem, dass es darauf ankommt, in der Zusammenarbeit die eigene Integrität zu wahren und das Vertrauen innerhalb des Teams zu stärken.

Ein häufiges Phänomen, das ich in meinen Trainings beobachte, sind Mitarbeitende, die zu viel Verantwortung übernehmen, um von anderen wertgeschätzt zu werden. Die Ansprüche, die man an sich selbst stellt, können verheerende Auswirkungen auf den eigenen Selbstwert haben. Es ist wichtig, sich diesen besonderen Druck bewusst zu machen und über die eigenen Grenzen hinauszuschauen. Meist zu spät erkennen Führungskräfte, dass ihre Bedürfnisse genauso wichtig sind wie die des Teams. Bis dahin ist die Überforderungskurve lang und schmerzhaft. Wenn die Einsicht kommt, ist sie der erste Schritt, um Selbstwert und Authentizität zu wahren. Wenn du dein eigenes Wohl im Blick behältst, stärkst du nicht nur dich selbst, sondern auch das Vertrauen deines Teams.

18.6 Fazit: Vertrauen aufbauen

Letztlich ist die logische Konsequenz zu erfolgreicher Kommunikation, klar in den Aussagen zu sein und mit Transparenz Vertrauen aufzubauen. Eine klare, offene Kommunikation bietet Lichtblicke in der oft chaotischen Welt der Führung. Sie ist nicht nur ein Werkzeug in deinem Werkzeugkasten, sondern vielmehr eine Art und Weise, wie du Beziehungen aufbaust und klärst, was für dich und dein Team entscheidend ist. Authentizität und Wertschätzung sind meines Erachtens die Grundlage dafür, dass Mitarbeitende sich respektiert und gehört fühlen. Um zurück auf die logischen Ebenen zu kommen, ist an dieser Stelle wichtig, dass die Kommunikation nicht nur in eine Richtung läuft, sondern gleichermaßen wie ein Netzwerk im Unternehmen gesponnen wird. Ein vertrauensvolles

Miteinander ermöglicht es, offen zu kommunizieren und Wissen zu teilen. Es ist eine wechselseitige Beziehung, in der sowohl Führungskräfte als auch Teammitglieder die Verantwortung tragen.

Eine Kultur der Offenheit und Transparenz zu schaffen, nach innen und außen, das möchte ich dir heute wirklich sehr ans Herz legen. Und ja, ich weiß, dass es je nach Organisation schwierig sein kann. Sei trotzdem mutig, baue Vertrauen auf, teile offen und führe mit Authentizität. So wird deine Organisation nicht nur stärker, sondern du wirst auch mehr Freude an deiner Führungsrolle haben.

18.7 Dein Ziel nach diesem Kapitel

Jetzt gilt es, anzufangen und zu gestalten, sodass alle Beteiligten davon profitieren, denn Kommunikation ist keine Einbahnstraße. Sie ist ein fortlaufender Austausch, der auf gegenseitigem Respekt und echtem Interesse basiert. Und wie wir gelernt haben, sollte das auf allen Ebenen passieren.

> „Das Quäntchen Vertrauen wird durch deine Kommunikation zu einem Quantum werden!"

Mein Best-Practice-Katalog für Führungskräfte zum Thema Kommunikation

1. **Authentische Zielkommunikation**
   - **Ziel:** Klare und verständliche Kommunikation der Unternehmensziele.
   - **Durchführung:** Formuliere die Ziele so, dass sie nachvollziehbar sind, und lege regelmäßig fest, wie der Fortschritt überprüft wird. Nutze visuelle Methoden, um Ziele und deren Erreichung sichtbar zu machen.
   - **Nutzen:** Fördert das gemeinsame Verständnis und die Verantwortlichkeit im Team.
2. **Förderung von Transparenz und Offenheit**
   - **Ziel:** Schaffung einer Kultur, in der Mitarbeitende Informationen teilen können.
   - **Durchführung:** Halte regelmäßige Teammeetings ab, in denen aktuelle Themen besprochen und Meinungen angehört werden. Teile auch persönliche Erfahrungen und Entscheidungen als Führungskraft, um eine Verbindung zu schaffen.
   - **Nutzen:** Stärkt das Vertrauen und die Beziehung zwischen Führungskraft und Team.
3. **Aktives Zuhören praktizieren**
   - **Ziel:** Verbesserung der Kommunikation und Vertrauensbildung.
   - **Durchführung:** Investiere Zeit, um aktiv zuzuhören, und verwende Techniken wie Paraphrasieren, um sicherzustellen, dass du die Aussagen der Mitarbeitenden verstanden hast. Schaffe Raum für Stille, damit Gedanken geordnet werden können.
   - **Nutzen:** Mitarbeitende fühlen sich gehört und geschätzt, was das Vertrauen in die Führungskraft stärkt.

4. **Positive Fehlerkultur etablieren**
   - **Ziel:** Fehler als Lernchancen betrachten.
   - **Durchführung:** Implementiere einen offenen Umgang mit Fehlern, indem du Nachbesprechungen nach Projekten führst, um gemeinsam zu lernen, anstatt Schuldige zu suchen. Fördere eine Atmosphäre, in der Mitarbeitende sich trauen, ihre Fehler zu teilen.
   - **Nutzen:** Intensiviert den Zusammenhalt im Team und fördert Innovation und Kreativität.
5. **Vielfalt der Kommunikationsstile nutzen**
   - **Ziel:** Wertschätzung unterschiedlicher Kommunikationsansätze.
   - **Durchführung:** Führe Workshops zur Verbesserung der Kommunikationsfähigkeiten durch. Berücksichtige, dass verschiedene Persönlichkeiten unterschiedliche Kommunikationsweisen haben, und passe deinen Führungsstil entsprechend an.
   - **Nutzen:** Stärkt die Zusammenarbeit und erleichtert, Missverständnisse zu klären.
6. **CEO-Kommunikation über Social Media**
   - **Ziel:** Verbesserung der Sichtbarkeit und Nahbarkeit des CEO und der Führungsebene für Kunden, Stakeholder und die Mitarbeiter.
   - **Durchführung:** Regelmäßige Beiträge und Updates auf LinkedIn und anderen Plattformen, in denen Gedanken, Strategien und Unternehmensentwicklungen geteilt werden. Interaktion mit dem Netzwerk.
   - **Nutzen:** Erhöhung der Transparenz, Förderung eines offenen Dialogs und Stärkung des Vertrauens zwischen Führungsebene und wichtigen internen und externen Schnittstellen.
7. **Regelmäßige Feedbackrunden implementieren**
   - **Ziel:** Förderung einer offenen Kommunikationskultur.
   - **Durchführung:** Plane regelmäßige Feedbacksessions, um Anregungen und Kritik aktiv einzuholen. Stelle offene Fragen und ermutige alle Teammitglieder, ihre Meinungen zu teilen.
   - **Nutzen:** Stärkt das Vertrauen und führt zu kontinuierlicher Verbesserung innerhalb des Teams.
8. **Wertschätzung und Anerkennung zeigen**
   - **Ziel:** Motivation und Zufriedenheit der Mitarbeitenden steigern.
   - **Durchführung:** Anerkenne regelmäßig die Leistungen der Teammitglieder, sei es durch öffentliche Lobeshymnen oder persönliche Dankesbotschaften. Nutze Gelegenheiten, um Erfolge gemeinschaftlich zu feiern.
   - **Nutzen:** Schafft ein positives Arbeitsumfeld und steigert das Vertrauen zwischen Team und Führungskraft.
9. **Mentorenprogramme einführen**
   - **Ziel:** Unterstützung und Entwicklung von Mitarbeitenden.
   - **Durchführung:** Implementiere Mentoringprogramme, in denen erfahrene Mitarbeitende als Mentoren für neue oder weniger erfahrene Kollegen fungieren.
   - **Nutzen:** Fördert die persönliche und berufliche Entwicklung, während gleichzeitig Vertrauen und Beziehungen gestärkt werden.

Literatur

Dilts, B. R. (2019). *Next Generation Leadership: Mach Dich fit für die Zukunft mit Innovation und Resilienz*. Castle Mount Media.

Doerr, J. (2018). *OKR: Objectives & Key Results: Wie Sie Ziele, auf die es wirklich ankommt, entwickeln, messen und umsetzen*. Vahlen.

Watzlawick, P., Beavin, J. H., & Jackson, D. D. (1967). *Pragmatics of human communication: A study of interactional patterns, pathologies, and paradoxes*. W. W. Norton & Company.

Bianca Schiffgens ist seit über 20 Jahren im Bereich Kommunikation tätig und hat sich spätestens 2016 mit ihrer eigenen Kommunikationsagentur „DEIN BIZZ“ in Köln einen Namen gemacht. Neben ihrer Rolle als Unternehmerin unterstützt sie Führungskräfte dabei, ihre Kommunikationsstrategien zu optimieren und authentische Führung zu leben.

Ihr Fokus liegt auf der CEO-Kommunikation. Gemeinsam mit ihrem Team integriert sie Corporate-Influencer-Programme, die Unternehmen dabei helfen, ihre Sichtbarkeit und Glaubwürdigkeit zu steigern und sich als Marke zu etablieren. Zu ihren Kunden zählen zahlreiche renommierte Unternehmen aus verschiedensten Wirtschaftsbereichen sowie Spitzensportler und Olympiasieger.

Durch ihre eigene frühe Führungsexpertise kann Bianca Schiffgens heute wertvolle Einblicke und Strategien weitergeben. Ihre Karriere im Medienbereich sowie ihre langjährige Führungsrolle im Bereich Live- und Markenkommunikation bilden die Grundlage ihres umfassenden Know-hows. Mit über 20.000 Followern und mehr als 800 begleiteten Kunden hat Bianca Schiffgens eine herausragende Expertise im Bereich LinkedIn aufgebaut. Sie bildet nicht nur LinkedIn Top Voices aus, sondern übersetzt Themen wie Personal Branding, Thought Leadership und Social Selling in Vertrieb und Marketing so, dass sie intern nachhaltig umgesetzt werden können.

Mit ihrem Engagement und ihrer Leidenschaft ist Bianca Schiffgens eine treibende Kraft in der Welt der Kommunikation und hat sich zum Ziel gesetzt, Unternehmen und deren Teams auf dem Weg zu mehr Authentizität und Sichtbarkeit zu begleiten. Mehr dazu auf www.deinbizz.de oder direkt auf https://www.linkedin.com/in/dein-bizz-bianca-schiffgens/.

Erfolgsstrategien für KMU: Innovation und Führung aus der Sicht von Topberatern 19

Werner Krings und Annu Bala

19.1 Einleitung

Strategische Führung ist entscheidend, um in dynamischen Märkten zu navigieren und sich an die Bedürfnisse der Kunden in der Beratungsbranche anzupassen (Chesbrough, 2003; BCG, 2022). Accenture fördert proaktive Führung durch mehrstufige Schulungen und strategische Gemeinschaftsdiskussionen (Management, 2023). Ähnlich betont JS bei ConsultΩ die „Innovation innerhalb strategischer Grenzen", die entscheidend dafür ist, Geschäftsmodelle anzupassen, um wirtschaftliche Rentabilität zu gewährleisten und neue Marktsegmente zu schaffen. Fortschrittliche Werkzeuge wie ML/KI und Chatbots unterstreichen die Rolle digitaler Technologien bei der Verbesserung der Kundenbindung und der betrieblichen Effizienz (Oviedo, 2020; Wawarta & Paroutis, 2020; Khanagha et al., 2022).

Da Unternehmen von assetbasierten zu digitalen Wissensökonomien übergehen, muss die strategische Führung Agilität und Digitalisierung in den Vordergrund stellen. Rahmenwerke wie USCO (**U**mfeld, **S**trategie, **C**apabilities, **O**rganisation) und VRIO („**v**aluable" = wertvoll, „**r**are" = selten, „**i**nimitable" = nicht oder schwer imitierbar, „**o**rganised" = organisiert) stimmen Strategien mit den organisatorischen Dynamiken ab und nutzen einzigartige Ressourcen für Wachstum (Paroutis et al., 2016; Prange & Schlegelmilch, 2009). Das 3P-Modell (**P**raktiker, **P**raktiken, **P**raxis) spielt ebenfalls eine entscheidende

W. Krings (✉)
Strategic Marketing, Framingham State University, Framingham, USA
E-Mail: wkrings@framingham.edu

A. Bala
Professional University, Punjab, Berlin, Deutschland

C. Kastner et al. (Hrsg.), *Führung im Wandel*,
https://doi.org/10.1007/978-3-658-47645-8_19

Rolle bei der Strategieumsetzung, indem es sich auf die beteiligten Personen, die von ihnen verfolgten Praktiken und den gesamten Prozess der Strategieausführung konzentriert (Wawarta & Paroutis, 2020).

Dieses Buchkapitel untersucht die strategische Führung in Beratungsfirmen und analysiert, wie zentrale Strategen Strategien formulieren und umsetzen. Es untersucht, wie Ansätze zu Exploration, Exploitation, Agilität und Digitalisierung zwischen den Organisationen variieren, und beleuchtet unterschiedliche Führungspraktiken.

Um wettbewerbsfähig zu bleiben, müssen Beratungsfirmen strategische Führung und adaptive Praktiken übernehmen. Die Strategie- und Technologieabteilungen von Accenture, die globale Restrukturierung von ConsultΩ und die kollaborative Kultur der 4C Group sind Beispiele für transformative Führung. Digitalisierung und Design Thinking ermöglichen es Unternehmen, komplexe Umgebungen effektiv zu navigieren (Oviedo, 2020).

Diese Studie verwendet theoretische Erkundungen, Fallstudien und Interviews[1] mit Führungskräften von Accenture, ConsultΩ und der 4C Group, um strategische Führung zu bewerten und zu vergleichen, wie diese Firmen ihre Strategien und Betriebsabläufe effektiv aufeinander abstimmen, um die digitale Transformation zu bewältigen.

19.2 Schlüsselkonzepte der strategischen Führung und Praktiken

Aufbauend auf den Erkenntnissen aus strategischen Bewertungen befasst sich dieser Abschnitt mit grundlegenden Konzepten, die für die strategische Führung im Bereich der Beratungsdienstleistungen von entscheidender Bedeutung sind. Exploration, Exploitation, Agilität und Digitalisierung werden hinsichtlich ihrer Umsetzung in Unternehmen wie Accenture, ConsultΩ und der 4C Group untersucht, wobei unterschiedliche und praxisnahe Ansätze zur Bewältigung von Herausforderungen in der Beratungsbranche hervorgehoben werden (Abb. 19.1).

Exploration und Exploitation in der Strategie

Das Gleichgewicht zwischen Exploration und Exploitation ist entscheidend für nachhaltiges Wachstum. Accenture ist Vorreiter bei Marktinnovationen durch die frühe Einführung von ML/KI (Ramesh, 2015), während ConsultΩ auf aufstrebende Technologien setzt, um die Wettbewerbsfähigkeit zu steigern (Prange & Schlegelmilch, 2009). Die 4C Group nutzt fortschrittliche Analysen, um diese Strategien auszubalancieren und so Agilität bei der Reaktion auf Marktveränderungen zu gewährleisten.

[1] Unser besonderer Dank gilt den Interviewteilnehmerinnen und -teilnehmern, die dieses Projekt unterstützt haben. Die Transkripte stehen auf Anfrage beim Autor zur Verfügung. Die Interviewpartner sind dem Autor bekannt, die Namen wurden aus Vertraulichkeitsgründen anonymisiert.

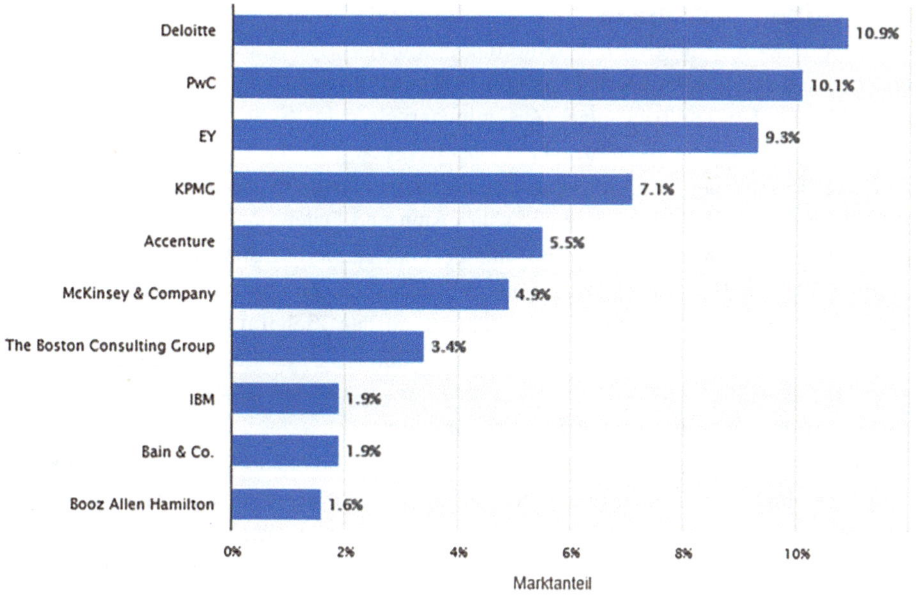

Abb. 19.1 Geschätzter Marktanteil der führenden Beratungsfirmen weltweit. (Quelle: Statista 2018)

Agilität und Anpassungsfähigkeit

Agilität ermöglicht es Unternehmen, schnell auf Chancen und Bedrohungen zu reagieren. Die strategischen Schulungsprogramme und die raschen Technologieimplementierungen von Accenture halten das Unternehmen an der Spitze der Branche (Management, 2023). ConsultΩ verlagert Ressourcen basierend auf Markttrends und richtet sich eng an den Anforderungen der Kunden aus, um wettbewerbsfähig zu bleiben (Prange & Schlegelmilch, 2009). Ebenso fördert das Engagement der 4C Group für aufkommende Technologien die Anpassungsfähigkeit, indem sie strategische Innovation und kollektiven Input nutzt, um sich in der dynamischen Geschäftsumgebung zurechtzufinden.

Offene Strategie und Digitalisierung

Eine offene Strategie beinhaltet die Einbindung von Stakeholdern, um Innovation und Inklusivität zu fördern, wodurch Entscheidungsfindung und Effizienz verbessert werden (Aghina et al., 2018; Paroutis et al., 2016). Accenture nutzt digitale Werkzeuge für Feedback und Zusammenarbeit, um Strategien mit den Marktanforderungen in Einklang zu bringen. ConsultΩ verwendet Analysen, um Dienstleistungen für Kunden zu personalisieren und eine kundenorientierte Vorgehensweise zu fördern (Khanagha et al., 2022; Wawarta & Paroutis, 2020). Die 4C Group nutzt Workshops und digitale Plattformen für die Einbindung von Stakeholdern und die Strategieausrichtung, um kontinuierliche Innovation zu fördern.

Kundenorientierte Strategien
Kundenorientierte Strategien konzentrieren sich darauf, die Bedürfnisse der Kunden zu verstehen und maßgeschneiderte Lösungen bereitzustellen. Accenture nutzt digitale Werkzeuge für Echtzeitfeedback und Zusammenarbeit, um Strategien mit den Marktanforderungen in Einklang zu bringen. ConsultΩ setzt fortschrittliche Analysen und kollaborative Plattformen ein, um das Kundenengagement zu verbessern, sichere und prüfungskonforme Umgebungen zu gewährleisten und Datenmüll zu vermeiden. Die 4C Group pflegt enge Kommunikations- und Feedbackschleifen und passt ihre Strategien kontinuierlich an Echtzeitfeedback und sich ändernde Bedingungen an. Diese datengesteuerten Ansätze sorgen für die Ausrichtung an den Zielen der Kunden und maßgeschneiderte Lösungen, fördern Innovation und erhalten die Wettbewerbsfähigkeit.

Veränderungsmanagement und Implementierung
Effektives Veränderungsmanagement ermöglicht es Unternehmen, turbulente Umgebungen zu meistern und langfristigen Erfolg zu erzielen. Accenture verwendet maßgeschneiderte Rahmenwerke, um organisatorische Herausforderungen anzugehen und reibungslose Übergänge während Transformationen zu fördern. ConsultΩ integriert Veränderungsmanagement in jedes Projekt und kombiniert Empathie mit technischer Expertise, um nahtlose Übergänge zu gewährleisten. Die 4C Group setzt strukturiertes Veränderungsmanagement mit Bewertungen, Stakeholdereinbindung und kontinuierlicher Kommunikation ein und verwendet Werkzeuge wie das 8-Stufen-Modell von Kotter für die Strategieintegration. Diese Praktiken helfen Unternehmen, die Balance zwischen Erkundung und Nutzung zu finden, nachhaltiges Wachstum zu fördern und Resilienz aufzubauen (Paroutis et al., 2016).

19.3 Dimensionen der strategischen Führung

Effektive strategische Führung treibt Innovation voran, sichert Wettbewerbsvorteile und gewährleistet die organisatorische Ausrichtung. Dieser Abschnitt untersucht die Gemeinsamkeiten und Unterschiede zwischen drei Beratungsfirmen, beleuchtet Modelle der strategischen Führung und bewertet die Auswirkungen der Unternehmenskultur.

Ähnlichkeiten und Unterschiede zwischen Beratungsunternehmen
Beratungsunternehmen stehen vor ähnlichen Herausforderungen, setzen jedoch unterschiedliche Strategien ein. Accenture konzentriert sich auf schnelle digitale Transformation und strategische Planung, indem Technologien zügig implementiert und Strategien auf spezifische Branchen zugeschnitten werden (Management, 2023). Dieser Ansatz kann jedoch die organisatorische Kohäsion herausfordern.

ConsultΩ kombiniert die Analyse von Markttrends mit der Umverteilung von Ressourcen und verbindet Empathie mit technischer Expertise (Prange & Schlegelmilch, 2009). Dieser Ansatz ermöglicht eine schnelle Anpassung an Marktveränderungen, kann jedoch zu einem kurzfristigen Fokus führen. Die 4C Group fördert eine kollaborative Kultur mit

Echtzeiteinblicken und kontinuierlicher Transformation durch fortschrittliche Analysen. Diese Inklusivität fördert Innovation, kann jedoch die Entscheidungsfindung verlangsamen. Trotz dieser Unterschiede betonen alle Unternehmen kontinuierliches Lernen, Innovation und Technologie, um wettbewerbsfähig zu bleiben (Aghina et al., 2018).

Modelle der strategischen Führung und Praxis

Strategische Führungsmodelle wie USKO (**U**mwelt, **S**trategie, **C**apabilities, **O**rganisation) und 3P (**P**raktiker, **P**raktiken, **P**raxis) stimmen die Strategie mit den Fähigkeiten und der Struktur ab und leiten Führungskräfte bei Entscheidungen, die die Vision des Unternehmens unterstützen (Wawarta & Paroutis, 2020).

Accenture priorisiert Unternehmenswerte und entwickelt maßgeschneiderte Rahmenwerke für Veränderungsmanagement und Strategieimplementierung, wobei traditionelle Modelle wie Porters 5 Forces selten verwendet werden (Ramesh, 2015). Dieser maßgeschneiderte Ansatz kann jedoch die breitere Anwendbarkeit einschränken. ConsultΩ nutzt fortschrittliche Analysen und kollaborative Plattformen, um Kundenservices zu personalisieren, und exemplifiziert damit die Anpassung des Geschäftsmodells an die wirtschaftliche Rentabilität (Khanagha et al., 2022). Dieser Ansatz erhöht die Kundenzufriedenheit, erfordert jedoch ein Gleichgewicht zwischen kurz- und langfristigen Zielen. Die 4C Group nutzt Workshops und Echtzeitfeedback, um Strategien auf allen Organisationsebenen anzupassen und eine umfassende Einbindung sicherzustellen. Dieser partizipative Ansatz stärkt das Engagement, verlangsamt jedoch Entscheidungen.

Einfluss der Unternehmenskultur auf Praktiken

Die Unternehmenskultur beeinflusst die strategische Führung maßgeblich. Kulturen, die kontinuierliches Lernen, Innovation und Flexibilität fördern, verbessern die Anpassungsfähigkeit an den Markt (Aghina et al., 2018).

- **Accentures** inklusive Kultur unterstützt die Ausrichtung vom Topmanagement bis hin zu Analysten durch regelmäßige Gemeinschaftsmeetings, was eine einheitliche Strategie fördert, aber Aufwand erfordert, um aufrechtzuerhalten (Management, 2023). Accentures Fokus auf digitale Transformation und maßgeschneiderte Rahmenwerke unterstützt ein flexibles Geschäftsmodell, erfordert jedoch eine solide interne Koordination.
- **ConsultΩ** integriert Veränderungsmanagement in jedes Projekt und verbindet Empathie mit technischer Expertise, um reibungslose Übergänge zu gewährleisten, obwohl dies ressourcenintensiv ist (Prange & Schlegelmilch, 2009). ConsultΩs fortschrittliche Analysen und empathisches Veränderungsmanagement schaffen ein kundenorientiertes Modell, das sich schnell anpasst, aber ein Gleichgewicht zwischen kurz- und langfristigen Zielen finden muss.
- Die **4C Group** nutzt unterschiedliche Perspektiven und Echtzeitfeedback, um Strategien kundenorientiert und reaktionsfähig zu halten. Dieser dynamische Ansatz ist sehr anpassungsfähig, jedoch fehlt es an Konsistenz. Die kollaborative Kultur der 4C Group unterstützt ein reaktionsfähiges Modell, muss jedoch die Komplexität der Stakeholder managen.

19.4 Strategische Rahmenwerke und Konzepte in der Beratungsbranche

Strategische Rahmenwerke helfen Beratungsunternehmen, sich in komplexen Umgebungen zurechtzufinden und wettbewerbsfähig zu bleiben. Dieser Abschnitt untersucht deren Anwendung in der Branche und legt den Fokus auf eine kritische Analyse.

19.4.1 Das USCO-Rahmenwerk

Das USCO-Rahmenwerk (**U**mwelt, **S**trategie, **C**apability, **O**rganisation) veranschaulicht in Tab. 19.1 stimmt die Strategie mit den externen Umgebungen, den internen Fähigkeiten bzw. Kapabilitäten und den organisatorischen Strukturen ab, wodurch Innovation ermöglicht und gleichzeitig die operative Effektivität aufrechterhalten wird.

- „Wir priorisieren Unternehmenswerte und entwickeln unsere eigenen Rahmenwerke, wobei wir selten traditionelle nutzen" – MK, Accenture.
- „Unser Modell integriert eine schnelle Implementierung von Technologien, um Agilität zu bewahren" – JS, ConsultΩ.
- „Wir integrieren unterschiedliche Perspektiven aus allen Ebenen, um unsere Strategien zu gestalten" – VD, 4C Group.

Tab. 19.1 Anwendung des USCO-Rahmenwerks. (Quelle: Eigene Darstellung)

Dimension	Beschreibung	Accenture	ConsultΩ	4C Group
Umwelt	Untersucht dynamische Veränderungen, Wettbewerb und Bedingungen	Fokussiert auf digitale Transformation	Verlagert Ressourcen basierend auf Markttrends	Nutzt Echtzeiteinblicke, um Strategien anzupassen
Strategie	Stimmt den strategischen Ansatz mit den Marktanforderungen ab	Integriert branchenspezifische Strategien	Schnelle Technologieimplementierung für Agilität	Nutzt vielfältige Perspektiven zur Gestaltung von Strategien
Capabilities	Fokussiert auf Kernkompetenzen, um sich von Rivalen abzuheben	Nutzt ML/KI und fortschrittliche Analysen	Verbessert die Technologieimplementierung	Engagiert sich mit neuen Technologien
Organisation	Strukturen und Kultur, die Kernkompetenzen ermöglichen	Betont kontinuierliche Innovation durch digitale Werkzeuge	Fördert eine anpassungsfähige Kultur	Pflegt eine kollaborative und inklusive Kultur

Das USCO-Rahmenwerk formt die Geschäftsmodelle dieser Unternehmen effektiv:

- **Accenture:** Pioniere der digitalen Transformation, die ein flexibles und innovatives Geschäftsmodell fördern, das eine starke interne Koordination erfordert (Management, 2023).
- **ConsultΩ:** Nutzt fortschrittliche Analysen und Ressourcenallokation, um einen kundenorientierten, agilen Ansatz zu gewährleisten, der kurzfristige und langfristige Ziele in Einklang bringt (Prange & Schlegelmilch, 2009).
- **4C Group:** Pflegt eine kollaborative und inklusive Kultur, die das dynamische und reaktionsfähige Modell unterstützt und die Komplexität des Stakeholderengagements effektiv managt.

Trotz ihrer einzigartigen Ansätze teilen alle Unternehmen das Engagement für kontinuierliches Lernen, Innovation und den Einsatz von Technologie, um wettbewerbsfähig zu bleiben (Aghina et al., 2018; Wawarta & Paroutis, 2020).

19.4.2 Das 3P-Rahmenwerk

Das 3P(**P**raktiker, **P**raktiken, **P**raxis)-Rahmenwerk veranschaulicht in Abb. 19.2 hilft Beratungsfirmen, die Strategieentwicklung und -analyse in Organisationen zu verstehen, indem detailliert gezeigt wird, wie Einzelpersonen auf verschiedenen Ebenen Strategien entwickeln und umsetzen.

Abb. 19.2 ConsultΩs 3P-Modell – Strategie auf der „Mikro"-Ebene I. (Quelle: Autoren, angepasst an Angwin et al., 2009)

Die Unternehmen wenden das 3P-Rahmenwerk auf einzigartige Weise an:

Accenture integriert KI-Technologien und maßgeschneiderte Rahmenwerke durch gestaffelte Führung und Gemeinschaftsdiskussionen, was Flexibilität fördert, aber eine starke interne Koordination erfordert (Ramesh, 2015). „Wir priorisieren Unternehmenswerte und entwickeln unsere eigenen Rahmenwerke."

ConsultΩ nutzt fortschrittliche Analysen und kollaborative Plattformen für personalisierte Kundenservices, um Anpassungsfähigkeit zu gewährleisten (Khanagha et al., 2022). „Unser Modell integriert eine schnelle Technologieimplementierung, um Agilität zu bewahren."

4C Groups umfassende Engagementstrategie fördert Reaktionsfähigkeit, kann aber aufgrund umfangreicher Konsultationen die Entscheidungsprozesse hemmen. „Wir integrieren unterschiedliche Perspektiven aus allen Ebenen, um unsere Strategien zu gestalten."

Das 3P-Rahmenwerk formt die Geschäftsmodelle der Unternehmen:

- **Accenture:** Flexibel und innovativ, erfordert jedoch eine solide interne Koordination.
- **ConsultΩ:** Balanciert unmittelbare Bedürfnisse und langfristige Ziele durch kundenorientierte Dienstleistungen.
- **4C Group:** Dynamisch und reaktionsfähig, benötigt jedoch ein effektives Stakeholdermanagement.

Alle Unternehmen verpflichten sich zu kontinuierlichem Lernen, Innovation und dem Einsatz von Technologie, um wettbewerbsfähig zu bleiben (Aghina et al., 2018; Wawarta & Paroutis, 2020).

19.4.3 Digitalisierung und offene Strategie

Digitalisierung und offene Strategie sind für Beratungsunternehmen unerlässlich, um Innovation, Inklusivität und Effizienz zu fördern (Aghina et al., 2018; Paroutis et al., 2016; Hautz et al., 2017) (Tab. 19.2).

Tab. 19.2 Implementierung von Digitalisierung und offener Strategie. (Quelle: eigene Darstellung)

Dimension	Beschreibung	Accenture	ConsultΩ	4C Group
Digitalisierung	Integration digitaler Technologien und Werkzeuge	Echtzeit-zusammenarbeit und Analytics	Fortschrittliche Analytics für personalisierte Dienstleistungen	Digitale Plattformen für Stakeholderengagement
Offene Strategie	Einbindung von Stakeholdern in die Strategieentwicklung	Digitale Werkzeuge für Feedback und Zusammenarbeit	Analytics für einen kundenorientierten Ansatz	Workshops und digitale Werkzeuge für Stakeholder-engagement

Zitate von leitenden Unternehmensvertretern verdeutlichen die Firmenansätze:

- **Accenture:** „Probieren Sie zuerst selbst aus, was Sie verkaufen möchten (MK)."
- **ConsultΩ:** „Digitalisierung ist wie die Auswahl der passenden Bohrer und Werkzeuge in einem Baumarkt (JS)."
- **4C Group:** „Wir beschäftigen uns mit neuen Technologien und stellen sicher, dass jeder, vom Praktikanten bis zum Partner, strategische Initiativen beitragen kann (VD)."

Durch die Umsetzung von Digitalisierung und offener Strategie bleiben diese Unternehmen wettbewerbsfähig, innovieren kontinuierlich und reagieren effektiv auf Marktveränderungen durch Stakeholderengagement (Aghina et al., 2018; Paroutis et al., 2016).

19.4.4 Veränderungsmanagement

Effektives Veränderungsmanagement ermöglicht es Beratungsunternehmen, sich in turbulenten Umgebungen zurechtzufinden und langfristigen Erfolg zu erzielen, indem sie die Balance zwischen Ausnutzung bestehender Ressourcen und Erkundung neuer Möglichkeiten halten, schnell auf Herausforderungen reagieren und gleichzeitig Stabilität bewahren (Tab. 19.3).

Accenture nutzt Planung auf hoher Ebene und agile Methoden, um strategische Veränderungen mit den Unternehmenszielen in Einklang zu bringen (Ramesh, 2015). ConsultΩ kombiniert Stakeholderengagement mit kontinuierlichem Feedback, um reibungslose Übergänge und eine effektive Marktreaktion sicherzustellen. Die 4C Group setzt auf umfassende Bewertungen und maßgeschneiderte Kommunikation, um ein effektives Veränderungsmanagement zu gewährleisten.

Zitate von Unternehmensvertretern verdeutlichen ihre Ansätze:

- **Accenture:** „Wir verwenden ein maßgeschneidertes Veränderungsmanagement-Framework, das auf spezifische Herausforderungen abgestimmt ist (MK)."
- **ConsultΩ:** „Veränderungsmanagement ist die Butter; das Projekt ist das Brot (JS)."
- **4C Group**: „Veränderungsmanagement wird grundsätzlich missverstanden. Wir bereiten uns heute auf mehrere Krisen vor, nicht nur auf eine (VD)."

Der Einsatz digitaler Werkzeuge wie KI und Chatbots hilft, Vertrauen aufzubauen und Veränderungen effektiv zu managen. Beratungsunternehmen müssen eine adaptive Kultur

Tab. 19.3 Implementierung des Veränderungsmanagements. (Quelle: eigene Darstellung)

Dimension	Beschreibung	Accenture	ConsultΩ	4C Group
Veränderungsmanagement	Strukturierter Ansatz zur Steuerung von Veränderungen	Planung auf hoher Ebene und agile Methoden	Stakeholderengagement und kontinuierliches Feedback	Umfassende Bewertungen und maßgeschneiderte Kommunikation

aufrechterhalten, kontinuierliches Lernen fördern und Technologie nutzen, um das Kundenerlebnis und die Effizienz zu verbessern.

Strukturierte Veränderungsmanagement-Praktiken, unterstützt durch fortschrittliche Technologie und eine adaptive Kultur, ermöglichen es Beratungsunternehmen, in komplexen Umgebungen zu navigieren und nachhaltiges Wachstum, Innovation und Wettbewerbsfähigkeit sicherzustellen.

19.5 Fallstudien und Praxisanwendungen

Dieser Abschnitt untersucht, wie führende Beratungsunternehmen strategische Führungsrahmen und -praktiken umsetzen, und verwendet reale Beispiele, um deren Wirksamkeit zu veranschaulichen.

Anwendung strategischer Rahmenwerke
Accenture, ConsultΩ und die 4C Group wenden strategische Rahmenwerke auf einzigartige Weise an, um ihre Strategien mit den Unternehmenszielen und den Marktanforderungen in Einklang zu bringen.

- **Accenture**: Nutzt maßgeschneiderte Frameworks und High-Level-Planung, um ML/KI und digitale Tools in ihre Abläufe zu integrieren. „Wir priorisieren Unternehmenswerte und entwickeln unsere eigenen Frameworks (MK).“ Dieser maßgeschneiderte Ansatz fördert kontinuierliche Innovation (Ramesh, 2015).
- **ConsultΩ**: Nutzt fortschrittliche Analysen und Stakeholderengagement, um Kundendienstleistungen zu personalisieren und strategische Agilität zu bewahren. „Unser Modell integriert eine schnelle Technologieimplementierung, um Agilität zu bewahren (JS).“ Dies ermöglicht ConsultΩ, sich schnell an Markttrends anzupassen und gleichzeitig reibungslose Übergänge sicherzustellen (Prange & Schlegelmilch, 2009).
- **4C Group**: Setzt Workshops und Echtzeitfeedback ein, um Strategien anzupassen, die alle Organisationsebenen einbeziehen. „Wir integrieren unterschiedliche Perspektiven aus allen Ebenen, um unsere Strategien zu gestalten (VD).“ Dieser inklusive Ansatz fördert eine dynamische und reaktionsfähige Unternehmenskultur (Management, 2023).

Analyse strategischer Transformationen
Dieser Abschnitt analysiert, wie Accenture, ConsultΩ und die 4C Group erfolgreich strategische Transformationen umgesetzt haben, um wettbewerbsfähig zu bleiben.

- **Accenture**: Konzentriert sich auf die Integration von ML/KI und digitalen Technologien, um strategische Veränderungen voranzutreiben. High-Level-Planung und agile Methoden sorgen dafür, dass strategische Initiativen mit den Unternehmenszielen in Einklang gebracht werden, was die Anpassungsfähigkeit und operative Effizienz erhöhten (Ramesh, 2015).

- **ConsultΩ**: Setzt Veränderungsmanagement-Strategien um, indem es Empathie mit technischer Expertise kombiniert. Dieser Ansatz erleichtert reibungslose Übergänge und eine effektive Marktreaktion, wodurch strategische Veränderungen kundenorientiert und marktorientiert ausgerichtet werden (Prange & Schlegelmilch, 2009).
- **4C Group**: Nutzt umfassende Bewertungen und kontinuierliche Kommunikation, um Veränderungen zu steuern. Strukturierte Veränderungsmanagement-Praktiken gewährleisten eine dynamische Anpassung und fördern Widerstandsfähigkeit und Innovation (Management, 2023).

Erkenntnisse
Die strategische Führung von Accenture, ConsultΩ und der 4C Group bietet wertvolle Einblicke in effektive Transformationen.

- **Innovation und Agilität:** Kontinuierliche Innovation und Agilität sind entscheidend, um einen Wettbewerbsvorteil zu bewahren. Accentures Fokus auf digitale Transformation und maßgeschneiderte Frameworks unterstützt schnelle Innovationen und betriebliche Flexibilität (Ramesh, 2015).
- **Kundenorientierter Ansatz:** Die Personalisierung von Dienstleistungen und die Aufrechterhaltung des Stakeholderengagements fördern Vertrauen und verbessern die Servicebereitstellung. ConsultΩs Einsatz fortschrittlicher Analysen und Stakeholderfeedback stellen sicher, dass die Strategien auf die Bedürfnisse der Kunden abgestimmt sind (Prange & Schlegelmilch, 2009).
- **Inklusive Kultur:** Die Nutzung unterschiedlicher Perspektiven und Echtzeitfeedbacks fördert eine inklusive und adaptive Organisationskultur. Der Ansatz der 4C Group zur Strategieanpassung stellt sicher, dass alle Organisationsebenen eingebunden sind und auf Marktveränderungen reagieren können (Management, 2023).

Diese Erkenntnisse unterstreichen die Bedeutung von strategischen Frameworks, Digitalisierung und inklusiver Kultur für das nachhaltige Wachstum und die Wettbewerbsfähigkeit von Beratungsunternehmen (Aghina et al., 2018; Wawarta & Paroutis, 2020; Paroutis et al., 2016; Khanagha et al., 2022). Unternehmen können komplexe Umgebungen effektiv navigieren, indem sie fortschrittliche Technologien integrieren und eine adaptive Denkweise fördern.

19.6 Analyse der Rollen und Praktiken strategischer Führungskräfte in Beratungsunternehmen

Dieser Abschnitt analysiert die Rollen und Praktiken strategischer Führungskräfte bei ConsultΩ, Accenture und der 4C Group, mit einem Fokus auf ihren Einfluss auf Innovation, Wettbewerbsvorteil und organisatorische Ausrichtung.

Einfluss auf Innovation und Wettbewerbsvorteil
Strategische Führungskräfte treiben Innovation voran und bewahren einen Wettbewerbsvorteil.

- **Accenture** integriert digitale Transformation in die täglichen Praktiken und fördert kontinuierliche Innovation.
- **ConsultΩ** setzt fortschrittliche Analysen und digitale Plattformen, um Kundendienstleistungen zu personalisieren und die Entscheidungsfindung zu verbessern.
- **4C Group** nutzt unterschiedliche Perspektiven und Echtzeitfeedback, um Strategien anzupassen und die Reaktionsfähigkeit auf Kundenbedürfnisse und Marktbedingungen sicherzustellen.

Synchronisation von Vision mit Betrieb und Praktiken
Einflussreiche strategische Führungskräfte stimmen die Vision des Unternehmens mit seinen Abläufen ab.

- **Accenture** setzt auf High-Level-Planung und agile Methoden, um die Ausrichtung auf Geschäftsziele sicherzustellen (Ramesh, 2015).
- **ConsultΩ** verlagert Ressourcen basierend auf Markttrends und integriert schnelle Technologieimplementierung mit strategischer Agilität.
- **4C Group** nutzt Workshops und kontinuierliche Kommunikation, um die Strategie mit den Abläufen zu synchronisieren und eine kollaborative Kultur zu fördern.

Bewertung der strategischen Reife von Unternehmen
Die strategische Reife wird anhand der Integration von Frameworks und Führungspraktiken sowie der Förderung einer adaptiven Denkweise bewertet:

Ambidextrie und Innovation
- **Accenture**: Demonstriert strategische Reife durch die Integration von Rahmenwerken, die Förderung kontinuierlicher Innovation und Anpassungsfähigkeit sowie die Balance zwischen kurzfristiger Umsetzung und langfristiger Innovation.
- **ConsultΩ**: Verlegt Ressourcen schnell und nutzt fortschrittliche Analysen für Kundendienstleistungen, was strategische Ambidextrie zeigt. Diese Balance zwischen Exploration und Ausnutzung ermöglicht kontinuierliche Innovation bei gleichzeitiger Effizienz.

Adaptive Denkweise und Kultur
- **4C Group**: Strukturiertes Veränderungsmanagement und eine inklusive Kultur unterstreichen ihre strategische Reife und ermöglichen eine effektive Anpassung an Marktdynamiken. Dieser Übergang vom linearen Denken zur Mehrkrisenvorbereitung untermauert ihre strategische Agilität.
- Strategische Führungskräfte in diesen Unternehmen treiben Innovation voran, erhalten den Wettbewerbsvorteil und stellen die organisatorische Ausrichtung sicher. Ihre Praktiken heben die Bedeutung fortschrittlicher Technologien, Anpassungsfähigkeit und einer kollaborativen Kultur für die Navigation in komplexen Geschäftsumgebungen hervor.

19.7 Fazit

In diesem Abschnitt werden die Ergebnisse zusammengefasst und konkrete strategische Empfehlungen gegeben, die darauf abzielen, Führungspraktiken in kleinen und mittleren Unternehmen zu optimieren. Diese Empfehlungen sollen nachhaltiges Wachstum, höhere Wettbewerbsfähigkeit und eine robuste Widerstandsfähigkeit gegenüber Herausforderungen sicherstellen.

Zentrale Erkenntnisse
Siehe Tab. 19.4.

Praktische Empfehlungen für KMU
Siehe Tab. 19.5.

Tab. 19.4 Zentrale Erkenntnisse. (Quelle: eigene Darstellung)

Schlüsselbereich	Zusammenfassung
Anpassungsfähigkeit und Innovation	Kontinuierliche Innovation und Flexibilität sind essenziell, um in einem wettbewerbsintensiven Umfeld zu bestehen. Die Nutzung digitaler Technologien wie ML/KI optimiert Entscheidungsprozesse und Betriebsabläufe
Kundenorientierter Ansatz	Personalisierung von Dienstleistungen durch fortschrittliche Analysen und aktives Stakeholderengagement stärkt das Vertrauen und verbessert die Kundenzufriedenheit
Strukturiertes Veränderungsmanagement	Effektives Veränderungsmanagement erfordert umfassende Analysen, aktive Einbindung der Stakeholder und fortlaufende Kommunikation, um Anpassungen reibungslos umzusetzen
Ambidextrie und adaptive Denkweise	Die Fähigkeit, zwischen kurzfristigen Zielen und langfristigen Innovationen zu balancieren, sowie die Vorbereitung auf parallele Krisen steigern die Agilität und Widerstandsfähigkeit

Tab. 19.5 Ausgewählte Empfehlungen. (Quelle: eigene Darstellung)

Nutzung digitaler Plattformen und ML/KI	Führen Sie Plattformstrategien für kleinere Projekte ein, um den Echtzeit-Wissensaustausch zu fördern und die Kundenbindung zu stärken
	Nutzen Sie ML/KI, um fundierte Entscheidungen zu treffen, die Kundengewinnung zu verbessern und KI-Chatbots zur Kostensenkung und Kundenbindung einzusetzen
Verbesserung des Veränderungsmanagements	Implementieren Sie strukturiertes Veränderungsmanagement durch umfassende Analysen, kontinuierliches Stakeholderengagement und eine transparente Kommunikation, um reibungslose Anpassungen sicherzustellen
Kundenorientierter Ansatz	Nutzen Sie fortschrittliche Analytics, um Dienstleistungen individuell anzupassen
	Halten Sie eine enge Kommunikation aufrecht, um auf die Bedürfnisse der Kunden schnell und präzise reagieren zu können

(Fortsetzung)

Tab. 19.5 (Fortsetzung)

Förderung von Ambidextrie und adaptiven Denkweise	Balancieren Sie zwischen kurzfristigen Ergebnissen und langfristiger Innovation, um flexibel auf Marktveränderungen zu reagieren
	Fördern Sie eine Unternehmenskultur, die kontinuierliches Lernen und Anpassungsfähigkeit in den Mittelpunkt stellt
Allianzen und offene Innovation fördern	Suchen Sie Partnerschaften mit Unternehmen, die auf KI und Maschinelles Lernen spezialisiert sind, um Ihre technologischen Fähigkeiten zu stärken
	Setzen Sie auf offene Innovationspraktiken und fördern Sie den Wissensaustausch zur Beschleunigung des Fortschritts in Ihrer Branche
Fokus auf das Kerngeschäft	Optimieren Sie Ihre Geschäftsprozesse, indem Sie sich auf die wesentlichen Bereiche konzentrieren
	Allokieren Sie Ressourcen gezielt auf strategische Initiativen, die Ihre Unternehmensvision unterstützen
	Entwickeln Sie ein Netzwerk- oder Wertschöpfungsketten-Ökosystem zur Verbesserung der Zusammenarbeit und zur Förderung der Wertschöpfung

Literatur

Aghina, W., Ahlback, K., De Smet, A., Lackey, G., Lurie, M., Murarka, M., & Handscomb, C. (2018). The five trademarks of agile organizations. *The McKinsey Quarterly.*

Angwin, D., Paroutis, S., & Mitson, S. (2009). Connecting up strategy: Are senior strategy directors a missing link? *California Management Review, 51*(3), 74–94.

BCG. (2022). *Ambidexterity: Your strategy needs a strategy*. BCG Henderson Institute.

Chesbrough, H. W. (2003). *Open innovation: The new imperative for creating and profiting from technology*. Harvard Business Press.

Hautz, J., Seidl, D., & Whittington, R. (2017). Open strategy: Dimensions, dilemmas, dynamics. *Long Range Planning, 50*(3), 298–309.

Khanagha, S., Ansari, S., Paroutis, S., & Oviedo, L. (2022). Mutualism and the dynamics of new platform creation: A study of Cisco and fog computing. *Strategic Management Journal, 43*(3), 476–506.

Management Consulted. (2023, June 24). Accenture strategy & Accenture technology: 3 key differences. *Management Consulted.* https://managementconsulted.com/accenture-strategy-accenture-technology-3-key-differences/. Zugegriffen am 06.07.2024.

Oviedo, L. C. (2020). Strategy making at Intel: Individuals and tools. Interview with Sotirios Paroutis.

Paroutis, S., Mckeown, M., & Collinson, S. (2016). *Practitioners, practices and praxis of strategy.* Cambridge University Press.

Prange, C., & Schlegelmilch, B. B. (2009). The role of ambidexterity in marketing strategy implementation: Resolving the exploration-exploitation dilemma. *Business Research, 2*(2), 215–240.

Ramesh, N. Y. N. (2015). Business & technology strategy of Accenture: A glimpse study course: 526/626 Strategic Management.

Statista. (2018). Geschätzter Marktanteil der führenden Beratungsfirmen weltweit. https://www.statista.com/statistics/272474/market-share-of-leading-management-consulting-firms-worldwide/. Zugegriffem am 18.08.2024.

Wawarta, C., & Paroutis, S. (2020). What tools do firms need for open strategy? *Long Range Planning*. https://www.wbs.ac.uk/news/what-tools-do-firms-need-for-open-strategy/. Zugegriffen am 04.07.2024.

Prof. Dr. Werner Krings – Experte für Innovation, Strategie und internationales Marketing

Prof. Dr. Werner Krings ist ein weltweit anerkannter Experte für internationales Marketing, digitale Transformation und strategische Geschäftsentwicklung. Er lehrte für ein Semester als Universitätsprofessor an der School of Business der Woxsen University in Hyderabad, Indien, und ist seit 2019 Gastprofessor an der Framingham State University in Boston, USA.

´Mit über 30 Jahren Führungsverantwortung in Zusammenarbeit mit DAX-100- und Fortune-500-Unternehmen hat er sich als strategischer Vordenker und Umsetzer in globalen Märkten etabliert.

Seine Forschungsschwerpunkte liegen in der Optimierung von B2B-Marketing und -Vertriebsstrategien, dem Einsatz von Künstlicher Intelligenz (KI) und digitalen Medien, dem Aufbau von Sozialkapital sowie innovativen Ansätzen im Unternehmertum. Prof. Dr. Krings hat zahlreiche wissenschaftliche Artikel und Buchkapitel in führenden Fachpublikationen wie *Industrial Marketing Management* sowie in Büchern wie *The Future of Business Schools* und *The Global Impact of Social Innovation* veröffentlicht.

Seine akademische Laufbahn umfasst ein Diplom in Wirtschaftswissenschaften von der Universität Passau, einen MSc in Financial Planning von der Bentley University, USA, sowie ein Doktorat (summa cum laude) in Marketing und Reputation von der Henley Business School, Großbritannien. Er hat sein Global-MBA-Programm an der Warwick Business School im Frühjahr 2025 erfolgreich abgeschlossen.

Dr. Annu Bala ist eine erfahrene Pädagogin und Forscherin mit einem Masterabschluss in International Business Management von der GISMA University, Berlin. Derzeit forscht sie im Bereich Human Resources Management an der Lovely Professional University in Punjab, Indien.

Ihre Forschung konzentriert sich auf die emotionale Intelligenz von Führungskräften, die Arbeitsleistung von Mitarbeitenden und die Gerechtigkeit in Organisationen.

Mit über einem Jahrzehnt Erfahrung im Bereich des Onlinelernens und der Verwaltung in verschiedenen internationalen Organisationen ist Dr. Annu Bala für ihren praxisnahen und engagierten Unterrichtsansatz bekannt. Ihre Arbeit zeichnet sich durch ein tiefes Engagement für die Verbesserung der organisatorischen Effektivität und des Wohlbefindens der Mitarbeitenden aus.

20 Paradigmenwechsel: E-Learning als disruptive Technologie für KMUs

Norma Demuro

20.1 Einleitung

Wir starten mit einer Geschichte, die so oder so ähnlich auch in Ihrem Unternehmen passiert sein könnte. Sie zeigt den idealen Kreislauf von Innovation und Erfahrung und soll Sie inspirieren, bevor wir später auf die realistischeren Herausforderungen eingehen. Mit diesem Wechsel zwischen Idealbild und Alltag möchten wir verdeutlichen, warum es sich lohnt, genauer hinzusehen und aktiv nach Lösungen zu suchen.

Nach erfolgreich absolviertem Studium beginnt Eleonora im neuen Job. Sie hat eine bahnbrechende Idee für nachhaltigere Prozesse im Energiesektor. Gut ausgebildet und motiviert startet sie ihre erste Woche. Das Unternehmen – nennen wir es hier „Innova-Power" – begrüßt die junge Ingenieurin mit offenen Armen. Die qualifizierte Absolventin bringt nicht nur „frisches" Wissen von der Uni mit, sondern auch Innovationskraft. Bereits wenige Monate nach Jobbeginn wird Eleonora ein erfahrenes Team zur Seite gestellt, um ihr Projekt umzusetzen. Die Ergebnisse sind beeindruckend. Innova-Power investiert viel Zeit und Mühe in die richtigen Talente. Dank Mitarbeitenden wie Eleonora lohnen sich diese Investitionen allemal.

Dem Unternehmen bleiben Mitarbeitende für lange Zeit erhalten. Sie fühlen sich dort wertgeschätzt und werden in ihrer beruflichen und persönlichen Entwicklung gefördert. Langjährige Mitarbeitende, sogenannte Seniors, bilden die nächsten Generationen an Teammitgliedern aus und geben ihre wertvollen Erfahrungen weiter. Gleichzeitig profitie-

N. Demuro (✉)
Mainz, Deutschland
E-Mail: demuro@keeunit.de

C. Kastner et al. (Hrsg.), *Führung im Wandel*,
https://doi.org/10.1007/978-3-658-47645-8_20

ren sie von der Innovation, die junge Mitarbeitende ins Unternehmen bringen. Ein perfekter Kreislauf aus Wissen und Innovation.

In einer idealen Welt besteht die Unternehmenslandschaft aus vielen Eleonoras und Innova-Powers. Doch die Realität sieht anders aus. Lassen Sie mich ein Szenario beschreiben, das realistischer ist und mit dem Sie sich als Führungskraft oder Unternehmer*innen vermutlich stärker identifizieren.

Frau Russo geht nachdenklich die Bewerbungen durch. Die meisten Jobsuchenden sind Quereinsteigende mit mangelnden Deutschkenntnissen. Obwohl kein „perfect match" dabei ist, wählt sie schließlich zwei Bewerberinnen aus, deren Ausbildung und Erfahrungen nicht ganz zum Anforderungsprofil passen. Ihr ist klar, dass sie viel Zeit und Ressourcen in die Qualifizierung der beiden investieren muss.

Im Produktionsbereich wird Lara angestellt. Sie ist eine junge Ingenieurin, die vor Kurzem ihr Studium abgeschlossen hat. Lara hat viele neue Ideen, doch aufgrund der hohen operativen Auslastung findet kaum jemand Zeit, Lara vernünftig einzuarbeiten. Sie wird ins kalte Wasser geworfen und muss sich vieles selbst beibringen. Erfahrenere Teammitglieder helfen ihr zwar immer wieder, doch es gibt keinen roten Faden und manche Aussagen sind sogar widersprüchlich. Sie findet auf einem Laufwerk ein in die Jahre gekommenes Handbuch. Es enthält nur lückenhafte Anleitungen, die ihr teilweise sogar die Arbeit erschweren. Sie erkennt, dass das meiste Unternehmenswissen gar nicht erst dokumentiert wurde.

Gemeinsam mit ihr startet ihre Kollegin Sofia im Backoffice. Sofia studiert noch, möchte aber erste Berufserfahrungen in der Branche sammeln. Sie ist einige Jahre jünger als Lara. Sofia wird schnell klar, dass sie Studium und Arbeit nicht in Einklang bringen kann. Allein ihr Arbeitsweg kostet sie täglich fast zwei Stunden. Die Möglichkeit, remote zu arbeiten, gibt es nicht. Selbst wenn sie nur an zwei Tagen pro Woche von zu Hause aus arbeiten könnte, würde sie damit vier Stunden mehr pro Woche fürs Studium zur Verfügung haben.

Sofia verlässt nach nur zwei Monaten das Unternehmen. Frau Russo erklärt sie, dass dies an den unflexiblen Arbeitszeiten, der fehlenden Möglichkeit zum Homeoffice und dem hierarchisch organisierten Team liegt. Für Lara nimmt sich Frau Russo daher noch mehr Zeit. Sie will sie ordentlich ins Unternehmen einführen und wird zu ihrer Mentorin. Sie kann es sich nicht leisten, eine Mitarbeiterin im Produktionsbetrieb wieder gehen zu lassen. Doch auch Lara verlässt nach insgesamt vier Monaten das Unternehmen.

Das ist die gelebte Realität der meisten deutschen Unternehmen. Der Fachkräftemangel ist spürbar und die Erwartungen an den Arbeitsplatz haben sich massiv verändert, insbesondere jene der jüngeren Generationen, wie die Generation Z. In den oben beschriebenen Szenarien lesen Sie über Ingenieurinnen im hoch qualifizierten Umfeld oder über eine Kollegin im Backoffice, sprich mit einem Bürojob. Doch diese Herausforderungen betreffen tatsächlich Unternehmen jeder Größe in jeder Branche.

Idealzustand	Realzustand
• Mitarbeitende starten kompetent und qualifiziert nach Abschluss ihrer Bildungslaufbahn im Unternehmen • Sie bringen Innovation und Wissen mit • Sie bleiben viele Jahre beschäftigt • Sie bilden die neuen Generationen an Mitarbeitenden aus und profitieren von der Innovation, die junge Teammitglieder mitbringen	• **Fachkräftemangel:** Kompetente und qualifizierte Mitarbeitende sind schwer zu finden • **Quereinsteigende** und Mitarbeitende mit **nichtdeutscher Muttersprache** machen einen immer größer werdenden Teil der Belegschaft aus • Die **Qualifizierung** des Teams findet im Unternehmen statt • Für ein ordentliches **Onboarding** ist aufgrund hoher operativer Auslastung oft keine Zeit • **Unternehmenswissen** wird nicht oder nur lückenhaft dokumentiert • Mitarbeitende bleiben dem Unternehmen nur **wenige Jahre** erhalten (wenn überhaupt) • Junge Mitarbeitende haben **veränderte Ansprüche** an Rahmenbedingungen wie Arbeitszeit und -ort, Modi der Zusammenarbeit und Entlohnung

20.2 E-Learning als disruptive Technologie

E-Learning schlägt die Brücke zwischen dem Ist- und dem Sollzustand. Was zunächst womöglich nach einer weit hergeholten Hypothese klingt, zeigt sich als klarer Trend in zahlreichen Fortune-500-Unternehmen. Im Jahr 2022 nutzten bereits über 40 % der Fortune-500-Unternehmen regelmäßig E-Learning-Angebote (Fortune India, o. J.). Als einer der Vorreiter in Sachen E-Learning gilt IBM. Bereits 2002 führte das Unternehmen E-Learning-Strategien ein.

2007 beschäftigte IBM etwa 3000 Wissenschaftler*innen und Ingenieur*innen (Tai, 2007). Mittlerweile hat sich IBMs Schulungsbudget halbiert. Nicht etwa, weil es weniger Bedarf gibt, sondern weil effizienter geschult wird. Durch die Einführung von IBM-Learning, einem umfassenden Training-and-Development-Programm, wurden Schulungskosten drastisch reduziert, während IBM-Mitarbeitende weiterhin zu den höchst qualifizierten Arbeitskräften der Welt gehören. Die Kostenreduktion ging nicht auf Kosten der Qualität. Im Gegenteil: Durch KI-gestützte E-Learning-Angebote hat die globale Belegschaft jederzeit Zugriff auf Lerninhalte: zu jeder Zeit, von jedem Ort aus, in zahlreichen Sprachen.

Mittlerweile wird E-Learning als disruptive Technologie bezeichnet. Denn sie führt einen rasanten Wandel herbei, verändert bestehende Prozesse und verdrängt etablierte Technologien und Verfahren. E-Learning bietet eine enorme Effizienzsteigerung gegenüber traditionellen Schulungsmodellen. Unternehmen, die E-Learning nicht einsetzen, fallen im Wettbewerb deutlich zurück. Mittlerweile kostet es mehr, auf E-Learning zu verzichten, als es einzusetzen (Thinkmedia, 2024).

Dabei ist E-Learning nicht nur Konzernen vorbehalten. E-Learning-Angebote lassen sich mit kurzer Projektlaufzeit und in hoher Qualität in jedem Unternehmen (selbst in Kleinstunternehmen) einführen. Auch KMUs im DACH-Raum profitieren spürbar von der Einführung von E-Learning im Unternehmen.

Wichtige Grundannahmen

Um E-Learning tatsächlich als disruptive Technologie einzusetzen, gilt es, einige Grundannahmen zu verinnerlichen:

- Unternehmen unterscheiden sich kaum noch durch USPs, sondern dadurch, „wie" sie ihren Unternehmensgegenstand erledigen. Sprich: durch das Team.
- Kompetente Mitarbeitende sind die Basis für die Zukunft.
- Der Fachkräftemangel ist ein reales Problem. Doch lamentieren hilft nicht.
- Ausbildungsstätten wie Schulen und Universitäten können mit dem technologischen Fortschritt nicht mithalten.
- Unternehmen sind Ausbildungsstätten an vorderster Front, was Fachkräfteentwicklung angeht. Diese Rolle gilt es zu akzeptieren.
- Die Rekrutierung von Mitarbeitenden erfolgt immer mehr anhand des „matchings" von Persönlichkeit und Mindset und weniger anhand von Fachkompetenz. Denn diese werden oft erst im Unternehmen erworben.
- Wir leben in einer VUCA-Welt („volatility", „uncertainty", „complexity", „ambiguity"). Führung und Lernen sind komplex und volatil. E-Learning ist ein Mittel, um diesen Herausforderungen zu begegnen.
- Nur 10 % des Unternehmenswissens (de Grip, 2015) sind formell übertragbar. E-Learning-Technologien unterstützen „menschenzentriertes" Lernen und schlagen eine Brücke zwischen formellem und informellem Lernen.

Diese Grundannahmen bedingen einen Paradigmenwechsel. Ein Paradigmenwechsel beschreibt den Übergang von einem dominierenden Denkmuster oder Modell zu einem neuen, das oft radikal anders ist und bestehende Theorien oder Methoden infrage stellt.

In diesem Kontext sehen wir einen Paradigmenwechsel im „Lebenszyklus" von Mitarbeitenden. Abb. 20.1 illustriert, wie der Lebenszyklus von Mitarbeitenden bisher konzipiert wurde. Formale Ausbildungsstätten wie Schulen und Universitäten spielen dabei eine zentrale Rolle.

Abb. 20.2 illustriert den Paradigmenwechsel hin zu Unternehmen als Ausbildungsstätten. Viele Unternehmer*innen spüren diesen Wechsel bereits seit Jahren. Warum also das Offensichtliche so ausführlich beschreiben?

Weil viele Empfehlungen und Maßnahmen zur Wettbewerbsfähigkeit von Unternehmen anhand von Idealannahmen getroffen werden. Die Idealannahme ist weiterhin, dass hoch qualifizierte Mitarbeitende aus Bildungseinrichtungen die Innovation ins Unternehmen bringen. Wegen komplexer gesellschaftlicher Veränderungen ist ein Umdenken nötig. Die folgenden Abschnitte zeigen, wie Prozesse im Lebenszyklus von Mitarbeitenden

Abb. 20.1 Idealer Lebenszyklus von Mitarbeitenden. (Quelle: Autorin)

Abb. 20.2 Realitätsnaher Lebenszyklus von Mitarbeitenden. (Quelle: Autorin)

angepasst werden müssen, um dem Fachkräftemangel zu begegnen und wettbewerbsfähig zu bleiben, wobei der Einsatz von E-Learning-Technologien besonders betont wird.

20.3 Branchenfremde Rekrutierung und ausländische Fachkräfte

Wie bereits erwähnt, spielen Fachkompetenzen in der Bewerbersuche immer mehr eine untergeordnete Rolle. Denn Mitarbeitende werden im Unternehmen selbst qualifiziert. Vielmehr geht es um passende Persönlichkeiten, soziale Kompetenzen und das Mindset.

Mit diesem Beitrag lade ich Sie dazu ein, Quereinsteigende und Jobsuchende mit nichtdeutscher Muttersprache nicht als „zweite Wahl" zu sehen. Im Gegenteil: Sprechen Sie diese gezielt an. Denn alle Unternehmen beschäftigen als Konsequenz des Fachkräftemangels früher oder später branchenfremde und ausländische Fachkräfte. Wenn Sie das Thema proaktiv angehen und gut darauf vorbereitet sind, sichern Sie sich einen deutlichen Wettbewerbsvorteil.

Vorteile von Quereinsteigenden

Das Beschäftigen von Quereinsteigenden bietet zahlreiche Vorteile, die Unternehmen nicht bewusst sind. Das liegt am Stigma gegenüber branchenfremdem Personal. Hier sind einige Vorteile, die zum Umdenken anregen könnten:

1. **Vielfalt der Fähigkeiten**: Quereinsteigende bringen einzigartige Fähigkeiten und Perspektiven aus anderen Branchen mit, die zur Innovation im Unternehmen beitragen.
2. **Flexibilität**: Menschen, die den Mut haben, einen neuen Karrierepfad einzuschlagen, sind oft besonders anpassungsfähig und lernbereit.
3. **Problemlösungsfähigkeit:** Frische Perspektiven führen zu kreativen Lösungsansätzen und brechen festgefahrene Denkmuster auf.

Erfolgreiche Integration von Quereinsteigenden

Quereinsteigende gezielt anzusprechen, lohnt sich also. Doch wie integrieren Sie neue Talente ins Unternehmen? Folgende Maßnahmen unterstützen Ihr Vorhaben:

- **Entwicklungsprogramme**: Bieten Sie umfassende Schulungs- und Weiterbildungsprogramme an, die Fachkompetenzen und branchenspezifisches Wissen abdecken.
- **Mentoring**: Ein Mentoringprogramm hilft Quereinsteigenden dabei, sich schneller in die neue Branche einzuarbeiten und ein Netzwerk innerhalb des Unternehmens aufzubauen.
- **Kultur der Offenheit**: Bestärken Sie eine Unternehmenskultur, die Vielfalt und neue Ideen schätzt.

Firstline Worker

Ein Szenario, das eingangs gar nicht beschrieben wurde, aber auf 80 % aller Arbeitskräfte (Beekeeper, 2024) zutrifft, sind sogenannte Firstline oder Frontline Worker mit nichtdeutscher Muttersprache. So werden all jene Arbeitnehmende bezeichnet, die keinen Büroarbeitsplatz haben, sondern direkt mit der Kundschaft, dem Produkt oder an Maschinen arbeiten. Bestimmt kennen Sie die Unterscheidung zwischen sogenannten White-Collar- und Blue-Collar-Mitarbeitenden. Blue Collar Worker sind Arbeiter, die typischerweise manuelle oder handwerkliche Tätigkeiten ausführen, während White Collar Worker Angestellte sind, die meist in Büro- oder Verwaltungsberufen tätig sind. Firstline Worker können sowohl Blue Collar als auch White Collar Worker sein. Bezeichnend ist, dass sie direkt in den operativen Kernprozessen eines Unternehmens tätig sind und keinen Schreibtischarbeitsplatz haben. Ihr

Mehrwert ist hoch, weshalb Einarbeitung und Qualifizierung zügig erfolgen sollten. Sprachliche Herausforderungen verzögern das Onboarding oder verhindern es sogar gänzlich.

Schauen wir uns dazu ein typisches Szenario aus der Praxis an:

In einer großen Produktionshalle eines deutschen Automobilzulieferers herrscht reger Betrieb. Kürzlich wurde eine Gruppe ausländischer Firstline Worker aus verschiedenen Ländern eingestellt, um dem Fachkräftemangel entgegenzuwirken. Unter ihnen ist auch Ahmed, ein junger Mechaniker aus Ägypten, der erst seit wenigen Wochen in Deutschland ist. Am ersten Arbeitstag versammelt sich die neue Gruppe in einem Konferenzraum zur Einführungsschulung. Der Produktionsleiter, Herr Müller, beginnt die Schulung in schnellem Deutsch. Ahmed versteht nur bruchstückhaft, was gesagt wird, und seine Unsicherheit wächst. Als es um die Bedienung der Maschinen geht, fühlt sich Ahmed völlig verloren. Er ist sich nicht sicher, ob er die Anweisungen richtig verstanden hat. Doch er traut sich nicht, nachzufragen, aus Angst, als unqualifiziert zu gelten.

Während seiner ersten Schicht gibt der Produktionsleiter Ahmed eine Anweisung, ein bestimmtes Teil zu montieren. Doch trotz der Bemühungen beider Seiten kommt es immer wieder zu Missverständnissen. Ahmed nickt häufig, obwohl er nicht genau weiß, was von ihm verlangt wird. Dies führt zu Fehlern, die den Produktionsprozess verlangsamen und zusätzliche Korrekturen erfordern. Die anderen Teammitglieder werden ungeduldig, und die Spannungen wachsen. Ahmed ist sehr fleißig und motiviert, doch lange gelingt es ihm nicht, seine Aufgaben vollumfänglich zu erledigen. Ihm fehlt das notwendige Training in seiner Muttersprache, um seine Aufgaben vollständig zu verstehen und durchzuführen.

In diesem beispielhaften Szenario mangelt es nicht an Kompetenz oder Motivation. Dennoch gestaltet sich die Einarbeitung des neuen Mitarbeiters als schwierig. Der Onboardingprozess ist ineffizient und führt sogar zu Spannungen im Team. Eine häufige, aber falsche Schlussfolgerung vieler Unternehmen ist, einfach keine Mitarbeitenden mit nichtdeutscher Muttersprache einzustellen. Doch damit fallen sie im Wettbewerb deutlich zurück. Denn Fakt ist, ohne ausländische Fachkräfte geht es heutzutage nicht.

Vorteile ausländischer Fachkräfte

Unter ausländischen Fachkräften sind in diesem Kontext vor allem jene Mitarbeitende gemeint, die erst seit Kurzem im DACH-Raum leben oder speziell für den Job umziehen müssten. Doch auch jene Mitarbeitende, die schon lange in Deutschland, Österreich oder der Schweiz leben und nur schlecht Deutsch sprechen, sind hier mitgemeint.

Welche Vorteile bietet die Rekrutierung ausländischer Fachkräfte?

1. **Zugang zu spezialisierten Fähigkeiten**: Ausländische Fachkräfte bringen oft spezialisierte Kenntnisse mit, die auf dem heimischen Arbeitsmarkt schwer zu finden sind. Klischees sollten zwar nicht verschärft werden, aber oft entspringen sie einem wahren Kern: der türkische Bauarbeiter, der polnische Handwerker und der indische Softwarespezialist. Bestimmte Branchen und Fähigkeiten genießen in bestimmten Kulturen ein höheres Ansehen und werden dementsprechend ausführlicher geschult. Diese Tatsache können Sie bei der Rekrutierung nutzen.

2. **Inklusive Unternehmenskultur**: Integration ist kein leeres Schlagwort, sondern entsteht überall da, wo Menschen aufeinandertreffen. Eine diverse Belegschaft ist ein guter Startschuss für eine inklusivere Unternehmenskultur. Diese trägt positiv zu Ihrem Employer Branding bei und macht Sie attraktiver für zukünftige Bewerber.
3. **Netzwerk**: Mitarbeiter mit internationalen Hintergründen können wertvolle Kontakte und Marktkenntnisse mitbringen. Diese lassen sich für Expansionsziele nutzen. So etwa, wenn Sie neue Zielgruppen wie Communitys ansprechen, neues Personal suchen oder globale Märkte erschließen.

Herausforderungen und Lösungen

Es liegt auf der Hand, dass die Beschäftigung ausländischer Fachkräfte mit Herausforderungen einhergehen kann. Folgende Maßnahmen erleichtern den Jobstart:

- **Onboarding in der Muttersprache:** Die ersten Wochen im neuen Job sind oft schwierig, besonders bei Sprachbarrieren. Ein Onboarding in der Muttersprache erleichtert den Einstieg und ermöglicht eine schnellere Produktivität von neuen Teammitgliedern ohne Deutschkenntnisse. Durch Autotranslatefunktionen in E-Learning-Lösungen lassen sich Lerninhalte schnell und zuverlässig in der gewünschten Sprache wiedergeben.
- **Sprachbarrieren und kulturelle Unterschiede**: Sprachkurse und interkulturelle Trainings erleichtern die Integration ausländischer Fachkräfte erheblich. Wenn möglich, sollten Sie diese unbedingt anbieten.
- **Bürokratische Hürden**: Die Einwanderungs- und Arbeitsgesetze können komplex sein, insbesondere wenn Jobsuchende aus dem Nicht-EU-Ausland kommen. Bieten Sie nach Ihren Möglichkeiten Unterstützung in Behördenfragen an.
- **Integrationsfragen**: Hilfe bei der Wohnungssuche, Schulanmeldung für Kinder und andere alltägliche Herausforderungen erleichtern ausländischen Fachkräften den Start in der neuen Umgebung.

20.4 Onboarding

Nach der Rekrutierung beginnt die entscheidende Onboardingphase, in der sich oft zeigt, ob das neue Teammitglied langfristig im Unternehmen bleibt. Denn 15 % der Arbeitnehmenden (Haufe, o. J.) denken bereits am ersten Arbeitstag an Kündigung. Ganze zwei Drittel aller Arbeitnehmenden (Beekeeper, 2024) erfahren kein strukturiertes Onboarding oder eine kontinuierliche Weiterbildung im Unternehmen. Das hat Folgen.

Folgen eines mangelhaften Onboardings

- **Niedrige Produktivität:** Ohne angemessene Einschulung benötigen neue Mitarbeitende länger, um ihre Aufgaben effizient zu erledigen.
- **Qualitätsverlust**: Fehlt ein strukturiertes Onboarding, wissen Mitarbeitende nicht, wie Prozesse korrekt ablaufen, was zu unvorhersehbaren Ergebnissen und niedrigeren Standards führen kann.

- **Frustration**: Ohne klare Anweisungen und Unterstützung fühlen sich neue Mitarbeitende frustriert, überfordert und unsicher.
- **Strapazierte Ressourcen:** Fehlt ein digitales Onboarding, müssen Mitarbeitende Zeit für die Einarbeitung von Neuzugängen aufwenden, was bei hoher Auslastung zur Belastungsprobe für das Team wird.
- **Mangelnde Integration**: Neue Mitarbeitende, die nicht ausreichend in die Unternehmenskultur integriert werden, fühlen sich isoliert und nicht zugehörig.
- **Hohe Fluktuation**: Ein unzureichendes Onboarding führt zu einer höheren Fluktuation, die Kosten generiert.

Informelles Lernen „formalisieren"

Informelles Lernen ist im Onboardingprozess entscheidend und umfasst Lernen durch Beobachtung, Erfahrungsaustausch und Interaktion im Team abseits formeller Schulungen. Es ist praxisnah und fördert das Teamgefühl. Mit E-Learning-Technologien kann informelles Lernen durch Microlearning formalisiert werden. Microlearning vermittelt Wissen in kurzen, maximal 10-minütigen Einheiten, die mobil abrufbar sind und sich leicht in den Arbeitsalltag integrieren lassen, wodurch eine authentische Lernumgebung geschaffen wird.

Digitales und mobiles Onboarding

Digitales Onboarding digitalisiert den Onboardingprozess, indem traditionelle, papierbasierte oder persönliche Methoden durch Online- und Softwarelösungen ersetzt werden. Interaktive Schulungen, Tutorials und E-Learning-Kurse vermitteln die notwendigen Informationen, um Aufgaben zu bewältigen und die Unternehmenskultur zu kennen. Mobiles Onboarding nutzt hierfür Smartphones oder Tablets, um so ortsunabhängig zu schulen.

20.5 Lebenslanges Lernen am Arbeitsplatz

Wettbewerbsfähige Unternehmen hören mit dem Schulen auch nach der Onboardingphase nicht auf. Sie nehmen den Wert des lebenslangen Lernens am Arbeitsplatz ernst. Im Sinne der Grundannahme, dass Unternehmen „Qualifizierungsbetriebe" sind, gehört die kontinuierliche Weiterbildung von Mitarbeitenden dazu.

Right Skilling

Eine besonders effiziente Weiterbildungsstrategie im Unternehmen ist das Right Skilling. Dabei werden gezielt Kompetenzen geschult, die für die Unternehmensziele relevant sind. Ausgangspunkt ist eine Bedarfsanalyse, um Schlüsselkompetenzen zu identifizieren. Darauf basierend werden maßgeschneiderte Entwicklungspläne für die Mitarbeitenden erstellt. Da diese Aufgabe komplex und zeitaufwendig ist, setzen viele Unternehmen mittlerweile auf L&D-Manager, welche Bildungsprogramme planen, umsetzen und evaluieren.

Upskilling
Upskilling konzentriert sich auf die individuelle Weiterbildung der Mitarbeitenden, um ihre bestehenden Fähigkeiten zu erweitern und sie auf komplexere Aufgaben vorzubereiten. Diese Strategie verbessert die Karrieremöglichkeiten der Mitarbeitenden und fördert ihre berufliche Entwicklung. Gleichzeitig stärkt sie das Unternehmen durch ein hoch qualifiziertes Team, das mehr Innovationskraft hat.

Menschenzentriertes Lernen
Es reicht nicht, Schulungsprogramme nur einzuführen, sie müssen auch effektiv und ansprechend sein. Effektive Lernprozesse sind menschenzentriert und stellen die Lernenden, nicht die Inhalte, in den Fokus. Das gelingt durch:

- **Formelles und informelles Lernen verbinden:** Blended Learning und Microlearning verbinden formale Trainings mit wertvollem informellem Wissen. Innovative E-Learning-Technologien bieten heutzutage eine breite Palette an Lernmöglichkeiten. So z. B. Conversational Microlearning, bei dem Lernende ein Gespräch mit einer KI führen und Fragen stellen, als würden sie im Team um Rat bitten.
- **Lerninhalte von Mitarbeitenden**: Lerninhalte von Teammitgliedern sind besonders wertvoll. Dabei kann es sich um Videos mit Schritt-für-Schritt-Erklärungen oder auch Audioaufnahmen handeln, in denen Prozesse, Richtlinien und „Insiderwissen" vermittelt wird.
- **Autonomie:** Lernen sollte eigenständig erfolgen und die Bedürfnisse, Präferenzen und Wissensstände der Lernenden berücksichtigen. Individuelle Lernpfade (Learning Journeys) personalisieren die Lernerfahrung.
- **Kollaboration:** Praxisbezogene Projekte, Peer-Learning und Lernnetzwerke ermöglichen es Mitarbeitenden, voneinander zu lernen.

20.6 Wissenssicherung

Als Unternehmenswissen werden jene Informationen bezeichnet, welche relevant für die Geschäftstätigkeit sind:

Explizites Unternehmenswissen: Dieses Wissen ist formal und kann systematisch in Dokumenten, Handbüchern, Datenbanken, Prozessbeschreibungen und Berichten festgehalten werden. Beispiele dafür sind Richtlinien, Prozessbeschreibungen, technische Spezifikationen und Unternehmensstrategien.
Implizites oder stilles Unternehmenswissen: Dieses Wissen ist schwerer zu erfassen, da es auf persönlichen Erfahrungen, Intuition und Fähigkeiten der Mitarbeitenden beruht. Es wird durch praktische Arbeit und informelle Interaktionen weitergegeben. Beispiele dafür sind Problemlösungsfähigkeiten, technisches Know-how und Verständnis für Kundenbedürfnisse.

Gut dokumentiertes Wissen ermöglicht es Mitarbeitenden, auf bewährte Verfahren und Lösungen zurückzugreifen und so effizient und produktiv zu arbeiten.

Folgen fehlender Wissenssicherung
Beim Ausscheiden von erfahrenen Mitarbeitenden kann wertvolles implizites Wissen verloren gehen, wenn es nicht rechtzeitig dokumentiert wird. Das hat negative Konsequenzen:

Wissensverlust: Ohne systematische Wissenssicherung geht wertvolles Wissen verloren, insbesondere wenn erfahrene Mitarbeitende das Unternehmen verlassen.
Qualitätsprobleme: Fehlende Best Practices und standardisierte Verfahren beeinträchtigen die Produkt- oder Dienstleistungsqualität und senken die Kundenzufriedenheit.
Höhere Kosten: Wiederholte Fehler und ineffiziente Prozesse erhöhen die Betriebsausgaben und senken die Produktivität.
Schlechtere Entscheidungsfindung: Mangelndes Wissen führt zu unzureichenden Informationen und suboptimalen Entscheidungen.

Formate der Wissenssicherung
Um Unternehmenswissen zu sichern, stehen zahlreiche Formate zur Verfügung. Einige davon sind:

1. **Dokumentation:** Systematische Dokumentation von Prozessen und Best Practices durch Handbücher, Projektberichte und Wissensdatenbanken.
2. **Mentoring und Coaching:** Erfahrene Mitarbeitende geben ihr Wissen durch Mentoringprogramme und Coaching weiter.
3. **Schulungen:** Interne Schulungen fördern gezielt die Wissensvermittlung und den Austausch von Erfahrungen.

Theoretisch sind alle diese Formate zielführend. In der Praxis fehlt jedoch oft die Zeit oder Kompetenz, um diese Formate umzusetzen.

Innovative Technologie: KI zur Wissenssicherung
Um Wissen zu sichern, lassen sich KI-gestützte E-Learning-Technologien nutzen. Denn sie ermöglichen es, mit hoher Zeitersparnis Wissen zu sammeln, es aufzubereiten und zugänglich zu machen. Das sind einige Anwendungsmöglichkeiten von KI-gestütztem E-Learning in der Wissenssicherung:

Automatisierte Dokumentation: Tools dokumentieren automatisch Informationen und organisieren diese. So werden beispielsweise Meetingprotokolle und Projektberichte automatisch erstellt und alle relevanten Informationen extrahiert.
Chatbots und virtuelle Assistenten: Sie unterstützen Mitarbeitende bei der Suche nach Informationen.

Predictive Analytics: Sie können vorhersagen, welches Wissen in Zukunft benötigt wird, und stellen sicher, dass dieses rechtzeitig verfügbar ist.

Alle Informationen, welche die KI im Rahmen der Wissenssicherung sammelt, kann sie in weiterer Folge für Onboarding- und Weiterbildungsinhalte aufbereiten.

20.7 Fazit

Unternehmen werden zu lebenslangen Ausbildern von Fachkräften. Zahlreiche Fortune-500-Unternehmen haben dies bereits verinnerlicht und entwickeln innovative E-Learning-Strategien, um ihre Belegschaft kontinuierlich weiterzubilden und so ihre Wettbewerbsfähigkeit zu steigern. E-Learning-Technologien wirken disruptiv, sind aber keinesfalls nur Konzernen vorbehalten. Der Paradigmenwechsel hin zu Unternehmen als Qualifikationsbetriebe betrifft alle Branchen und Unternehmensgrößen. Auch die Folgen des Wandels betreffen alle Unternehmen: Weniger qualifiziertes Personal, hohe Fluktuation und Wissensverlust. Doch statt in einer Schockstarre zu verweilen, gilt es, diesen Wandel radikal zu akzeptieren und innovative Lösungsmöglichkeiten zu ergreifen. Durch KI-gestützte E-Learning-Systeme schulen Sie neue Mitarbeitende schneller ein, qualifizieren diese laufend zu einer hochkompetenten Belegschaft und sichern wertvolles Unternehmenswissen für viele Generationen. Was es dafür braucht, ist der Mut zum Umdenken und ein starker Technologiepartner an Ihrer Seite.

Literatur

Beekeeper. (2024). *Frontline Trends und Prognosen 2023.* https://www.beekeeper.io/de/white-paper/frontline-trends-und-prognosen-2023/. Zugegriffen am 26.07.2024.

Fortune India. (o.J.). *How the power of e-learning is taking over the world.* https://www.fortunein-dia.com/enterprise/how-the-power-of-e-learning-is-taking-over-the-world/109413. Zugegriffen am 26.07.2024.

de Grip, A. (2015). *The importance of informal learning at work.* IZA World of Labor, Institute for the Study of Labor (IZA).

Haufe Online Redaktion. (o.J.). *Umfrage zum Onboarding in Unternehmen.* https://www.haufe.de/personal/hr-management/umfrage-zum-onboarding-in-unternehmen_80_396926.html. Zugegriffen am 26.07.2024.

Tai, L. (2007). *Corporate e-learning: An inside view of IBM's Solutions.* Oxford University Press.

Thinkmedia. (2024). *E-Learning Statistiken 2024: Alle Entwicklungen und Trends in der digitalen Weiterbildung für Unternehmen.* https://thinkmedia.de/e-learning-statistiken-2024-alle-entwicklungen-und-trends-in-der-digitalen-weiterbildung-fur-unternehmen/. Zugegriffen am 26.07.2024.

Norma Demuro ist Gründerin der keeunit GmbH, die mit keelearning seit 2017 innovative E-Learning-Umgebungen für Unternehmen schafft. Nach über 300 erfolgreich umgesetzten E-Learning-Projekten in KMU und Konzernen und mehr als 20 Jahren E-Learning-Erfahrung weiß sie genau, worauf es bei der Einschulung und Weiterbildung von Mitarbeitenden ankommt. Innovativ, alltagsnah, praxisgetrieben und inklusiv: So muss Weiterbildung in Unternehmen aussehen. Mit einem besonderen Fokus auf mehrsprachige Teams und Non-Desk-Workers gibt sie der E-Learning-Welt den notwendigen Perspektivenwechsel, um produktive und kompetente Teams aufzubauen.

Weiblich führen, stark gestalten: Erfolgreich in eine neue Ära

21

Katharina Lages-Willner

21.1 Einleitung

Wenn es um Frauen in Führungspositionen geht, ist die Luft statisch aufgeladen. Statt strategisch und faktisch darüber zu diskutieren, erhitzen sich die Köpfe und es bilden sich zwei Lager. Die einen für Frauen und deren Förderung, Quotenregelungen inklusive; die anderen gegen alles, was die Diskussion zu bieten hat. Ich habe mich mit meinem Unternehmen entschieden, für Frauenförderung einzustehen und dabei ausschließlich Frauen auf ihrem Weg in die Führungsebenen zu begleiten. Das Vorurteil, dadurch gegen Männer zu sein, trifft mich regelmäßig. Frauen zu positionieren und ihre Individualität zu unterstützen, ist eine „aktive" Entscheidung, die ich getroffen habe, weil ich die Vorteile und Hindernisse und alle Vorteile kenne.

Lassen Sie mich eines zu Beginn klarstellen: Für Frauen bedeutet nicht, gegen Männer zu sein.

Vielmehr bedeutet es, gemeinsam Strukturen aufzubrechen. Wir alle sind Teil unserer gesellschaftlichen und privaten Strukturen. Von Privilegien, die sichtbar und unsichtbar sind und in irgendeiner Form geprägt durch die Muster unserer Erlebnisse. In diesem Kapitel brechen wir gemeinsam Strukturen auf und schaffen hoffentlich Platz für Neues. Sollten Sie Fragen haben, kommen Sie gern auf mich zu. Ich habe für dieses Kapitel sowohl internationale Studien, meine eigenen Erfahrungen als auch großartige Bücher mit einbezogen und führe es (hoffentlich) kurzweilig zusammen. Manches wird Ihnen vielleicht überspitzt vorkommen, manchmal mögen Sie denken: „So schlimm ist das ja nun auch nicht." Und ich gebe Ihnen recht. Es gibt unterschiedliche Sichtweisen. Hier

K. Lages-Willner (✉)
Overath, Deutschland
E-Mail: katharina@heartbrain-consulting.de

C. Kastner et al. (Hrsg.), *Führung im Wandel*,
https://doi.org/10.1007/978-3-658-47645-8_21

beleuchten wir die weibliche Führungsebene. Ich freue mich, wenn Sie durch meine Worte Inspiration gewinnen oder den Mut haben, Neues auszuprobieren. Denn Neues braucht Menschen wie Sie. Menschen, die mehr für alle wollen.

In meiner Arbeit erlebe ich häufig den gegenseitigen Unmut, der sich über die Verhaltensweisen der anderen äußert. Lieber stellen wir die Besonderheiten der eigenen und anderen Gruppe heraus, als uns mit den Chancen zu beschäftigen. Ein Beispiel ist die Durchsetzungsfähigkeit. Frauen können sich nicht durchsetzen, so die herrschende Meinung unserer Gesellschaft. Ist das wahr, oder ist es vielleicht eher die Qualifikation, die wir nur personenbezogen zulassen wollen? (Rudman, o. J.). Gleiches gilt für männliche Führungskräfte, die Vater werden. Selbstverständlich nehmen wir als Gesellschaft ihren neuen Bonus wahr. Sie haben einen Meilenstein der Weiterentwicklung geschafft, der ihnen zu mehr Führungsstärke und Stringenz in ihrer Arbeit verhilft. Beförderung inklusive. Gleichzeitig wird die weibliche Führungskraft, die gerade ihre Zusatzqualifikation Mutter angetreten hat, zunehmend unsichtbarer und ärmer. Es sind Frauen, die bereits auf der Zielgeraden sind und trotz Zusatzqualifikation Mutter Rückschritte machen müssen.

Ich möchte mit Ihnen gemeinsam aufräumen und Ihnen zu einer neuen Führungsqualifikation verhelfen, die in einer zunehmend volatilen Welt einen Quantensprung bedeutet. Wenn Sie also eine neugierige Frau und ein neugieriger Mann sind, lesen Sie ruhig weiter.

Folgende Themen werden wir zusammen bearbeiten:

- Führungsstile von Frauen und Männern,
- Prägung und gesellschaftliche Normen als Hindernis,
- Tools, um aufzusteigen, ohne zu fallen,
- Krisenmanagement und nachhaltige Entscheidungsfindung.

21.2 Prägung und gesellschaftliche Normen als Hindernis weiblicher Führungspersönlichkeiten

Im Buch *Beklaute Frauen* (2024) schreibt Leonie Schöler zum Thema fehlende Vorbilder, dass die Ausradierung weiblicher Führungspersönlichkeiten aus der Geschichte Lücken in der Identifikation und Orientierung für heutige Frauen in Führungsrollen hinterlässt.

Was das bedeutet, macht vor allem unsere Interpretation aufgefundener früherer Führungspersönlichkeiten deutlich. Sobald eine Person mit Waffen als Grabbeigabe bestattet wurde, tendieren Forschende bis heute dazu, sie als Mann zu definieren. Eine falsche Annahme, wie neue Scans zeigen. Die gefundenen Körper sind vermehrt weiblich. Durch die geschichtliche Prägung existieren tief verankerte Vorurteile, die Frauen als weniger fähig für Führungsrollen einstufen. Dies beeinflusst die Wahrnehmung und Bewertung weiblicher Führungskräfte bis heute negativ. Brauchen wir also einfach nur mehr Vorbilder? Wissen wir als Gesellschaft einfach nicht, dass Frauen gleichwertige Führungspersonen sind? Natürlich wissen wir das. Oder warum hat schon in den 2000ern eine

Staubsaugerfirma Mütter als Familienmanagerinnen in der Werbung positioniert (Vorwerk 2006)? Sarkasmus inklusive. Es sind Bilder wie diese, die das Sinn- und Arbeitsbild der Frau dogmatisch halten. Frau im Management? Schon, aber hat sie dann noch genügend Zeit für andere Pflichten? Bis heute gibt es feste Normen, wie die Gesellschaft das Verhalten von Mädchen und Jungen sehen möchte. Im Vordergrund stehen immer wieder die unterschiedlichen Eigenschaften von Frauen und Männern und ich schließe mich der Meinung an, dass Unterschiede weniger genetisch als sozial geprägt sind.

Zur Erklärung

Alle Unterschiede, die uns sowohl in der Führung als auch im Verhalten zwischen den Geschlechtern auffallen, sind größtenteils angelernt. Ebenso wie unsere Erwartungshaltung und unser Vertrauen, wenn es um Führung geht. Die aktuelle Welt der Führung und Anforderung daran ist überwiegend männlich geprägt. Als Gesellschaft sind wir es gewohnt, Männer in Führung zu sehen, und vertrauen ihnen, wenn es um die Kompetenz und Ausführung geht. Eine spannende Studie von Heilman, M. E., und Haynes, M. C., untersucht die Verzerrung in der Wahrnehmung von Erfolgen, wenn Männer und Frauen in gemischten Teams arbeiten (Heilman, 2005). In der Untersuchung wird gezeigt, dass Männer signifikant mehr Anerkennung und Lob für erfolgreiche Teamleistungen erhielten, selbst wenn ihre weiblichen Kolleginnen gleichwertige Beiträge leisteten. Frauen wurden häufiger als „glücklicher Zufall" oder „Zufallstreffer" eingestuft, während den Männern Kompetenz und Fähigkeiten zugeschrieben wurden.

Zentrale Erkenntnis

Männer werden systematisch für dieselbe Leistung erfolgreicher bewertet als Frauen, was auf tiefe geschlechterbasierte Vorurteile in der Arbeitswelt hinweist. Die unterschiedlichen Prägungen, die unseren Geschlechtern gesellschaftlich zugeteilt wurden, machen also einen Großteil der Bewertungsfehler aus. Während wir alle über fehlende Fachkräfte diskutieren, werden bestehende Ressourcen weiterhin ignoriert. Nur ca. 8 % der 100 größten Familienunternehmen Deutschlands werden von Frauen geführt. Töchter werden also deutlich seltener als Nachfolge in Betracht gezogen. Dabei macht es durchaus Sinn, gerade in dieser volatilen und unbeständigen Zeit Frauen das Zepter in die Hand zu geben.

Warum eigentlich?

21.3 Führungsstile von Frauen vs. Männern

Direkt vorweg: Erfolgreich ist, wer beides hat.

Eine Frage, zu der es immer wieder kommt, wenn ich mit meinen Klientinnen arbeite, ist die Frage nach ihrem Raum. Frauen wachsen mit dem Anspruch auf, zufrieden zu sein. Ich begleite ausschließlich Frauen, weil ich mich auf die Bedürfnisse, Bedingungen und Lebensentwürfe von ihnen spezialisiert habe. Jedes Unternehmen gewinnt an Stärke und Zukunftsfähigkeit, wenn es eine paritätisch ausgeglichene Führungsstruktur aufweist.

Internationale wie regionale Unternehmen steigern ihre Unternehmenserfolge und rüsten sich an Resilienz und Lösungsfindung in unserer heutigen und zukünftigen unbeständigen Wirtschaft. Das hat weniger mit *diversity* zu tun, als mit der wirtschaftlichen Entscheidung einer nachfolgeorientierten Unternehmerschaft.

Hier einige Ergebnisse internationaler Studien:

- **Ernst & Young:** Unternehmen mit Frauen in Führungspositionen haben tendenziell eine bessere langfristige Performance und stabilere Geschäftsentwicklungen (Ernst & Young, 2016).
- **S&P Global Market Intelligence**: Unternehmen mit weiblichen CEOs oder CFOs erzielen signifikant bessere Aktienkursrenditen und verbesserte Gewinne (S&P Global Market Intelligence, 2019).
- **Catalyst**: Firmen mit der höchsten Anzahl an Frauen im Management erzielten eine um 34 % höhere Gesamtrendite gegenüber dem Branchendurchschnitt (Catalyst, 2004).
- **McKinsey & Company**: Firmen mit Geschlechterdiversität in Führungsebenen schneiden um 25 % besser bei Profitabilität ab (McKinsey & Company, 2020).

Frauen in *sichtbaren*[1] Führungspositionen zu fördern, ist also längst keine gute Tischmanier mehr. Es ist eine aktive Entscheidung für Wachstum, Erfolg und Stabilität.

Warum ist eine paritätische Führungsstruktur so erfolgreich?

Unsere Gesellschaft verändert sich und damit auch die Arbeitswelt. Noch vor zehn Jahren war ein standortgebundener Arbeitsplatz der Traum einer:s jeden Arbeitnehmenden. Erst seit 1977 dürfen Frauen eigenständig einen Arbeitsvertrag unterschreiben. Hört sich nicht mehr relevant an? Die Babyboomer 1946–1964 scheiden gerade erst aus dem Arbeitsleben aus. Die Generation X, 1965–1979, ist die führende Generation, wenn es um Leadershipnachfolge geht. Die Frage, warum es uns so schwerfällt, Frauen in Führungsrollen zu sehen und sie mit ihren wertvollen Aspekten gleichwertig anzunehmen, ist schließlich nicht einfach zu beantworten, denn sie besteht sowohl aus eingeübten Mustern als auch aus zu lang gewährten Einschränkungen für Frauen in der Geschichte.

Googeln Sie die Führungsattribute von Frauen, erhalten Sie folgendes Ergebnis: kooperativ, empathisch, kommunikativ.

Kommunikation bei Frauen wird gern mit vielen Worten abgewertet. Was wäre aber, wenn wir die Kommunikation von Frauen ohne Vorurteile betrachten? Eine Gesellschaft, die immer weniger greifbar ist, weil Social Media und digitale Medien einen Großteil der Kommunikation übernehmen, braucht Menschen, die eine hohe Kompetenz an kommunikativem Interesse besitzen. Hier geht es nicht ums Quatschen beim Puppenspielen, hier geht es um das Gefühl, als Mensch zu existieren. Nachdem gerade in großen Unternehmen Positionen bis zur Unkenntlichkeit zerstückelt wurden, ist der einzige Weg, Menschen zu halten, ihnen

[1] Die Bezeichnung „sichtbar" ist bewusst kursiv gefasst, um Gedanken um die Positionierung von Frauen anzustoßen.

Interesse an ihrer Person zu zeigen. KI und Digitalisierung haben große Vorteile für uns, die höchste Fehlerquelle besteht jedoch weiterhin in der anschließenden Bewertung. Durch persönliche Normen, Vorurteile und Prägungen werden unbewusste Hürden erstellt.

Der Haloeffekt im Neuromarketing gibt hier eine schöne Verbindung her. Als Halo bezeichnen wir die vordefinierte Präsenz einer Person oder eines Merkmals. Eine Frau mit Brille wird beispielsweise als schlauer wahrgenommen als eine Frau ohne Brille. Ein Mann im Anzug ist erfolgreicher als ein Mann in einer Latzhose, so die Wahrnehmung (Kahneman, 2013). Innerhalb weniger Sekunden entscheidet unser wohltrainiertes Unterbewusstsein über die Konnotation einer Person. Hier treffen vor allem gewohnte Bilder eine Entscheidung. Je mehr Frauen in sichtbaren Führungspositionen wir also sehen, desto eher schreiben wir als Gesellschaft der Frau die Rolle der erfolgreichen Managerin zu.

Ein weiterer Effekt ist das Mentoring Gap. Frauen erhalten im Mentoring häufiger Tipps und Ratschläge, während Männer häufiger Vernetzungen und strategische Vorteile erhalten. Gleichzeitig sind Mentor:innen von Frauen in der Regel niedriger gestellt als Mentor:innen, die Männern zur Seite stehen.

▶ **Zwei erfolgreiche Strategien**, die an diesen beiden Effekten hängen und damit schnell umsetzbar sind:

1. Hinterfragen Sie die Entscheidungen, die Sie schnell und aus Ihrer Gewohnheit heraus treffen.
2. Wenn Sie sich Mentoringunterstützung holen oder einen Mentoring-Circle in Ihrem Unternehmen aufbauen, wählen Sie Mentor:innen mit Visionskraft und bringen Sie deutliche Hierarchieunterschiede („upleveling") zusammen. Geben Sie Guidelines an die Hand, oder sorgen Sie für eine Begleitung.
3. Fordern Sie Kontakte und Beziehungen ein!

Pandemien und Globalisierung verändern unsere Bedürfnisse schneller, als wir es natürlicherweise tun würden. So befindet sich die ganze Welt in einer Postpandemieentwicklung. Für Führungskräfte bedeutet das, auf Unsicherheiten reagieren zu müssen. Gespräche auf dem Beziehungsweg öffnen deutlich mehr Türen und verbinden Generationen und Geschlechter miteinander. Die einen nennen es kooperatives Führen, ich würde es modern eher als „integrales Führen" bezeichnen. ***Integral*** bedeutet in diesem Fall: ganzheitlich wahrnehmen, verbinden und Beziehungen aufbauen. Weibliche Kompetenzen wirken in diesem Schema besonders lösungsorientiert.

Wie in Abb. 21.1 dargestellt, ist die männlich erlernte Führung im Gegensatz geprägt durch schnelles, unabgelenktes Nach-vorne-Arbeiten.

Aufgrund ihrer häufigen Balance zwischen mehreren Aufgaben hat die weibliche Führung einen breiteren Blick und nimmt mit ihrer Intuition auch die emotionalen Bedingungen wahr. Ebendieser Benefit ist immer wieder auch eine Herausforderung. Ein breites Spektrum an Wahrnehmung bedeutet natürlich auch viele Eindrücke und einen breiteren Fokus. Nicht selten kommen hier Themen auf den Tisch, die schon einige Jahre in der Ver-

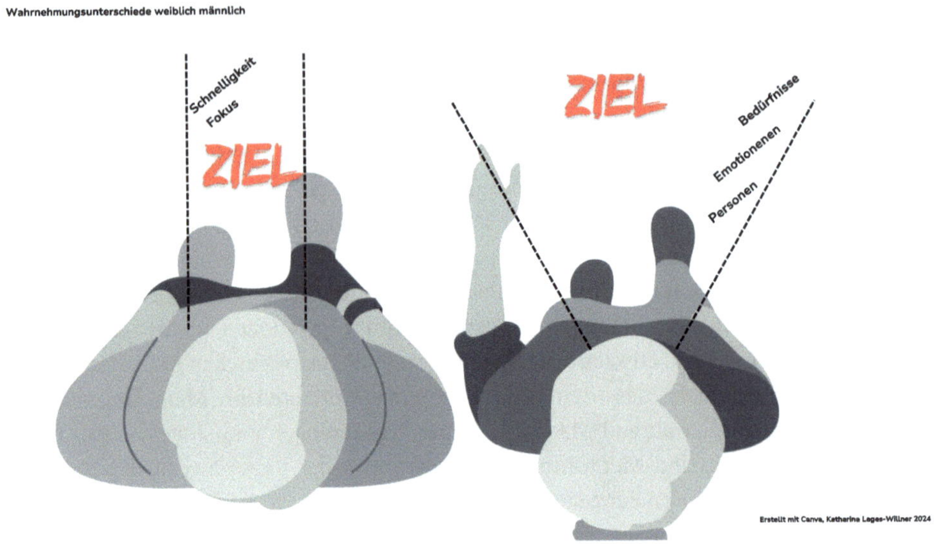

Abb. 21.1 Wahrnehmungsunterschiede weiblich männlich. (Quelle: Autorin)

gangenheit liegen. Zudem ist es vollkommen normal, dass alle privaten Themen ebenfalls von Frauen wahrgenommen, aufgenommen und bearbeitet werden.

Schaffen Sie sich oder Ihren weiblichen Führungskräften Raum. Wir brauchen in unserer aktuellen wirtschaftlichen Situation und auch in der Zukunft einen klaren Fokus auf zwischenmenschliche Beziehungen. Generationen und Geschlechter können nur dann zusammenfinden, wenn sie ihre individuellen Fähigkeiten nutzen können. Eine heterogene Gemeinschaft zusammenzubringen, funktioniert vor allem über Gespräche. Unsere Wirtschaft ist auf die zielstrebige, nach vorne gerichtete Führungsarbeit ausgelegt und korreliert doch wenig mit ihr. Der Fachkräftemangel, Nachfolgemangel und Betriebsschließungen zollen vor allem im Mittelstand ihren Tribut. Nebenbei ist die Unsicherheit über Bedürfnisse und Bedingungen neuer Generationen groß.

Ich gebe Ihnen jetzt eine spannende Erkenntnis mit. Die Bedürfnisse von Frauen überschneiden sich mit denen der jungen Generation. Wenn Sie also bereit sind, die eine Seite anzupacken, öffnen Sie ohne weiteren Aufwand auch die andere Tür. Lange gab es keine so große wirtschaftliche Hebelwirkung wie diese.

▶ **5 direkte Hacks**

- **Flexibilität:** Jede:r definiert den Mix aus Freiheit und Erfolg anders. Fragen Sie nach und setzen Sie Testzeiträume auf.
- **Parität**: Führung teilt sich zu zweit hervorragend auf und macht sie mit den privaten Anforderungen vereinbarer. Bringen Sie Gegensätze zusammen.
- **Vertrauen**: Auch junge Personen können führen. Stellen Sie eine:n Senior Leader:in als Sparringspartner:in zur Seite. Achtung: Sparring bedeutet Inspiration, nicht Überwachung!

- **Verantwortung:** Schluss mit Micromanagement. Wer sich mit der Weiterentwicklung Ihrer Team Member wirklich beschäftigen will, braucht Zeit. Lernen Sie Delegieren und vertrauen Sie aufs Gelingen.
- **Netzwerk**: Das Wertvollste am Erfolg ist das Netzwerk. Öffnen Sie Ihre internen und externen Verbindungen, um Neues hereinzulassen und schneller zu wachsen.

21.4 Es ist entscheidend, mit wem ich mich umgebe! Tools, um aufzusteigen, ohne zu fallen

Ein Formel-Eins-Team wird gesucht. Ein vollkommen strategisches, emotionales und fokussiertes Team. Denn wir sind das Ergebnis von den fünf Personen, mit denen wir uns regelmäßig umgeben („You are the average of the five people you spend the most time with", Rohn, 1991).

Nutzen Sie ruhig die kurze Reflexion und überlegen Sie, mit wem Sie in der letzten Woche die meiste Zeit verbracht haben. Für alle, die der Carearbeit verpflichtet sind, entsteht hier in der Regel ein unverrückbarer Anteil. Klar, es geht nicht darum, Ihr Kind vor die Tür zu setzen (auch wenn das manchmal als die beste Version erscheint) als mehr darum, diesen Faktor durch eine andere Person, die sie in Karriere und Persönlichkeit bereichert, auszugleichen. Die Personen, die Sie umgeben, können entweder unterstützend für Pläne und Karriereziele sein oder davon abhalten. Nicht alle Personen unterstützen zur selben Zeit im richtigen Projekt. Daher ist es wichtig, zu gegebener Zeit anzuhalten, sich umzuschauen und das externe Team zu überprüfen.

Folgende Struktur ist empfehlenswert

2 Personen, die da sind, wo Sie sich in der Zukunft sehen (gern optimistisch und langfristig). Wenn also Aufsichtsrätin das Ziel ist, suchen Sie nach zwei Personen, die hier bereits angekommen sind oder sichtbare Beziehungen in diesem Bereich aufweisen.

2 Personen, die mit Ihnen im gleichen Level spielen. Austausch ist wichtig. Wer immer allein kämpft, überemotionalisiert schnell die täglichen Erlebnisse. Regelmäßige Sparringsessions mit Personen, die wohlwollend an Ihrer Seite stehen, sind entscheidend für die eigene (mentale) Gesundheit und Resilienz.

1 Person, die zu Ihnen aufschaut und die Sie durch Ihr Wissen bereichern. Hatten Sie schon einmal das Gefühl, nicht gut genug zu sein? Es tut gut zu wissen, dass die eigenen Erfahrungen wertvoll sind und nicht nur der eigenen Karriere helfen. Wissen teilen stärkt die Wertschätzung für sich selbst.

Frauen wird gern gesagt, sie fallen weich, wenn sich entweder noch ein Mann im privaten Umfeld findet, der den Grundbedarf sichert, oder eine Karriereoption wieder rückabgewickelt werden kann.

Fallen ist fallen!
Es ist das Gefühl, ohnmächtig (ohne Macht) zu sein und sich der Situation hingeben zu müssen. Sorgen Sie also dafür, dass nicht das Fallen entscheidend ist, sondern konzentrieren Sie sich lieber auf die Landung. Mit dem richtigen Team an der Seite und im Rücken landen Sie auf Ihren Füßen und sind bereit weiterzulaufen. Entscheiden Sie sich dafür, dem eigenen Tun mächtig gegenüberzustehen.

Von Impostor zu sichtbar positioniert
Das Impostorsyndrom ist mittlerweile in aller Munde. Es beschreibt das bei Frauen häufiger vorkommende Syndrom, eigene Qualitäten anzuzweifeln. „Früher oder später werden sie merken, dass ich das gar nicht kann." In diesem Zusammenhang definieren sich auch Erfolge und Misserfolge. Einer der einzigen genderspezifischen Unterschiede. Frauen bewerten eigene Erfolge als Teamerfolg, Sätze wie: „Ich habe das natürlich auch durch Personen XY geschafft, das war nicht nur meine Leistung", beschreiben die Sichtweise. Misserfolge hingegen werden in der Regel als selbst verschuldet wahrgenommen, auch wenn mehrere Personen beteiligt waren. Männer haben eine genau gegensätzliche Wahrnehmung. Allein durch diesen Unterschied bewerten wir häufig falsch.

▶ **Was ist zu tun?** Sprechen Sie gleichwertig sowohl über Ihre eigenen Erfolge, auch wenn sie noch nicht komplett sind, als auch über die Erfolge im Team.

Verbinden Sie immer eine eigene Kompetenz mit einer Herausforderung, die Sie gelöst haben.

Machen Sie Ihre Erfolge regelmäßig sichtbar.
Hier einige Plattformen:

- Als Social-Media-Beitrag.
- Nehmen Sie eine Präsentation an und halten Sie diese.
- Binden Sie immer 2 Punkte ein, die Ihre Erfolge deutlich machen.
- Teilen Sie Ihre Gewinne (auch kleine) im Kaffeegespräch.
- Netzwerken Sie auf Basis Ihrer Erfolge.
- Sprechen Sie Erfolge Ihrer Kolleginnen an.

Wer lieber auf Studien baut, hier noch eine, die die Rolle der Sichtbarkeit bei der Überwindung des Impostorsyndroms, insbesondere bei Frauen in Führungspositionen, untersucht hat (Kark, 2005). Die Forschung zeigt, dass Frauen in Führungsrollen häufig mit dem Impostorsyndrom konfrontiert sind, weil sie sich durch stereotype Erwartungen und geringere Repräsentation in Führungspositionen unsicher über ihre Fähigkeiten fühlen. Gleichzeitig wird gezeigt, dass erhöhte Sichtbarkeit, z. B. durch gezielte Anerkennung ihrer Leistungen oder durch Mentoring, dazu beiträgt, das Syndrom zu verringern.

21.5 Parität als Schlüssel zur Resilienz: Wie Frauen Unternehmen widerstandsfähiger machen

Frauen in Führung stärken Unternehmen. Kern dieser Entwicklung ist nicht die rein genetische Differenz, sondern der neue Blickwinkel. Mütter sind hier ein hervorragendes Beispiel. Wir könnten sie in ihrer neuen Kraft nutzen, entscheiden uns aber, sie in die Ecke zu stellen, ebenso wie Frauen in der Lebensphase möglicher Schwangerschaften. Stichwort: Potenzialvergeudung.

Welchen Blickwinkel schätzen wir an Berater:innen? Richtig, einen unvoreingenommenen, aber durchaus mit dem Unternehmen identifizierten. Bedeutet bitte so frisch, dass Fehler gesehen werden und so interessiert, dass die Herausforderungen gelöst werden. Ich exerziere das am Beispiel einer Mutter. Gleiches gilt im Onboarding von Frauen in Führung:

Die Mutter, die aus der Elternzeit zurückkehrt, ist ein Juwel. Sie musste bereits viele Hürden meistern und kehrt mit neuer Perspektive zurück und bringt diese Distanz als Mehrwert ein. Ich erlebe Unternehmen, die diese Frauen aus Unwissenheit abstempeln, und ich erlebe Frauen, die aus Erschöpfung zurückweichen. Was fehlt, ist die Kommunikation. Bereits mit der Ankündigung einer Schwangerschaft darf sich in der Kommunikation strategische Neugierde entwickeln.

Gegenseitige Fragen, die helfen, eine neue Art der Workbeziehung aufzubauen:

- Wie sehe ich mich als/sieht sich die werdende Mutter?
- Was sind Ängste?
- Welche Karriereziele habe ich/hat sie?
- Bin ich/ist sie daran interessiert, zu Teammeetings oder Veranstaltungen des Unternehmens eingeladen zu werden?

Zum Wiedereinstieg stehen die gleichen Fragen auf der Agenda. Das Business Development Sparring ist der Erfolgsbonus. Eine schlaue Art des Onboardings. Der gegenseitige Lerneffekt sorgt für Augenhöhe und Verständnis. Verständnis sorgt für Vertrauen, Vertrauen für Resilienz. Und diese für die Erhaltung wertvoller weiblicher Führungskräfte in Ihrem Unternehmen. Nichts ist Unruhe stiftender als zurückkehrende Personen, die noch im ersten Jahr vor Erschöpfung und Enttäuschung kündigen. Eine Studie von Hewlett, S. A., und Luce, C. B., zeigt, dass 37 % der Frauen (insbesondere Mütter) nach ihrer Rückkehr in den Beruf innerhalb eines Jahres wieder kündigen oder ihre Karriere unterbrechen. Hauptgründe dafür sind unzureichende Unterstützung durch das Unternehmen, mangelnde Vereinbarkeit von Familie und Beruf sowie strukturelle Hürden wie fehlende Flexibilität oder ansprechende Wiedereinstiegsprogramme (Hewlett, 2005).

Wenn Sie als Leser:in bereits eine ähnliche Situation erlebt haben, wie gut hätte es getan, wenn Sie Wertschätzung erfahren hätten? Für Ihre bisher geleistete Arbeit, für Ihre Treue zum Unternehmen und für Ihr Interesse am Unternehmen. Ich spreche aus Erfahrung. Ich habe es selbst erlebt.

Resilienz ist eine Tomatenpflanze. Für alle Hobbygärtner:innen hier: „You know what I mean." Sie ist pingelig. Also sorgen Sie sich und schauen Sie hin. Denn Hinweise gibt es immer. Ich hoffe, ich konnte Sie in diesem Kapitel mitnehmen und Ihnen zeigen, dass die Unterschiede nicht im Chromosom liegen, sondern in den Strukturen, unter denen wir leben und uns entwickeln. Frauen in Führung sind keine Option. Als Frau in Führung sind Sie kein Projekt. Sie sind wichtig und entscheidend. Geben Sie sich selbst diesen Wert und hinterfragen Sie die Entscheidungen, die getroffen werden.

21.6 Lessons Learned: Frauen in Führung und Führungskräfte, die Parität umsetzen wollen

Für Frauen in Führung

1. **Vorurteile überwinden:**
   - Frauen sollten sich bewusst sein, dass historische und gesellschaftliche Vorurteile ihre Leistungen oft anders bewertet werden lassen als die ihrer männlichen Kollegen. Es ist wichtig, eigene Erfolge klar und sichtbar zu machen.
2. **Netzwerke und Mentoring strategisch nutzen:**
   - Suchen Sie sich Mentor:innen und Netzwerke, die nicht nur Tipps geben, sondern strategische Unterstützung bieten. Achten Sie darauf, von Mentor:innen auf höherer Ebene zu lernen, um Ihre Position zu stärken.
3. **Eigene Führungsqualitäten schätzen:**
   - Nutzen Sie Ihre kooperativen und empathischen Fähigkeiten bewusst als Stärken. Diese Qualitäten sind in einer modernen, vernetzten Arbeitswelt entscheidend.
4. **Elternzeit als Karrierevorteil begreifen:**
   - Setzen Sie Ihre Erfahrungen als Mutter oder Elternzeit aktiv ein, um neue Perspektiven ins Unternehmen einzubringen. Fordern Sie klare Kommunikation und Wiedereinstiegsprogramme ein.
5. **Impostorsyndrom überwinden:**
   - Machen Sie Ihre Erfolge sichtbar und vernetzen Sie sich aktiv. Akzeptieren Sie Lob und Anerkennung für Ihre Leistungen, ohne diese abzuwerten.

Für Führungskräfte, die Parität umsetzen wollen

1. **Geschlechtervorurteile aktiv bekämpfen:**
   - Schaffen Sie Bewusstsein für unbewusste Vorurteile in Ihrem Unternehmen und ermutigen Sie eine faire Bewertung der Leistungen von Frauen und Männern.

2. **Strategische Förderung durch Sparring und Mentoring:**
   - Bieten Sie Frauen gezielte Programme an, die strategische Vernetzung und Aufstiegsmöglichkeiten in den Vordergrund stellen. Achten Sie darauf, dass Mentor:innen auf höheren Hierarchieebenen positioniert sind.
3. **Paritätische Führungsstruktur etablieren:**
   - Fördern Sie aktiv die Kompetenzen von Frauen in Führung, indem Sie ihre Stärken wie Kommunikation und Empathie als entscheidend für den Unternehmenserfolg positionieren.
4. **Unterstützung bei Elternzeit und Wiedereinstieg:**
   - Entwickeln Sie flexible Wiedereinstiegsprogramme für Frauen nach der Elternzeit, die Karrieren fördern, anstatt sie zu behindern. Kommunikation und strategische Integration sind hier entscheidend.
5. **Flexibilität und Vertrauen fördern:**
   - Schaffen Sie flexible Arbeitsstrukturen und vertrauen Sie auf junge Führungskräfte. Führen Sie Modelle wie geteilte Führung ein, um sowohl Frauen als auch Männer in ihren privaten und beruflichen Anforderungen zu unterstützen.

Literatur

Catalyst. (2004). *The bottom line: Connecting corporate performance and gender diversity*. https://www.catalyst.org/wp-content/uploads/2019/01/The_Bottom_Line_Connecting_Corporate_Performance_and_Gender_Diversity.pdf. Zugegriffen am 04.12.2024.

Ernst & Young. (2016). *Women in leadership: The family business advantage*. https://familyenterprisefoundation.org/resources/resources/research-and-newsroom/articles/2019/research/ey-women-in-leadership-the-family-business-advantage/. Zugegriffen am 04.12.2024.

Heilman, M. E. (2005). *No credit where credit is due: Attributional rationalization of women's success in male-female teams*. https://www.researchgate.net/publication/7601002_No_Credit_Where_Credit_Is_Due_Attributional_Rationalization_of_Women's_Success_in_Male-Female_Teams. Zugegriffen am 04.12.2024.

Hewlett, S. A. (2005). *Off-ramps and on-ramps: Keeping talented women on the road to success*. https://hbr.org/2005/03/off-ramps-and-on-ramps-keeping-talented-women-on-the-road-to-success. Zugegriffen am 04.12.2024.

Kahneman, D. (2013). *Thinking, fast and slow*. Macmillan USA.

Kark, R. &.-M. (2005). *Women in leadership: Visibility and the impostor syndrome*. https://www.researchgate.net/publication/228960166_A_case_study_of_service_delivery_by_local_government_councils_in_Oyo_state_in_relation_to_fund_and_constitutional_issues/link/57bbd0a208ae51eef1f3d888/download?_tp=eyJjb250ZXh0Ijp7ImZpcnN0UGFnZSI6InB1Ymx. Zugegriffen am 04.12.2024.

McKinsey & Company. (2020). *Diversity wins: How inclusion matters*. https://www.mckinsey.com/~/media/mckinsey/featured%20insights/diversity%20and%20inclusion/diversity%20wins%20how%20inclusion%20matters/diversity-wins-how-inclusion-matters-vf.pdf. Zugegriffen am 04.12.2024.

Rohn, J. (1991). *The five major pieces to the life puzzle*. Brolga Publishing Pty Ltd.

Rudman, L. A. (o.J.). *Prescriptive gender stereotypes and backlash toward agentic women.* https://www.researchgate.net/publication/232562998_The_Impact_of_Work_on_Adolescent_Development. Zugegriffen am 04.12.2024.

S&P Global Market Intelligence. (2019). *When women lead, firms win.*

Schöler, L. (2024). *Beklaute Frauen.* Penguin Random House.

Vorwerk. (2006). *Werbespot der Firma Vorwerk.* https://youtu.be/h33F7YDqXM4. Zugegriffen am 20.12.2024.

Katharina Lages-Willner Mit einem kreativen Karriereweg, der in der Glamourwelt als Make-up-Artistin begann, hat Katharina ihre Erfahrungen in die Unternehmenswelt übertragen. Sie kombiniert ihre Expertise in Wirtschaftspsychologie, Coaching und Konzernerfahrung mit einem scharfen Verständnis für die strukturellen Herausforderungen, denen Frauen in Wirtschaft, Politik und Öffentlichkeit begegnen. Ihre Perspektive aus der eigenen Karriere hilft ihr, innovative Lösungen zu entwickeln, die den Bedürfnissen von Frauen in Führungspositionen gerecht werden.

Katharina setzt sich leidenschaftlich für die Umsetzung von ESG-Kriterien ein und unterstreicht die Bedeutung nachhaltiger und gerechter Unternehmensführung. Ihre Energie, unermüdlich neue Ansätze zu entwickeln und kreative Lösungen zu finden, ist inspirierend – als ehemalige Handwerkerin weiß sie, wie man Dinge aus dem Nichts erschafft.

Mit ihrer Vision einer paritätischen Zukunft ist Katharina Lages-Willner eine gefragte (Organisations) Beraterin, Sparringspartnerin, und Speakerin, um eine gerechte und erfolgreiche Arbeitswelt zu erschaffen.

Erratum zu: Erfolgreiche Führung durch Methoden- und Strukturkompetenzen: Nachhaltige Wettbewerbsvorteile für den Mittelstand

Uwe Seebacher

Erratum zu:
Kapitel 7 in: C. Kastner et al. (Hrsg.), *Führung im Wandel*, https://doi.org/10.1007/978-3-658-47645-8_7

Die Literaturangabe AQPS Institute (2023) in Kapitel 7 wurde in der Originalversion falsch wiedergegeben. Die korrekte Angabe lautet: AQPS Institute (2023): Studie zu Employer Branding.

Die aktualisierte Version dieses Kapitels finden Sie unter
https://doi.org/10.1007/978-3-658-47645-8_7

C. Kastner et al. (Hrsg.), *Führung im Wandel*,
https://doi.org/10.1007/978-3-658-47645-8_22